U0681667

国家火炬
软件产业基地发展报告
（2020）

科学技术部火炬高技术产业开发中心 ◎ 编著
TORCH HIGH TECHNOLOGY INDUSTRY DEVELOPMENT CENTER,
MINISTRY OF SCIENCE AND TECHNOLOGY

REPORT ON
THE DEVELOPMENT OF
NATIONAL TORCH SOFTWARE INDUSTRY BASES

（2020）

经济管理出版社
ECONOMY & MANAGEMENT PUBLISHING HOUSE

图书在版编目（CIP）数据

国家火炬软件产业基地发展报告（2020）/科学技术部火炬高技术产业开发中心编著．—北京：经济管理出版社，2021.3

ISBN 978 - 7 - 5096 - 7843 - 5

Ⅰ. ①国…　Ⅱ. ①科…　Ⅲ. ①软件产业—产业发展—研究报告—中国—2020　Ⅳ. ①F426. 67

中国版本图书馆 CIP 数据核字（2021）第 046934 号

组稿编辑：范美琴
责任编辑：范美琴
责任印制：黄章平
责任校对：张晓燕

出版发行：经济管理出版社
　　　　　（北京市海淀区北蜂窝 8 号中雅大厦 A 座 11 层　100038）
网　　　址：www. E - mp. com. cn
电　　　话：（010）51915602
印　　　刷：北京晨旭印刷厂
经　　　销：新华书店
开　　　本：787mm×1092mm/16
印　　　张：25
字　　　数：546 千字
版　　　次：2021 年 3 月第 1 版　　2021 年 3 月第 1 次印刷
书　　　号：ISBN 978 - 7 - 5096 - 7843 - 5
定　　　价：98. 00 元

郑重声明

　　《国家火炬软件产业基地发展报告（2020）》是科学技术部火炬高技术产业开发中心组织业内专家学者及国家火炬软件产业基地，经深入调研形成的科研成果，其知识产权归属于科学技术部火炬高技术产业开发中心。

　　未经产权所有者书面授权，任何单位或个人不得以公开方式全文或部分发表本报告的内容。

科学技术部火炬高技术产业开发中心

2020 年 11 月

《国家火炬软件产业基地发展报告（2020）》 编辑委员会

前　言

　　软件产业是关系到国民经济和社会发展全局的基础性、战略性、先导性产业，也是信息技术之魂、网络安全之盾、经济转型之擎、数字社会之基。加快发展软件产业对于促进信息消费、扩大内需、培育发展战略性新兴产业、推动信息化和工业化深度融合、推动我国经济高质量发展、提高国家信息安全保障能力、助力全面建成小康社会都具有十分重要的意义。

　　党中央国务院高度重视软件产业的发展。《新时期促进集成电路产业和软件产业高质量发展的若干政策》（国发〔2020〕8号）的出台对着力打造新时期软件产业高质量发展的政策高地、促进软件产业向更高层次发展起到巨大的推动作用。云计算、人工智能、大数据、5G等前沿技术的发展，推动软件和信息技术向着平台化、服务化、智能化、生态化演进，催生了数字经济、分享经济、平台经济等新的经济模式，赋予软件和信息技术服务业发展更多动能，为软件和信息技术服务业带来更广阔的市场空间。

　　自1995年第一家国家火炬软件产业基地（以下简称火炬软件产业基地）成立以来，在国家和各地方政府的大力支持下，经过25年的建设和发展，火炬软件产业基地已成为引领我国软件科技创新和产业化的重要旗帜和主力军。2019年，火炬软件产业基地发挥政策优势，整合科技创新资源，优化创新创业环境，完善科技服务体系，激发软件企业创新潜能，实现核心关键技术突破，创新成果丰硕。截至2019年底，国家火炬软件产业基地已发展到44家，入园企业超过10万家，从业总人数483.63万人。2019年实现营业收入6.38万亿元，其中软件收入达到4.48万亿元，占同期全国软件收入的六成以上，软件出口达到1641.32亿元。软件产业基地已成为新旧动能加速转换和经济高质量发展的核心动力。

　　新时期，火炬软件产业基地要以习近平新时代中国特色社会主义思想为指导，坚持新发展理念，以深化改革、优化环境、创新驱动、融合发展为主线，加快建设高水平、高标准的现代化软件基地，推动软件产业高质量发展。

　　为全面、系统、客观地反映2019年国家火炬软件产业基地的发展情况，总结创业创新发展的经验，为有关人员了解、研究国家火炬软件产业基地提供珍贵资料，在各火炬软件产业基地的大力支持下，科学技术部火炬高技术产业开发中心联合北京高新智库国际咨询有限公司，组织研究人员编写了《国家火炬软件产业基地发展报告（2020）》。

本书由"数据分析篇""研究篇""创新篇"和"基地篇"等内容构成。"数据分析篇"对火炬软件产业基地的主要历史发展数据及 2019 年的主要经济数据进行了深入分析，并对基地发展规模、发展水平、创新能力等进行了详细研究与总结。"研究篇"对 5G、区块链和信息安全等产业领域的发展情况、发展特点和发展趋势进行了分析研究。"创新篇"针对典型火炬软件产业基地创新发展的经验和特色进行了有益的探索与总结。"基地篇"汇集了 44 家火炬软件产业基地撰写的 2019 年发展报告，全面系统地反映了各基地在落实产业政策、整合地区资源、推进环境建设、提升平台服务、促进企业创新等方面的创新成果。附录中列出了近年来国务院及部委出台的软件及相关产业的政策措施目录，以便工作或研究查阅。

本书内容丰富、数据翔实，既是各级政府部门和有关单位了解基地建设和软件产业发展的重要信息支撑工具，也可为企业入驻、风险投资、人才培养、产业研究等经济活动提供真实、客观而详细的信息资源。

本书在编写过程中得到了有关部门、各国家火炬软件产业基地以及众多软件企业的积极参与和支持，在此一并致谢！

限于时间和水平，本书不免存在错误与疏漏，敬请读者批评指正。

科学技术部火炬高技术产业开发中心

2020 年 11 月

目 录

基地篇

附　录

数据分析篇

第一章 国家火炬软件产业基地
发展概况及其分析

党的十九大报告提出要"推动互联网、大数据、人工智能和实体经济深度融合",近年来的政府工作报告对数字经济、"智能+"等做出明确部署。我们进入了一个"软件定义一切"的时代,软件产业已经深刻影响了人类发展并将更加深刻地影响人类未来的发展。作为信息技术之魂,软件产业对于推动信息化和工业化深度融合、培育和发展战略性新兴产业具有重要作用。作为网络安全之盾,软件产业关系我国经济命脉与国防安全,实现该领域关键核心技术自主可控十分重要。作为经济转型之擎,当前软件产业对制造业的渗透性、融合性进一步增强,倍增器和加速器作用不断凸显,将对提高经济运行效率产生变革性影响。作为数字社会之基,软件产业的加快发展,将为以数字产业化和产业数字化培育新动能、以社会智慧化引领新发展提供更加有力的支撑。

在习近平新时代中国特色社会主义思想的指导下,国家火炬软件产业基地(以下简称"软件产业基地"或"基地")坚持新发展理念,以深化改革、优化环境、创新驱动、融合发展主线,加快推动建设高水平、高标准的现代化软件基地,推动软件产业高质量发展。

"数据分析篇"研究分析了44家基地2019年及历年主要发展数据。本篇的原始数据均来源于科学技术部火炬高技术产业开发中心的年度统计数据。

一、软件产业基地战略布局及其区域分布特点

(一)基地数量稳定在44家

从1995年科技部认定东大软件园为第一家国家火炬软件产业基地至2019年底,已认定44家软件产业基地,见图1-1、表1-1。

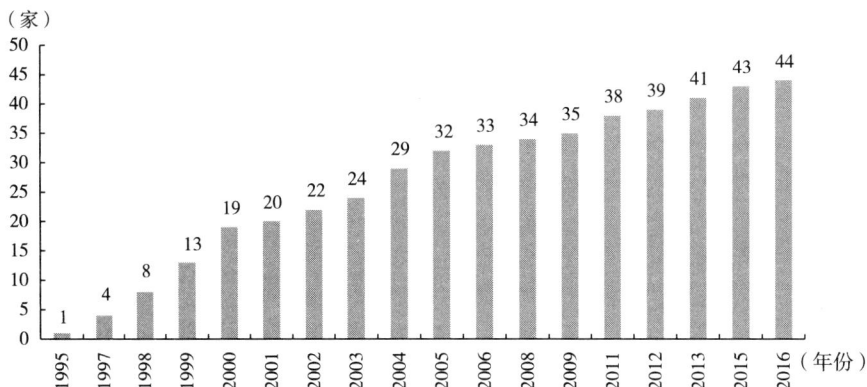

图 1-1　1995～2016 年软件产业基地数量增长情况

表 1-1　科技部历年认定的软件产业基地

年份	批准建立的火炬软件产业基地名称	个数
1995	东大软件园	1
1997	齐鲁软件园、天府软件园、长沙软件园	3
1998	北京软件产业基地、天津滨海高新区软件园、湖北软件产业基地、杭州高新软件园	4
1999	福州软件园、金庐软件园、西安软件园、大连软件园、广州软件园	5
2000	上海软件园、南京软件园、长春软件园、厦门软件园、合肥软件园、云南软件园	6
2001	深圳软件园	1
2002	青岛软件园、兰州软件园	2
2003	吉林软件园、郑州软件园	2
2004	苏州软件园、无锡软件园、常州软件园、珠海高新区软件园、大庆软件园	5
2005	江苏软件园、内蒙古软件园、南宁软件园	3
2006	重庆软件园	1
2008	河北省软件产业基地（石家庄）	1
2009	山西软件园	1
2011	沈阳软件园、中关村软件园、贵阳火炬软件园	3
2012	宁波市软件与服务外包产业园	1
2013	如皋软件园、潍坊软件园	2
2015	临沂软件园、武进软件园	2
2016	东营软件园	1
合计		44

（二）基地布局密切契合国家发展战略

根据国家"十三五"规划中的"一带一路"布局，国内涵盖范围共计 18 个省（自治区、直辖市）。其中，"丝绸之路经济带"圈定的新疆、陕西、甘肃、宁夏、青海、内蒙古、黑龙江、吉林、辽宁、广西、云南、西藏、重庆13省份中，有9个省份建有软件产业基地，占比约70%。"21世纪海上丝绸之路"圈定上海、福建、广东、浙江、海南5省市中除海南以外都建有软件产业基地，占比为80%。在"一带一路"的节点城市群中，丝绸之路经济带圈定节点城市11个，其中有9个城市建有软件产业基地，约占82%。21世纪海上丝绸之路圈定节点城市15个，有9个城市建有软件产业基地，占60%。软件产业基地的现有布局为"一带一路"相关省份提供了重要的技术与服务支撑。

（三）基地区域分布特点

44家基地根据东北振兴、东部率先发展、中部崛起和西部开发的四大区域经济板块，分为东北、东部、中部、西部四大地区。东部地区有24家软件产业基地，占基地总数的54.54%；西部地区8家软件基地，占比18.18%；东北地区和中部地区各有6家软件基地，占比均为13.64%。基地布局呈现东多西少特征，东部地区有京津冀一体化、长三角、珠三角、海西经济区等经济区域增长带，一直保持高科技发展的优势；西部地区在国家西部大开发政策的扶持下，取得了较大的发展；"长江经济带"和"新一轮东北振兴"的国家战略也为中部和东北地区软件产业基地带来快速发展的空间。见表1-2、图1-2。

表1-2 软件产业基地按四大地区的分布情况

区域划分	基地数量（家）	所占比例（%）	包含省份	包含火炬软件产业基地名称		所占比例（%）
东北地区	6	13.64	辽宁、吉林、黑龙江	东大、大连、长春、吉林、大庆、沈阳		13.64
东部地区	24	54.54	北京、天津、河北、山东、上海、江苏、浙江、广东、福建、海南、香港、澳门、台湾	京津冀鲁	北京、中关村、天津、河北（石家庄）、齐鲁、青岛、潍坊、临沂、东营	20.45
				长三角	上海、南京、苏州、无锡、常州、江苏、如皋、武进、杭州、宁波	22.73
				闽粤分区	深圳、广州、珠海、福州、厦门	11.36
中部地区	6	13.64	山西、安徽、江西、河南、湖北、湖南	山西、合肥、金庐、郑州、湖北、长沙		13.64
西部地区	8	18.18	四川、重庆、贵州、云南、西藏、陕西、甘肃、青海、宁夏、新疆、广西、内蒙古	天府、重庆、云南、西安、兰州、南宁、内蒙古、贵阳		18.18

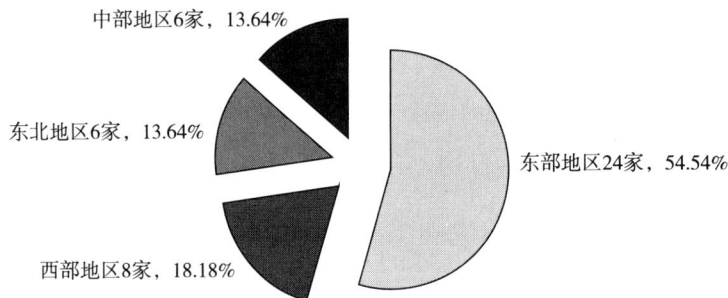

图 1－2　软件产业基地的区域分布及其比例

二、软件产业基地主要历史经济数据及分析

（一）基地营业收入与 GDP 的比值逐年攀升

2019 年，软件产业基地实现营业收入 63774.20 亿元，比 2010 年增长近 6 倍，10 年复合增长率接近 24%。与国内生产总值（GDP）的比值从 2010 年的 2.44% 上升到 2019 年（GDP99.09 万亿元）的 6.44%，呈现稳定上升态势。软件产业基地已成为推动我国经济增长方式转变和产业结构优化的重要力量和引领我国软件产业高质量发展的重要载体，见图 1－3。

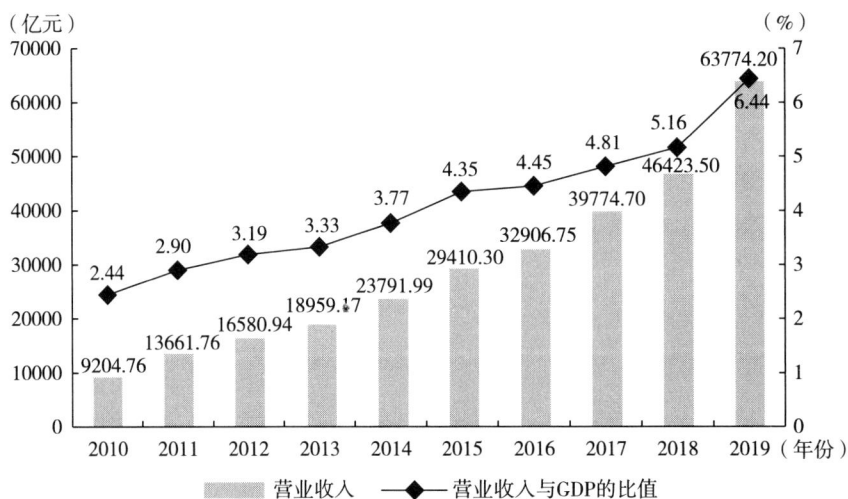

图 1－3　2010～2019 年软件产业基地营业收入及其与 GDP 的比值

（二）基地软件产业收入占全国软件产业总额的六成以上

2019 年，在国内经济结构调整和国际贸易环境变化背景下，中国软件产业砥砺前行，展现出强大的"韧劲"，实现了较高的增长，软件产业基地软件收入 44825.72 亿元，同比增长近 30%，占全国软件产业收入（72072 亿元）的 62.20%，2010～2019 年 10 年复合增长率达到 22.89%。2010～2019 年基地软件产业收入占全国软件产业的比例从 50% 左右提升到六成以上，见表 1-3。

表 1-3　2010～2019 年软件产业基地软件产业收入及占全国软件产业的比例

单位：亿元

年份	2010	2011	2012	2013	2014	2015	2016	2017	2018	2019
基地软件收入	7010.93	9252.09	11839.30	14226.07	17622.77	20968.80	23861.02	29129.49	34550.00	44825.72
全国软件产业总额	13364	18468	24794	30587	37235	42848	48511	55037	63061	72072
基地占全国比例（%）	52.46	50.10	47.75	46.51	47.33	48.94	49.19	52.93	54.79	62.20

（三）基地软件出口逆势增长

2019 年，软件产业基地软件出口创汇额 1641.32 亿元人民币，约合 235.27 亿美元（汇率按 1 美元 =6.9762 元人民币计算），占全国软件出口的 41.35%，同比上升 3.96%，2010～2019 年 10 年复合增长率为 12.55%，见表 1-4、图 1-4。

表 1-4　2010～2019 年软件产业基地软件出口及占全国比例　　单位：亿美元

年份	2010	2011	2012	2013	2014	2015	2016	2017	2018	2019
基地软件出口	81.18	111.19	167.76	178.28	206.56	219.94	221.76	258.31	226.30	235.27
全国软件出口	267	304	368	469	545	495	519	538	555	569
基地占比（%）	30.4	36.58	45.59	38.01	37.9	44.43	42.73	48.01	40.81	41.35

（四）基地净利润与上缴税金同步提升

2019 年，软件产业基地内企业共实现利税总额 8070.27 亿元，其中净利润 5213.99 亿元，上缴税金 2856.29 亿元。2010～2019 年净利润和上缴税金的 10 年复合增长率均超过

21%。基地企业在提升经济效益、自我发展壮大的同时，也为国家建设上缴了大量的税金，为经济社会的发展做出了积极贡献。2019年人均利税16.69万元，人均净利润10.78万元，同比分别增长7.75%和6.84%。基地效益呈现出了总量规模与人均规模同步提升的趋势，见表1-5、图1-5。

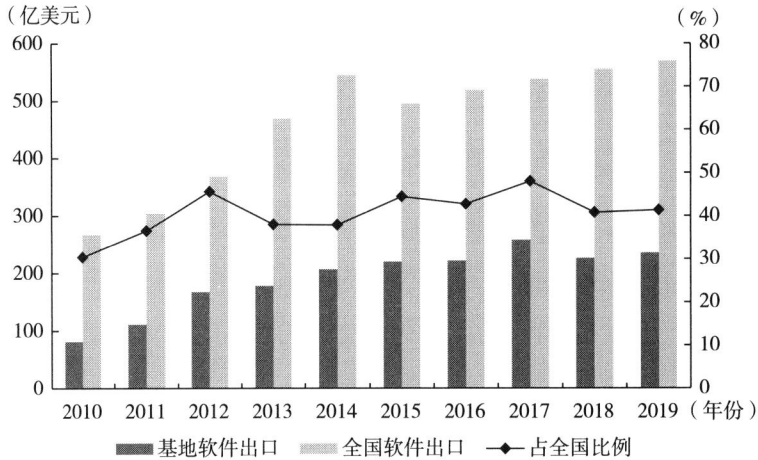

图1-4 2010～2019年软件产业基地软件出口及占全国软件出口的比例

表1-5 2010～2019年软件产业基地净利润与上缴税金增长情况

年份	净利润（亿元）	上缴税金（亿元）	利税总额（亿元）	净利润增长率（%）	上缴税金增长率（%）	利税总额增长率（%）	人均利税（万元/人）	人均净利润（万元/人）
2010	932.88	499.64	1432.52	32.08	19.68	27.47	9.66	6.29
2011	1254.48	671.58	1926.05	34.47	34.41	34.45	10.09	6.57
2012	1414.83	857.24	2272.07	12.78	27.65	17.96	10.16	6.33
2013	1781.32	1148.3	2929.66	25.9	33.96	28.94	11.24	6.83
2014	2316.18	1295.61	3611.79	30.03	12.83	23.28	12.20	7.82
2015	2717.41	1510.24	4227.64	17.32	16.57	17.05	12.75	8.19
2016	3074.16	1784.17	4858.33	13.13	18.14	14.92	13.71	8.68
2017	3787.44	1827.55	5614.99	23.20	2.43	15.57	14.63	9.87
2018	4122.82	2207.93	6330.74	8.86	20.81	12.75	15.49	10.09
2019	5213.99	2856.29	8070.27	26.47	29.37	27.48	16.69	10.78

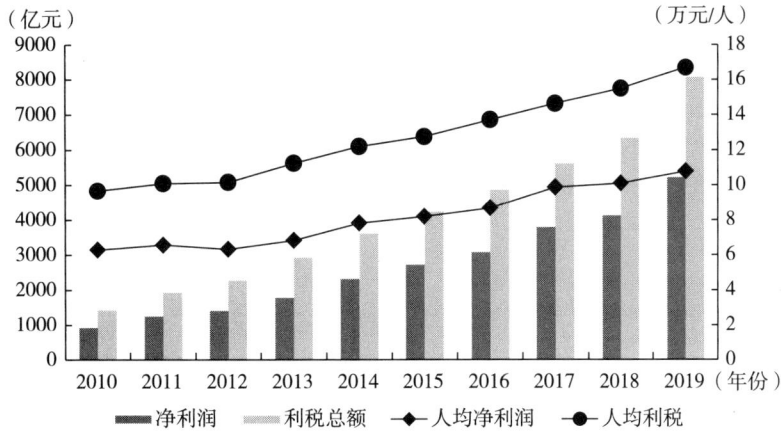

图 1-5 2010～2019 年软件产业基地净利润与利税总额及人均值变动情况

三、软件产业基地企业及从业人员历史数据与分析

（一）基地入驻企业总数突破 10 万家

2019 年，软件产业基地入驻企业总数达到 100866 家，与 2010 年相比增长 4 倍以上。2010～2019 年的 10 年复合增长率达到 20.11%，见图 1-6。

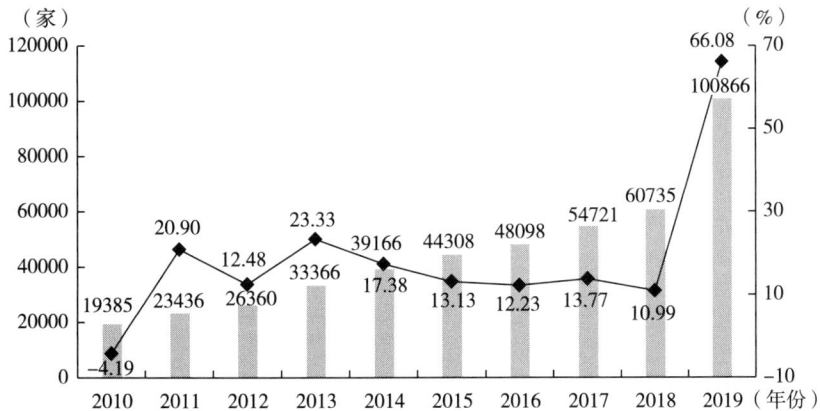

图 1-6 2010～2019 年软件产业基地入驻企业总数及同比增长

（二）基地软件企业占企业总数超六成

2019 年，软件产业基地软件企业总数达到 64777 家，比 2010 年增长 2.7 倍。2010～

2019 年的 10 年复合增长率达到 15.73%。软件企业占基地企业总数的比重近 10 年保持在 60% 以上，见表 1 – 6。

表 1 – 6　2010 ～ 2019 年软件产业基地软件企业及占企业总数比例

年份	2010	2011	2012	2013	2014	2015	2016	2017	2018	2019
软件企业数（家）	17388	20441	22998	26774	30045	34576	37888	43560	48272	64777
软件企业占比（%）	89.70	87.22	86.33	79.58	76.71	78.04	78.77	79.60	79.48	64.22

（三）基地年末从业人员同比增长 18.31%

2019 年，软件产业基地的年末从业人员总数达到 483.63 万人，同比增长 18.31%，比 2010 年增加 335 万人，2010 ～ 2019 年 10 年复合增长率达到 14.04%。25 年来软件产业基地从业人员不断增长，为解决国家就业起到积极作用，见图 1 – 7。

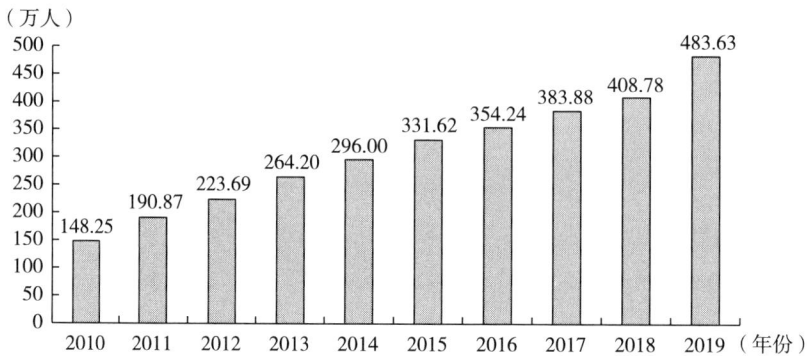

图 1 – 7　2010 ～ 2019 年软件产业基地从业人员增长情况

2010 ～ 2019 年，软件产业基地年末从业人员中，具有硕士及以上学历的从业人员所占总人数的比重保持在 10% 左右，近 5 年均超过 11%，具有本科学历的从业人员是基地从业人员队伍的主力军，占从业人员总数的比重为 55% ～ 60%。软件产业基地从业人员高学历特征明显，见图 1 – 8。

（四）基地软件从业人员占比超过 80%

2019 年，软件产业基地软件从业人员总数超过 389 万人，同比增长 14.76%，2010 ～ 2019 年的 10 年复合增长率达到 13.31%，基地呈现出软件从业人员队伍持续较快增长态势。同时，基地软件从业人员占年末从业人员总数的比例近 10 年来一直保持在 80% 以上，见表 1 – 7。

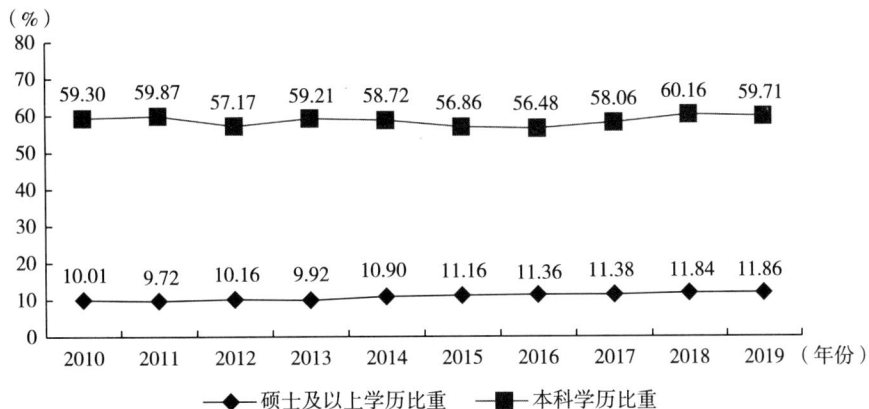

图 1 - 8　2010～2019 年软件产业基地年末从业人员学历构成比例

表 1 - 7　2010～2019 年软件产业基地软件从业人员增长及占比情况

年份	2010	2011	2012	2013	2014	2015	2016	2017	2018	2019
软件从业人数（万人）	126.43	159.4	187.09	215.00	242.13	272.19	294.50	319.11	339.08	389.14
同比增长（%）	14.48	26.08	17.37	14.92	12.62	12.41	8.20	8.36	6.26	14.76
软件人数占比（%）	85.25	83.76	82.45	81.43	81.76	82.08	83.14	83.13	82.95	80.46

第二章 2019 年国家火炬软件产业基地经济平稳高质量发展

2019 年，软件产业基地持续优化产业布局，不断提升发展质量和效益，主要经济指标保持稳中向好态势。2019 年，基地营业收入 63774.20 亿元，较 2018 年增长 37.37%，其中软件收入占营业收入的七成以上；出口创汇 3850.90 亿元，约合 552.00 亿美元，较 2018 年增长 6.07%，其中软件出口为 1641.32 亿元，约合 235.27 亿美元，占出口总额比重超过四成。2019 年，基地企业共实现利税总额 8070.27 亿元，同比增长 27.48%；基地劳动者报酬 8049.07 亿元，较 2018 年增长 33.30%。

一、软件产业基地营业收入水平持续提升

（一）营业收入超千亿基地 16 家

2019 年，软件产业基地共实现营业收入 63774.20 亿元，比上年增加 17350.70 亿元，增长率为 37.37%。16 家基地的营业收入超过 1000 亿元，这 16 家基地营业收入总和占所有基地营业收入总额的 90.75%。大型基地在软件产业基地群体中的作用日益突出，见图 2-1。

（二）基地人均营业收入快速增长

2019 年，软件产业基地人均营业收入为 131.87 万元/人，同比增长 20.41%。人均营业收入超过 100 万元/人的基地有 19 家，比上年增加了 1 家，企业经营成效显著。人均营业收入增长较快的基地中，既有大型基地，也有中小型基地，软件产业基地正在进入全方位发展的阶段，见表 2-1。

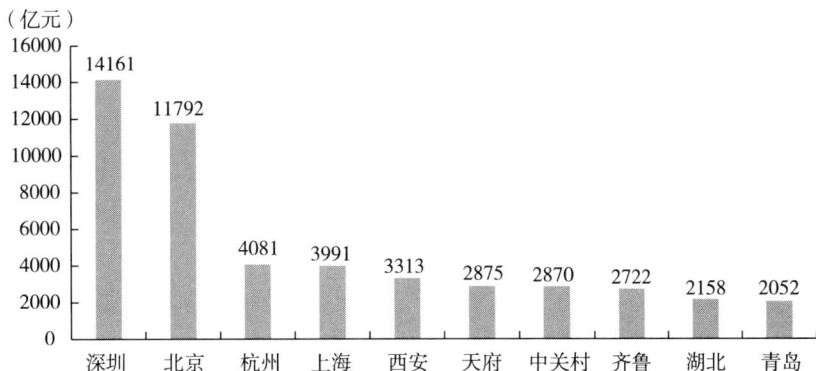

图 2 - 1 2019 年营业收入前 10 的基地

表 2 - 1 2018～2019 年人均营业收入前 10 及增速前 10 的基地

位次	1	2	3	4	5	6	7	8	9	10
基地名称	中关村	深圳	青岛	福州	西安	天府	齐鲁	天津	珠海	河北
人均营业收入（万元/人）	350.83	266.70	211.93	163.79	157.77	151.62	148.99	144.72	141.11	135.36
位次	1	2	3	4	5	6	7	8	9	10
基地名称	深圳	内蒙古	上海	兰州	苏州	云南	厦门	北京	贵阳	天府
增长率（%）	88.71	63.39	54.44	29.36	18.74	16.90	16.64	12.64	10.69	9.62

二、软件产业基地软件产业规模不断壮大

（一）基地软件产业收入同比增长

2019 年，软件产业基地共实现软件产业收入 44825.72 亿元，比上年增加 10275.72 亿元，同比增长 29.74%。软件产业收入超过 1000 亿元的基地有 12 家，这 12 家基地软件收入之和占基地软件收入总额的 86.48%，见图 2 - 2。

（二）基地软件专业化特色突出

作为区域发展软件产业的集聚地，软件产业基地形成了以软件产业为主业的基地产业布局。2019 年，基地软件产业收入占营业收入的比重达到 70.29%，基地软件专业化程度保持较高水平，见表 2 - 2。

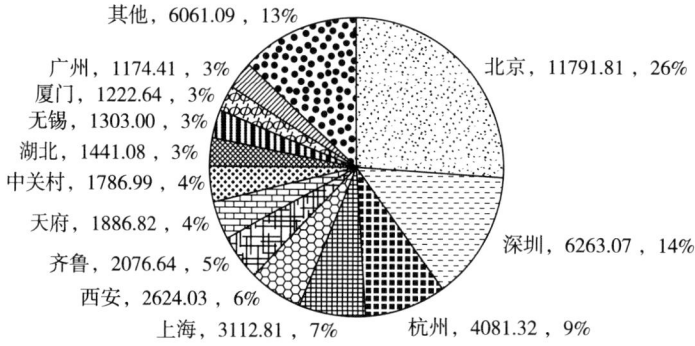

图 2-2　2019 年软件收入超千亿的 12 家基地及占软件收入总额的比例（单位：亿元）

表 2-2　2019 年软件收入占营业收入比例前 10 的基地

位次	1	1	1	4	5	6	7	8	9	10
基地名称	北京	杭州	内蒙古	厦门	南京	东大	大连	兰州	宁波	西安
软件收入占比（%）	100.00	100.00	100.00	93.34	85.00	83.57	82.95	80.05	79.72	79.20

（三）基地软件从业人员人均软件收入稳中有升

2019 年，软件产业基地软件从业人员人均软件收入（基地软件收入/基地软件从业人数）达到 115.19 万元/人，同比增长 13.05%，见表 2-3。

表 2-3　2019 年人均软件收入前 10 的基地　　　　　　　　　　单位：万元/人

位次	1	2	3	4	5	6	7	8	9	10
基地名称	深圳	中关村	云南	上海	兰州	西安	福州	齐鲁	北京	南京
人均软件收入	244.38	229.10	163.68	153.41	139.79	138.02	136.38	132.41	130.52	125.03

三、软件产业基地出口缓慢提升

（一）大型出口基地作用明显

2019 年，软件产业基地出口创汇 3850.90 亿元，约合 552.00 亿美元（汇率按 1 美元 = 6.9762 元人民币计算），出口额超过 100 亿元以上的基地有 11 家，这 11 家基地的出口额合计达到 3108.98 亿元，占 44 家基地出口总额的 80.73%。大型出口基地的带动作用明显，见图 2 - 3。

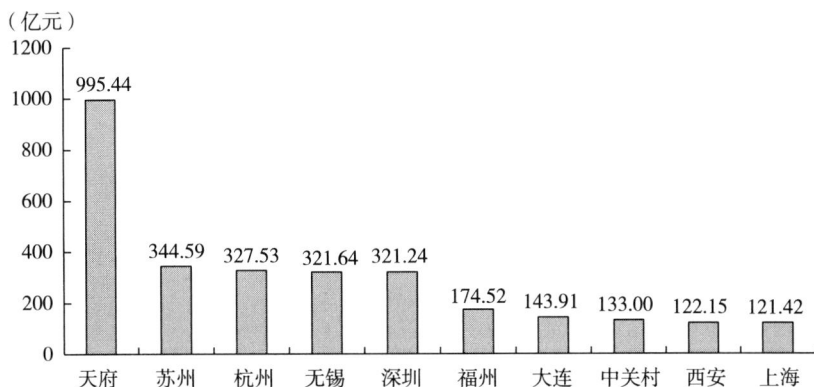

图 2 - 3　2019 年出口创汇额前 10 的基地

（二）11 家基地人均出口超过 10 万元/人

2019 年，软件产业基地人均出口额为 7.96 万元/人，较 2018 年下降 10.35%。在国际大环境影响下，仍有 17 家软件基地保持了人均出口同比增长，11 家基地人均出口超过 10 万元/人。人均出口额增长率前 10 的基地增速均超过 3%。人均出口额和人均出口额增长率均位居前 10 的基地有天府、苏州和武进软件园，见表 2 - 4。

表 2 - 4　2018 ～ 2019 年人均出口额前 10 及增速前 10 的基地

位次	1	2	3	4	5	6	7	8	9	10
基地名称	天府	苏州	福州	珠海	中关村	无锡	武进	大连	宁波	大庆
人均出口额（万元/人）	52.50	49.17	28.25	16.32	16.26	16.17	16.09	15.77	12.09	11.91
位次	1	2	3	4	5	6	7	8	9	10
基地名称	重庆	厦门	武进	齐鲁	天府	西安	苏州	湖北	贵阳	南京
增长率（%）	1074	34.16	23.96	12.46	10.68	9.30	8.72	7.09	4.32	3.22

（三）基地软件出口呈现区域集聚特征

2019 年，软件产业基地软件出口额 1641.32 亿元，同比上升 5.11%，占出口总额的 42.62%。软件出口创汇额超过 100 亿元的基地有 6 家。这 6 家基地的软件出口额合计达到 1006.85 亿元，占 44 家基地出口总额的六成以上。软件出口额排名靠前的基地主要位于东部沿海、"一带一路"沿线和东北地区，这些地区充分利用优越的地理位置，保持了软件出口创汇的优势，见图2-4。

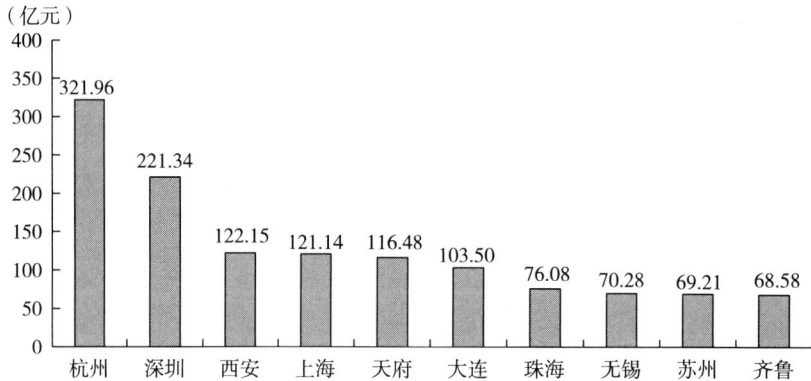

图2-4 2019年软件出口额前10的基地

（四）基地软件企业人均软件出口额小幅下降

2019年，基地软件企业人均软件出口额达到4.22万元/人，较2018年下降8.41%。位列前10的基地人均软件出口均超过6万元/人，见表2-5。

表2-5 2019年软件企业人均软件出口额前10的基地　　　　　　单位：万元/人

位次	1	2	3	4	5	6	7	8	9	10
基地名称	福州	珠海	苏州	宁波	大连	杭州	深圳	天府	西安	东大
软件企业人均软件出口	18.69	16.32	15.38	13.83	11.34	8.89	8.64	6.89	6.43	6.25

四、软件产业基地提质增效

（一）基地利税总额稳步提升

2019年，软件产业基地共实现利税总额8070.27亿元，比上年增加1739.53亿元，同比增长27.48%。人均利税达到16.69万元/人，同比增长7.75%，经济效益稳步提升，见表2-6。

表 2-6 2018~2019 年利税总额及人均利税前 10 的基地

位次	1	2	3	4	5	6	7	8	9	10
基地名称	深圳	北京	杭州	天府	西安	上海	齐鲁	中关村	湖北	厦门
利税总额（亿元）	2300.68	1187.03	787.53	450.67	402.52	391.32	312.57	304.20	247.16	227.76
位次	1	2	3	4	5	6	7	8	9	10
基地名称	深圳	中关村	天府	杭州	厦门	西安	河北	齐鲁	吉林	天津
人均利税（万元/人）	43.33	37.19	23.77	21.27	20.71	19.17	18.44	17.11	16.08	15.39

（二）基地净利润同比增长超过 26%

2019 年，软件产业基地企业实现净利润 5213.99 亿元，同比增长 26.47%。销售净利率（销售净利率 = 净利润/营业收入 ×100%）为 8.18%，同比小幅下降。排名前 10 的基地，销售净利率均超过 9.8%。基地企业在追求产业规模发展的同时，盈利能力也不断提升，见图 2-5。

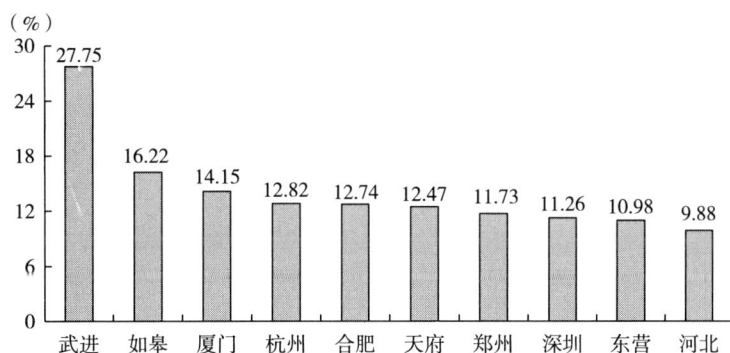

图 2-5 2019 年销售净利率前 10 的基地

（三）基地人均净利润超过 10 万元

2019 年，软件产业基地人均净利润 10.78 万元/人，同比增长 6.89%。人均净利润超过 10 万元/人的基地达到 10 家。人均净利润增长率排在前 10 的基地增速均超过 9%，见表 2-7。

表 2-7 2018~2019 年人均净利润前 10 及增速前 10 的基地

位次	1	2	3	4	5	6	7	8	9	10
基地名称	深圳	中关村	天府	厦门	杭州	河北	西安	福州	天津	齐鲁
人均净利润（万元/人）	30.04	23.99	18.90	16.85	14.13	13.37	12.26	10.93	10.61	10.06
位次	1	2	3	4	5	6	7	8	9	10
基地名称	河北	兰州	福州	深圳	西安	天津	齐鲁	苏州	上海	南京
增长率（%）	56.68	49.64	40.46	33.29	23.13	22.83	18.78	14.73	9.15	9.12

（四）基地人均上缴税金同比增长 9.34%

2019 年，软件产业基地人均上缴税金 5.91 万元/人，较 2018 年增长 9.34%。前 10 家基地人均上缴税金增长率均超过 7%。基地在推动软件产业快速发展的同时，也为国家贡献了更多的税金，成为国家税源的重要来源，见表 2-8。

表 2-8　2018~2019 年人均上缴税金前 10 及增速前 10 的基地

位次	1	2	3	4	5	6	7	8	9	10
基地名称	深圳	中关村	吉林	杭州	齐鲁	西安	青岛	江苏	北京	苏州
人均上缴税金（万元/人）	13.29	13.20	7.27	7.14	7.05	6.91	6.67	6.66	6.01	5.74
位次	1	2	3	4	5	6	7	8	9	10
基地名称	深圳	兰州	内蒙古	上海	齐鲁	苏州	福州	西安	大庆	吉林
增长率（%）	135.56	44.43	43.00	21.11	15.60	13.77	13.52	12.58	9.80	7.15

五、软件产业基地劳动者报酬持续提升

（一）基地劳动者报酬快速增长

2019 年，软件产业基地劳动者报酬为 8049.07 亿元，较 2018 年增长 33.30%。软件产业基地作为高科技产业的集聚区域，体现了软件从业人员高酬劳的特点。劳动者报酬增速前 10 的基地增速均超过 27%，见表 2-9。

表 2-9　2019 年劳动者报酬前 10 及增速前 10 的基地

位次	1	2	3	4	5	6	7	8	9	10
基地名称	北京	深圳	杭州	上海	天府	广州	西安	齐鲁	无锡	大连
劳动者报酬（亿元）	2576.22	1304.44	693.65	432.13	377.52	288.63	281.21	270.09	254.80	145.37
位次	1	2	3	4	5	6	7	8	9	10
基地名称	重庆	内蒙古	长沙	深圳	郑州	青岛	兰州	云南	西安	厦门
增长率（%）	349.03	275.27	191.96	159.08	94.57	79.23	44.54	30.37	29.90	27.97

（二）基地人均劳动者报酬超过 16 万元/人

2019 年，软件产业基地人均劳动者报酬为 16.64 万元/人，同比增长 12.67%。人均劳动者报酬前 10 的基地人均报酬均超过 15 万元/人，见图 2 – 6。

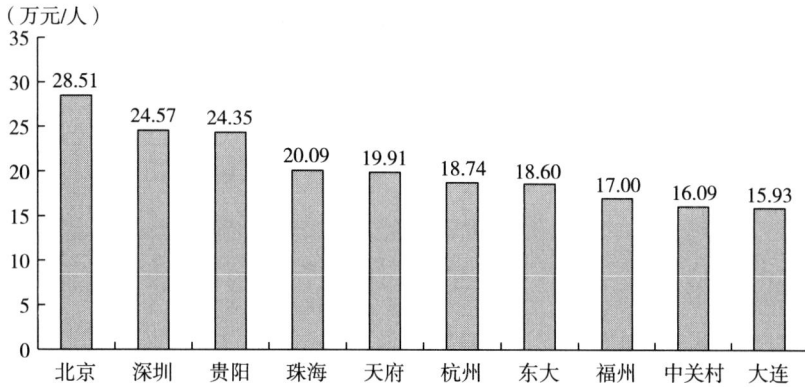

图 2 – 6　2019 年人均劳动者报酬排名前 10 的基地

第三章　2019 年国家火炬软件产业基地企业加速成长

软件产业基地利用政策和资源优势，为软件企业的发展营造了良好的创新创业环境。2019 年，软件产业基地企业集聚效应不断增强，企业总数和软件企业总数快速增长，高科技高成长企业发挥引领示范作用，基地对小微企业的孵化扶持作用突出。软件产业基地成为软件企业茁壮成长的沃土。

一、软件产业基地入园企业集聚效应明显

（一）入园企业总数快速增长

2019 年，入园企业总数 100866 家，同比增长 66.08%；新增入园企业 40131 家，占企业总数的近四成。企业数量最多的前 10 家基地入园企业数之和占 44 家基地企业总数的 76.80%，同比快速增长。34 家基地的入园企业总数出现增长，增长率前 10 的基地增速均超过 20%。见图 3 - 1、表 3 - 1。

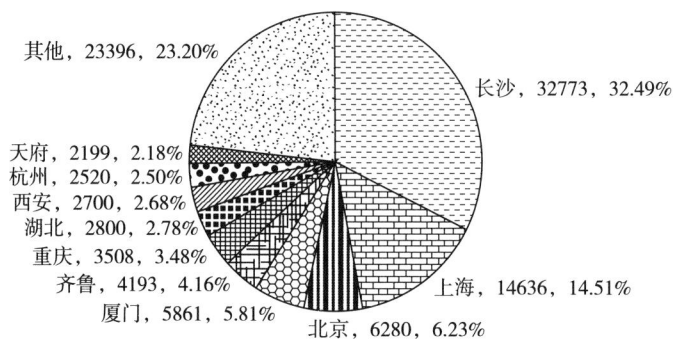

其他，23396，23.20%
长沙，32773，32.49%
天府，2199，2.18%
杭州，2520，2.50%
西安，2700，2.68%
湖北，2800，2.78%
重庆，3508，3.48%
齐鲁，4193，4.16%
厦门，5861，5.81%
北京，6280，6.23%
上海，14636，14.51%

图 3 - 1　2019 年企业总数前 10 的基地及占企业总数的比例

表 3 - 1　2018～2019 年入园企业总数增速前 10 的基地

位次	1	2	3	4	5	6	7	8	9	10
基地名称	长沙	重庆	郑州	深圳	厦门	齐鲁	北京	兰州	湖北	天津
企业总数增长率（%）	1199.48	1101.37	172.55	59.63	30.88	24.94	24.16	23.91	21.74	20.00

（二）大型企业带动作用显现

软件产业基地大型企业综合实力不断提升，引领软件产业发展。2019 年底，基地企业中，年营业收入在 10 亿元（含）以上的超大型企业有 709 家，占入园企业总数的 0.70%，同比增长 12.90%。超大型企业集中分布在大型软件基地，拥有年营业收入超 10 亿元企业最多的前 10 家基地的该类企业数占比达到 80.11%，见图 3 - 2。

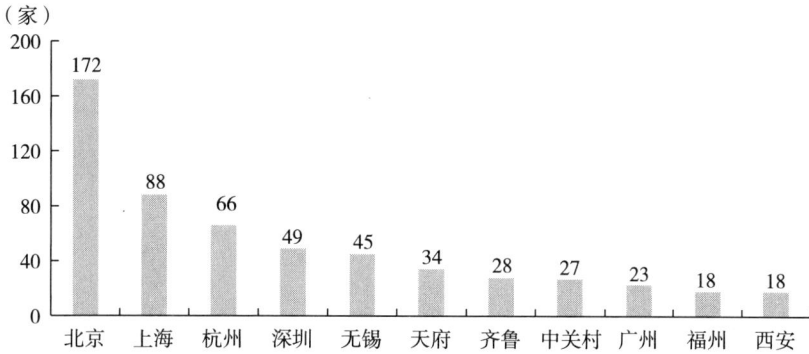

图 3 - 2　2019 年营业收入超 10 亿元企业前 10 的基地

二、软件产业基地专业化水平提升

（一）软件企业总数超过 6 万家

2019 年，基地入驻软件企业总数达到 64777 家。软件企业数超过 1000 家的基地有 17 家，这 17 家基地所拥有的软件企业数之和占软件企业总数的 84.51%，见表 3 - 2。

表 3 - 2　2019 年软件企业总数前 10 的基地及占比

位次	1	2	3	4	5	6	7	8	9	10
基地名称	长沙	上海	北京	厦门	齐鲁	杭州	湖北	重庆	西安	天府
软件企业总数（家）	10306	7864	6280	5480	3482	2520	2463	2455	2422	1847
占 44 家比例（%）	15.91	12.14	9.69	8.46	5.38	3.89	3.80	3.79	3.74	2.85

基地软件企业数量快速增长。2019 年，软件企业数量增长前 10 的基地增速均达到 20%以上，见表 3 - 3。

表 3 - 3　2018～2019 年软件企业数量增长率前 10 的基地

位次	1	2	3	4	5	6	7	8	9	10
基地名称	重庆	长沙	郑州	深圳	东大	厦门	北京	齐鲁	兰州	天津
软件企业增长率（%）	1165.46	395.00	154.10	59.63	36.36	31.60	24.16	24.14	23.91	20.00

（二）软件企业专业化程度增强

2019 年，软件产业基地内软件企业占企业总数的比例达到 64.22%，同比增长 34.19%，反映出软件产业基地产业特色鲜明、企业规模较大、专业化程度较高和细分专业竞争力较强的特点，为软件产业创造了良好的经济发展环境。

三、软件产业基地高科技高成长企业引领示范作用突出

2019 年，软件产业基地加大对高科技企业的扶持，高新技术企业、技术先进型服务企业引领带动作用突出。

（一）高新技术企业发挥示范带动作用

2019 年底，软件产业基地 64777 家软件企业中，高新技术企业 14356 家，占入园软件企业总数的 22.16%，同比增长 42.27%，为软件产业基地创新发展发挥了积极的示范带动作用，见表 3 - 4。

表 3 - 4　2018～2019 年拥有高新技术企业前 10 及增速前 10 的基地

位次	1	2	3	4	5	6	7	8	9	10
基地名称	长沙	深圳	杭州	天府	广州	湖北	齐鲁	合肥	天津	厦门
高新技术企业数（家）	1867	1302	1286	1271	1098	950	682	583	580	474
位次	1	2	3	4	5	6	7	8	9	10
基地名称	长沙	郑州	深圳	上海	杭州	山西	厦门	兰州	齐鲁	天府
增长率（%）	424.44	126.32	94.91	83.95	72.39	67.50	55.41	41.67	33.20	32.26

（二）技术先进型服务企业推动服务外包发展

2019 年底，软件产业基地共有技术先进型服务企业 2428 家，占入园软件企业总数的

3.75%，同比增长 100.16%，见表 3 – 5。

表 3 – 5 2019 年拥有技术先进型服务企业前 10 的基地

位次	1	2	3	4	5	6	7	8	9	10
基地名称	长沙	深圳	上海	湖北	大连	天府	无锡	福州	合肥	杭州
技术先进型服务企业数（家）	1032	609	231	87	84	51	37	32	31	25

四、软件产业基地上市企业凸显竞争实力

软件产业基地积极搭建中小企业融资平台，加大扶持力度，支持企业进入多层次资本市场，培育了一大批上市企业，带动区域经济发展，整体核心竞争力不断提升。

（一）上市企业超千家

软件产业基地上市企业数量持续增加，截至 2019 年底，基地共有上市企业 1058 家，占入园软件企业总数的 1.63%，见图 3 – 3。

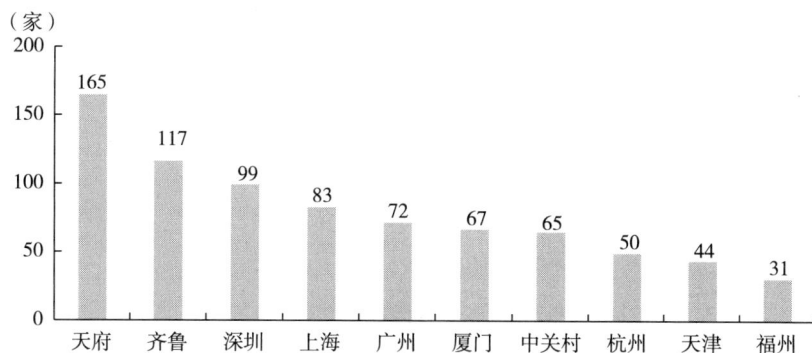

图 3 – 3 2019 年上市企业数量前 10 的基地

（二）上市企业增速前 10 均超 10%

软件产业基地企业在我国资本市场的活跃度持续增强。2019 年，上市企业数量增长率排名前 10 的基地增长率均超过 10%，见表 3 – 6。

表 3 - 6   2018~2019 年上市企业数量增长率前 10 的基地

位次	1	2	3	4	5	6	7	8	8	10
基地名称	重庆	深圳	苏州	长沙	天津	杭州	金庐	西安	无锡	山西
上市企业增长率（%）	400.00	209.38	100.00	50.00	33.33	16.28	13.33	11.11	11.11	10.00

五、软件产业基地孵化作用突出

软件产业基地作为地方集中发展软件产业的聚集地，软件企业孵化器的作用日益显著。基地不断引进和培育优秀的中小微软件企业，成为科技型中小企业成长的摇篮。

（一）七成企业属于小微企业

2019 年底，软件产业基地内入驻软件企业占入园企业总数的 64.22%。按收入规模划分，2019 年营业收入在 1000 万元以下的小微软件企业有 48381 家，占软件企业总数的 74.69%；按人员规模划分，从业人员少于 100 人的小微软件企业数量占软件企业总数的 83.42%。总体来看，小微企业占软件企业总数的七成以上，已成为软件产业基地发展的重要力量，见表 3 - 7、图 3 - 4。

表 3 - 7   2019 年不同收入规模的软件企业数及其占软件企业总数的比例

企业类型	大型	中型	小型	微型
收入划分	营业收入 ≥1 亿元	1000 万元 ≤营业收入 <1 亿元	50 万元 ≤营业收入 <1000 万元	营业收入 <50 万元
企业数量（家）	4110	12286	27251	21130
占总数（%）	6.34	18.97	42.07	32.62

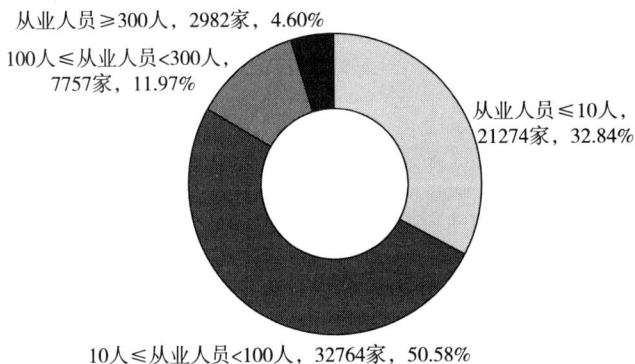

图 3 - 4   2019 年按从业人员标准划分的软件企业占软件企业总数的比例

（二）软件园孵化扶持力度大

软件产业基地通过专业孵化器的运作机制，营造局部优化的产业环境，实现要素有效聚合，按照政府引导、市场推动、企业化运作的模式，为入驻的小微企业提供专业服务和有效管理。2019 年，基地在孵企业总数为 17108 家，同比增长 45.87%。在孵企业数量最多的前 10 家基地在孵企业数之和达到 11616 家，占在孵企业总数的 67.90%，见表 3 - 8。

表 3 - 8 2019 年在孵企业总数前 10 的基地   单位：家

位次	1	2	3	4	5	6	7	8	9	10
基地名称	长沙	重庆	合肥	齐鲁	上海	北京	无锡	厦门	天津	湖北
在孵企业数	3823	1695	1097	1068	901	664	648	600	570	550

第四章 2019年国家火炬软件产业基地创新人才集聚

软件产业是知识密集、人才密集的产业。2019年，软件产业基地汇聚大量高素质软件专业和技术人才，从业人员整体学历层次分布日趋合理，人才结构不断优化，智力密集型特征显著，创新发展动力强劲。

一、软件产业基地从业人员学历层次不断提高

（一）基地从业人员快速增长

软件产业基地通过招才引智，从业人员队伍不断扩大，人员集中度进一步提高。2019年，基地年末从业人员总数达到483.63万人，比上年增加74.85万人，同比增长18.31%。44家基地中年末从业人员总数超过5万人的基地达到22家。这22家基地从业人员总数之和超过441万人，占44家基地总人数的91.24%，见表4-1。

表4-1 2019年年末从业人员总数前10及增速前10的基地

位次	1	2	3	4	5	6	7	8	9	10
基地名称	北京	深圳	杭州	上海	长沙	西安	湖北	无锡	天府	广州
从业人员总数（万人）	90.35	53.10	37.02	31.71	25.60	21.00	20.93	19.89	18.96	18.49
位次	1	2	3	4	5	6	7	8	9	10
基地名称	重庆	长沙	深圳	郑州	杭州	潍坊	金庐	兰州	山西	青岛
增长率（%）	232.18	225.48	80.12	70.01	23.96	19.04	18.07	16.95	16.18	15.69

（二）高学历高素质特征明显

2019年，软件产业基地年末新增从业人员中，增长速度最快的是硕士层次的从业人

员，同比增长 18.69%；从新增总量来看，本科学历的从业人员增加量最大，占 2019 年年末从业人员增加总量的近六成，见表 4 - 2。

表 4 - 2　2018～2019 年各学历从业人员数及增长情况　　　　　单位：万人

项目	年末基地总人数	博士学历	硕士学历	本科学历
2019 年	483.63	4.63	52.73	288.79
2018 年	408.78	3.99	44.43	245.93
增加量	74.85	0.63	8.30	42.86
增长率（%）	18.31	15.88	18.69	17.43

2019 年，软件产业基地从业人员学历层次不断提升，人才结构较合理，高学历高素质人才特征明显。其中，博士学历从业人员占总人数的 0.96%，硕士学历的从业者占10.90%，本科学历的从业者占比达到 59.71%，见图 4 - 1。

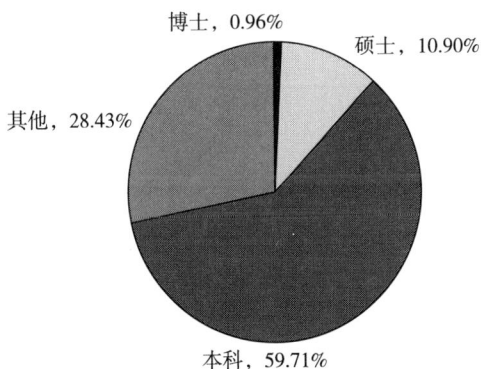

图 4 - 1　2019 年年末从业人员学历结构分布

2019 年，软件产业基地具有硕士及以上学历者达到 57.35 万人，高学历人才成为基地软件产业高端化发展的重要保障，见表 4 - 3。

表 4 - 3　2019 年硕士及以上学历人员前 10 的基地　　　　　单位：万人

位次	1	2	3	4	5	6	7	8	9	10
基地名称	北京	深圳	上海	湖北	杭州	长沙	西安	天府	武进	齐鲁
硕士及以上学历人数	13.80	5.75	4.74	4.61	4.38	3.08	2.64	2.11	1.60	1.40

二、软件产业基地软件从业人员团队不断强化

（一）软件从业人员规模呈上升趋势

2019 年，软件产业基地软件从业人员总数达到389.14 万人，比上年增加50.05 万人，增长率为14.76%，软件从业人员超过10 万人的基地达到11 家，这11 家基地软件从业人员之和占软件从业人员总数的75.71%，促进了软件专业化发展，见表4 - 4。

表4 - 4　2018～2019 年软件从业人员前10 及增速前10 的基地　　　　单位：万人

位次	1	2	3	4	5	6	7	8	9	10
基地名称	北京	杭州	深圳	湖北	上海	西安	无锡	天府	广州	长沙
软件从业人员	90.35	36.22	25.63	20.57	20.29	19.01	17.31	16.91	16.84	15.81
位次	1	2	3	4	5	6	7	8	9	10
基地名称	重庆	长沙	深圳	山西	杭州	天津	潍坊	福州	金庐	大连
增长率（%）	268.55	122.29	72.28	34.03	29.42	25.72	17.52	17.46	16.29	14.55

（二）软件从业人员占比超八成

2019 年，软件产业基地年末软件从业人员占年末从业人员总数的比例达到80.46%，软件从业人员技术密集型特征明显，见图4 - 2。

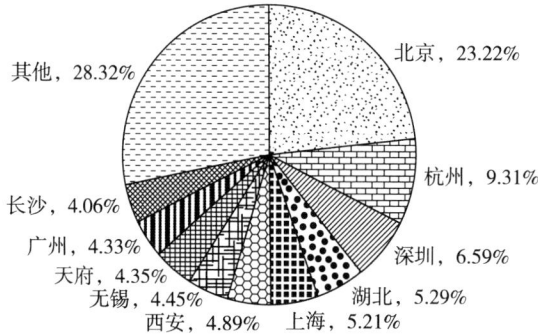

其他，28.32%　北京，23.22%

杭州，9.31%

深圳，6.59%

湖北，5.29%

上海，5.21%

西安，4.89%

无锡，4.45%

天府，4.35%

广州，4.33%

长沙，4.06%

图4 - 2　2019 年年末软件从业人数前10 的基地及占比情况

（三）软件从业人员稳定程度较高

2019 年，软件产业基地软件从业人员中，具有两年及以上软件从业经验的人员占软

件从业人员总数的 3/4，其中具有 5 年（含）以上经验的占 29.03%，2~5 年（含 2 年）经验的占 47.76%。软件产业基地软件从业人员稳定程度较高，有利于基地科技创新和产业发展，见表 4-5。

表 4-5　2019 年有两年及以上软件从业经验人员占比前 10 的基地

位次	1	1	3	4	5	6	7	8	9	10
基地名称	南宁	长沙	大连	南京	福州	西安	贵阳	吉林	天府	郑州
人员占比（%）	98.95	98.71	98.18	98.01	97.42	93.13	92.36	92.14	90.50	89.14

三、软件产业基地软件研发人员助力企业创新

（一）软件研发人员快速增长

2019 年，软件产业基地的软件研发人员达到 238.83 万人，比上年增加 21.75 万人。位居前 10 的基地软件研发人员总数均超过 4.8 万人。中小型基地软件研发人员增长速度较快。研发人员增速前 10 的基地增长率均超过 19%，见表 4-6。

表 4-6　2019 年软件研发人员前 10 及增速前 10 的基地

位次	1	2	3	4	5	6	7	8	9	10
基地名称	北京	杭州	湖北	天府	西安	深圳	齐鲁	上海	长沙	大连
软件研发人员（万人）	80.41	28.30	13.96	11.64	11.02	9.60	9.08	8.76	7.25	4.85
位次	1	2	3	4	5	6	7	8	9	10
基地名称	重庆	长沙	中关村	山西	郑州	天津	潍坊	湖北	金庐	福州
增长率（%）	165.32	118.55	46.15	38.81	28.30	25.71	23.09	22.67	20.46	19.84

（二）软件产业技术密集性特征突出

2019 年，软件产业基地软件研发人员占软件从业人员总数的比例达到 61.37%，进一步凸显出软件产业的技术密集性特征，见图 4-3。

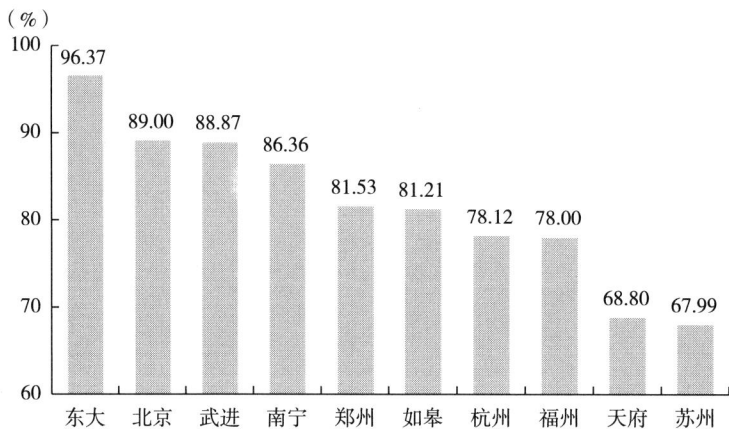

图 4-3　2019 年软件研发人员占软件从业人员总数比例前 10 的基地

第五章 2019 年国家火炬软件产业基地创新活力强劲

科技资金的不断投入是提升创新实力的重要保障。2019 年，软件产业基地有效利用政策支持，引导企业增加创新投入，整合优势科研资源，激发企业创新活力，极大地推动了基地具有自主知识产权的软件产品的开发，创新产出成果成效显著。

一、软件产业基地科技经费投入助推研发创新

（一）科技活动经费筹集额稳步增长

2019 年，软件产业基地共筹集科技活动经费 6430.35 亿元，同比增长 43.63%。科技活动经费筹集额排前 10 的基地这一金额占 44 家基地总额的 83.99%，科技活动经费筹集呈现向少数基地集中的趋势。

科技活动经费的筹集来源中，企业资金、金融机构、政府资金分别占总额的 72.90%、5.71% 和 6.26%，企业资金和政府资金同比分别增长 51.92% 和 10.54%。企业仍是科技活动经费筹集的主体，金融机构贷款略有下降，见图 5－1。

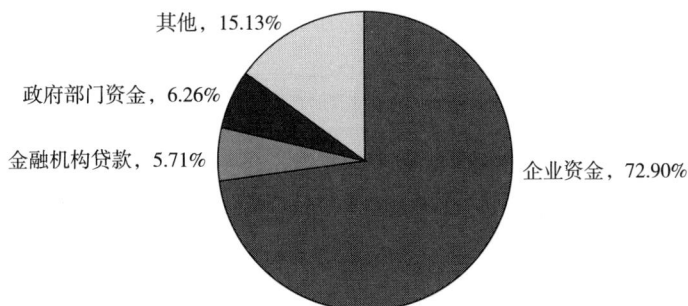

其他，15.13%
政府部门资金，6.26%
金融机构贷款，5.71%
企业资金，72.90%

图 5－1 2019 年科技活动经费筹集来源分布

（二）科技活动经费支出占基地营业收入比重超过 10％

2019 年，软件产业基地企业加强了科技活动经费的投入力度，全年科技活动经费支出总额 6497.24 亿元，同比增长 44.76％。科技活动经费支出总额前 10 的基地支出总额达到 5547.81 亿元，占 44 家基地总额的 85.39％，见表 5－1。

表 5－1　2019 年科技活动经费支出前 10 的基地及占比

位次	1	2	3	4	5	6	7	8	9	10
基地名称	深圳	北京	齐鲁	杭州	中关村	西安	天府	上海	无锡	广州
科技活动经费支出（亿元）	1664.77	1597.25	472.15	321.44	311.00	302.13	285.72	270.07	173.55	149.73
经费支出占比（％）	25.62	24.58	7.27	4.95	4.79	4.65	4.40	4.16	2.67	2.30

2019 年，软件产业基地科技活动经费支出总额占基地营业收入的 10.19％。其中科技活动经费支出总额占营业收入的比重超过 10％ 的基地有 12 家，见表 5－2。

表 5－2　2019 年科技活动经费支出总额占营业收入比重前 10 的基地

位次	1	2	3	4	5	6	7	8	9	10
基地名称	如皋	齐鲁	重庆	东大	北京	深圳	河北	长沙	南宁	合肥
经费支出占比（％）	19.05	17.35	15.93	15.76	13.55	11.76	11.48	11.43	11.40	11.20

（三）研发投入与软件研发投入为创新提供资金保障

2019 年，软件产业基地研发投入总额为 3951.20 亿元，软件研发投入总额为 3218.98 亿元，同比分别增长 53.77％ 和 65.13％。研发投入及软件研发投入排名前 10 的基地，其研发投入之和与软件研发投入之和分别占 44 家基地总量的 82.81％ 和 85.19％。研发经费的投入，进一步巩固了基地企业的创新基础，为软件企业的快速健康发展提供了重要的经费保障，见表 5－3。

表 5－3　2019 年研发投入及软件研发投入金额前 10 的基地　　　　单位：亿元

位次	1	2	3	4	5	6	7	8	9	10
基地名称	深圳	中关村	上海	齐鲁	西安	杭州	无锡	广州	天府	厦门
研发投入	1513.93	311.00	252.68	231.35	231.20	221.23	151.89	145.30	113.15	100.40
位次	1	2	3	4	5	6	7	8	9	10
基地名称	深圳	中关村	齐鲁	上海	杭州	广州	西安	天府	长沙	无锡
软件研发投入	1272.86	311.00	223.65	216.41	203.22	129.18	123.16	102.89	80.00	79.77

（四）研发投入强度与软件研发投入强度均超 6%

2019 年，软件产业基地的研发投入强度（研发投入占营业收入的比例）达到 6.20%，软件研发投入强度（软件研发投入占软件收入的比例）达到 7.18%。研发投入强度和软件研发投入强度前 10 的基地，投入强度均超过了 8%。高强度的研发经费及软件研发经费的投入，为基地企业创新发展提供了有力支撑，见表 5-4。

表 5-4　2019 年研发投入强度及软件研发投入强度前 10 的基地

位次	1	2	3	4	5	6	7	8	9	10
基地名称	如皋	中关村	河北	深圳	宁波	重庆	长沙	广州	合肥	无锡
研发投入强度（%）	11.50	10.84	10.72	10.69	9.74	9.54	9.52	9.13	8.92	8.69%
位次	1	2	3	4	5	6	7	8	9	10
基地名称	深圳	中关村	如皋	沈阳	重庆	河北	合肥	广州	齐鲁	宁波
软件研发投入强度（%）	20.32	17.40	13.23	12.83	12.52	12.24	11.89	11.00	10.77	10.39

（五）人均研发经费与人均软件研发经费推动企业技术进步

2019 年，软件产业基地人均研发经费支出（研发支出/年末从业人员总数）为 8.17 万元/人，同比提高 29.97%。软件从业人员人均软件研发经费支出（软件研发支出/年末软件从业人员总数）为 8.27 万元/人，同比提高 43.89%。人均研发经费支出和人均软件研发经费支出排在前 10 的基地，均超过 7 万元/人，见表 5-5。

表 5-5　2019 年人均研发经费支出及人均软件研发经费支出前 10 的基地

单位：万元/人

位次	1	2	3	4	5	6	7	8	9	10
基地名称	中关村	深圳	河北	齐鲁	西安	厦门	南京	上海	广州	天津
人均研发经费	38.02	28.51	14.51	12.66	11.01	9.13	8.88	7.97	7.86	7.72
位次	1	2	3	4	5	6	7	8	9	10
基地名称	深圳	中关村	河北	齐鲁	上海	南京	沈阳	天津	广州	福州
人均软件研发经费	49.66	39.87	14.60	14.26	10.67	10.13	9.59	7.72	7.67	7.41

二、软件产业基地科技成果涌现

随着基地软件产业的发展和企业创新能力的不断加强，基地各类科技成果显著增加。2019 年，软件产业基地内企业承担国家级科技和产业化项目 1411 个，承担地方级科技和产业化项目 10195 个，新增软件著作权登记数 94449 个，新增发明专利数 40419 件，见图 5 - 2。

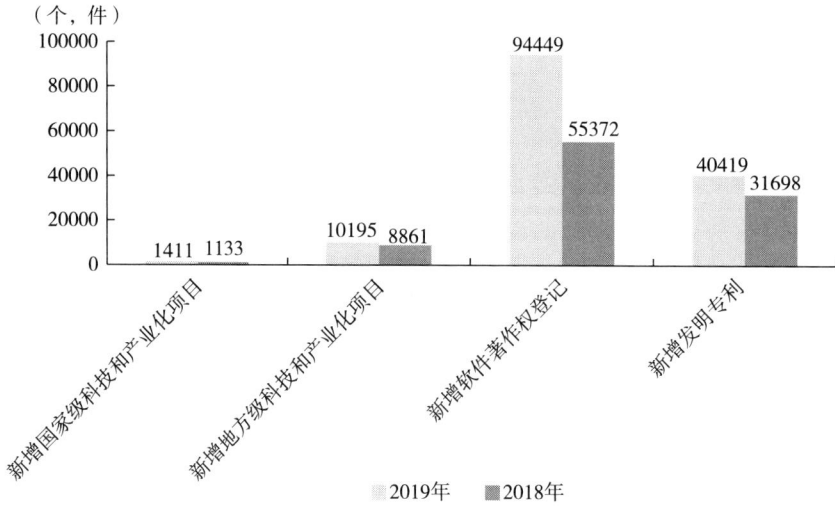

图 5 - 2　2018～2019 年新增各类科技成果情况

（一）科技项目承接展示创新能力

软件产业基地积极支持基地企业承担国家和地方科技和产业化项目。通过高水平科技项目的实施、持续的技术创新和科技突破，基地软件企业创新能力不断提升。软件产业基地在获得自身发展的同时，也为国家整体创新能力的提升做出了积极贡献，见表 5 - 6。

表 5 - 6　2019 年承担国家级和地方级科技和产业化项目前 10 的基地　　单位：个

位次	1	2	3	4	5	6	7	8	9	10
基地名称	长沙	齐鲁	西安	天府	上海	深圳	杭州	无锡	厦门	湖北
国家级项目	207	193	174	147	114	94	92	63	51	43
位次	1	2	3	4	5	6	7	8	9	10
基地名称	杭州	齐鲁	西安	长沙	上海	湖北	无锡	南京	金庐	广州
地方级项目	3321	1010	851	693	532	450	361	360	332	330

（二）软件创新成果丰硕

软件产业基地高度重视自主知识产权管理和建设，积极构建法治化、市场化的营商环境，提高企业和公众的专利权、著作权意识，为企业取得新技术、新产品、新应用和新成果创造了有利条件,激发企业的创新活力。2019 年底,软件产业基地拥有软件著作权登记数 38.56 万个,拥有发明专利 20.27 万件,新增软件著作权登记数 9.44 万个,新增发明专利 4.04 万件,见表 5 - 7。

表 5 - 7　2019 年拥有各类创新成果（累计数）前 10 的基地

位次	1	2	3	4	5	6	7	8	9	10
基地名称	长沙	深圳	杭州	湖北	天府	广州	上海	厦门	西安	齐鲁
软件著作权（个）	65468	56213	34099	23502	22111	20625	17520	16300	14472	11957
位次	1	2	3	4	5	6	7	8	9	10
基地名称	北京	深圳	杭州	中关村	湖北	天津	天府	上海	青岛	长沙
发明专利（件）	66754	29833	15842	15588	9352	8955	7205	6614	5822	5250

（三）质量认证规范化程度高

软件产业基地内企业重视质量保障体系建设,强化企业发展的规范化程度。截至 2019 年底,基地内通过 ISO9001 认证的企业 8806 家,通过 CMM/CMMI 二至四级评估的企业 2616 家,通过 CMM/CMMI 五级评估的企业 392 家,见图 5 - 3、表 5 - 8。

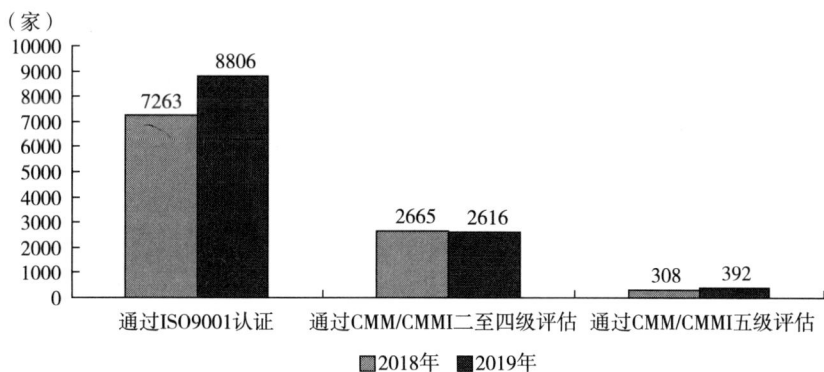

图 5 - 3　2018～2019 年基地各类质量体系认证的企业数量

表 5 - 8　2019 年通过各类质量体系认证的企业数量（累计数）前 10 的基地　　单位:家

位次	1	2	3	4	5	6	7	8	9	10
基地名称	上海	长沙	齐鲁	深圳	西安	湖北	厦门	无锡	南宁	天府
ISO9001 认证	1639	1206	848	708	465	450	325	271	265	258
位次	1	2	3	4	5	6	7	8	9	10
基地名称	杭州	天府	厦门	上海	深圳	湖北	长沙	广州	无锡	齐鲁
CMM/CMMI 二至五级评估	412	294	275	267	211	180	164	138	133	120

（四）自主版权软件收入水平不断提高

软件产业基地高度重视自主知识产权管理和建设，自主版权软件收入水平不断提高。2019年，软件产业基地自主版权软件收入达到16014.64亿元，同比增长11.14%。自主版权软件收入占软件收入的比重达到35.73%。自主版权软件收入占软件收入比重排在前10的基地这一比重都在70%以上，见图5-4、表5-9。

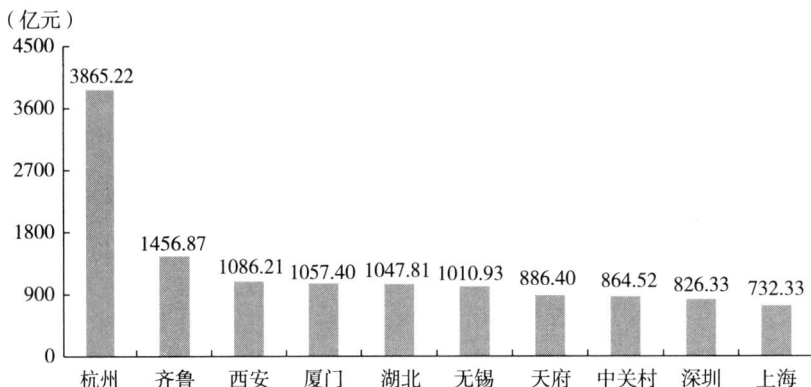

图5-4 2019年自主版权软件收入前10的基地

表5-9 2019年自主版权软件收入占软件收入比重前10的基地

位次	1	2	3	4	5	6	7	8	9	10
基地名称	杭州	厦门	郑州	潍坊	无锡	珠海	吉林	湖北	江苏	齐鲁
自主版权软件收入占比（%）	94.71	86.48	82.80	82.79	77.59	77.03	73.37	72.71	71.77	70.16

第六章　2019 年国家火炬软件产业基地基本建设规模及特点

产业发展，载体先行。软件产业基地基建规模稳中有升，空间承载能力增强。2019 年，规划用地面积、现有用地面积、现有建筑面积和现有孵化面积都有不同程度的增长，地方政府重视软件产业发展，加强统筹布局，打造创新生态，促进软件产业发展。

一、软件产业基地基本建设规模稳中有升

截至 2019 年底，软件产业基地规划用地面积 23685.00 万平方米，现有用地面积 13536.26 万平方米，现有建筑面积 7133.58 万平方米，现有孵化面积 1806.23 万平方米，同比均稳中有升，见表 6 - 1。

表 6 - 1　2018 ~ 2019 年软件产业基地基本建设数据　　　单位：万平方米

项目	规划用地面积	现有用地面积	现有建筑面积	现有孵化面积
2019 年	23685.00	13536.26	7133.58	1806.23
2018 年	22986.91	13094.04	5943.99	1683.02
增加面积	698.09	442.22	1189.59	123.20
增长率（%）	3.04	3.38	20.01	7.32

二、规划用地面积超千万平方米基地达到 10 家

2019 年底，软件产业基地规划用地面积达到 23685.00 万平方米，同比增长 3.04%。其中，规划用地面积超千万平方米的基地有 10 家，这 10 家基地规划用地面积之和占 44 家基地的 66.94%，见图 6 - 1。

（万平方米）

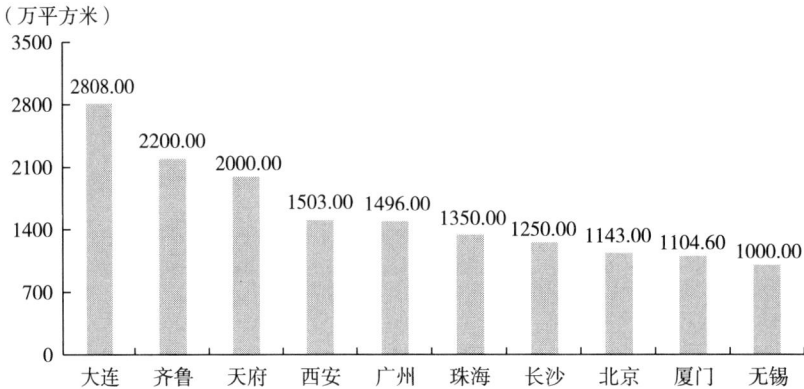

图 6 - 1　2019 年底规划用地面积前 10 的基地

　　软件产业基地所在地的各级政府通过整合优质资源、加大扶持软件产业发展的政策力度和财政资金力度，推动软件产业基地的物理空间布局得到快速发展。2019 年，有 9 家基地的规划用地面积出现增长，见表 6 - 2。

表 6 - 2　2018 ~ 2019 年规划用地面积增长的基地　　　　单位：万平方米

位次	1	2	3	4	5	6	7	8	9
基地名称	重庆	郑州	天府	杭州	金庐	西安	上海	沈阳	长沙
规划用地面积	119.00	26.00	2000.00	98.30	65.00	1503.00	656.12	481.00	1250.00
增长率（%）	70.00	49.43	29.03	18.68	14.04	7.87	3.36	2.34	2.04

三、现有用地面积体现资源有效利用率

　　2019 年底，软件产业基地现有用地面积达到 13536.26 万平方米，占规划用地面积的57.15%。位居前 10 的基地现有用地面积之和占 44 家基地总量的 71.67%。整体来看，在地域发展方面还有一定的空间，软件基地通过扩大现有用地面积，加快园区建设与开发的步伐，提升资源利用效率，见图 6 - 2。

　　信息技术应用的不断深入催生了电子商务、互联网金融、智慧物流及平台经济等新兴业态，为软件和信息技术服务业的发展带来了业务拓展的空间。软件产业基地瞄准创新发展的前沿领域，深化业务融合发展。2019 年，13 家基地的现有用地面积出现增长，见表6 - 3。

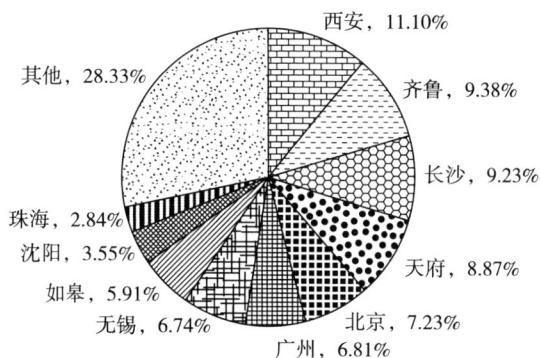

图 6 - 2　2019 年底现有用地面积前 10 的基地占比

表 6 - 3　2018 ~ 2019 年现有面积增长前 10 的基地

位次	1	2	3	4	5	6	7	8	9	10
基地名称	重庆	郑州	厦门	杭州	天府	金庐	西安	河北	上海	沈阳
现有用地面积增长率（%）	83.08	49.43	30.53	18.68	10.19	9.09	7.87	6.67	5.36	2.34

四、现有建筑面积区域差异明显

2019 年，软件产业基地现有建筑面积达到 7133.58 万平方米，同比增长 20.01%。其中，现有建筑面积超过 100 万平方米的有 18 家基地，占 44 家基地现有总建筑面积的 85.02%。这 18 家基地中有 12 家位于东部地区，中部和西部各 2 家，东北 1 家。现有建筑面积最小的 10 家基地建筑面积均小于 31 万平方米，其中有 4 家位于西部地区。建筑面积的区域差异明显，见表 6 - 4、图 6 - 3。

表 6 - 4　2019 年底现有建筑面积前 10 及增速前 10 的基地　　　单位：万平方米

位次	1	2	3	4	5	6	7	8	9	10
基地名称	长沙	天府	上海	湖北	厦门	齐鲁	重庆	青岛	广州	中关村
现有建筑面积	800.00	570.00	474.83	450.00	411.02	364.98	357.00	339.68	334.00	320.00
位次	1	2	3	4	5	6	7	8	9	10
基地名称	重庆	长沙	郑州	西安	上海	广州	厦门	杭州	金庐	天府
增长率（%）	440.91	110.53	99.22	80.00	34.87	24.84	23.99	15.03	12.50	10.47

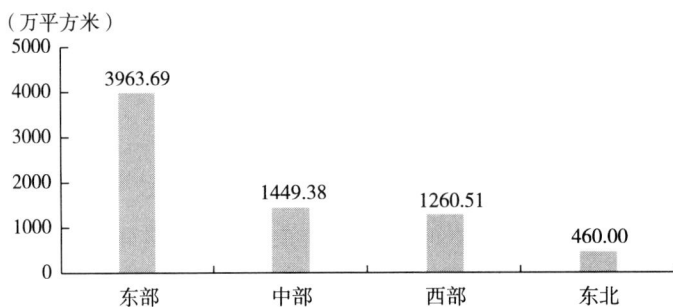

（万平方米）

图 6 – 3　2019 年底不同地区平均现有建筑面积比较

五、软件园为入孵企业提供硬件保障

2019 年底，软件产业基地现有孵化面积 1806.23 万平方米，同比增长 7.32%。现有孵化面积前 10 的基地，其孵化面积都在 49 万平方米以上。现有孵化面积增长率前 10 的基地增速都超过 5%。基地持续扩大孵化场地，加大力度扶持入孵企业，见图 6 – 4。

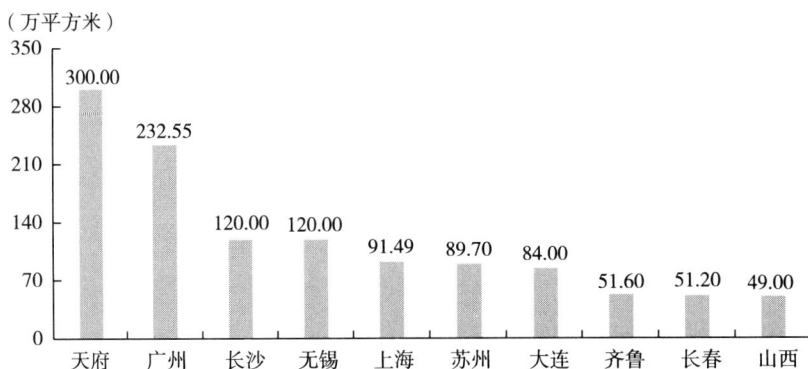

（万平方米）

图 6 – 4　2019 年现有孵化面积前 10 的基地

软件产业基地通过整合区域软件创新资源，搭建公共技术服务平台，建立专业化服务共享机制，基地企业提供具有专业化服务能力的创业孵化平台，营造了良好的创新创业生态环境，积极孵化和培育企业。2019 年，10 家基地的现有孵化面积出现增长，见表 6 – 5。

表 6 – 5　2018 ~ 2019 年现有孵化面积增长前 10 的基地

位次	1	2	3	4	5	6	7	8	9	10
基地名称	长沙	齐鲁	重庆	上海	杭州	金庐	沈阳	天府	河北	合肥
现有孵化面积增长率（%）	118.18	31.97	28.48	14.65	14.41	12.50	7.44	7.14	5.71	5.65

研　究　篇

第七章 5G 产业

自 5G 概念提出后，各国相关技术的研发以及产业布局也在如火如荼地进行之中。与此同时，我国 5G 在标准研发上正逐渐成为全球领跑者，5G 不但是世界通信技术发展的一大动力，更是中国技术突破外国技术垄断的一个机会。近几年来，我国也抓住了 5G 发展的大趋势和跻身世界尖端通信技术行列的契机，实现了飞跃式发展。

一、5G 产业发展概况

（一）政策推动 5G 产业发展

早在 2009 年，华为就已经展开了相关技术的早期研究，并在之后的几年里向外界展示了 5G 原型机基站。

2017 年 11 月，工信部发布《关于第五代移动通信系统使用 3300～3600MHz 和 4800～5000MHz 频段相关事宜的通知》，确定 5G 中频频谱，能够兼顾系统覆盖和大容量的基本需求。

2017 年 12 月，发改委发布《关于组织实施 2018 年新一代信息基础设施建设工程的通知》，要求 2018 年将在不少于 5 个城市开展 5G 规模组网试点，每个城市 5G 基站数量不少于 50 个，全网 5G 终端不少于 500 个。

2018 年初，政府工作报告指出："全面实施战略新兴产业发展规划，加快新材料、人工智能、集成电路、生物制药、第五代移动通信技术研发和转化，做大做强产业集群。"这是政府工作报告首次提到 5G，充分显示出 5G 在未来经济中扮演的重要地位。4 月 22 日，工信部发布《5G 发展前景及政策导向》，其中提到，我国 5G 将在 2019 年下半年初步具备商用条件。

2019 年 6 月 6 日，工信部正式向中国电信、中国移动、中国联通、中国广电发放 5G 商用牌照，中国正式进入 5G 商用元年。同年 9 月，中国华为公司在布达佩斯举行的国际电信联盟 2019 年世界电信展上发布《5G 应用立场白皮书》（见表 7-1），展望了 5G 在多个领域的应用场景，并呼吁全球行业组织和监管机构积极推进标准协同、频谱到位，为 5G 商用部署和应用提供良好的资源保障与商业环境。

表 7-1　5G 产业相关政策

年份	发文单位	政策名称
2017	工信部	《信息通信行业发展规划（2016~2020 年）的通知》
2017	发改委	《关于组织实施 2018 年新一代信息基础设施建设工程的通知》
2018	工信部	《5G 发展前景及政策导向》
2018	国务院	《完善促进消费体制机制实施方案（2018~2020 年）》
2019	工信部	《5G 应用立场白皮书》

2019 年 10 月，5G 基站入网正式获得了工信部的开闸批准。工信部颁发了国内首个 5G 无线电通信设备进网许可证，标志着 5G 基站设备将正式接入公用电信商用网络。

（二）5G 产业挑战与机遇并存

当前，5G 的发展及全面商业化来自对移动数据日益增长的需求。随着移动互联网的发展，越来越多的设备接入到移动网络中，新的服务和应用层出不穷。

到 2020 年，预计移动通信网络的容量需要在当前的网络容量上增长 1000 倍，移动数据流量的暴涨将给网络带来严峻的挑战。首先，如果按照当前移动通信网络的发展速度，容量难以支持千倍流量的增长，网络能耗和比特成本难以承受；其次，流量增长必然带来对频谱的进一步需求，而移动通信频谱稀缺，可用频谱呈大跨度、碎片化分布，难以实现频谱的高效使用；再次，要提升网络容量，必须智能高效利用网络资源，例如针对业务和用户的个性进行智能优化，但这方面的能力不足；最后，未来网络必然是一个多网并存的异构移动网络，要提升网络容量，必须解决高效管理各个网络、简化互操作、增强用户体验的问题。为了解决上述挑战，满足日益增长的移动流量需求，亟需发展新一代 5G 移动通信网络，5G 产业将迎来利好。

二、5G 产业发展特点

（一）5G 应用范围广阔

在实际应用方面，5G 技术在云 VR/AR、车联网、智能制造、智慧能源、无线医疗、无线家庭娱乐、联网无人机、社交网络、个人 AI 辅助、智慧城市方面都有着极为广阔的应用前景（见图7-1）。

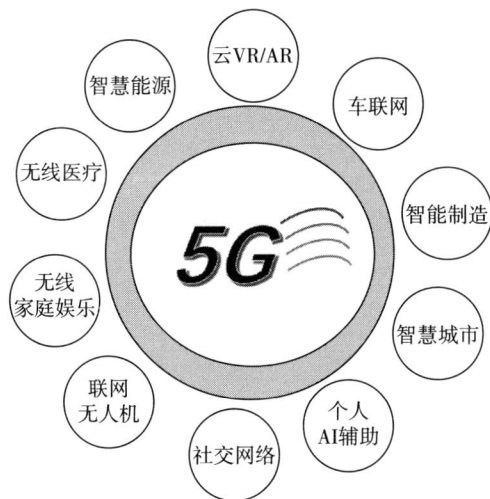

图7-1 5G产业应用领域

（二）5G技术发展迅速

2020年是5G建设的关键之年，是5G正式进入商用元年。5G的网速将会达到4G的数十倍，但5G的优势不仅如此，5G的诞生是要解决世界"全联接"的问题。

在5G建设快速发展的过程中，资本市场也与其发生着联动效应，5G概念板块已经成为2019年年初最热板块之一。工信部表示，2019年是5G商用的元年。随着三大运营商资本的投入和5G按预期进度的推进，资本市场的相关板块将迎来可持续的催化剂，从主题炒作逐步进入业绩验证阶段。未来行业龙头订单有望率先出现拐点，2020~2021年将进入5G建设的高峰期。

三、软件产业基地5G产业发展案例

当下，我国5G终端应用业务正逐步向各垂直领域延伸拓展，形态逐渐丰富，5G全场景生态正在加速构建，5G发展开始进入快车道。在我国5G发展大潮中，各地软件产业基地起到了非常重要的作用。

（一）深圳5G产业领跑全国

以华为、中兴、海思半导体等企业为代表的深圳通信技术领域赫然完成了从跟随者向引领者的转型。华为、中兴在网络建设、场景应用及终端领域占据领导者地位，海思半导体、中兴微电子等在芯片领域居于行业领先地位，国人通信、信维通信、摩比天线、日海通讯等一批企业是器件领域的龙头企业，日海通讯、大富科技、国人通信是核心器件领域的龙头企业。通过核心技术自主研发，在5G标准制定、频谱研究、技术创新、产品验证等方面率先布局，我国在5G国际标准中基本专利量比重接近15%，其中深圳的华为、中兴等厂商推动的极化码、大规模天线新型多址技术、车联网等均被5G国际标准采纳。

这些5G领域的龙头企业很多位于深圳软件园或者是从深圳软件园产生而走向全国乃至世界的，毫无疑问，深圳软件园已经成为中国重要的5G产业核心区域（见表7-2）。

表7-2　位于深圳软件园内的通信信息领域典型企业

序号	企业名称
1	华为技术有限公司
2	中兴通讯股份有限公司
3	华讯方舟科技有限公司
4	深圳市中兴软件有限责任公司
5	深圳天源迪科信息技术股份有限公司
6	海能达通信股份有限公司
7	深圳市梦网科技发展有限公司
8	深圳中琛源科技股份有限公司
9	深圳市普联软件有限公司
10	卓望数码技术（深圳）有限公司

（二）成都5G应用遍地开花

来自成都的天府软件园AI创新中心"神奇"研究所——新华三成都研究和智元汇总部研发基地在5G应用方面尤其是在城市轨道交通领域可圈可点。

新华三成都研究所主要致力于5G、下一代存储以及物联网的研究开发，是支撑新华三集团未来发展的重要研发基地。2020年4月，新华三发布了全新的"AI in ALL"智能战略，在城市轨道交通领域，新华三提供城轨数据平台解决方案和城轨全场景运维解决方案，助力各大城市轨道交通领域的数字化转型。截至目前，新华三为成都共计13条地铁线路的建设提供了领先的智慧城轨解决方案，包括轨道交通车地无线、通信系统有线接入、通信系统信息安全等保、MLC系统等多种解决方案，为成都地铁的可靠稳定运行贡献了至关重要的"智慧力量"。

智元汇总部研发基地专注智慧交通领域已十年，将全球领先的AI技术与轨道交通深度结合，全面推动城市轨道交通新基建建设，在地铁等公共交通领域构建起"5G+AI"

的智慧乘运管理及乘客服务的全息动态感知生态系统，目前，智元汇业务已覆盖全国近50%已开通地铁的城市，多元化移动支付已应用于全国500多个地铁站点，创造了多个轨道交通"行业第一"。

四、5G产业发展趋势

（一）5G在全球将成为重要的经济增长点

2020～2035年，IHSMarkit预测，全球实际GDP将以2.9%的年平均增长率增长，其中5G将贡献0.2%的增长。2020～2035年，5G为年度GDP创造的年度净值贡献达2.1万亿美元，这个数字相当于印度目前的GDP——印度目前是全球第七大经济体。

根据IHS预测，美国、中国、日本、德国、韩国、英国和法国七个国家将处于5G发展的前沿。而美国和中国有望在本研究跨越的16年间主导5G研发与资本性支出，两国将分别投入1.2万亿美元和1.1万亿美元。IHSMarkit预计，美国的投入将占全球5G投入的约28%，中国紧随其后将约占24%。

（二）中国将借助5G实现新的技术腾飞

根据中国信通院研究数据，按照2020年5G正式商用算起，预计当年将带动约4840亿元的直接产出，2025年、2030年将分别增长到3.3万亿元、6.3万亿元，十年间的年均复合增长率为29%。在间接产出方面，2020年、2025年和2030年，5G将分别带动1.2万亿、6.3万亿和10.6万亿元的间接经济产出，年均复合增长率达到24%。此外，预计2030年，5G将带动超过800万人就业，主要来自于电信运营和互联网服务企业创造的就业机会。在世界经济下行压力增大的今天，5G将有可能成为世界经济新的契机和增长点。

第八章　区块链

近来，区块链技术在应用层面不断拓展，区块链从几年前的概念宣传逐步过渡到关注服务实体经济的层面上来，2018 年被行业称为区块链技术落地应用元年。此后，区块链快速升温、蓬勃发展，逐步应用到各个重要领域，为区块链的可持续发展注入了新动能。

一、区块链产业发展概况

（一）政策助推区块链产业发展

自 2016 年 10 月工业和信息化部发布《中国区块链技术和应用发展白皮书（2016）》及 2016 年 12 月区块链首次被作为战略性前沿技术、颠覆性技术写入国务院发布的《国务院关于印发"十三五"国家信息化规划的通知》以来，区块链日益受到我国政府的重视和关注，出台了一系列有关区块链的政策指导意见及通知文件等。

2017 年 7 月，国务院《关于印发新一代人工智能发展规划的通知》中明确，促进区块链技术与人工智能的融合，建立新型社会信用体系，最大限度降低人际交往成本和风险。

2018 年 2 月，工信部发布《关于组织开展信息消费试点示范项目申报工作的通知》，支持发展面向信息消费全过程的现代物流服务，支持多式联运综合物流的创新应用，积极探索利用区块链技术开展物流信息全程监测，推进物流业信息消费降本增效。

2018 年 4 月，教育部发布《教育信息化 2.0 行动计划》，明确积极探索基于区块链、大数据等新技术的智能学习记录、转移、交换、认证等有效方式，形成泛在化、智能化学习体系，推进信息技术和智能技术深度融入教育教学全过程，打造教育发展国际竞争新增长极。

2019 年 1 月，国家互联网信息办公室发布《区块链信息服务管理规定》指出，区块链信息服务提供者和使用者不得利用区块链信息服务从事危害国家安全、扰乱社会秩序、侵犯他人合法权益等法律行政法规禁止的活动。此项规定规范了我国区块链行业的发展，意味着我国正式迎来对于区块链信息服务的"监管时代"。

2019年5月，国务院发布了《关于深化改革加强食品安全工作的意见》（以下简称《意见》）。《意见》主张，要建立基于大数据分析的食品安全信息平台，推进大数据、云计算、物联网、人工智能、区块链等技术在食品安全监管领域的应用。对于区块链技术的食品安全应用提出了新要求和新意见。

2019年8月，国家发改委审议通过了《产业结构调整指导目录（2019年本）》（以下简称《目录》），该《目录》在"鼓励类"信息产业中增加了"大数据、云计算、信息技术服务及国家允许范围内的区块链信息服务"，成为我国区块链发展的重要支持性文件。

2019年10月，全国人大常委会发布了全新《密码法》，该法案旨在规范密码应用和管理，促进密码事业发展，保障网络与信息安全，提升密码管理科学化、规范化、法治化水平。作为我国密码领域的综合性、基础性法律，其对于区块链技术同样具有深远且重要的监管意义。

表 8-1　区块链产业相关政策

时间	发文单位	政策名称
2016年10月	工信部	《中国区块链技术和应用发展白皮书（2016）》
2016年12月	国务院	《国务院关于印发"十三五"国家信息化规划的通知》
2018年2月	工信部	《关于组织开展信息消费试点示范项目申报工作的通知》
2018年4月	教育部	《教育信息化2.0行动计划》
2019年1月	国家互联网信息办公室	《区块链信息服务管理规定》
2019年5月	国务院	《关于深化改革加强食品安全工作的意见》
2019年8月	国家发改委	《产业结构调整指导目录（2019年本）》
2019年10月	全国人大常委会	《密码法》

（二）区块链产业蓬勃向上

根据赛迪区块链研究院统计，截至2019年底，我国共发布区块链相关政策286项，同比增长55%。2019年10月24日，习近平在中央政治局第十八次集体学习时强调把区块链作为核心技术自主创新重要突破口，加快推动区块链技术和产业创新发展。自"1024"区块链讲话之后，在短短两个月之内，国家及各省份共发布32项区块链相关政策，占2019年全面政策数量的32%。

国家层面积极部署，地方政府加快落实。2018年，各地区发布的政策多涉及金融、服务、供应链等领域。2019年国家各部委、各地方政府进一步将区块链技术深入到其他领域，如节水、工程建设、防洪治理、智慧矫正等，同时促进已有领域进行模式转型，如交易平台、商事制度、金融监管等。

据统计，2018年至2019年上半年，区块链行业迅速展开，形成了具有一定影响力的，分为上、中、下游的区块链产业链条。目前，我国已形成环渤海、长三角、珠三角及湘黔渝四大区块链产业聚集区，区块链行业呈现蓬勃发展之势。

二、区块链产业发展特点

（一）产业发展环境持续优化

从《国务院关于印发"十三五"国家信息化规划的通知》中首次提及区块链并明确提出需加强区块链等新技术的创新、试验和应用，以实现抢占新一代信息技术主导权以来，相关行业、国家和国际标准也在加速制定，促进区块链产业生态化发展。为把握区块链产业发展机遇，各地政府也积极出台了区块链技术和产业发展扶持政策，从产业高度定位区块链技术，推动产业升级，总体看，区块链产业发展环境向好。

（二）区块链应用呈现多元化

区块链技术具备分布式、防篡改、高透明和可追溯的特性，符合金融系统业务需求，随着区块链技术创新发展逐步成熟，产业应用的实际效果越发显现，区块链的应用已从金融领域延伸到实体领域，包括电子信息存证、版权管理和交易、产品溯源、数字资产交易、物联网、智能制造、供应链管理等领域。区块链技术开始与实体经济产业深度融合，形成一批"产业区块链"项目，区块链产业迎来"百花齐放"的大时代。

（三）助力实体经济降本提效

从目前实际的落地情况看，区块链着力于提升产业协作环节的信息化水平，可从"降成本""提效率"两方面推动传统产业发展。随着我国数字经济的发展，在企业内部，信息化水平往往已经比较高，各类管理系统已经非常先进，但是在企业之间协作的环节，很多情况下并没有被信息系统所覆盖。比如不同类型的机构在进行对账时，往往要从信息系统中导出电子表格，并用邮件发送等，业务流程消耗人力、物力，效率不高且体验较差，因此，可以基于区块链的系统完善优化，有效实现实体经济的降本提效。

三、软件产业基地区块链产业发展案例

（一）区块链为各项技术提供支撑

在"新基建"行业风口已至的情况下，上海市市北高新技术服务业园区在致力于加快引进国内外数据智能龙头企业的同时，正将目光瞄准人工智能、5G、区块链、工业互联网等领域，着力打造一批面向国际、服务全国、内外连接的重大功能平台，加速建设一批有规模、有品质、有颜值、有科技的产业新空间。市北高新园区区块链生态谷项目已获得上海市科创办重大专项的资金支持，园区已经集聚了十多家区块链企业，将发挥华为等技术龙头企业的带动作用，搭建"技术平台示范应用产业联动"的功能布局，推动"区块链大数据"技术赋能，为数据可信、安全交易、隐私保护等方面提供完美支撑，为引进和培育一批区块链的超级独角兽企业创造条件。

（二）区块链政务协同平台推进政务体系建设

南京研创园自成立以来，积极与国内外多家知名企业及机构共建了 18 个公共技术服务平台，园区通过竭力为企业提供优质、专业、实用、便利的"管家式"服务和各大创新技术支持，降低企业研发成本，推动自主创新，引领产业转型升级。

荣泽区块链政务协同平台是江苏荣泽信息科技股份有限公司（下称荣泽科技）基于国家六项标准要求、创新利用区块链技术研发的一款高安全、高性能、易集成的政务服务产品。该平台产品功能完善，已在多家地市级政务服务项目中成功实践。目前，平台已经助力南京市政府重构了政府部门间的数据共享机制和政务流程，打通公安、民政、税务、房产、人社等 49 个政府部门，支撑了 600 多项证照的归集存储与 1800 多个办件事项的连接，完成 2200 万次数据协同，涵盖全市 25 万企业、1000 万自然人的政务服务信息，在政务服务一张网、电子购房证明全程网办、房产交易一体化、税点税票、权力阳光系统建设、智慧公证等业务场景中得到成功实践，实现了"不见面审批"和全方位便民服务，推进"互联网＋政务服务"开放生态体系建设。

四、区块链产业发展趋势

（一）区块链将成为全球技术发展的前沿阵地

区块链正在引领全球新一轮技术变革和产业变革，正在成为技术创新和模式创新的"策源地"。全球多数政府正在规划区块链投资，美国作为区块链技术的前沿阵地，将区块链上升到"变革性技术"，成立国会区块链决策委员会，不断完善与区块链技术相关的公共政策。欧盟努力把欧洲打造成全球发展和投资区块链技术的领先地区，建立"欧盟区块链观测站及论坛"机制，加快研究国际级"区块链标准"，并为区块链项目提供资金。韩国将区块链上升到国家级战略，全力构建区块链生态系统，计划在物流、能源等核心产业内开展试点项目。中国具备较好的发展区块链的大环境，拥有广泛的区块链技术应用落地场景，正在积极建设区块链产业生态。区块链越来越受到各国的瞩目和推进，将成为全球技术发展的前沿阵地。

（二）区块链技术将在实体经济中广泛落地

随着我国区块链产业生态的迅猛发展，越来越多的项目实际落地，未来，区块链技术将进一步加快在产业场景中的广泛应用，与实体经济产业深度融合，形成一批"产业区块链"项目，将会成为区块链技术的应用趋势。

未来三年将是传统行业与区块链更紧密融合的时期，随着区块链开始改变市场结构，企业将会关注到商业的变革，带有智能合约技术的新生态系统会被整合到现有的行业中，新型的商业模式和监管服务模式将大量涌现，企业数量将大大增加。

第九章 信息安全

随着中国整体信息化水平的持续提升，经济和社会对信息化的依赖程度不断提高，信息安全威胁和风险日益突出。政府、企业、个人对信息安全的关注程度不断增强，社会对信息安全的需求与日俱增。为应对日益突出的网络和信息安全问题，国家出台了一系列重大举措，政府部门、重点行业在信息安全产品和服务上的投入也在不断增加，促进了信息安全产业的持续增长。

一、信息安全产业发展概况

（一）政策支持信息安全产业发展

近年来，国家有关部门相继出台了一系列信息安全政策及相关法规（见表9－1），全面覆盖了个人信息、网络信息、工业互联网、区块链信息等领域，为信息安全产业的发展营造了良好的政策环境，促使中国信息安全市场空间日益扩大。

表9－1 信息安全产业相关政策

时间	发文单位	政策名称
2012 年	国务院	《关于大力推进信息化发展和切实保障信息安全的若干意见》
2016 年 11 月	全国人大常委会	《中华人民共和国网络安全法》
2016 年 12 月	工信部	《软件和信息技术服务业发展规划（2016～2020 年)》
2017 年 6 月	网信办	《国家网络安全事件应急预案》
2018 年 3 月	网信办、工信部	《关于推动资本市场服务网络强国建设的指导意见》
2019 年 1 月	网信办	《区块链信息服务管理规定》
2019 年 4 月	公安部、北京网络行业协会	《互联网个人信息安全保护指南》

时间	发文单位	政策名称
2019 年 5 月	国家标准化管理委员会	《信息安全技术网络安全等级保护基本要求》
2019 年 7 月	工信部	《加强工业互联网安全工作的指导意见》
2019 年 12 月	网信办	《网络信息内容生态治理规定》

2012 年，国务院颁布《关于大力推进信息化发展和切实保障信息安全的若干意见》，信息安全的重要性和意义得到提升。

2016 年 12 月，工信部发布《软件和信息技术服务业发展规划（2016～2020 年）》，强调要发展信息安全技术及产业，提升网络安全保障支撑能力。

2017 年 6 月，《中华人民共和国网络安全法》正式实施，网络安全有法可依、强制执行，网络安全市场空间、产业投入与建设步入持续稳定发展阶段。

2018 年 3 月，网信办、证监会联合发布《关于推动资本市场服务网络强国建设的指导意见》，鼓励网信企业通过并购重组，完善产业链条，参与全球资源整合，提升技术创新和市场竞争能力。

2019 年 1 月，网信办印发《区块链信息服务管理规定》，从监管主体、监管方式、监管辅助三个方面初步构建了区块链信息服务的监管体系。

2019 年 4 月，由公安部牵头印发首个专门针对个人信息安全的文件《互联网个人信息安全保护指南》，明确网络运营者应确保其收集的个人信息安全，也要求确定网络安全负责人。

2019 年 7 月，工信部印发《加强工业互联网安全工作的指导意见》，提出到 2020 年底，工业互联网安全保障体系初步建立；到 2025 年，制度机制健全完善，技术手段能力显著提升，安全产业形成规模，基本建立起较为完备可靠的工业互联网安全保障体系。

2019 年 12 月，网信办印发《网络信息内容生态治理规定》，提出网络信息内容生态的治理，应当明确政府、企业、社会、网民等主体多元参与协同共治的治理模式，为依法治网、依法办网、依法上网提供了明确可操作的制度遵循。

（二）信息安全产业保持稳定上涨趋势

随着信息安全立法的完善和信息安全意识的强化，信息安全产品的需求程度也逐渐提升，这为中国的信息安全产业持续发展奠定了巨大的市场基础。目前，中国信息安全市场保持稳步增长态势，市场规范性逐步完善，政企客户在信息安全产品和服务上的投入稳步增长。根据赛迪顾问研究数据，2019 年中国网络信息安全市场整体规模达到 608.1 亿元（见图 9-1）。随着数字经济的发展，物联网建设的逐步推进，信息安全的投入将持续增加，未来市场规模将不断扩大，预计 2021 年中国信息安全市场规模将突破 900 亿元。

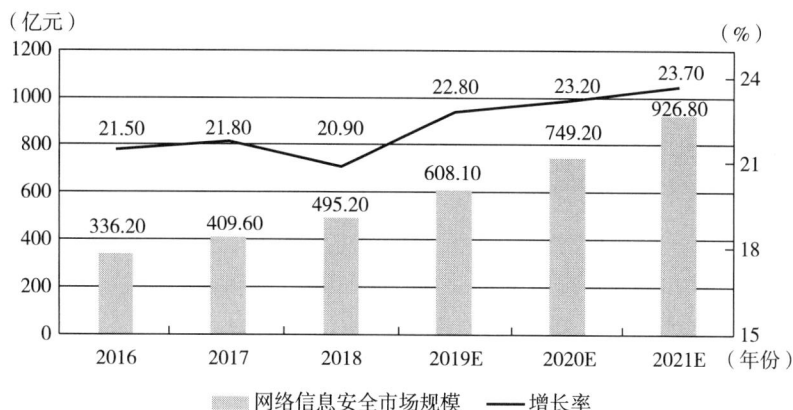

图 9 – 1　2016～2021 年中国网络信息安全市场规模与增长

资料来源：赛迪顾问。

二、信息安全产业发展特点

（一）信息安全产业从硬件逐步向服务转移

信息安全是指通过采取措施对信息系统的软硬件、数据及依托其开展的业务进行保护，使它们不会由于偶然的或者恶意的原因而遭到未经授权的访问、泄露、破坏、修改、审阅、检查、记录或销毁，保证信息系统连续可靠地正常运行。信息安全产品主要包括以硬件为主的信息安全产品及解决方案、以软件为主的信息安全产品及解决方案以及安全服务，而安全服务的作用是联结安全软件和安全硬件。

目前，我国信息安全产业以硬件为主，约占信息安全市场的50%，安全服务所占比重只有10%左右。在全球信息安全领域中，安全服务占据较大的市场空间。随着中国市场5G技术及云服务理念的逐步渗透，传统的网络信息安全产品难以满足日益变化的复杂的网络空间，中国的信息安全产品行业必将向国际看齐，信息安全商业模式将逐步由以软硬件产品为主转换为以服务为主，安全服务是长期发展方向，该变化符合全球信息安全产业发展的趋势。

（二）合规需求为信息安全产业主要推动因素

当前，随着信息安全形势的复杂化，个人信息和重要数据泄露、网络攻击、网络高危漏洞等信息安全问题越来越突出，网络空间所面临的安全问题由传统领域拓展至政治、经济、文化、社会、国防等诸多领域，并呈现综合性和全球性的新特点。网络信息安全事件在总体数量、规模与影响范围上都呈现显著变化，尤其以数据泄露、技术风险和网络攻击最为突出。

信息安全作为 IT 产业的伴生性需求，随着信息安全重要性的不断提升，正在向基础需求转变。我国信息安全以政府和大型国企投资为主。目前，信息安全产业链中，政府部门、电信、金融、能源等涉及国家安全和国民经济命脉、对信息化程度要求高的行业是信息安全产业的主要需求对象。在这些行业，对于信息安全都有相应的政策要求，企业受到政府监管要求而进行信息安全产品采购，满足合规需求成为我国信息安全市场增长的主要驱动力。

三、软件产业基地信息安全产业发展案例

（一）打造工业互联网平台安全防护体系

杭州高新软件园经过多年深耕培育和重点招引，汇聚了一批信息安全骨干企业，形成了较为完善的信息安全技术研发体系。

杭州高新软件园酷特智能股份有限公司旨在打造互联网个性化定制智能制造生态平台。酷特智能针对工业物联网安全主动防护的需求，基于数据与知识挖掘，按照"感知—理解—预测"三个层次分别从时间维度和空间维度研究工控系统安全态势感知技术，实现对物理系统、业务流程的安全分析，入侵攻击类型的识别、安全事故的关联性分析以及安全连锁事故的推理，通过以图形图像方式把采集的工控数据和态势感知的预测结果显示在可视化的视图中，通过人工分析、安全评估、数据交互等，挖掘网络数据中包含的安全信息，实现对工控网络安全数据的可视化显示；根据实时态势感知的结果全面评估工控网络的安全状况与态势，对工控系统中潜在的攻击和异常操作行为及时并可靠预警，主动采取相应的防护措施，实现安全事件预警、监测、响应和取证，为系统统一安全管理提供决策支撑。

酷特智能以保障工控系统信息安全、稳定运行为出发点，研究建立安全风险模型，奠定了安全技术与运行管理的基础。融合工业防火墙、"白名单"防护、统一安全管理等技术，建立了以主动安全防御为核心的技术体系，实现了"分区分域、纵深防御、统一监控"的建设目标，提高了信息安全风险防控能力。

（二）构建自主安全可控的信息技术体系

西安软件园大力发展信息安全产业，拥有一批在全国具有明显特色和优势的核心技术和企业，为信息安全和国家安全提供长期有力的支撑保障。

西安交大捷普网络科技有限公司以内网安全、数据安全、边界安全为切入点，基于"自主可控、安全可靠"标准，充分整合利用适配现有国产芯片、国产操作系统等基础环境和安全可靠软硬件资源，按引导"集约化、一体化、平台化"的原则和统一标准搭建信创安全产品体系，提供统一技术平台、统一安全防护、统一运维监管以及集中管理信息数据的集约化网络安全服务。

西安四叶草信息技术有限公司作为国内领先的实战创新型网络安全企业，深耕网络安全领域之"根"，坚持自主创新，秉承"以攻促防"的安全理念，研发了一系列应用广泛的网络安全产品，应用于政府、运营商、国企、教育、能源、军工等行业，为客户提供一体化网络信息安全解决方案，帮助客户以攻击者的视角先于黑客发现并及时解决安全隐患，让安全风险可控，让防御更简单。

四、信息安全产业发展趋势

（一）信息技术变革催生新的应用场景和市场空间

近年来，云计算、大数据、移动互联网、工业互联网、人工智能等新技术、新应用和新模式的快速发展给信息系统架构带来了巨大变化，对信息安全提出了新的需求和挑战。在"云、大、物、智"新场景驱动下，数据信息的数量不断增大，数据信息内容进一步集中，政府和企业网络信息安全的防护理念也在发生巨大变化，现有的信息安全手段已经难以满足这些新技术和新应用模式的要求，对海量数据进行安全防护也变得愈发困难，分布式数据处理也加大了数据信息的安全风险。

由网络应用、普及引发的技术与应用模式的变革，正在进一步推动信息安全关键技术的创新发展，并诱发新技术与应用模式的发现。移动互联网、物联网、云计算、智慧城市、大数据等新技术及相关新应用模式的发展，将为信息安全产品市场拓展新的发展空间、注入强大的动力。

（二）信息安全产品智能化和集成化发展趋势明显

随着信息技术的进步和网络环境的复杂化，信息安全产品的传统单一功能在检测和防御攻击等方面已经无法完全满足用户的需求，人工智能、机器学习、大数据、云计算等新技术在信息安全领域的深入应用，系统地提升了信息安全产品的智能化和集成化程度，衍生出了集多种功能于一体的软硬件集成开发类产品和系统，把信息安全防护推向了更高水平。

目前，国内信息安全企业仍集中在单点技术的产品层面上，综合性的信息安全技术发展仍然处于较低的水平，但相较于单一功能的产品，集成化的产品和信息安全的解决方案得到了快速的发展。集成开发类产品中高端定制化的行业信息安全解决方案受到了诸如政府机构、金融、互联网、能源、军工等重要企业级客户的青睐，将在未来逐步成为信息安全产业的主力军。

（三）主动安全和安全服务成为发展趋势

过去信息安全防护的思路一直是以防御攻击为主导，且主要集中在基础架构防御上，网络信息安全预测、主动防御领域是企业安全防护的薄弱区，面对新的信息安全威胁仍然采用之前"堡垒式"防护体系的安全保护思路已经难以适应时代。政府和企业网络信息安全防护理念发生了较大变化，网络信息安全不再是被动修补模式，而是与信息系统建设同时规划。核心技术升级从传统的围墙式防护到利用大数据等技术对安全威胁进行检测与响应。主动防御和预测类安全产品如态势感知、威胁情报分析等细分领域快速增长。

随着网络攻击行为日趋复杂，并不能完全依靠传统网络信息安全产品如防火墙、IDS等安全设备独自阻挡恶意的网络攻击，构建全面的安全防护体系、制定完善的安全管理策略、提供整体的网络信息安全解决方案显得尤为重要。新形势下，安全服务如风险评估、安全管理咨询、安全应急响应、安全托管等的作用越来越受到用户重视。伴随着信息安全攻防研究的不断深化，行业用户对于安全厂商提供整体的规划、咨询、漏洞扫描测试、响应以及安全运维的需求也不断提升。我国安全服务还有很大的市场占有率提升空间，后续将迎来信息安全整体行业增速稳中有升以及安全服务占比提升的双重增益。

创 新 篇

杭州高新软件园：
全力打造创新创业人才高地

人才是创新的根基，是高质量发展的第一资源、第一动力。杭州高新软件园始终把人才工作摆在经济工作的第一位置，以创新驱动为核心，落实《关于进一步加强人才工作的实施意见》精神，全面集成"人才引进＋创新创业＋生活服务"的人才政策服务，做足做好"引进、培育、服务"三篇文章，不断优化人才生态，全力打造创新创业人才高地，吸引更多的人才在这片热土落地生根、开花结果，为人才大施所能、大展才华、大显身手提供更为广阔的舞台。

一、着眼产业发展，全力引进人才

杭州高新软件园聚焦软件和信息服务业发展，深入了解软件企业的人才需求，整合服务资源，为企业人才招聘提供专场服务和校企对接服务，为人才创新创业提供全方位支撑。

突破空间，云上引才。提前谋划研发打造"一站式""零接触"智能"云聘系统"，确保人才洽谈不断链，凸显招聘服务软实力，充分展现滨江制造和滨江速度。2020年2月底启动的杭城首场云招聘，开展云招聘活动10多场，推出上万个岗位，参与线上投递近万人次，接近半数达成初步意向。

紧扣需求，精准引才。紧扣园区产业发展重点，分领域、分层次开展企业人才需求调研，摸清重点企业人才需求底数，精确掌握人才需求结构，着力"靶向"引才。充分发挥园区高新人才网、智能人才市场的双优势，开展"线上＋线下"专业引才；同时面向全球重点高校招聘政府专业聘用人员和招商招才专业人才，不断加强政务专业人才储备。

聚焦行业，定制引才。政府作为、市场有为，聚焦数字经济、人工智能等行业紧缺型人才，加强与前程无忧、猎聘、智联招聘等专业引才机构合作，为企业量身邀约人才，实现企业与人才的精准匹配。

做强校招，开放引才。绘制全国高校招聘地图，深入对接符合园区产业导向的重点高校，持续做好关口前移及重心下沉，做到省内省外联动引才。开展"实习生＋毕业生"招聘系列活动，组团进校现场宣讲覆盖省内外双一流高校 30 所以上。举办"相约在高新"政校企合作交流活动，拓展引才渠道和提高合作黏性。

二、聚焦平台资源，全力培育人才

杭州高新软件园搭建创新特色载体，厚植"双创"沃土，推进孵化服务，强化校企合作，建成一批新型研发机构、企业技术中心、企业研发中心、企业院士专家工作站、国家级企业博士后科研工作站等双创平台，打造更优质的创新生态，成为各类科技人才创新创业、追梦圆梦的热土。

围绕重点项目，挖掘人才培养。抓住国家"百千万人才工程""政府特殊津贴专家"，浙江省"151 人才工程"，杭州市"钱江特聘专家""131 中青年人才培养计划"等申报大年契机，完善企业人才储备库，全流程追踪人才发展动态，一对一指导人才项目申报，实行各层级分档定向培养，全力做好高层次人才认定工作。

创新服务模式，推动校企合作。鼓励企业联合高校开展科研合作。完善博士后工作站孵化计划，与博士后咨询管理公司开展全面合作，实行咨询引进一条龙服务，吸引高校博士到园区博士后工作站开展研究成果转化；组织园区内博士后设站单位赴各地开展博士后专场招聘活动，助力企业引进优秀博士后人才。新认定的国家、省级和市级博士后科研工作站，在上级资助的基础上，给予进站科研资助、安家补贴和配套奖励。

创建品牌活动，助推大创提升。鼓励大学生创业。借力杭州市一赛一会，启动"创在滨江"活动，积极引进全球范围高校优秀大学生创新创业项目及团队；举办"赢在滨江"活动，搭建融资服务平台，提升大创企业质量；举办"大创人才成长营"，有效解决创始团队痛点和短板，帮助大创企业提升核心竞争力。

三、对标优质高效，迭代人才服务

杭州高新软件园聚焦"信息、平台、服务"三要素，统筹"线上＋线下"全方位人才服务，打造在全国有影响力的人才磁场，围绕"引、聚、培、留"全周期人才生态体系建设，打造"一站式""全流程""有温度"的"人才之家"，为人才的成长、管理、开发、流动提供精准优质服务。

设立人才驿站，提升人才获得感。实施推动"人才一件事"，全面落实"一窗口受理、一对一服务、一站式办结"，在人才计划申报、项目认定、档户接转、社保参保接续、居住证申请、人才安居、子女就学等政策咨询和事项办理过程中，让人才"一看便知、一问便明、一查便懂、一办便成"。

搭建知识工场，注入育才新动能。举办 HR 精英沙龙、技术研讨会、就业课堂等系列活动，为人才（HR）"补给""充电"，提升创新创业活力，提升雇主品牌。

建设人才之家，实现智慧引才。开发运行人才安居管理系统，运用区块链技术提升人才安居工作管理效能，实现安居业务办理"不用跑"。打造智能化、云招聘、综合性服务平台的同时，接入人才测评、人才寻访、诚信背景调查等专业服务，为企业引才提供深度定制化服务，全方位保障高质量人才引进。

杭州高新软件园将紧紧抓住数字产业和高新人才集聚的特殊优势，强化产业链协同创新能力，进一步吸引和培育高端人才，形成高科技产业、高能级城市和高层次人才的良性互动，抢占全球产业链、价值链的制高点。

西安软件园：深化产城融合
为高质量发展持续赋能

当前，我国经济已由高速增长阶段进入高质量发展阶段。面对新时代这一重要历史机遇，西安软件园顺应新形势、新要求，坚持新发展理念，坚持以产城融合为引擎，充分激发人力、城市与新兴产业共存共荣的动力和活力，为园区提质增效和稳固高质量发展持续赋能。

多年的产业积聚和沉淀，使西安软件园聚集了陕西省软件和信息服务业90%以上的行业企业，并于2020年当选中国软件园区发展联盟新一届理事长单位。在科技发展日新月异的今天，西安软件园继续在拓展产城融合发展空间中深度发力，巩固现有成果，进一步加速"从园到城"的蜕变进程。

一、聚合优势与特色，提升产业集聚效能

截至2020年上半年，西安软件园产业收入达到177.1亿元，同比增长15.8%。园区内入驻企业2600家，从业人员超过21万人。作为一个因产而起、以产而兴、产城融合的世界一流软件基地，西安软件园得以迅猛发展，与其特殊的区位、产业生态、品牌等优势密不可分。

西安软件园位于西安科技创新引领轴、科创大走廊交汇之地，北邻市政府、西安咸阳机场；南邻高新区未来发展的主阵地中央创新区；西邻昆明池；东与高新区主城区连成一片，交通物流便捷。得天独厚的区位优势为培育以产带城、以城促产、产城融合提供了优质沃土。

西安软件园依托以软件新城为核心的六大特色板块空间布局，以行业应用软件、大数据和云计算，信息技术服务，移动互联网和电子商务，集成电路设计与测试，嵌入式软件，数字出版和游戏动漫为主的七大优势产业集群，构筑了5G技术、智慧安防、人工智能、机器人、增材制造（3D打印）五大产业生态，成为西安高新区重点发展软件和信息

技术服务业等新一代战略性新兴产业的园区，吸引了 35 家世界 500 强企业的研发机构、46 家中国软件百强企业、陕西省第一家独角兽企业易点天下、国内外金属增材制造领域领先的金属 3D 打印全套解决方案提供商铂力特，以及校园传媒第一股三人行传媒等公司入驻。

二、强化软实力，保障产城融合持续发展

事实上，产城融合的本质就是平衡，平衡"人、产、城"这三者之间的关系。城市与产业往往相伴而生，打造服务融合、多元功能兼备的复合型城区，与不断提升的产业硬实力相匹配，是保障产城融合持续发展最根本的要素。

西安软件园致力于打造具有教育、医疗、设施建设、未来社区等资源的"聚宝盆"，真正转化为推动"从园到城"发展的强基"动力"，形成"产、学、研、商、住"一体化联动的创新型园区。

目前，园内拥有 23 所中小学、4 家医院，搭载了陕西省图书馆、西安高新国际会议中心，紧邻 30.43 平方千米昆明池、400 亩鹤鸣湖、120 亩云水公园、28 千米沣惠绿道，规划了 14 个 15 分钟未来社区，将生活、科创、文娱合为一体。尤其是占地 35 万平方米的西安高新苏宁广场，建成后将成为西安最大的单体商业综合体。

同时，西安软件园以便民便企服务为导向，为改善营商环境着力开展各项服务。

西安软件园借助西安高新区综合服务大厅，实现行政审批等园区业务园区办。通过建设中介服务中心、西软直聘＋西软大学平台、企业全链路融资服务平台西软金服、西北首家人工智能要素交易平台西软数服等，集中为企业提供商务、人才、融资、补贴等服务或方案。

此外，西安软件园还通过云开园、云签约、云招商、直播带岗等多种创新方式，丰富园区效能，提高园区软实力。

三、把握机遇，探索"从园到城"更优路径

作为我国科技重镇，西安在新时代肩负着新发展这一重要责任与使命。西安软件园以高站位、高格局，把握历史机遇，聚合软件产业优势和智慧，做好产业高质量发展布局，以助力我国经济结构转型升级，并深度融入全球经济一体化大潮中。

全球程序员节是针对全球程序员群体所举办的顶级盛会，现已在西安连续举办了三

届。每一届的全球程序员节都极大地提高了西安在数字经济产业中的引领地位，提升城市硬科技维度的同时，助力西安打造中国"软件名城"的国际名片，让世界刷新对西安软件产业集聚效能及力量的认知。

第三届全球程序员节以"数字互联　码动未来"为主题，举办 16 场活动，发布了《"一带一路"5G 产业西安宣传》《高新区 5G 产业行动计划纲要》，彰显西安发展数字经济和 5G 产业的信心和决心。同时，活动还揭晓了全国新锐程序员、西安十佳程序员评选结果，以此树立行业榜样，汇聚行业力量，聚焦产业优秀人才，共同携手打造"一带一路"数字经济领域最具影响力的高端智库。

2020 年，西安软件园大力推进 5G 智慧园区建设项目、中介服务超市项目落地深耕，未来将通过相关工作的具体部署，继续强化服务功能的发挥，全面打造高质量发展样板区，优化产城融合发展路径，加快实现 50 万程序员会聚、5000 亿元产业规模的"双五"目标。

南京软件园：探索集成电路产业
培育新路径

自2016年成立以来，南京集成电路产业服务中心（ICisC）始终以"建设专业能力，打造产业生态，推动产业发展"为使命，整合行业优质资源，为企业提供专业化、精准化服务，以人才资源、开放创新、芯机联动为特色，采取以品牌、投融资为支撑的"1+3+2"工作路径，积极布局，推动服务升级，助力产业发展。通过深耕专业服务，助力江北新区集聚集成电路相关企业超400家，产值超300亿元，成为"芯片之城"建设全面提速的助推器。

一、产业发展，服务先行

2016年的江北新区，集成电路企业屈指可数，产业基础薄弱。ICisC学习、借鉴了全国集成电路ICC产业基地的发展经验，并在此基础上强化了集成电路"产业发展、服务先行"的理念，立足产业现状，结合产业发展趋势，积极围绕人才培育、公共技术、技术转化、芯机联动等方面持续发力，推动企业集聚发展，鼓励科技创新落实，集聚产业创新人才，深化产业与资本融合，为江北新区集成电路产业赋能。正是因为有了这一平台，作为后起之秀的南京，在北京、上海、无锡等传统集成电路产业强市中脱颖而出，跻身国家新一轮集成电路产业发展重点城市，迅速吸引了全球行业关注。

二、需求导向，专业服务

当好助攻手，协助新区落地企业近百家。ICisC针对集成电路设计企业和系统应用整机企业提供产业链对接、市场联动、资源整合等配套服务。策划举办中国半导体市场年会、世界半导体大会、SOI 国际论坛、中国集成电路设计业年会（ICCAD）、中国集成电路人才发展论坛、"芯火"创新行动工作推进会等 10 余场重大行业活动，依托 ICisC 专业服务能力，助力新区招才引智，协助百余家企业落地，同时依托集成电路"创芯中心"，落地 3 家新型研发机构，孵化 30 余家新型研发企业。

做好服务员，助力企业降低研发费用数亿元。ICisC 建成了全国集成电路公共服务平台中规模最大、设备最先进的 EDA 共享中心，为企业节约 IC 项目研发投入数千万元；建成 420 平方米标准防静电实验室、建成 1900 平方米晶圆测试平台、整合仪器检测资源，形成 IC 共享大仪联盟信息化平台，累计为企业节省仪器设备购置投入 5000 多万元；依托台积电国际领先的先进生产工艺，建立了覆盖全球的 100 种主流工艺产线的流片渠道，为芯片企业提供"一站式全球流片渠道服务"，服务额超亿元。

打好人才牌，满足企业用人需求上千人。ICisC 线上结合线下，开展人才招聘、培训、竞赛活动等工作。通过人才招聘，满足百余家企业用人需求近千人。与国内外知名企业合作，举办各类培训、讲座、论坛、研讨会，参训人次达万人。此外，还有创新人才培养模式的"暑期学校"，邀请企业资深工程师、高管进入高校传授实战经验的"工程师进校园"，展示江北新区"芯片之城"产业规划和建设成果的"走进江北"等特色活动。

三、人才赋能，全面布局

ICisC 以吸引和培养产业发展中亟需的应用型人才、软硬协同设计人才、先进设计方法人才为目标，打造全国大学生嵌入式芯片与系统设计竞赛暨智能互联创新法赛、全国大学生 FPGA 创新设计竞赛以及全国首个 EDA 专业竞赛——集成电路 EDA 设计精英挑战赛。通过聚焦专业、产学互动、以赛带训、赛训结合，持续迭代人才培育模式，为新区的产业发展挖掘了大量的优秀人才和优质项目，推动了新区"创新创业"的氛围，打响了"人才试验区"品牌，成为南京市实施人才"掐尖"计划的主战场。

四、服务升级，协同创新

ICisC 抓住数字经济手段，放眼全球化布局，发布全球首个集成电路产业大数据平台——"芯上南京"。

2020 年，由南京江北新区联合企业、高校，依托 ICisC 的专业服务，共同成立南京集成电路大学，ICisC 协同高校的优质教学资源、深度结合企业实践实训资源、整合公共服务资源，不断推进学院建设，创新人才培养模式，建成聚焦产业人才培养的全国首个集成电路大学。

作为国家首批"芯火双创"平台，ICisC 勇挑国家担当，积极响应国家战略，协助攻关核心技术问题，于 2019 年始，联合江北新区、东南大学、华大九天等国内领军型 IC 企业、高校、研究所、公共服务平台以及地方政府，在全国范围内，率先启动集成电路设计领域的技术创新中心与产业创新中心的筹建工作。

为积极提升我国半导体产业创新能力与全球影响力，助力江北新区打造具有全球影响力的"芯片之城"，ICisC 联动各方资源，于 2018 年始协助江北新区举办首个世界级会展结合的世界半导体大会。

ICisC 与工信（北京）产业发展研究院合作，筹建全国首个旨在促进芯片企业和整机企业协作的"芯机联动"联盟，打造立足江北、辐射长三角、影响全国的产业链上下游联动发展创新平台。

站在国家级新区以及自贸区"双区叠加"基础上的江北新区，集成电路产业即将迈进千亿级，"服务先行"也被赋予了更高的使命。作为南京集成电路产业生态的重要组成部分，面对产业服务中的问题，ICisC 将会继续前行，以全球集成电路技术与产业发展的视角，以更加开放的胸怀，努力打造我国集成电路产业的新高地，为江北新区"芯片之城"建设做出应有贡献。

无锡软件园：双招双引
为高质量发展赋能

面对严峻复杂的经济形势，无锡软件园奋力抢占未来发展"风口"，把招商引资、招才引智作为"头号工程"，一切盯着项目和人才看、一切围绕项目和人才转、一切扭住项目和人才干。在项目招引上坚持内外资并举，促增量与稳存量并重，大力推动实施精准招商，创新灵活运用"云洽谈""云签约"等数字化新手段，引进科技企业、引育领军人才、营造创业生态，奋力当好科技招商主力军和创新动能生力军，全力打造数字经济领军园区。

一、加强政策扶持，推动精准招商

《无锡高新区"双招双引"三年行动计划》是无锡高新区（新吴区）第一份专门针对"招商引资、招才引智"工作出台的规划计划性文件。政策要求，统筹产业招商和科技招商，深入推进招才引智，构建产业链招引新模式，推广综合载体招引新举措，打造联动招引新机制。大胆探索创新，拓展招引渠道，丰富招引业态。强化配套保障，提升优惠政策兑现力度，积极服务企业。政策出台后，无锡软件园掀起了"双招双引，比学赶超"新热潮。

无锡软件园瞄准"北上广深、龙头骨干"，加强目标客户定向招商工作。园区高密度安排招商团队在北京、上海、深圳等地以及国外进行招商推进活动，邀请领导走访意向客户；积极参与"百企千才"等活动，持续跟踪优秀项目；加速推进在办项目进度，超额完成项目的招商指标。

无锡软件园坚持科学谋划与精准招商相结合。发挥自身优势，拥抱时代潮流，构建一批引领现代发展的未来产业链，完善一批具有引领竞争力的新兴产业链，提升一批高质量发展的传统产业链，实现高质量招商。

无锡软件园坚持平台招商与社会招商相结合。突出软件园主阵地作用，集中精力，积聚力量，创新方式，创优途径，大力推进以商引商、中介招商和政策机制招商，推动"双招双引"工作实现新突破。

二、实施招引育留，打造人才服务体系

近年来，无锡大力创新实施"太湖人才计划"及其升级版——"锡引惠才"12 条政策，出台优秀大学生"锡引"工程升级版 8 条举措，建设人才金融港，大力打造"无难事、悉心办"营商环境品牌，让人才在无锡享受到更有品质的生活。

无锡软件园坚持招商与招才相结合。优势产业强者恒强，产业引才良性互动。无锡软件园强化统筹思维，着力招引一批高大上、高新融项目，带动落地一批人才项目、研发机构、创新平台，确保项目、人才"双丰收"。无锡软件园签约的重大科技项目涵盖物联网、集成电路、数字经济等多个高科技产业领域，着力引导人才项目与产业强区无缝衔接、深度融合。

无锡软件园致力为创新人才提供优质服务，搭建"人尽其才"的舞台。按照市场化、专业化的理念，科学统筹园区空间布局和产业规划，有力提升园区承载力。无锡软件园充分利用猎头公司、市区人力资源中心、优质培训机构资源为园区企业提供定制化的用人解决方案。大力引进和主导产业、新兴产业相关的创新中心，抓好与高等院校、科研院校的合作，激发人才活力，不断集聚领军型人才，加速创新资源集聚，构筑自主创新新高地。

三、优化品牌服务，提升营商氛围

无锡软件园充分尊重企业市场主体地位和科技人才创新主角地位，竭尽全力为企业和创新人才提供最优质环境、最贴心服务、最可靠保障。良好的产业生态圈不断吸引更多的企业和人才来到无锡软件园，从而形成产业与人才的良性互动。

优化营商环境。无锡软件园对标全国一流园区，持续改善园区内外形象，加快创新平台建设，营造创新氛围，积极营造鼓励创新、允许试错、宽容失败的创新文化，提升智能化管理水平，吸引更多优质高新技术企业和创新人才落户发展。

提升服务水平。无锡软件园完善工作体系，探索精准服务机制，坚持企业数量扩张与质量提升并举、规模壮大与创新能力提高并重。无锡软件园强化创业服务，灵活运用创新税费减免、股权转让等扶持政策，勤走访、多沟通、办实事，通过"送政策上门—培育期入库—申报前辅导—入选后保障"全链条服务，加大对园区科技企业培育的力度和

深度。

打造创业生态。无锡软件园统筹运用区域内的住房、教育、医疗等各类资源，建设普惠的服务机制和绿色通道，提供高品质的人才住房、健康医疗、子女教育和出入境保障，打造更具人文关怀的创新创业生态。为人才干事创业、成就事业提供无障碍、全方位的优质服务，提升企业的竞争力和影响力。

潮涌逐浪高，扬帆正当时。面对新形势，聚焦新要求，无锡软件园将深入贯彻落实无锡高新区"双招双引"大会精神，以"创第一、创唯一"的信心和勇气，优化招引方式、加快项目落户、提高服务能力、提升服务水平，努力打造品牌园区！

天府软件园：黑科技驱动
探索智慧管理新模式

随着经济发展进入新常态、新阶段，结合新发展理念运营的智慧园区依靠科技赋能、创新驱动已经势在必行。近年来，成都天府软件园一直在智慧化运营管理的道路上不断探索，并在实践中逐渐形成了一套全新的高科技产业园区运营管理模式。

一、创新构建"园区＋物业"体系

天府软件园公司着力构建"一园多点"空间布局，近年来新增运营管理了 AI 创新中心、大府长岛、中国—欧洲中心、中国成都人力资源服务产业园等项目。

"随着管辖园区面积的不断扩大，园区管理团队不断探索智慧管理新模式，以便更加高效、智能、系统化地运营管理多个产业园区。"天府软件园相关负责人表示。作为园区运营管理方，天府软件园公司打造了八大服务体系，为企业提供政策申报、产业社交、招聘培训、人力资源资讯交流、创新型创业孵化、品牌宣传推广、全方位技术支撑、海外工作站等服务项目，将良性竞争创新融入"园区＋物业"体系，重新定义了产业园区的基础物业管理。

"园区＋物业"体系是指由天府软件园公司整体统筹各区物业公司，共同参与横向对比考核、接受纵向延伸培训，以良性竞争环境，调动各区第三方物业发挥自身优势与特点，为园区企业提供更优服务。"考核和评分都很关键，成绩垫底的物业可能就此出局。"天府软件园相关负责人介绍，在日常管理中跨区评比项目设置完善，全面覆盖安全生产、企业服务等细节工作；考核方式多样，囊括现场监督检查、线上企业客户满意度调查、第三方安全机构不定期抽查和业务能力系统培训等多种形式。每年天府软件园还会举行"优秀物业表彰大会"，表扬和嘉奖在提高园区管理水平和客户满意度等方面取得良好成绩的物业公司及优秀员工。

在这一良性竞争体系下，各区物业在企业服务方面积极创新。B 区物业为提高客户辨识率，要求物业所属客户中心工作人员必须有"人脸识别"技能，通过汇集、分析客户特征及个性化需求，形成对辖区企业车、车位、工作习惯、业务范围等要素的高辨识率，达到"点对点"精细化服务。"园区的保安神了，我来这里工作没多久能准确报出我的单位和职位，协调事情不需更多介绍就能迅速反应，在暴雨、疫情等特殊情况下的悉心服务也非常贴心。"成都育碧电脑软件有限公司企业行政经理李佳说。

C区和D区交界处属于早晚高峰车流汇聚的交通枢纽，两区物业还肩负着"成都新经济活力区·双创服务平台"及天府软件园旗下新经济产业孵化器创业场和部分重点企业的礼宾接待工作。两区物业以工匠精神应对每天大量的车流和参观人流。每天早上，园区可移动红绿灯和打着标准交警手势的秩序队员已经成为一道风景线。

二、智慧化赋能园区发展

目前，天府软件园的管理覆盖范围广，涉及企业数量庞大，同一楼宇中不同类型企业需求差异化大。物联网、大数据、人工智能、云计算等新技术的快速发展，带动天府软件园科技赋能、创新驱动，强化园区建设和产业发展，提升园区精细化运营和信息化管理水平，推动园区走向智慧化、科技创新化，打造新的经济增长点。

天府软件园着力以"黑科技＋智慧园区"的管理模式，确保产业园区高效运转。目前，已建立微园区、全园企业服务平台、智慧停车管理系统、公共技术平台等多个面向园区管理、企业运营和职工生活的信息化服务体系，覆盖园区"生态、生产、生活"领域。面向个人用户的天府软件园"微园区"，集园区资讯、统一支付、智慧停车、活动报名、疫情防控等信息为一体，为园区职工提供全方位生活消费服务。"微园区"累计注册用户10万余人，日均服务3万余次，疫情期间累计扫码通行367万人次。天府软件园联合华为公司设立"软件开发云创新中心"，为企业提供软件开发公共技术服务。目前，已完成334家企业将业务搬上云平台的需求。"园区智慧运营中心（IOC）"将基础设施设备、网络基础架构、数据中心等园区数字化信息整合到智能系统中集中监控、分析、响应、记录，实现全局管理，给主管人员的决策提供及时而可靠的依据。

新冠肺炎疫情期间，天府软件园在黑科技助力下，有效利用智慧管理新模式。通过自研程序在线搜集和比对企业复工台账，引入"5G热成像人体测温系统"加快重点楼宇体温检测效率；通过自行开发的"疫情减租系统"，让微园区体系与内部审核体系结合，实现企业申报、审批流程全面电子化，极大减少疫情防控期间的人员接触，于特殊时期彰显出园区信息化服务的高效与便捷。

"智慧化管理覆盖了天府软件园几大园区，不仅促进了园区的高质量发展，也吸引了众多优秀企业入驻。"作为"瞪羚谷数字文创产业基地"核心产业载体的天府长岛，重点围绕数字影视、数字音乐、数字传媒、游戏动漫电竞等产业方向，目前已有爱奇艺、腾讯新文创总部、可可豆动画（《哪吒》制作团队）、中体明星、亚洲电竞联赛等已入驻及待签约入驻企业；AI 创新中心先后引进亚马逊 AWS 创新中心、新加坡创新中心、中移动（成都）产业研究院、快手直播电商总部、百度智能驾驶、新华三成都研究院、绿盟科技第二总部基地、智元汇总部等 10 余个项目签约落户。

下一步，天府软件园将以智慧管理新模式为重要抓手，以中国软件名园高质量发展指标体系为指导，进一步优化软件产业发展环境，打造高品质科创空间，努力建成高质量发展示范区。

厦门软件园：金融活水浇灌产业良田

从珍珠湾畔到虎仔山下，再到岛外集美新城，厦门软件园这座向高质量发展迈进的"千亿园区"已成为全国知名的产业地标。作为厦门市电子信息产业发展的重要载体，厦门软件园产业的蓬勃发展离不开金融活水的持续浇灌。多年来，园区扩大金融服务广度与深度，创新金融服务模式，以投资"杠杆"撬动招商，促进企业落地生根，同时，精准滴灌激发企业创新活力，让园区科技金融"软环境"成为企业发展源源不断的养料。

一、引种育苗"金杠杆"撬动产业链

FPGA 被称为"万能芯片"，是集成电路行业的一个细分领域，广泛应用于航空航天、国防、医疗等领域。2020 年初，智多晶 FPGA 项目通过"云端签约"形式落地厦门火炬高新区，为做强集成电路产业再添"虎将"。

智多晶的"登鹭"，离不开资本这个"金杠杆"。2019 年底，扎根厦门软件园一期的联和基金向行业领军企业西安智多晶微电子有限公司进行了千万投资，引进智多晶来厦设立子公司。

"作为目前厦门地区唯一一只具有产业背景、立足投资本地的专精集成电路产业基金，联和基金已投资星宸科技、甬矽电子、凌阳华芯等众多集成电路细分领域龙头企业。"厦门联和资本董事长兼总经理黄国谦说。

招大引强，强链补链，在产业基金的引导助推下，经过"引种育苗"，厦门集成电路产业加速实现了从"荒漠"到"绿洲"的蜕变。联和基金投资的企业涵盖 IC 设计、设备、制造材料、封装测试、芯片应用等全产业链，2019 年，基金所投企业为厦门贡献近10 亿元产值。

"厦门软件园与各类知名基金合作，以参股形式设立一批专业投资基金，引进这些基金在全国范围内投资的优秀项目，助力招商引资。"厦门火炬高新区管委会相关负责人介绍。

厦门软件园积极发挥投资基金"四两拨千斤"作用，推动资金链与创新链、产业链融合发展。厦门软件产业投资发展有限公司和火炬众创孵化基金联合入驻海西股权投资中心的专业基金管理团队发起设立总规模超 12.5 亿元的多只天使和产业发展基金，围绕"大数据""文创""IC"等信息技术领域，助力产业链做大做强。

二、精准滴灌　呵护企业创新成长

"在企业发展的关键时期，是厦门软件园精准的科技金融服务，及时为企业'输血'，帮助企业走上发展快车道。"厦门风云科技股份有限公司董事长黄顺坚感慨地说。

2015 年底，筹备新三板挂牌上市的风云科技借助厦门软件园创新打造的科技金融嫁接服务平台——"123 资本对接会"，获得了两轮融资，平台还为企业引入一批优质的金融资源，通过"投贷联动"，实现更深层次、更长远的助力。

在黄顺坚看来，企业通过数字化科技手段为文化赋能，而软件园提供的投融资服务则为企业赋能，让企业心无旁骛地创新谋发展。2016 年，风云科技成功挂牌新三板，2019 年实现净利润 2000 多万元，成为福建省科技小巨人领军企业、厦门文化企业 30 强。

瞄准园区中小微企业"融资难、融资贵"的发展痛点，厦门软件园既积极引入金融活水，更注重精准滴灌。除了联合银行、投资机构及券商、事务所等共同搭建"123 资本对接会""软件园金融活动月""鹭创金融"投融资对接平台等金融服务平台，厦门软件园还不断创新金融产品，满足园区中小微企业经营发展的差异化需求。

创新"厦门火炬小微成长企业可转股集合债"，带动各方资金参与小微企业投资。设立小微企业创新创业发展引导基金，完成厦门旺集信息科技有限公司等 9 个项目投资，投资金额 5300 万元。厦门信息集团资本运营有限公司在园区推出加成贷、火炬税易贷、科技贷、转贷、研发楼专项贷等多种针对软件与信息技术服务业特性的金融产品，推进园区的普惠金融服务，有效降低企业融资成本。

三、培育沃土　多层次构建金融软环境

经过多年的持续培育，厦门软件园已形成了覆盖企业成长全周期、全方位的金融服务"软环境"。

不久前，厦门软件园一期软件产业孵化基地通过了 2020 年度小型微型企业创业创新示范基地评审，跻身国家级示范基地。经过 20 多年的发展，这个珍珠湾畔的产业孵化摇篮，已跃升为国家级软件孵化器、科技与金融融合示范基地。

"以科技金融为抓手，以海西股权投资中心为载体，厦门软件园一期为中小企业尤其是火炬高新区创新型'6+4'产业链群内企业提供金融支撑。"厦门火炬高新区管委会相关负责人说。目前，海西股权投资中心已引进200余家股权投资类企业，管理基金规模近200亿元，有效推动了金融和产业双轮协同发展，提升企业集聚度能级。

引入金融活水，厦门软件园的产业发展土壤愈加肥沃。自2019年软件园金融活动月开展以来，累计吸引超600家企业，近千人次参会，其中"普惠金融超市"已累计达成融资意向金额近2亿元。立足园区，厦门信息集团资本运营有限公司累计为园区科技型中小企业提供投融资超45亿元。

"金融资本的助力，加快了公司的IPO进程。"厦门至恒融兴信息技术有限公司总经理黄文俊表示，公司2019年完成A轮融资，在B轮融资中，厦门软件园助力引入更多战略投资者，对公司扩大金融业务和承接更多在厦业务起到积极的助推作用。

厦门博芮投资总经理施金平表示，厦门软件园内集聚了丰富的金融平台，投资企业间不是竞争关系，而是抱团发展，既降低了投资风险，也能通过各方优势互补，为被投企业带来更加多元的投资服务。

上海软件园：打造长三角区域协同创新体系

2019 年，上海软件园紧密围绕"长三角一体化发展"国家战略和建设上海全球科创中心发展战略部署，着力推动上海及长三角软件产业高质量发展，助推上海全球科创中心建设，辐射带动长三角科技成果转化和新一代信息技术产业培育。

一、聚焦新一代信息技术，打造产业发展新高地

以人工智能、5G 技术等为核心的新一代信息技术正成为引领全球新经济蓬勃发展的爆发点，上海软件园各成员单位正在着力打造新一代信息技术产业聚集区。

张江人工智能岛是上海市人工智能产业"人字形"布局的重点集聚区，也是上海（浦东）人工智能创新应用先导区重点打造的特色产业集聚区和特色应用示范区之一。张江人工智能岛集聚了大量人工智能产业的先进技术、高科技产品及上下游顶尖公司，通过展现基础研发、商业应用、交流展示等全场景和沉浸式未来城市服务，为智慧城市基础应用、物联网技术应用、AI 产品应用提供巨大的赛道。张江人工智能岛体验中心由 AI + 家居、AI + 校园、AI + 医疗、AI + 金融、AI + 制造、AI + 园区 6 大体验区构成，聚集 70 余家企业、110 多个展品展项，"5G + AI"技术在体验中心率先应用，落地智慧安防、智慧停车、智慧能源、智慧生态、智慧商业、智慧灌溉、智慧办公、智慧消防等场景，形成真正的"人工智能岛"。

上海自贸区临港新片区立足新兴产业关键技术环节的创新发展，聚焦人工智能等前沿产业。临港主城区布局城市大脑，通过 AI 技术辅助城市治理，精细化管理水平进一步提高，巡查发现率提高到一分钟。在城市大脑的调度下，无人机临港主城区启动自动巡查，配合地面一千多个摄像头、传感器以及智能算法等技术，提高城市精细化管理。在城市大脑的高效运作下，智能派单的准确率提升到了 85%。此外，上海海昌海洋公园、网红海滩等，也利用城市大脑的交通态势感知和视觉智能引擎，打造了一套针对节假日的客流预判和实时预警，准确率达 80% 以上。这套系统也被写进了上海市 AI 赋能社区五年行动计

划中。未来城市大脑还将覆盖临港其他地区，吸纳更多的政府平台数据。

漕河泾软件园着力打造5G产业集聚区。2019年，漕河泾园区与中国铁塔股份有限公司就打造5G智慧园区达成战略合作，共同推动园区运营管理与信息通信建设的融合发展，打造5G时代的"数字物业、智慧物业"，加速实现5G技术在园区运营管理和服务中的深度运用。双方共同探索楼宇信息化、楼宇节能、环境监测、智能停车、智能消防、远程医疗、高清视讯转播、无人驾驶、远程监控等智慧园区一体化解决方案，共同推动漕河泾智慧园区管理平台和数字物业、智慧物业的升级迭代，为产业园区智慧运营及满足园区业户需求持续开拓新空间、创造新价值。

浦东金桥园着力打造5G产业高地。2019年初，上海浦东金桥提出以5G商用为契机，围绕"未来车、智能造、大视讯"等主导产业，打造5G产业高地的设想和规划。目前，浦东金桥5G产业生态园已吸引"四大对外开放平台"，即华为上海5G创新中心、上汽联创智能网联创新中心、中国移动上海产业研究院5G应用创新中心、中国信通院5G标准开放实验室，以及一批技术创新和相关应用领域的企业，为全球企业发展持续提供生态沃土。

二、响应"长三角一体化"国家战略，助力数字经济发展

上海软件园积极响应"长三角一体化发展"国家战略，在科技部火炬中心、上海市科委、上海科学院指导下，联合长三角地区10家国家级软件园，发起成立"长三角软件园服务联盟"。2019年6月26日，上海软件园依托长三角软件园服务联盟，主办了"第一届长三角软件园协同创新发展高峰论坛"，从经济全球化、园区战略、产业投资、专业化服务平台等方面进行了解读和剖析。论坛特邀原国家外经贸副部长、博鳌亚洲论坛秘书长龙永图先生作主旨演讲，探讨加强长三角地区软件和信息技术服务业协同创新体系建设，推动长三角区域更高质量一体化发展。

2019年，上海软件园和上海市中小企业发展服务中心、上海研发公共服务平台等多家机构展开战略合作，上海软件园管理办公室推出管理云计算应用价值链的创新型平台——上海软件园云超市，正式入驻上海市企业服务云以及上海科技创新券平台。上海软件园利用优质的云服务资源，帮助长三角地区特色产业园区企业在云计算、区块链、物联网等信息技术领域实现创新升级。近200家国内外优质云服务商入驻云超市，包括上海市软件与信息领域A股上市公司20余家、中国云计算百强企业30余家。云超市主要提供云SaaS应用、PaaS云平台、云基础设施等服务，已正式发布云服务产品100个，具体服务类别包括智慧城市云、OA协同办公云、金融云、工业云、IDC服务、区块链云服务、云安全HR人力资源云等。2019年通过走进上海软件园区成员单位、走进长三角软件园

区、走进香港国际资讯科技博览会、对接上海市属国企、举办沙龙活动等形式，共服务上海市大、中、小型企业 1000 余家，推动企业降本增效。

2020 年，上海软件园将持续贯彻长三角一体化、上海建设全球科创中心的战略部署，优化上海软件与信息服务业营商环境，助力 5G、区块链、AI、物联网等新兴技术的快速发展，助推长三角区域打造创新引领的区域产业体系和协同创新体系。

山西软件园：云平台服务
培育转型发展新动能

转型综改示范区是山西深化转型综改的主战场、主引擎，在转型综改示范区集聚着近400家软件研发和应用企业，成为山西培育转型发展新动能的"硬核"产业。《山西省软件和信息技术服务业2020年行动计划》提出，要提升软件创新能力，鼓励企业打造软件开发云平台，开放软件开发资源，推动软件企业上云。山西软件园以"资源整合、服务提升、协同创新、合作共赢"为目标，积极推动基地企业搭建各类创新平台，提升入园企业的协作能力和自主创新能力，创新平台的建设为园区企业提供了全方位服务，营造了有利于信息技术产业发展的良好环境。

一、"华为云"推动软件研发 实现提质增效

在山西软件园，软件开发企业不用花一分钱就能用到世界先进的软件开发云技术，为企业提供服务的是山西转型综改示范区华为软件开发云创新中心。

软件开发云把华为近30年的软件研发体系向软件企业开放，把华为最前沿的技术渗透到软件开发的全生命周期。华为软件开发云创新中心通过构建人才培养、企业创新、科技服务、产业聚集的生态环境，为园区内企业提供优质的服务，帮助企业提质增效，助力企业软件研发模式转型，让企业开发者通过使用华为软件开发云，提升劳动技能，提高生产效率，实现转型升级。

2019年，创新中心团队为区内企业提供软件开发云服务，为开通服务的75家企业提供远程技术指导140余次，覆盖200多人次；开展培训交流和技术沙龙等活动覆盖企业120余次，覆盖企业人数400余人次。截至2019年底，企业在软件开发云上共创建了559个项目，开发人员数量达1185人，日常活跃企业占比达到65%。

园区企业在使用华为软件开发云服务后，普遍提质增效，降低了研发成本。山西泰森科技股份有限公司在管理上更精准、更高效，节约了研发成本和管理成本，研发效率提升

30%；圣点世纪科技股份有限公司节约人力 5 人以上，研发效率提升超过 40%；山西乐道智慧科技有限公司节约人力成本 3 人以上，代码托管效率提升 20% 以上；山西鑫博泰自动化科技有限公司通过使用软件开发云服务，解决了需求人员与开发人员的配合困难问题，将任务分解，精确把控开发人员工作进度，研发效率较之前提升 40% 以上，节约了近 30% 的开发成本。

二、"云链"聚焦生态环境　创新城市管理

物联网是新一代信息技术的高度集成和综合运用，物联网概念加快与产业应用融合，已成为智慧城市和信息化整体方案的主导性技术思维，在传统产业转型升级、新型城镇化和智慧城市建设、人民生活质量不断改善方面发挥了重要作用。

太原罗克佳华工业有限公司在物联网行业深耕十余年，积淀了丰富的物联网解决方案经验和物联网大数据资源，形成了拥有自主知识产权的智能传感器、云链数据库、物联网 IoT 平台及人工智能 AI 算法等核心技术。以物联网技术应用为先导，建立"云链"结合的技术体系，打造基于物联网的人工智能平台，应用物联网、区块链、大数据、人工智能等高新技术，聚焦生态环境、创新城市管理。

在智慧环保领域，罗克佳华推出云链数据库和大数据 AI 服务体系，采集融合多源环保监测数据，优化数据算法，打造生态环境动态数据库和运营体系，为政府工业污染源监控系统、排污权交易系统等环保物联网提供综合解决方案，同时积极拓展其他城市的智慧环保市场，打造生态环境动态数据库和运营体系，提供智慧环保大数据 AI 分析服务。

在智慧城市领域，罗克佳华开创性地研发云链数据库，建立了"宜云则云，宜链则链"的模式，将云计算和边缘计算有机融合。积极研发视频应用、升级云链数据库、拓展人工智能 AI 算法等，将城市的"鼻子"（环境监测）、"耳朵"（噪声监测）与"眼睛"（视频监控）结合起来，完善物联网采集"视觉、听觉、嗅觉、触觉"等城市感知数据，作为智慧城市的数据基础，打通城市管理不同部门间的数据壁垒及"孤岛"状态，提升城市管理和服务水平。

三、"农业云"服务乡村振兴　助力脱贫攻坚

《山西省人民政府关于积极推进"互联网＋"行动的实施意见》在"互联网＋"现代农业中，提出引导和推进物联网、云计算、移动互联等现代信息技术和农业智能装备在

农业生产经营领域的应用，提高农业自动化水平。

作为一家专业的软件开发及行业云服务商，山西百得科技开发股份有限公司聚焦"软件与云服务"，专注行业信息化解决方案。百得科技响应国家政策，将扶贫视为己任，积极融入脱贫攻坚主战场，持续深耕三农信息化建设，专注服务三农与乡村振兴，建成全国首个农业云。作为山西数字农业的技术底座，百得科技以顶层设计方式建成"1＋N＋N"的模式（一个农业云平台＋N个业务应用系统＋N个主题大数据平台），通过数字化、数据化、智能化、平台化，加速与产业深度结合，使农业云架构更全面。

百得科技自主研发的"易地扶贫搬迁大数据管理平台""扶贫资金动态监控平台""山西省农业补贴资金管理平台""农业信贷融资担保综合信息管理平台"等信息化产品已在多省域推广应用，助力脱贫攻坚和精准扶贫。依托农业云上建档立卡贫困人口、农业金融、农业补贴、气象服务等几大类主题数据库，百得科技为数字乡村建设丰富了数据依据，以乡村为节点，以大数据为手段，打造数字乡村，为乡村的社会培育和发展提供支撑，弥合城乡数字鸿沟。

潍坊软件园：全力攻坚打造精品园区

2019 年，潍坊软件园实现主营业务收入 192 亿元，软件收入同比增长 23%，利税总额 26 亿元，科技活动经费投入强度达到 7.6%，同比上升了 4.5 个百分点……一组组亮丽的数据，晒出了潍坊软件园创新发展的成绩单，也折射出了园区跑出高质量发展加速度。

2020 年以来，潍坊软件园认真贯彻落实潍坊高新区党工委、管委会"1631"思路举措，以"重点工作攻坚年"为抓手，统筹兼顾、协调推进，全力实施综合实力、双招双引、企业发展、营商环境四大攻坚行动，为经济高质量发展注入强劲动力。

一、补弱促强 实力提升

近年来，潍坊软件园着力补短板、强弱项、促提升，优化资源配置，打造物联网产业集群和数字经济园区，园区综合实力稳步提升。在 2019 年国家火炬软件产业基地评价中上升 3 个位次，居全国第 22 位、全省第 2 位，创历史最好成绩。

全面提升优势产业层级。完善"研发—孵化—加速—产业化"科技创新服务体系，推进重点领域产业链、生态链、价值链及服务链建设，持续做大做强软件研发、服务外包、文化创意、电子商务等特色优势产业，培育聚集相关企业 300 余家。

重点打造物联网产业园和数字经济园区。培育和引进 5G、物联网、人工智能等领域的知名企业和科研孵化机构，引进省物联网协会和省人工智能协会，打造具有国际影响力的物联网产业集群和"云+端"生态高地。加快建设"智能+"数字化体验中心、公共技术服务平台、产业综合服务平台、智慧管理平台等"一中心、三平台"，培育数字经济相关企业 60 余家，智慧园区服务功能不断完善，区域数字化技术高地初具规模。

二、"双招双引"提质增效

总投资 4.1 亿元的数字化人力资源管理平台项目、嵌入式系统软件开发平台项目等 4 个项目完成签约，26 家企业入驻园区，惠风精密智能机电设备生产科研基地项目到位省外资金 540 万元……潍坊软件园以项目建设为抓手，全力推进"双招双引"，引进了一批重大项目、重点项目、高端人才，为园区经济发展注入源源不竭的内生动力。

率先突破招才引智。潍坊软件园建立"三三三"工作机制，搭建人才"引、培、服"平台和高端技术人才储备库，充分利用人脉引智、项目引智、产业引智，柔性引进 5 名高端技术人才和高层次创新创业人才，在全区 7 个 A 类人才招引部门中，率先完成全年高层次人才引进任务目标。

全力对接重大项目。突出抓好以商招商和平台招商，在招大引强上实现新突破。与中信科大唐融合多次洽谈，推进 5G 应用与新基建产业合作项目落地，已完成合作备忘录签约，正在推进项目立项；推动大文传媒与山东大学进行院企合作，建立"大数据与企业传播研究中心"，目前已完成签约；与建投数据和武汉特斯联就建设集研发、产业、应用为一体的特斯联建投数据智慧园区项目多次洽谈，达成合作意向。

三、培育企业　做大做强

企业是市场创新的主体。潍坊软件园分类建立企业发展和需求信息库，开展高新技术企业倍增和科技型中小企业服务等专项行动，强化创新平台支撑，提供专业培训，推动大中小企业集群发展。

梯次培育企业群体。"一企一档"建立企业信息库，遵循企业成长规律，坚持大小齐抓，形成"科技型小微企业—高新技术企业—瞪羚企业""中小微企业—规上企业"梯次培育机制，构建企业孵化培育、成长扶持、推动壮大的全生命周期梯次培育体系。目前，园区已聚集高新技术企业 36 家、规模以上企业 29 家、上市挂牌企业 25 家。

全力推进高企倍增。走访调研基地企业，分类建立高企培育工作台账、企业需求数据库，全面摸清高企申报底数。定期举办高企认定、高企座谈培训会、科技型中小企业评价业务培训会，针对意向申报高企开展政策解读和重点辅导。联合科技局、税务局等有关部门和中介机构，组建高企申报工作推进专班，协调解决困难问题，全面提高申报质量和成功率。目前，园区科技型中小企业库和高企库入库企业分别达到 72 家和 50 家。

四、精准服务　优化环境

好的营商环境就是生产力、竞争力。为服务好企业创新发展，潍坊软件园创新服务方式，搭建智慧平台，实行线上集中统一办理，提升服务效能，打造一流营商环境，真正让企业"少跑腿、好办事、不添堵"，提升企业的获得感。

建设惠企平台和便企中心。设立"科技超市"，为企业提供创业辅导、专利申请、项目申报等全方位综合服务。目前，技术专家库已入库专家61人，科技中介库入库机构12家，已为100余家企业提供了高企申报、知识产权等100多次指导服务。整合符合企业需求的公共服务内容，实行"一窗受理"和首接负责制，为企业提供"一站式"服务，办事效率提高50%以上。目前，窗口累计为企业提供各项服务1000余次。

开展专职服务和企业评价制度。领导班子带头，企业服务管家对所有企业开展一对一包靠服务，帮助企业解决融资贷款、人才招聘等方面的问题600余个。发布近2000余名人才招聘信息，帮助企业引进急需人才200余名。坚持"企业满意"标准，建立"好差评"制度，梳理公布服务企业事项15项，定期开展服务评价活动。建立评价信息管理机制，形成"评价—整改—反馈—监督"工作机制。已开展的两次企业评价活动，对园区服务的满意率均达到100%。

下一步，潍坊软件园将不断优化基地营商环境，营造企业发展良好生态，厚植产业发展沃土，汇聚创新创业活力，澎湃强大发展动力，努力打造国内具有重要影响力和竞争力的精品产业园区。

基地篇

东大软件园发展报告

一、2019 年软件基地产业发展概况

东大软件园成立于 2000 年，是由东软集团投资建设的软件高科技园区，园区建立 20 多年以来，始终坚持以软件为核心，通过软件与服务的结合、软件与制造的结合、技术与行业能力的结合，提供行业解决方案、智能互联产品、平台产品以及云与数据服务。

（一）基地发展总体状况

园区企业业务重点是发展医疗健康及社会保障、智能汽车互联、智慧城市、企业互联等板块。在医疗健康及社会保障板块，园区业务覆盖卫健委、医院、医保、商保、民政、扶贫、就业、养老等行业领域；智能汽车互联板块，园区业务覆盖车载电子、智能网联汽车、新能源汽车、自动驾驶与共享出行等领域；在智慧城市板块，园区业务覆盖智慧政务、智慧城市运营支撑、智慧交通、智慧能源、"互联网＋金融"、智慧教育等领域；在企业互联板块，园区业务覆盖智能商务、智能监管、智能制造等智能化管理、智能云管理服务、大数据服务等领域。

2019 年，园区重点布局行业云应用、智能医疗应用、智能车载互联产品、企业知识工作自动化应用、区块链应用平台，推动业务单元应对万物智联时代的技术能力升级。重点投入行业云应用，推动并支撑组织进行数字化转型，帮助组织拥抱互联网，为与百姓生活息息相关的医疗、社保、通信、环保等多个领域建设基础平台，并通过产品形态有效改善民生；重点投入智能医疗应用，为个性化、精准、高效的医疗服务以及医院的卓越运行提供创新方法；重点投入车载智能互联产品研发，推动社会实现安全、舒适、绿色、按需的驾驶与出行体验；重点投入企业知识工作自动化应用，帮助用户营造知识共享、沉淀无形资产、塑造创新的文化氛围；战略布局区块链应用平台，推出 SaCa EchoTrust 区块链应用平台，在医疗药械溯源、社保合同管理、医学科学研究、车险直赔、供应链结算、互联

网合同管理等多个民生领域落地实践，助力构建公平、公正、公开、民主、透明的新一代社会信任体系。

（二）基地经济产出情况

2019 年，园区企业实现营业收入 94.12 亿元，其中软件收入 78.65 亿元，软件技术与信息服务收入 11.70 亿元，自主版权软件收入 20.15 亿元。实现利税总额 6.56 亿元，净利润 1788 万元，软件出口创汇 8.62 亿元。

（三）基地人员情况

目前基地拥有员工总数 19050 人，年度创造就业岗位数 1000 余个，吸收大学生就业 500 余名。基地拥有本科以上学历职工数 16430 人。基地拥有软件研发人员 13304 人，其中测试人员 1352 人。

（四）基地科技活动情况

2019 年，基地科技活动经费筹集总额达 15.58 亿元，其中来自于企业的资金 13.37 亿元，来自于政府的资助 2.21 亿元。科技活动经费支出 14.83 亿元，其中研究与试验发展经费支出 6.63 亿元，新产品开发经费支出 1.88 亿元。2019 年，实现技术合同交易额 29.45 亿元，科技成果转化收入 6014 万元。

截至 2019 年末，基地内公司共申请发明专利 2065 件，拥有有效授权专利 834 件，新增发明专利 257 件；拥有软件著作权登记 1993 个，新增 344 个；申请国内外商标 680 件，获得注册 497 件。

2019 年，基地内企业东软集团、东软睿驰等公司牵头和参与了中国人工智能开源软件联盟信息技术服务人工智能标准、IEEE－SA（P2807）国际知识图谱标准、电池管理系统功能安全国家标准、电动车互联互通国家标准等 15 项标准的制定。

在产学研合作方面，基地内企业持续推动与东北大学、北京大学、清华大学、同济大学、吉林大学、大连理工大学、电子科技大学、中国医科大学、澳大利亚澳士兰、日本东京工业大学等国内外著名高校，以及工信部赛迪研究院、中国信息通信研究院、中国电子标准化研究院等著名科研院所的合作，在人工智能、大数据、区块链、智能网联汽车等方面展开合作研究。在研发机构建立方面，2019 年建立了辽宁省区块链技术创新中心、辽宁省新媒体工程研究中心、东软医疗健康人工智能研究院等新型研发机构。

（五）社会效益情况

截至 2019 年末，基地共拥有企业 21 家，其中软件企业 15 家。基地孵化了东软汉枫科技有限公司、生活空间科技有限公司，持续培育大健康生态的创新创业。

基地为园区企业提供了良好的服务，包括为园区企业提供了 IT 云服务环境、知识管理云平台、企业公共服务云平台（企伴网）等环境。基地还建立了完善的知识资产管理体系，为园区企业申请专利、软件著作权提供咨询管理等全方位的服务。

（六）重点案例

在医疗领域，东软医疗发布了全新战略性业务线 MDaaS（Medical Devices and Data as a Service，医疗设备和医学影像数据作为服务），并推出 256 层宽体能谱 CT NeuViz Glory、无轨悬吊双中心七轴智能血管机 DSA NeuAngio 30C 等创新产品。此外，报告期内，东软医疗与广州医科大学附属第一医院所属广州呼吸健康研究院（钟南山院士团队）联合组建了"国家呼吸系统疾病临床医学研究中心呼吸影像大数据与人工智能应用联合实验室"，探索医工深度合作新模式。在第九届中国医疗设备行业数据发布大会上，东软医疗荣获"优秀民族品牌奖"。

在智能网联领域，东软集团基于 V2X 通信技术产品的解决方案"VeTalk"顺利通过 5GAA 举办的 V2X 欧洲标准的互联互通测试，目前已经广泛应用于各主要车厂、国家智能网联汽车示范区，已获得一汽红旗、宇通客车等车厂的量产定点，国内市场占有率领先。在高级辅助驾驶和自动驾驶领域，东软睿驰持续提升 ADAS 高级辅助驾驶系统等产品线，发布 ADAS 升级版的多功能摄像头产品 X－Cube 和多功能 ADAS 控制器 M－Box，基于 NXP 新一代自动驾驶芯片 S32V 打造的前视 ADAS 实现量产。东软睿驰与 XILINX 联合发布 ADAS/ADS 第三代产品——自动驾驶域控制器，提供 L3 级别自动驾驶及自主泊车功能，发布基于 AUTOSAR 架构面向量产自动驾驶汽车的操作系统软件平台 NeuSAR2.0，能更好地支持高等级自动驾驶和车联网系统的研发。2019 年，东软集团新一代智能车载通信系统及 L3 自动驾驶系统双双入围工信部人工智能重点任务揭榜名单。

二、2019 年基地运营管理模式

基地坚持以"人＋制度＋创新"为核心思想，坚持"以人为本，追求个人和社会共同发展"的管理理念，强调"人是软件园最重要的资源，是软件园的管理之本，制度是软件园的管理之法，创新是软件园的管理之源"，建立了一种基于高效完成各项科研任务和基础管理任务的包含组织系统、规章制度系统、垂直指挥系统、横向联络系统、检查控制系统等在内的创新型管理模式。

基地在建设过程中，为保证各项工作的顺利进行，真正做到尊重人性，体现人是中心的最重要的资源，在制度的建设上根据软件园实际情况，建立了科研项目立项管理、科研经费管理、科研项目临床试验管理研究项目中试制度、科研成果转化、人力资源管理、行政管理、财务管理等一系列适应团队合作、员工学习与组织创新的规章制度，为培养人才、快出人才、多出成果提供了环境保障。

在人才激励机制方面，基地坚持"以人为本，追求个人与社会的共同发展"的方针，坚持"按劳取酬、按贡献取酬"的原则，探索出独具特色的人才激励机制，主要包括物质激励、岗位激励、职业发展激励和情感激励等多样化的激励措施。通过构建全面薪酬体系，对员工进行物质激励。通过职位评估，构建了基于员工能力发展的职位体系，通过推广绩效考核体系，对员工实行岗位激励。通过实施职业生涯发展计划，对员工实行职业发展激励。中心将员工的职业生涯规划与人力需求紧密结合，最大化地开发个人的职业潜力，规划了专业的"职业发展路线图"，让每位员工了解自身横向和纵向的职业发展路径，帮助员工分析和规划在中心的职业发展方向。

在技术及业务模式创新方面，基地聘请国内外软件方面的技术专家与学者和园区内工程技术专家一道组成了技术委员会，对关键技术开发的必要性和可行性进行论证，设置专人负责对行业技术发展现状与趋势、同行业竞争对手实力与技术发展水平、产品供求市场等信息进行收集与研究，定期出版研究报告与简报，为技术创新管理提供参考；坚持"以客户为中心，为客户创造价值"的服务理念，以先进的 IT 技术为基础，通过行业间的深度融合，优化整合各种服务资源，同时，通过精细划分市场需求，将企业信息化需求细分为共性需求、行业需求和个性化需求三个层次，为企业提供全方位、精细化、个性化的业务流程外包服务。

三、2019 年基地建设的主要政策措施情况

（一）加强研发策划与管理，推动现有业务快速增长

基地持续在医疗健康与社会保障、智能汽车与互联、智慧城市、企业互联等领域加大投入，重点围绕行业云应用、智能医疗应用、智能车载互联产品、企业知识工作自动化应用加强研发管理，持续推动现有业务的快速增长。投入行业云应用，包括 SaCa X 行业云参考架构、云 HIS CloudOne 核心业务平台、云药店综合管理信息系统、医保信息平台、人社核心业务平台、语音反诈系统、融合消息网关、电信业务数据脱敏系统、机动车环保智能监管平台；投入智能医疗应用，包括临床辅助决策支持系统、RealMedSci 自动化医学分析平台、临床医学科研平台、重症临床信息平台、智能心电辅助分析云服务、临床护理一体化产品；投入车载智能互联产品研发，包括 VeTalk V5.0、Neu－Vict 新一代车载智能无线终端（V2X BOX）、5G 智能网联边缘云控平台；投入企业知识工作自动化应用，包括 OhwYaa V5.5、SaCa SNAP V4.0、智慧党建，运营基于社交化、大数据的企业知识社区。

（二）加强对新兴市场的策略规划，集中投入研发资源

基地始终坚持"开放式创新"战略，不断寻找可持续高速发展的技术与商业模式。引导园区内企业开展领域内基础性研究、前瞻性探索、专项关键技术攻关，对未来 1～2 年内涉及的产品架构进行设计，并实现原型开发，为未来产品的开发做前期的准备，使其可以对市场需求做出快速反应，通过集成先进的技术成果，抓住市场先机。通过融合移动互联网、物联网、云计算、大数据、人工智能、区块链等新兴技术促进智能互联产品、平台产品、云与数据服务、软件产品和行业解决方案升级，构建感知融智架构，加速企业数字化转型。

2019 年，软件园战略布局区块链应用平台，研发了处方流转、双向转诊、医学科研、医保控费、药械溯源、保险清算、保险理赔、数字身份认证、政务资源共享、一网通办、供应链管理、供应链金融等十余项基于区块链的解决方案。

（三）探索人才培养新模式与积极开展引进高端人才

基地重视计算机软件领域一流工程技术研究开发、设计和试验专业人才，以及高级管理人才的吸引和培养，形成了一套科学、高效的人才吸引、培养和人才激励机制。大力推进学科交叉、融合，形成自然科学、工程技术的相互渗透，培养综合性、创新性人才，通过探索出独具特色的人才激励机制，实现"以人为本，追求个人与社会共同发展"的方针。

一方面，基地通过制订一整套人才培养计划，开展有针对性的培养活动，不断提高员工的技术水平，拓展领域知识面，锻炼员工的领导力、沟通能力。另一方面，为技术类人员提供双通道发展空间，即专业通道和管理通道，公司根据员工能力及个人意愿，提供更适合的发展空间。此外，采用企业定制培养方式，根据企业的实际需求开设有针对性的教育培养课程，通过大量的企业实训，让学生更加了解企业，使其可以在毕业之后顺利完成由学生向员工的过渡。

四、基地发展的主要经验、问题与挑战

（一）基地发展的主要经验

一是始终坚持以软件技术为核心。通过软件与服务的结合、软件与制造的结合、技术与行业能力的结合，提供行业解决方案、智能互联产品、平台产品以及云与数据服务。通过软件、技术与垂直行业的深度融合，推动大医疗健康、大汽车、智慧城市等领域的变

革，不断探索新业务、新模式，为基地发展增加新的动能。

二是坚持创新与全球化发展策略。以自主知识资产为核心，驱动业务的专业化、IP化、互联网化发展。基地聚焦优势行业，充分发挥垂直行业领域资源优势，持续推进"领域平台＋产品"的创新模式，融合产业生态，以提升核心业务的规模化盈利能力。在基地内部，大力推进组织优化与赋能，业务结构得以进一步优化和聚焦，同时持续优化人才结构和布局，建设合规、稳固的营销体系，持续强化费用管理，推动公司经营效率进一步提升。

三是坚持"开放式创新"战略。通过公司级、事业部级的两级研发体系，不断寻找可持续高速发展的技术与商业模式。研发投入以商业价值为导向，通过融合移动互联网、物联网、云计算、大数据、人工智能、区块链等新兴技术促进智能互联产品、平台产品、云与数据服务、软件产品和行业解决方案升级，构建感知融智架构，加速企业数字化转型。

四是坚持以客户为中心，打造卓越服务流程。基地内部建立"事业部＋大区＋虚拟公司"的运营体系，在国内设立了8个区域总部，在60多个城市建立营销与服务网络，省份、虚拟公司等分布式组织商业能力持续提升。同时，基地构建具备支撑持续规模化国际业务和商业价值创造力的全面组织能力，在日本、欧洲、美国等地设有子公司，建立了面向全球的业务与服务网络。

（二）问题与挑战

一是全球产业格局深刻变化，市场竞争日益加剧。全球产业格局正发生深刻变化，围绕技术路线主导权、价值链分工、产业生态的竞争日益激烈，发达国家在工业互联网、智能制造、人工智能、大数据等领域加速战略布局，抢占未来发展主导权，给我国软件和信息技术服务业跨越发展带来深刻影响。同时，来自国内同业及跨国公司的双重竞争日益加剧，也为国内软件和信息技术服务企业的转型发展带来挑战。

二是面向未来业务发展的人才结构优化、人才高地建设等方面面临着压力和挑战。基地坚信人才是战略落地与执行的核心驱动力，优质的领导团队及关键岗位人才是维持和提高公司核心竞争力的基石。面对日益复杂的市场格局和行业竞争的日趋激烈，业务规模化发展和转型的严峻诉求，以及行业人力成本和人员流动性大幅度提高。

三是政策及技术壁垒影响业务的发展。东软在各大行业领域尤其是医疗健康及社会保障、智慧城市、汽车电子、企业信息化等行业有着十数年的技术积累，沉淀了大量的用户数据，然而由于行业法规政策及技术壁垒等原因，这些行业大数据无法得到充分应用，制约了东软大数据挖掘及进一步应用开发的脚步。

五、2020 年基地工作安排

随着 5G、工业互联网、车联网、大数据、人工智能等新一代信息技术的发展应用，软件和信息技术服务业已成为制造强国和网络强国建设的重要支撑，成为建设数字中国、智慧社会的重要引擎。受益于云计算、大数据、物联网、区块链等创新技术快速发展和融合创新，先进计算、高端存储、人工智能、虚拟现实等新技术加速突破。市场需求持续释放，新技术、新产品、新模式、新业态日益成熟，形成"平台、数据、应用、服务、安全"协同发展的格局。

2020 年基地制定如下发展战略和实施计划：

（1）继续坚决发展专业化和高质量的解决方案业务，聚焦优势行业，大力推进"领域平台＋产品"模式，同时精准构建细分领域竞争能力，稳步提升业务竞争力及市场竞争位序。

（2）聚焦客户价值，融合多行业洞见与丰富的交付经验，赋能客户数字化转型，助力客户商业成长，推动国际业务新一轮升级与发展，持续保持在产品工程领域的领先优势。

（3）积极迎接 ABCD＋IoT（人工智能、区块链、云计算、大数据、物联网的合称）驱动的技术变革，拥抱开源，积极融入新生态，推动核心业务技术架构的服务化完善，加速产品创新，推动应对万物智联时代的技术能力升级。

（4）夯实担当、健壮、稳固的营销与客户服务组织，持续加强成本费用管控，继续落实差异化人才策略，进一步提升公司绩效水平和整体运行效率。

齐鲁软件园发展报告

齐鲁软件园在国家科技部火炬中心及省、市科技主管部门的指导下，践行创新发展理念，牢牢把握稳中求进总基调，以龙头企业带动产业集群发展为途径，以科技创新为引领，以协同创新和人才培育为核心，以创新服务平台为支撑，全面推动园区经济高质量发展。

一、产业发展基本情况

（一）园区概况

齐鲁软件园成立于 1995 年 11 月，是科技部首批认定的四大"国家火炬计划软件产业园区"之一。此后先后获得"国家软件产业园区""国家软件出口创新园区""国家服务外包示范区""国家集成电路设计产业化园区""国家新型工业化（软件和信息服务业）示范园区""国家级科技企业孵化器""大中小企业融通型国家中小企业创新创业升级特色载体""山东省大数据产业聚集区""国家大数据产业园区"等十余个品牌。经过 20 多年的发展，齐鲁软件园已成为国内外知名的软件和信息技术服务业集聚区，是国内知名的 ICT 产业聚集区，是"中国软件名城"济南的核心区，获得"中国最具活力软件园""中国最具影响力科技服务园区十强"等称号。

（二）产业规模不断增强

2019 年，园区营业收入 2721.76 亿元，同比增长 9.73%；软件收入 2076.64 亿元，同比增长 8.90%，其中自主版权软件收入达到 1456.87 亿元，占比 70.16%，同比增长 24.45%。企业数量 4193 家，同比增长 24.94%；从业人员达到 18.27 万人，同比增长 6.70%。园区研究与试验发展经费支出 231.35 亿元，同比增长 6.73%；人均 R&D 投入 12.66 万元。

园区实现出口创汇 103.53 亿元，同比增长 20.00%，其中软件出口创汇额 68.58 亿元，同比增长 18.85%；利税总额 312.57 亿元，比上年增长 25.34%。

（三）产业园区影响力不断扩大

园区凝聚力不断增强，影响力逐步扩大。2019 年园区入驻企业总数 4000 多家，上市企业累计达 117 家（含新三板）。园区从业人数约 18 万人，其中软件从业人员超过 15 万人，软件研发人员约 9 万人，本科以上学历从业者超过 17 万人。

（四）主导产业聚集发展

园区主导产业方向有大数据与行业软件、集成电路与半导体、人工智能、工业互联网、信息技术创新应用等，符合山东省新旧动能转换、自贸试验区建设的主导产业方向。

大数据与行业软件：形成了从上游数据中心，到中游大数据技术平台、下游大数据应用的相对完善的产业链，实现了在政务、交通、电力等领域的典型应用。

集成电路与半导体：聚集了联暻、概伦、华芯、高云、盛品、智慧云测等知名企业，在半导体材料研制、通信芯片研发、国产 FPGA 芯片研发、国产 EDA 工具研发、设计服务和传感器封装领域形成了自己的特色。

人工智能：形成了从基础层（计算基础设施）、技术层（软件算法及平台）到应用层（行业应用及产品）的产业链，在智能制造系统、机器人、物联网应用、大数据、云计算等支撑领域都有较好发展。

科技金融服务产业：园区聚集金融类企业 700 余家，总注册资本近 3000 亿元。其中，注册规模过百亿元企业 5 家，过 50 亿元企业 12 家，过 10 亿元企业 48 家，过亿元企业 296 家；融资租赁公司 160 家，其中总注册资本超过 650 亿元的财务公司 5 家；山东金融资产管理公司管理金融资产 900 亿元；德华安顾人寿和泰山财产保险为两家全国性保险公司总部；园区还有齐鲁股交所、山东金交所、山东产权交易所 3 家省级金融交易平台。

（五）产业发展水平不断提高

2019 年，园区加强产业布局谋划，整合资源打造国内知名专业化产业聚集园区。一是产业布局前瞻谋划。聚焦人工智能基础应用、关键共性技术等核心领域，形成"双孵化器 + 双加速器"的人工智能产业园区发展规划。二是产业聚集平台再上新台阶。园区牵头组织申报的济南市信息技术服务产业集群成功入选国家发改委第一批 66 个战略性新兴产业集群；申报获批山东省首批示范数字经济园区；获批工信部国家新型工业化产业示范园区（大数据）、商务部国家数字服务出口园区、山东省"十强"产业"雁阵形"集群、济南市特色产业集群。三是招商引资可圈可点。园区引进大项目 9 个（其中百亿元项目 1 个、十亿元项目 8 个），总部企业 20 家；新签约项目 14 项，总投资 246.5 亿元；新增集成电路设计企业 8 家。"中标院高质量与绿色发展创新研发园区"在高新区挂牌，并有一批重大创新项目完成签约。

（六）产业生态日趋完善

园区主导产业领域内的企业以齐鲁软件园核心产业载体，包括软件园大厦和创业广场、银荷大厦、奥盛大厦、鑫盛大厦、铭盛大厦、齐盛大厦为核心区聚集发展。2019 年，在软件园最核心位置，建设山东规模最大的大数据产业园区，面向大数据研发应用、分析处理、交易展示、众创孵化、金融服务等领域，重点引进大数据技术研究机构、研发应用企业、众创空间、交易平台、大企业总部类企业。一期将于 2022 年交付使用。齐鲁软件园已经形成"1 + N + N"（一个龙头企业引领、N 个骨干企业共进、N 个中小企业发力）协作共赢的产业发展生态。以浪潮集团为龙头企业，充分发挥浪潮集团在大数据和云计算领域的领军作用，引领信息化培育新动能；以鲁能软件、金现代、山大地纬、山东亿云、华天软件、神思电子、众阳软件、顺能科技、韩都衣舍等一大批大数据产业领军企业为骨干力量；以聚集区内近 2000 家软件和大数据开发应用企业为重要支撑。目前产业集聚区内各企业通过加强合作，培育形成了多层次梯队化的创新主体、合理的产业布局和科学有序的产业分工，构建多方协作、互利共赢的产业生态。

（七）加强公共服务体系建设

园区推行以人为本的精细化管理＋全覆盖式服务，健全公共基础配套设施，营造国际化氛围，建设智慧园区，构建了创业创新、技术支持、人才保障、金融助推、科技政策、企业党建六位一体的服务体系，助力企业发展。

公共技术支撑平台：园区通过自行建设、联合建设、资源整合等多种方式，建成了大数据技术公共服务平台、集成电路公共技术服务平台、机器人与智能制造公共服务平台、金融 IC 卡芯片安全检测平台等十二大技术支撑平台，形成了以平台引人才、以平台促招商、以平台建设带动园区创新发展的可持续发展之路。2019 年，园区投入 8500 万元建设山东省物联网展示平台、安创空间双创共享实验室。大数据技术公共服务平台共为 13 家企事业单位提供大数据分析、深度学习以及研发测试服务和硬件环境支撑，为企业节约费用约 500 万元。金融 IC 卡芯片安全检测平台为园区企业开展免费测试服务 75 次，累计为园区企业节约测试费用近 200 万元。机器人与智能制造公共服务平台共服务企业 71 家次，对接项目 60 个，对接成果转移转化 15 个，服务合作项目 8 个，接待参观 63 次约 1670 人，组织技术培训 40 次，有效支撑了产业发展。

人才方面，园区通过国家软件人才国际培训园区、国家海外高层次人才创新创业园区等多个国家级人才平台，实施校企人才对接工程和齐鲁游子回家工程等计划，运用国家、省、市、区四级人才政策，吸引了大量高层次人才前来创新创业。2019 年，新引进、培养国家级人才 2 人，济南市"一事一议"顶尖人才 1 人，泰山产业领军人才 10 人，占济南市 37%；省外专"双百"计划专家 1 人，泉城特聘专家（5150 引才倍增计划）7 人、泉城产业领军人才 11 人、泉城学者 2 人，泉城高端外专计划 1 人，齐鲁金融之星 10 人，齐鲁首席技师 1 人，泉城首席技师 4 人，企业新引进全日制博士 13 人、全日制硕士 804 人。

齐鲁软件园发展中心积极探索校、企、园三位一体人才培养模式，通过开展党建互动、人才实训、企业进课堂、人才定制化培养等一系列活动，满足企业和高校的不同需求，还积极探索多种校企对接形式，搭建人才交流桥梁，满足企业和产业发展人才需求，为园区发展提供强有力的智力支持。齐鲁软件园利用外部资源，打造园区招聘服务体系，针对应届毕业生，分别组织线上、线下大型招聘会。2019 年园区举办的毕业生专场招聘会吸引了 140 家企业报名参展，提供就业岗位约 1000 个，吸引了山东省内 50 余所高校的 5000 余名应届毕业生到场应聘，现场达成初步就业意向 200 余人。

科技政策服务方面，组织推荐 138 家企业申报各类项目 141 个，累计申请扶持资金 15654 万元；组织《济南高新区加快创新创业发展助力新旧动能转换若干政策（试行）》相关政策兑现 13 类共计 324 家次，兑现奖励资金 6000 多万元。

金融方面，园区在培育多层次资本市场、打造现代产业金融体系、建设国际一流的金融载体方面走在全国前列。目前园区已经建立了健全的金融产业体系，传统金融机构与新金融结合发展，有银行、保险、财务公司、地方金融组织、互联网金融平台、产业投资基金、天使投资、股权投资、金融租赁等多元化的投融资方式，提高基金、风投、PPP 等各类投资活跃度，完善产业金融支撑体系。园区 117 家上市挂牌企业累计实现直接融资 354 亿元，其中上市企业融资 286.89 亿元，新三板挂牌企业股权融资 42.70 亿元。尤其是新三板企业，直接融资比例和数额均居全国前列。截至目前，园区共有 57 家企业完成挂牌后直接融资 42.70 亿元。融资企业数量占高新区挂牌企业总数的 64.70%，平均每家企业完成两轮以上的融资，平均单次融资额达到 7193 万元。挂牌企业平均融资次数和融资额度不仅远高于区内其他科技企业，也高于全国的平均水平。

为了解决中小企业融资难题，监控辖区金融形势，园区联合网金中心开发打造了"高新金融大脑"政府金融公共投融资服务平台，运用金融大数据技术手段有效匹配金融机构与资金需求企业，使金融供给方精准获得有效目标客户，需求方自主选择金融产品，有效解决金融资源对接问题。自 2018 年 6 月初上线以来，平台通过走访了解企业的融资需求，共有 726 家资金需求企业完成注册，注册金融机构 68 家，发布企业融资需求 120 项，完成融资对接 2.14 亿元，大大促进了区域内金融机构与企业的良性互动。

（八）提升双创服务，打造齐鲁智慧谷双创大街

一是创建专业化的双创服务团队和导师库。截至 2019 年底，园区有各级各类孵化器 49 家。齐鲁软件园针对园区和企业定制化地举办创业孵化从业人员中级培训班，集中培训 49 人，并为园区企业补贴一定的培训费用，这在国内专业化园区中尚属首例。同时，为了确保齐鲁软件园"双创"事业高水平、专业化、常态化发展，园区全方位、多梯次、多领域地创建了由来自各地区、各行业、各领域的 72 位专家组成的"双创导师库"，包括组成委员会的 7 位国内顶级专家、12 位高校科研院所的技术专家、33 位产业导师和 20 位支撑服务导师。在本次颁奖仪式上，有 6 位技术专家代表和 8 位产业导师代表获颁创业导师证书。

二是加强科技企业孵化器、众创空间运维管理。建立聚创客、众创空间和专业孵化器，打造园区专业化的孵化器体系。制定园区孵化器管理办法，组织符合条件的企业签订《孵化协议》，为入孵企业提供房租优惠和专业化的孵化服务。

三是打造"齐鲁智慧谷双创大街"。园区共有孵化器 22 家，众创空间 50 家。2019 年，齐鲁软件园以新泺大街为轴线，打造众创空间和产业孵化器聚集区——"齐鲁智慧谷双创大街"，汇聚更多各具特色的双创平台。沿新泺大街轴线建设有齐鲁软件园创业广场、银荷、奥盛、鑫盛、铭盛、齐盛大厦多个载体，汇集了百度、阿里、浪潮、韩都衣舍等数十家双创平台，企业之间联系紧密，互补性强，已经初步形成了一个相互赋能的生态环境。双创大街正通过打造多领域、专业化双创平台产业聚集区，按照"投资＋孵化""大企业＋孵化""科研＋孵化""人才＋孵化"等多种培育模式，赋能高新区创新创业生态环境，促进更多优质的中小微企业在激烈的商业竞争中脱颖而出，成长壮大。

（九）加大产业载体建设力度

齐鲁软件园产业发展范围为高新区中心区 22 平方千米，是高新区重点打造的"齐鲁智慧谷"的核心区，是山东自贸区济南片区的核心产业承载区。2019 年，园区全面推进济南大数据产业基地一期、济南卫星产业园研发基地、山东信息通信技术创新产业基地、国家数字服务出口基地和浪潮科技园 S02 科研楼等重点建设项目，项目建成预计可增加产业载体超过 90 万平方米。

二、2020 年园区工作安排

2020 年是"十三五"规划的收官之年，是为"十四五"良好开局打牢基础的关键之年。齐鲁软件园发展中心将按照济南市"1＋495"工作体系和济南高新区"争创世界一流高科技园区"的目标思路，全力实施"1＋345"规划，狠抓"产业""载体""服务"三个提升，全面争创"中国软件名园"。

（一）"1"——明确"一个定位"

响应济南市产业能级提升行动，按照"大格局、大园区、大平台"的发展理念，筑起园区新格局，继续推进招大引强，做强信息技术服务国家战略性新兴产业集群，壮大产业规模；以自贸区济南片区发展为契机，面向欧美、盯住日韩，加强对外合作，把齐鲁软件园建成全省高质量发展的高地和数字园区发展的新标杆。

（二）"3"——聚力"三个领域"

一是做大做强优势产业领域，培育和引进并举，继续发展好软件与大数据、集成电路与半导体、机器人与智能制造关键技术、总部经济与金融服务等主导产业。二是前瞻布局新兴产业领域，围绕人工智能、高性能计算、区块链、信息安全、工业互联网等前沿技术方向，坚持超前布局、创新引领、自主可控，抢占产业未来发展先机和制高点。三是加快促进传统产业转型升级，深化传统产业网络化、数字化、智能化改造，加快新技术、新产品、新模式的推广应用，实现新动能与旧动能融合发展。

（三）"4"——实施"四大工程"

一是实施"中国软件名园"争创工程。以推进实施国家新型工业化产业示范园区（大数据）建设为契机，积极争创"中国软件名园"。二是实施企业协作体系培育工程。依托浪潮集团在云计算、大数据、人工智能等领域的优势，整合其产业链资源，打造中国"算谷"，持续构建"1+N+N"多方协作、互利共赢的产业生态，形成"龙头引领，骨干支撑，中小企业发力"的格局。三是实施载体招商工程。强化大数据产业园区一期、二期载体招商力度，再形成1000家企业聚集。四是实施重点项目推进工程。优化重点项目服务机制，推动新松工业软件、航天人工智能芯片研究院等重点项目落地发展。

（四）"5"——强化"五大保障"

一是强化规划引领保障。科学推进齐鲁软件园"十四五"产业发展规划。二是强化载体支撑保障。着力升级园区物理空间，完善设施配套，按照"一谷六园区"整体规划，加快推进大数据产业园区一期和二期建设，高起点规划产业加速器。三是强化人才服务保障。瞄准四新领域，坚持产才融合、引育并重的人才发展理念，实现从"以政策引人才"向"以生态引人才"转变，打造高端人才聚集的人才引领示范区。四是强化科技创新保障。以技术研发为突破口，以重大科技项目和重点实验室、技术中心、创新平台等为支撑点，以齐鲁智慧谷双创大街为轴线，打造集科技创新、成果转化、技术合作为一体的创新创业共同体。五是强化平台支撑保障。建设软件应用研发平台、人工智能安全芯片研发平台、智能物联协同创新平台，全面提升园区公共技术支撑体系。

天府软件园发展报告

天府软件园是首批国家软件产业基地之一，是国家级科技企业孵化器、国家级众创空间及国家创新人才培养示范基地。经过多年大力发展，成都高新区软件服务业企业不断增加，人才、技术、资本等要素不断聚集，公共服务水平不断提高，产业能级不断提升。目前，天府软件园已成为中国西部新一代信息技术产业创新发展的重要载体、西部创新创业的核心聚集区，是成都高新区打造国际创新创业中心的重要基地。天府软件园已形成软件产品研发、通信技术、IC 设计、移动互联、数字娱乐、科技金融、共享服务中心等产业集群，其中，大数据与网络安全、5G 与人工智能、数字文创已经成为具有比较优势的三大特色领域。

一、发展成效

（一）总体情况

天府软件园发展稳中向好，产业实力不断增强。截至 2019 年底，基地共有企业 2199 家，包括软件企业 1847 家，同比增长 11.53%，其中，收入 10 亿元（含）以上的企业 34 家，比上年增加 7 家。以天府软件园为核心，各类主要建筑面积约 570 万平方米。聚集全球软件 100 强企业 14 家，全国软件百强企业 40 家。成都高新区软件业务收入百亿元级企业 1 家、50 亿元级企业 1 家、10 亿元级企业 13 家、1 亿元级企业 176 家。国内主板、中小板、创业板及海外上市企业中，涉软企业共 19 家，2019 年新增 3 家。

（二）经济产出

2019 年天府软件园产业规模扩大，产业结构趋于固定，人均软件收入进一步提升。2019 年基地实现营业收入 2874.66 亿元，同比增长 18.58%；实现净利润 358.42 亿元，同比增长 3.40%；出口总额 995.44 亿元，同比增长 19.73%；实际上缴税费总额 92.25

亿元，同比下降 16.99%。软件收入 1886.82 亿元，同比增长 16.90%，占营业收入的 65.64%；软件出口额为 116.48 亿元，同比增长 10.20%，占出口总额的 11.70%。

从细分领域来看，软件产品收入 970.43 亿元，同比增长 17.35%，软件技术与信息服务收入 820.13 亿元，同比增长 16.40%；信息系统集成服务收入 70.89 亿元，同比增长 17.04%；嵌入式系统软件收入 25.38 亿元，同比增长 15.91%。软件产品和软件技术与信息服务收入占软件收入的比例超过九成，同比增长 16.91%；信息系统集成服务和嵌入式系统软件收入同比增长超过一成，占比分布与上年基本保持一致。产业发展水平方面，人均软件收入提升到 99.52 万元，同比增长 8.07%；自主版权软件收入大幅增加，为 886.40 亿元，同比增长 12.62%。

（三）人才发展

2019 年人才要素投入持续增加，天府软件园年末吸纳就业人员总数 18.96 万人，同比增长 8.17%。从人才学历来看，本科以上学历人员 138747 人，其中，博士人员 2081 人，同比增长 9.64%；硕士人员 19068 人，同比增长 6.16%；本科学历的人员占比与上年相比有所回落，硕博学历从业人员占比上升 0.5 个百分点。基地年末拥有软件从业人数 16.91 万人，同比增长 2.13%；其中，软件研发人员为 116352 人，同比增长 8.25%；研发人员在软件从业人员中的占比达 68.80%，比上年同期上升 4 个百分点。

（四）科技活动

2019 年天府软件园科技活动更加活跃，科技活动支出进一步增加，活动经费筹集来源更加多元化。截至 2019 年末，软件产业基地科技活动经费筹集总额 97.69 亿元，同比增长 19.74%。科技活动经费支出总额 285.72 亿元，其中研究与试验发展（R&D）经费支出 113.15 亿元，用于软件 R&D 经费支出 102.89 亿元，两项支出同比分别增长 15.51%、16.71%，千人 R&D 经费支出同比增长 6.79%，达到 5.97 万元/人。在知识产权方面，2019 年软件产业基地新增软件著作权登记 5709 个，同比增长 4.45%，累计拥有软件著作权登记 22111 个，同比增长 16.13%；新增发明专利 1311 件，同比增长 5.30%，累计拥有有效发明专利 7205 件，同比增长 71.4%。新增科技项目 400 项，比 2018 年同期增加 10 项；其中，新增地方级科技和产业化项目比上年同期增长 6.75%，国家级科技和产业化项目增长压力加大，比上年同期回落。

在产学研合作方面，天府软件园构建协同创新大平台，与知名高校、科研院所、龙头企业深度融合，促进"科研链、人才链"与"产业链、创新链"有机衔接，形成了校院企协同发展新高地。建设环电子科大科技创新生态圈，结合京东方、华为成研所等科研单位，打造高校科研支撑、龙头企业带动、中小企业集聚的创新生态圈。建成了高新一成电合创空间、"一校一带"培育基地、联电 IC 协同创新中心等一批项目，聚集科研团队 170 余个、创业公司 50 余家，成功转化外骨骼机器人、北斗导航芯片等各类科技成果 50

余项。

（五）社会效益

2019 年，天府软件园拥有孵化面积 300 万平方米，在孵企业 289 家，打造共性技术平台、专业服务平台、协同创新平台和公共算力平台四类平台 12 个。紧密对接国家、省、市相关政策资源，协助区内 8 家企业获得省级"中国制造 2025 四川行动资金（软件信息安全）"项目立项，争取财政扶持资金 1414 万元。协助中云天下等 4 家企业获得 2019 年成都市移动互联网示范应用补助项目补助，无糖信息等 9 家企业获得 2019 年信息安全产业项目补助，骏逸富顿等 5 家企业获得 2019 年成都市首版次软件产品认定，争取财政扶持资金近千万元。积极推荐区内 14 家企业参与成都市软件产业影响力 10 强企业评选，腾讯科技（成都）有限公司等 7 家最终获评成都市软件产业影响力 10 强，全年支持企业100 余家，拨付政策资金 2295 万元。

（六）重点案例

2019 年天府软件园因在发展模式和服务创新上做出重要理论和实践贡献，荣获中国电子信息产业发展研究院授予的"2019 软件和信息服务业领军产业园"称号。2020 年 4月被商务部会同中央网信办、工业和信息化部联合认定了首批国家数字服务出口基地。

作为产业助推器，天府软件园牢牢把握产业发展新方向，2019 年着手运营了西部首个"人工智能＋5G"概念的产业园"AI 创新中心"。目前，中国移动（成都）产业研究院、新华三成都研究院等头部企业已签约入驻。园区将有效发挥"人工智能＋5G"的综合优势，助推区域经济发展。

作为创新护航员，天府软件园 2019 年启动了"瞪羚谷数字文创产业基地——天府长岛项目"的运营，成为网络视听与数字文创产业发展的重要承载园区。基地聚焦数字文创细分领域，重点培育一批成长速度快、发展潜力大的瞪羚企业，推动"文创＋""科技＋"融合驱动，构筑湖墅生态、产业社区、文化艺术中心交相辉映的瞪羚企业快速成长聚落。

二、运营管理模式

（一）遵循产业发展和城市战略而规划运营

天府软件园作为成都发展软件和信息服务业的主要载体，是成都市产业高质量发展的主要战略产业之一。天府软件园以集中发展模式，提高了城市总体产业资源的利用效率，实现了企业服务的"规模效益"和"集约效应"，避免了资源分散、匹配错位及各区域的恶性竞争。在这种模式下，天府软件园最大限度调配和利用各方有利资源，同时也能更加专注于自身管理和服务的提升。与此同时，软件园又是新经济活力区的重要产业社区，是"人城产"的重要组成部分，使得产业与城市、工作与居住紧密结合。

（二）突破传统园区招商运营理念，致力推动产业发展

天府软件园将自身打造成与产业相关的各种资源聚集并相互发生关系和作用的大平台，它连接并延伸了政府各种服务职能，进入企业、帮助企业实现信息与资源共享并建立业务关联。建立孵化项目与大公司的投资关系、业务合作关系、人员互动机制；让提供培训、人才服务、认证、投融资等服务的机构与企业建立合作；促进高校及行业协会等与企业的交流与合作，举办各种国际标准的行业专业论坛与会议。

（三）完成产业集聚，培育合理产业结构

天府软件园在招商过程中明确树立构建产业价值链这一思路，着力引进有重大战略带动作用的项目和世界性的行业龙头企业，然后围绕龙头企业在高新区和园区内引入上下游产业链企业，以构建相关价值链体系。同时，注重孵化平台的建设，形成了"孵化器—加速器—产业园"的梯度孵化模式，成为培养本土创新创业企业的摇篮。

（四）满足企业关键性需求，作为战略合作伙伴帮助企业成长

帮助企业低成本高质量完成初级人才"最后一公里"的人才转化和中高端人才引进是天府软件园最重要的服务之一。在政府的大力支持下，园区通过人力资源服务平台，大量整合各方资源并不断探索、创新人才工作方法和服务方式，建立了长效的人才解决机制和有效的人才服务体系。从企业选址时期的人力资源状况咨询到初创期的团队组建，从企业共性的培训需求满足到企业师资库的建立与使用，从高校招聘到"蓉贝"人才计划，园区在不断了解企业的需求、不断摸索更加适合企业需求的服务手段，目前园区已经建立了非常成熟完善的人才服务体系，得到了企业的高度认可。

三、政 策 措 施

（一）产业高质量发展政策，明确主攻方向

为推动成都高新区软件产业提档升级实现高质量发展，高新区先后出台了《成都高新区软件和信息技术服务业转型升级规划》（2018～2022年）、《成都高新区软件和信息技术服务业高质量发展三年行动计划》（2019～2021年）等行动方案，聚焦重点领域打造

产业名片，明确将数字文创、人工智能、网络安全、大数据应用作为软件和信息技术服务业的主攻方向，建立产业价值梯度，梳理产业价值链关键环节，促进软件行业发展向价值链高端转移。

（二）细化人才目录，建立人才离岸创新体系

2019 年成都高新区出台《实施"金熊猫"计划促进人才资源向创新动能转化若干政策》，重点从引得进、留得住、重培育、优服务几个方面着手，结合成都高新区主导产业和企业梯度培育工程，切实推动人才资源向创新动能转化。

（三）企业培育政策措施，促进梯度发展

产业四级梯度培育是软件产业基地扶持优秀企业成长壮大、打造创新性企业集群的重要政策。成都高新区出台的《关于深化产业培育实现高质量发展若干政策意见》和实施细则（试行）中，就围绕企业成长全生命周期需求提出了建立"四个梯度"培育体系。

四、主要经验

（一）立足特色领域发展，形成产业竞争比较优势

天府软件园已经形成大数据和网络安全、5G 与人工智能、数字文创三大特色产业领域，并在网络安全、数字文创等领域全国领先。

在大数据领域，形成"数据资源采集—数据存储与管理—数据分析与挖掘—数据应用和服务"的完整产业链，在数据分析与挖掘方面表现出较强优势。拥有新华三、四方伟业、映潮科技、中科创达、天翼网络、鼎安华等代表企业；已布局中国电信西部大数据中心、万国数据云计算中心等重大项目；银海软件、数联铭品、医云科技、华栖云等一大批企业利用大数据在金融保险、智慧城市、医药健康、数字视听等行业已形成广泛应用。

在网络安全领域，拥有涵盖端点安全、网络安全、应用安全、数据安全、身份与访问管理、安全管理六大细分领域 80 余种网络安全产品和技术，聚集了亚信安全、卫士通、蚂蚁金服、绿盟科技等行业龙头企业和科来软件、无声信息、无糖信息等一批创新型网络安全企业，形成了"芯片—软件—平台—产品—系统—服务"完整的产业体系，在密码产品、态势感知、金融安全等领域居于全国领先水平。

在 5G 领域，园区聚集 5G 通信重点企业 100 余家，重点发展 5G 网络与设备、5G 云平台、5G 行业应用三大领域。移动成都研究院对接成都市无人机协会开展 5G＋无人机应急通信、城市消防等方向合作，开通全国首个 5G 应急救援系统，打造全国首个 5G＋MEC

智慧医疗行业专网；纵横大鹏突破 5G＋无人机关键技术提升超大城市治理水平；索贝数码和华栖云的 5G＋超高清前端设备领域居全国第一。

在人工智能领域，园区聚集人工智能重点企业 80 余家，重点发展智能识别、智能产品、智慧应用三大领域，在图像/视频识别、语音识别、文本识别、智能机器人、智能无人机、智慧城市、智慧医疗、智慧安防等细分领域涌现出大批优质企业。其中，中科信息自主开发的智能识别及分析技术与成果，成功推广应用于政府、烟草、石油、印钞等领域；启英泰伦成为行业首家具备人工智能语音核心算法、芯片设计、语音引擎、应用方案全技术链的企业。

在数字文创领域，园区涵盖产业上游硬件设备、中游内容应用和下游平台渠道。在游戏研发、数字音乐、数字传媒、影视制作等细分领域业态完善，优秀企业蓬勃发展。

（二）推动产城融合，促进基地经济高质量发展

成都高新区坚持一个产业功能区就是若干新型城市社区，把产业社区作为"人城产"融合的物理空间，以生产空间集约高效、生活空间宜居适度、生态空间山清水秀为目标，实现产业布局与自然环境深度融合，努力将新经济活力区建设成为高质量发展和高品质生活示范区。天府软件园作为新经济活力区的重要组成部分，按照政府、企业和第三方结合的投资建设模式，形成投资多元、市场运作、服务专业、特色鲜明的产业布局，重点发展软件设计、研发、运营、服务等，打造世界级高端软件研发和总部聚集地。

（三）政策引导与扶持，优化营商环境

天府软件园围绕"国际化营商环境建设"工作主题，深化商事制度改革，提高企业进出市场便利度，最大限度地简化了办理流程，将办理时间压缩至 8 小时，打造集公司注册、代理记账报税、工商变更、知识产权注册、企业资质资助政策申报、法律服务、人才招聘、科技媒体、整合营销、信息咨询、企业孵化、品牌建设等功能于一体的一站式企业服务中心，为软件企业提供一站式服务。

（四）深化业界共治理念，推动产业融合应用

园区先后成立"大数据和网络安全业界共治理事会""网络视听与数字文创业界共治理事会""5G 与人工智能业界共治理事会"。共治理事会与政府相互支撑、职能互补，深度参与网络视听产业规划、产业培育政策以及"人工智能与 5G"场景机会清单等的制定和管理，贡献高质量政策建议 200 余条，服务企业 1000 余家。

（五）打造"AI＋"应用场景，培育发展新动能

设立新经济场景专用资金，解决市场机会与新经济企业业务发展诉求配置不到位等问题。构建应用场景城市机会清单发布机制，围绕 AI＋教育、医疗、园区、社区、政务 5

大应用场景，深度链接和收集企业产品技术研发需求，通过多渠道、多形式消除信息壁垒，协助供需双方信息共享和对接交流。

五、问题与挑战

（一）产业规模偏小，发展速度趋缓慢

2019年，软件园实现软件收入1886.82亿元，营业收入10亿元以上的企业仅有34家，营业收入10强企业营收规模占规上软件和信息技术服务业的近60%，其经营情况将直接影响整个规上软件和信息技术服务业的发展。同时，规上软件和信息技术服务业营业收入增幅趋于放缓，游戏企业受版号影响，经营业绩出现回落。

（二）缺乏龙头企业，软件企业整体实力偏弱

2019年中国软件业务收入百强企业名单中，成都仅有中国电子科技网络信息安全有限公司、四川省通信产业服务有限公司两家企业上榜，该项指标与青岛、济南、福州等城市同属于第三梯队，距离第二梯队上海、深圳、南京、杭州、广州等城市差距较大（平均8家左右），距离第一梯队北京（32家）差距更大。

（三）资本活跃度偏低，企业创新动能发展不足

成都软件和信息技术服务业本地投资不够活跃，产业集群效应还不明显，区域产业品牌知名度较低，加之信息相对封闭，成都高新区企业在全国产业链上的活跃度不是很高，不利于产业资本在产业链上的流转。此外，制约资本活跃度的另一个主要因素是资本量的匮乏，软件和信息技术服务企业的前期投入和预期收入之间有差距也使一些投资机构在甄选目标项目时越发慎重。从产品投入和产品研发来看，成都为数众多的软件企业集中在应用软件领域，其中大部分又集中于行业应用软件领域，在基础软件和应用软件发展方面创新动能较弱。

（四）高端领军人才缺乏，产业基地人才结构更需优化

2019年天府软件园本科学历人才占从业人员比重较上年同期下降约4个百分点，有5年以上软件从业经验的人员数量同比下降2.93%。现有高端领军人才的缺乏制约了以创新为特征的软件和信息技术服务业发展，需加大高技术人才的培养与引进。

六、下一阶段工作

（一）加快产业社区建设

AI 创新中心全力争取国家新一代人工智能创新发展试验区挂牌并开展智能驾驶等示范性项目；瞪羚谷加快推动中国（成都）网络视听产业基地项目聚集；积极推动信息技术应用创新园区建设，提前谋划 AI 创新中心二期项目布局，推动国家商用密码检测中心成功落地，进一步提升软件和信息技术服务业在全国的影响力。

（二）继续办好重大品牌活动

筹办软洽会、欧洽会、网络视听大会、C3 安全峰会等重大行业活动，营造良好的产业发展氛围。提前谋划，进一步提高办会质量和水平，增强会议国际影响力，搭建企业交流合作平台，吸引一批项目落地。配合全市做好"蓉贝"软件人才大会并实施"蓉贝"人才计划，引育一批软件优质人才。

（三）开展园区多元化合作

积极配合锦江区做好天府软件园（锦江园）建设方案的优化完善工作，进一步研究产业发展规划，优化运营模式，充实合作内容，将天府软件园的产业服务、产业促进、运营管理的模式和经验延伸到天府软件园（锦江园）。落实成都天府软件园—永川大数据产业园战略合作框架协议，加快推进双方园区产业协同，全面开展双方及企业在业务合作、人才培育、平台共享等领域的深入合作，形成区域软件产业发展合作的新典范。

（四）加快优化软件产业生态圈

切实做好5G、人工智能、量子通信、区块链等战略性新兴产业的发展路径研究与谋划。充分发挥业界共治理事会效力，聚焦制约新经济企业发展壮大的融资、人才、空间、资源平台、产业政策等关键性问题，精准制定产业政策及工作措施。制定打造应用场景推动新经济发展的实施办法，搭建多元化产业社区及城乡社区应用场景，建立市场机会清单定期发布对接机制。

长沙软件园发展报告

2019 年以来，长沙软件园在科技部火炬中心及省、市政府及各级科技部门的领导和关心支持下，精准发力，主动作为，持续优化发展环境，积极集聚资源，在培育发展大数据、云计算、人工智能、网络安全、移动支付、区块链等新兴产业，发展软件和信息服务业，推动信息化和工业化深度融合，加快经济发展方式转变和产业结构调整等方面发挥了积极作用。通过发挥基地在人才、技术、金融、科技等领域的资源聚集优势，招大引强，培新育小，扶优扶强，长沙软件园软件信息及移动互联网产业发展取得了巨大的成绩。

一、基地产业发展成效

长沙软件园是国家首批"四大软件园"之一，经过多年的不懈努力，基地软件信息及移动互联网产业蓬勃发展。一是产业初具规模。2019 年基地企业营业收入突破千亿元，企业总数超过 3 万家，其中规模以上企业 362 家、过亿元企业 75 家、过 10 亿元企业 8 家、入选中国百强互联网企业 3 家，企业融资总额超过 50 亿元。二是平台形成支撑。拥有国家软件产业基地、国家网络安全产业园、国家服务外包示范区、国家数字媒体技术产业化基地、国家电子商务示范基地、国家动漫游戏产业振兴基地、国家文化和科技融合示范基地等一批软件和信息技术服务相关国家级平台载体。三是产业特色鲜明。发展了移动互联网产业园、网络安全产业园、军民融合产业园、移动支付产业园、电子商务产业园、视频文创产业园、5G 产业园、区块链产业园等以软件信息为基础的专业特色园区，"PK"体系和鲲鹏计算体系已成为国内最大的自主 IT 生态。四是创新实力雄厚。信息技术领域的两院院士数量处于全国前四、中部第一，国防科技大学、中南大学、湖南大学三所高校的软件学院入选国家示范性软件学院，软件和信息技术服务业相关国家级和省级科技平台近百个，长沙超算中心是中部地区唯一的国家级超级计算中心。五是品牌具有影响力。长沙软件园是世界计算机大会、互联网岳麓峰会、中国（长沙）网络安全·智能制造大会等重大活动的主办地，品牌影响力不断扩大。

近年来，随着基地软件信息产业的飞速发展，各细分领域的优势也逐见成效，出现了百家争鸣、百花齐放的良好态势。以中兴智能、中联智能、威胜信息、华自科技、三诺传感等一大批企业为代表的嵌入式软件产业集群对基地的产值税收贡献独占鳌头，其中中兴智能公司 2019 年营业收入达 42 亿元；以景嘉微、国科微、进芯电子、长城银河等为代表的芯片制造类企业，以麒麟信息、中国长城等为代表的操作系统类企业和以深信服、奇安信、亚信集团等为代表的网络安全类企业构建了以"PK 系统"为核心的计算机产业生态，形成了融合芯片、操作系统、服务及软硬件于一体的产业链；以科创信息、浩鲸云、创博龙智等为代表的应用软件产业集群为人工智能、区块链、5G 应用等新兴产业发展奠定了基础；以安克创新、快乐购、御家汇、兴盛优选等为代表的电子商务产业集群构建了从设计、研发、生产、销售、客户管理的互联网＋生态圈，御家汇上市，安克创新估值百亿元，兴盛优选进入独角兽企业队伍；以芒果超媒、新湖南、红网、映客直播为代表的新媒体产业集群在全国有较大影响力；以和包支付、五八到家、拓维信息、潭州教育为代表的移动生活产业集群创新活跃，五八到家已成为移动生活服务领域全国最大上门服务平台；以蓝思科技、三一根云、中电互联为代表的工业互联网产业集群走在全国前列；以芒果互娱、草花互动为代表的动漫游戏产业集群有力带动了文化强省建设。

目前，长沙软件园构建了"一园五区两山"的产业发展格局，以长沙高新区软件园为核心区，以芙蓉区、天心区、岳麓区、开福区、雨花区为拓展区，以岳麓山国家大学科技城、马栏山视频文创园为特色区，形成各区域竞相发展态势。长沙高新区加快提升长沙软件园品牌影响力和国际化能力，争取国家重大基础软件项目落地，引进国际国内巨头软件企业，迅速做大产业规模。芙蓉区、天心区、岳麓区、开福区、雨花区依托 CBD、商务楼宇、城市地标等，构筑软件园区专业服务运营模式，加快企业和人才引育，快速形成规模效应。岳麓山国家大学科技城充分依托高校、科研院所的学科优势、研发专长，重点从互联网＋文化创意、大数据、人工智能、信息服务等领域进行产业导入。马栏山视频文创园充分发挥高清视频、数字内容等软件和信息服务优势，形成较强的产业集聚力、企业吸附力和行业影响力。

2019 年，长沙软件园企业营业收入 1050 亿元，其中软件收入 800 亿元，软件技术与信息服务收入 330 亿元，自主版权软件收入 420 亿元，软件出口总额 22 亿元，实现净利润 50 亿元、实际纳税总额 45 亿元。截至 2019 年底，基地软件信息及互联网相关企业总数 32773 家，其中软件企业 10306 家。从业人员总数超过 25 万人，其中软件信息技术类专业人员达 15.81 万人，博士超过 3000 人，硕士 2.77 万人，本科 18.68 万人。全年科技活动经费筹集总额 128 亿元，科技活动经费支出总额 120 亿元，其中软件研发经费支出 80 亿元，年培训费用 6 亿元，拥有软件著作权登记 6.5 万余个，新增软件著作权登记 2 万余个，拥有有效发明专利超过 5000 件，新增有效发明专利 1300 多件。基地拥有芯城科技园、中电软件园、军民融合产业园、企业广场、麓谷信息港、麓谷新世界、金鹰文化园等一批承载软件信息类企业成长的载体，现有孵化面积 120 万平方米。

二、基地运营管理模式

发展至今，长沙软件园已建设了一套符合软件信息及互联网产业发展的完整体系，拥有一支涵盖产业服务、招商、创业服务、投融资、载体管理、软件检测等软件产业全方位服务的专业团队；构建了由长沙高新区软件园与园内五区所组成的"1＋5"园区格局；建立了长沙市政府主要领导牵头的长沙市软件与信息技术服务业发展联席会议制度；拟制了长沙市《软件园区评价指标体系》《软件企业评估标准》和《软件人才评估标准》等一系列软件产业发展评价体系；形成了由政府自建、政府与央企合建及民营独立建设的三类软件产业专业载体；开展了基地软件名企和软件名品的征集活动，对园区优秀的软件企业和产品及解决方案进行摸底，通过"互联网岳麓峰会"等大型活动对其进行宣传推广；组织基地软件及信息技术服务企业发布了一批软件和信息技术服务业应用场景，如互联网＋服务平台建设、智慧园区、中芯区块链（长沙）公共服务平台、世邦通信智能交通系统等多个软件及信息技术服务业应用场景；牵头成立了三支政府引导基金，总规模16.25亿元，其中长沙人工智能产业天使投资基金1.25亿元、长沙智能制造产业投资基金10亿元、长沙区块链高科产业投资基金5亿元。

三、基地政策措施情况

为进一步推进国家自主创新示范区建设，加快长沙高新区战略性新兴产业发展和产业转型升级，促进长沙软件信息和移动互联网产业快速发展，自2014年起，湖南省政府、长沙市政府相继出台了《湖南省人民政府关于鼓励移动互联网产业发展的意见》（湘政发〔2014〕6号）、《湖南省人民政府办公厅关于进一步鼓励移动互联网产业发展的若干意见》（湘政办发〔2018〕55号）、《关于加快推进长沙移动互联网产业发展行动计划（2014～2016年）》（长政办函〔2014〕88号）、《长沙市软件和信息技术服务业发展三年行动计划（2020～2022年）》（长政办发〔2020〕11号）和《长沙市移动互联网及应用软件、网络安全高层次人才认定目录》等一系列软件信息及互联网产业专项政策。基地所隶属的长沙高新区管委会同时出台了《长沙高新区落实省市政府加快移动互联网产业发展政策的实施办法》（长高新管发〔2014〕30号）、《长沙高新区"柳枝行动"》等配套的软件信息和移动互联网产业专项政策。同时，还出台了《长沙高新区加强自主创新促进产业发展若干政策》（长高新管发〔2017〕1号）、《长沙高新区关于推进人工智能与智能制造产业发展的若干政策》（长高新管发〔2018〕105 号）和《长沙高新区促进军民融合产业发展的若干政策》（长高新管发〔2020〕2 号）等一系列相关产业及细分领域的政策。目前，即将出台的《长沙高新区移动互联网及软件产业的若干政策（2020～2022年)》以及新出台的移动互联网及软件产业政策，将连续三年每年拿出 1.8 亿元支持企业发展，具体在"柳枝行动"、房租补贴、购地购楼、产业规模、人才引进、平台服务、产业投资等方面对软件及信息技术服务企业给予政策支持和奖励，旨在引进、培育、孵化一批具有成长潜力的优质软件信息及移动互联网相关领域的企业，鼓励和促进优秀创业团队、高层次人才落户基地创新创业。截至 2019 年底，全年省、市、区三级产业项目资金共计补贴企业 2000 余家次，补贴资金近 3 亿元。

四、主要经验、问题和挑战

（一）发展经验与做法

一是抓重大活动。连续六年成功举办移动互联岳麓峰会，2019 年 4 月召开的移动互联网岳麓峰会，吸引省内外超 3 万人报名，300 多名大咖、20 余位院士和央企代表、50多家投融资机构代表、50 余名高等院校科研机构及专家代表、70 余家媒体齐聚星城，峰会已经在全国具有很大影响力，为长沙移动互联网品牌的打造打下了坚实的基础。二是抓平台建设。建设了为平台企业合作劳动者服务的劳动者纳税服务平台，为企业技术创新和发展提供专业的软件测试、软件质量保障、软件测试环境与工具共享的软件检测平台，可实现全市企业信息、数据、资产和应用合约化上链的区块链平台等公共服务平台。三是抓企业主体。帮助基地企业做好入规、升高、扩面、上市工作，全年基地入规的软件信息及互联网企业超过 30 家，获得高新技术企业认定的已近 500 家，快乐阳光、映客直播、草花互动三家公司入选全国互联网百强企业，力合科技和威胜信息分别在创业板和科创板上市，安克创新正在冲击主板上市。四是抓创新联盟。2019 年，移动互联网产业联盟除岳麓峰会外，已经组织链上企业举办了投融资大会、人才招聘、高企培训等多场大型活动。区块链协会正以产业为示范点，建设长沙区块链产业园，现已聚集搜云科技、中芯供应链等区块链相关企业超过 60 家。目前，正在组建长沙市软件和信息技术服务业产业联盟，将进一步推进基地软件和信息技术服务业跨越式发展，推动"长沙软件再出发"，构建基地软件业政产学研用金协同创新生态。五是抓环境创品牌。全年由基地企业帮扶专项工作小组走访与联系重点移动互联企业 500 余家，及时收集和处理企业发展中的各类问题，帮助企业加快生产经营。目前，基地正在积极推进"岳麓峰会""柳枝行动""马栏山"等移动互联网品牌的建设。

（二）发展问题和挑战

虽然这些年长沙软件园软件信息产业发展取得了一定的成绩，2019年，长沙互联网发展指数为211分，在各评比城市中排名第七，在中部地区排名第一。但与北上广深等发达城市相比，仍存在较大的差距，仍面临一定的"瓶颈"，限制了长沙软件信息产业增长。一是产业规模偏小。虽然长沙软件园软件信息企业数量近几年飙升，但是仍然是以小企业为主，规模以上企业占比较低，与中国软件名城相比差距较大，目前还没有全国软件和信息技术服务业百强企业，与发达城市相比有差距。此外，缺乏龙头企业的带动，还缺少如华为、腾讯、百度、中软等具有国际影响力的头部企业和腾讯QQ、360安全浏览器、金山WPS等软件知名品牌。二是融资能力不强。长沙整体融资环境不完善，企业融资意识淡薄，企业高层缺乏长远战略规划，本地投资机构较少，且获投企业大部分都位于市辖区，为创业项目提供的培育环境不够理想。产业的进步需要资本的支撑，要积极推进企业与资本市场合作，合理利用债券、基金、风投资金特别是上市融资，把握独角兽企业发展方向和科创板的机遇。同时对于本地准独角兽企业和潜力项目，充分展示后备企业资源，激发企业信心，调动企业积极性，挖掘企业融资能力。三是创新有待加强。自主开发的基础性、工具性、前沿性软件较少，仿真和设计等高端工业软件主要依赖进口，软件应用与本地实体经济、政府管理、民生服务等融合不够。长沙市地处中国中部，离北上广深距离较远，把控市场波动的主观能动性较弱。创新会成为软件信息产业下一阶段的重点，在将软件信息及互联网与传统经济结合的创新性和紧密度上，长沙软件园仍存在很大的进步空间。

五、2020年工作安排

以专业园区建设为着力点，以特色园区建设为发力点，重点发展网络安全产业园、军民融合产业园、移动支付产业园、电子商务产业园、视频文创产业园、5G产业园、区块链产业园等以软件信息为基础的专业特色园区，聚焦基础软件、新一代信息技术、互联网+、区块链、5G、人工智能、大数据等产业领域，着力于产业链上下游企业招大、育新、做强，积极推进移动互联网产业与工业、农业、服务业融合高质量发展，全力赶超国内先进园区，将长沙软件园打造成软件信息及移动互联网产业创新和发展的高地，努力争创"中国软件名园"，进一步引领全市软件信息产业，为长沙市挺进"中国软件名城"打下坚实基础。

（一）招大引强育新，发展高质产业

1. 招大

着眼软件信息产业链高端和终端，依托龙头企业、智库外脑、咨询机构等，全面优化提升招商资源、渠道和信息对接效率。瞄准中国软件百强企业、全国互联网百强企业和行业领军企业，依托互联网岳麓峰会、网络安全智能制造大会、世界计算机大会等高端活动，通过项目招商、以商引商招商以及招商小分队的招商模式，进一步加快中国（长沙）跨境电子商务综合试验区、中国信息通信研究院中南基地、国家5G高新视频多场景应用重点实验室等平台建设，建立健全人才、信息、孵化、投融资等各类公共服务平台，组建跨区域的软件信息产业园区（基地）发展联盟，全面凝聚产业链上下游资源，促进产业协作、创新与联动发展，提供良好的营商环境，招大引强、招新引优，积极推动长沙智慧城市等重大产业项目建设，带动配套企业聚集，实现产业链的纵向延伸和横向扩展。

2. 育新

积极培育智能网联汽车、工业互联网、智慧医疗、移动支付、网络安全、分享经济、区块链等新模式、新业态，形成一批如百度无人驾驶、视比特机器人，星汉数智、蚁坊软件、凯歌医疗、创智和宇等竞争力极强的新型软件信息企业。以柳枝行动等现有孵化器和众创空间为基础，扩大软件信息专业孵化器规模，从资金、辅导、投融资对接等方面培育企业快速成长，以房租补贴等政策引导方式帮助技术创新型项目度过早期困难期，通过创业辅导提高技术创新团队对市场的认知水平，积极举办创新创业大赛、项目资本对接会等产业活动发现优秀企业并帮其补齐短板，对接产业资源。

3. 做强

建立龙头企业培育库，推动企业"高升强"，通过实施"一对一"精准培育，选择获得融资的优秀企业进行重点培育，全面提升龙头企业竞争力。开展"潜力独角兽企业"调研，建立"潜力独角兽企业"储备库，遴选一批具有创新技术、创新商业模式、高成长性的潜力独角兽企业入库，并从人才引进、服务体系、政策引导等方面对该类企业进行全面支持，重点将兴盛优选、机械之家、福米科技、草花互动、潭州教育、莫之比等潜力企业培育成独角兽企业。以培育百亿级品牌企业为目标，优先打造中兴智能、安克创新、中联智能、御泥坊等市场竞争力强、具有自主知识产权的品牌企业。

（二）结合重大活动，打造产业品牌

把握新经济的发展规律，通过举办有影响力的活动来营造氛围、集聚资源、打造生态、发展产业，计划通过主办或承办互联网岳麓峰会、世界计算机大会等有影响力的活动来营造产业生态、氛围。一是继续办好一年一度的岳麓峰会，吸引互联网及IT业界大咖、投融资机构代表、高等院校科研机构及专家代表参会，打造"冬有乌镇、春有岳麓"的互联网知名品牌。二是全力筹备好世界计算机大会，计划举办一个主论坛和八个分论坛及

成果展示等一系列活动，集聚计算机领域最权威的专家学者，围绕计算机产业尖端技术前瞻与产业化发展、实体经济与数字经济融合、产业链国际合作发展、全球网络安全防护等话题进行深入交流。

（三）拓展场景应用，强化本地市场

紧跟新一代信息技术发展趋势，推动软件及信息技术服务在智能网联汽车、工业互联网、智慧城市、智慧医疗、移动支付、分享经济、区块链、创意经济等领域拓展应用，打造软件驱动经济生活发展的新生态。推动软件与民生、文化旅游、农业、商务、警务、交通运输、城市建设、城管执法等政务及社会治理相结合，促进工程机械、汽车电子、航空航天、轨道交通等长沙优势产业在工业控制、智能制造领域的示范应用，鼓励长沙本地软件业企业"揭榜"长沙市智慧城市、人工智能、工业互联网、5G应用、军民两用信息化项目建设，培育一批研发能力强、成长性好的本地软件企业。

（四）聚力引才育才，构筑人才高地

对接国家重点人才计划、湖南省芙蓉人才计划、长沙市高精尖人才领跑工程和紧缺急需人才集聚工程，引进海外、北上广深高层次人才。单独设立软件业领域高层次人才认定标准，落实长沙人才绿卡系列配套服务举措。对软件业龙头企业研发团队整体迁入长沙的，统筹保障企业员工购房、就医、子女入学、金融支持等。以重大项目为牵引，吸引国防科技大学创业团队、创新人才在长沙创业。建立湖南双一流高校计算机学院院长联盟，加快建设院士（博士后）工作站，培养信息技术基础研究领域高端人才。依托国家网络安全产业园，与工业和信息化部合作建立网络安全人才实训基地，培养网安信创专业人才。依托软件协会等搭建企业与人才双向供需平台。鼓励高等院校、职业学校、IT培训机构开设面向重点行业领域的软件业相关专业和课程，培养一批软件工程师、系统架构师、网络工程师等。鼓励校企共建软件行业产学研联盟，联合创办软件学院、实训基地、培训中心等，打通高校人才输送渠道，定向培养实用型人才。

北京软件产业基地发展报告

2019 年，北京软件产业基地在科技部及北京市相关部门的领导下，前瞻部署催生未来变革性技术的重大基础研究，大力推动物联网、5G 网络、人工智能、大数据等应用场景建设，有力支撑全国科技创新中心建设。

一、2019 年北京软件产业基地发展成效

（一）基地发展的总体状况

北京软件产业基地规划用地面积 1143 万平方米，现有建筑面积 94 万平方米，其中孵化面积 8 万平方米；软件企业 6280 家，收入过亿企业 1137 家，在孵企业 664 家。

（二）经济产出情况

2019 年，北京软件产业基地保持稳健发展的良好态势，实现营业收入 1.18 万亿元，净利润 643.81 亿元，上缴税费 543.22 亿元。

（三）从业人员情况

2019 年，北京软件产业基地从业人员达到 90 万人，同比增长 7.69%。

（四）科技活动情况

2019 年，北京软件产业基地科技活动经费支出总额 1597.25 亿元，同比增长 29.84%。

（亿元）   （%）

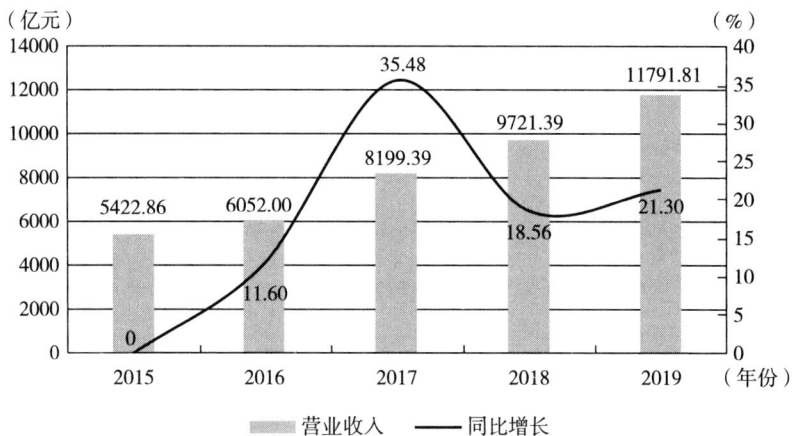

图1　北京软件产业基地近五年营业收入规模

（万人）   （%）

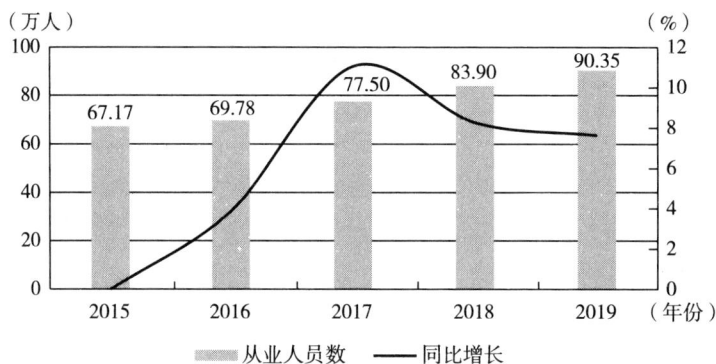

图2　北京软件产业基地近五年从业人员情况

（%）   （亿元）

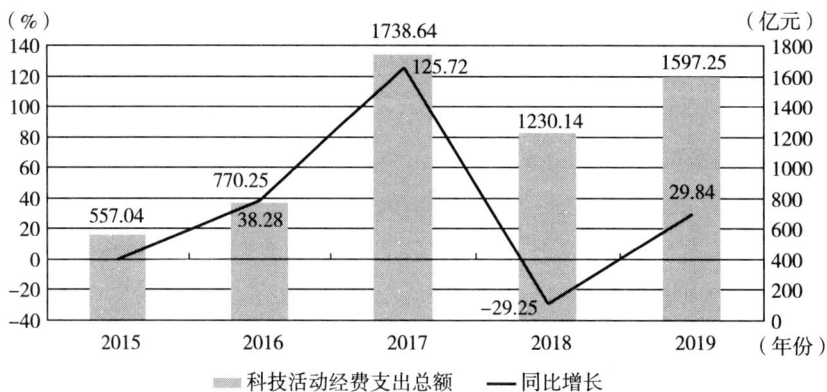

图3　北京软件产业基地近五年科技活动经费支出情况

（五）社会效益情况

1. 科技奖励获得数量稳步增长

科学技术奖是衡量地区科技创新水平和重大成果产出水平的重要指标之一。近几年，北京软件产业基地的科技成果获得北京市科学技术奖励的数量基本保持平稳。在 2018 年度的北京市科学技术奖励中，北京软件产业基地的科技成果共获得 44 项科技奖励，其中，一等奖 6 项，二等奖 17 项，三等奖 21 项，占年度奖励数的 20.8%。

2. 骨干企业专利意识增强

近年来，基地骨干企业的专利申请量和授权量均居全国前列。在国家知识产权局发布的 2019 年国内企业发明专利授权量前 10 排名中，京东方科技集团股份有限公司排名第四，联想（北京）有限公司排名第七。

（六）重点案例

1. 北京小米移动软件有限公司

小米公司成立于 2012 年，是小米集团旗下一家专注于基础软件开发与服务的公司，注册资本 2.8 亿元。2018 年，在北京市科委的支持下，小米公司整合集团及上下游相关行业资源，牵头建设"人工智能与智能家居融合技术创新中心"，成立了实体化运营的独立法人主体，建立了政府政策导向、专项财政激励、企业投入充足的协同创新基金保障体系，形成了"利益＋公益＋效益"的"三益驱动"新机制，减少成果转化环节。平台至今，申请人工智能和智能家居领域相关发明专利 41 项，参与发布面向物联网的蜂窝窄带接入（NB－IoT）终端设备技术要求等 2 项行业标准。

2019 年，小米公司入选了国家技术创新示范企业名单，获批建立博士后科研工作站分站，在工信部公布的 2019 年（第 18 届）中国软件业务收入前百家企业名单中，小米公司列第 7 位。建成国内首家全自动远场声学实验室，与西北工业大学等多家高校开展技术研发合作，联合武汉大学共建了实验室。小米 IoT 平台面向所有第三方开发者开放，众多合作伙伴已有产品接入到平台中，其中包括宜家、美的、飞利浦、奥克斯、欧普照明、华米、云米、绿米、欧瑞博等智能家居行业知名品牌企业。

母公司小米集团，2019 年位列"全球上市公司 2000 强"排行榜（Forbes Global 2000）第 384 位（本年度上升 42 位），全年总收入人民币 2058 亿元，上缴北京税收 62.7 亿元。智能手机全年手机销量 1.25 亿台，人工智能物联网平台连接智能设备超过 2.35 亿，小米可穿戴设备出货量在中国和全球均位列第一。

2. 北京奇虎科技有限公司

奇虎科技成立于 2005 年，是中国一家主营安全相关的互联网公司，注册资本 5 亿元。2018 年，在北京市科委的支持下，奇虎科技整合集团及上下游相关行业资源，牵头建设"网络空间安全智能防御与反制技术创新中心"，在"三益驱动"新机制基础上，实行以必要期权或分红权为基础的浮动薪酬分配机制，形成科学、长效的激励机制，帮助创新中心吸引、留住优秀人才；与多家高校院所和国内外企业建立充分的合作关系，研究人工智能系统安全研究、人工智能系统新型攻击方法；建立了漏洞实验室，解决芯片安全问题；建立了智能网联汽车安全研究院。

2019年，奇虎科技专业化平台形成服务收入7000多万元，主导、参与制定标准10项，申请发明专利100项、PCT专利2个。中标中国西南地区首个网络安全产业园，现命名"360网络安全协同创新产业园"，将打造成为集城市安全运营指挥、大数据协同安全技术研究、网络安全人才培养、网络实战攻防演练等众多能力于一身、具有标杆意义的网络安全实践及培养示范基地。

二、2019年经济运营管理模式

（一）遵循市级规划政策要求

《北京加强全国科技创新中心建设总体方案》提出，到2030年，北京全国科技创新中心的核心功能更加优化，将成为全球创新网络的重要力量，成为引领世界创新的新引擎，为我国跻身创新型国家前列提供有力支撑。北京市聚焦高质量发展，围绕首都城市战略定位，加速推进产业结构升级转型，相继发布了《北京市加快科技创新发展软件和信息服务业的指导意见》《北京市加快科技创新发展新一代信息技术产业的指导意见》《北京市加快科技创新培育人工智能产业的指导意见》《北京市促进科技成果转移转化行动方案》《北京市促进科技成果转化条例》等政策文件。"十四五"时期，北京市既要实现高质量发展，又要建立大都市圈经济，推动创新资源带动津冀、服务全国，有力支撑国家战略。

（二）整合优势资源

基地积极培育集成电路、大数据、物联网、空间信息等战略性新兴产业，持续优化基地环境，围绕技术研发、产品检测、设备服务、成果信息、人才引进及培养等创新要素的服务需求，整合各类企业、院所、机构、社会组织的优势资源，先后成立了北京软件产品质量检测检验中心、中关村物联网产业联盟、北京新一代移动通信产业创新联盟、智源—旷视智能模型设计与图像感知联合实验室、智源—京东跨媒体对话智能实验室等多个机构，推动基地创新发展。

三、2019 年基地建设的主要做法

（一）推进科技成果转化工作

充分发挥科技创新推动经济发展的引擎作用，着力促进科技成果转化工作。不断推动科技成果转化工作走向实处、深处，与在京高校、科研院所建立深层次对接机制；鼓励更多资本、更多资源投向基础研究和战略硬技术；广泛开展科技成果对接活动。

（二）营造良好创新创业生态

不断增强服务企业、服务优秀人才与团队的意识和能力。按照北京市出台的多项北京营商环境政策，持续优化创新创业服务体系，打造标杆孵化器；加大支持力度，推动企业技术创新。

（三）推动产业的高端化发展

布局建立北京量子信息科学研究院、北京智源人工智能研究院、北京脑科学与类脑研究中心三家新型研发机构，并将北京纳米能源与系统研究所纳入新型研发机构支持。支持智源研究院设立"智源学者"计划，针对人工智能的数理基础、机器学习、自然语言理解、智能信息检索与挖掘、智能架构与芯片等重大研究方向，开展基础理论研究与开放性探索；以"智源学者"为核心，着力打造由 300 位智源学者、3000 多位国际人工智能顶尖专家紧密参与，线上线下相结合的全球人工智能学术生态网络，营造浓厚学术氛围。推动智源开放服务平台建设，设立联合实验室共建机制，重点组织数据共享，支持算法开源，推动场景开放，实施协同创新。成立智源数据开放研究中心，制定数据开放标准、研究数据开放核心技术并面向业界提供数据共享服务。

四、基地发展的主要经验、问题与挑战

（一）主要经验

强化企业主体地位，分梯队推进科技企业发展壮大，优势企业开展跨地区、跨所有制、跨行业兼并重组，引导和推动高端创新要素向优势企业集聚，形成大型企业集团；针对发展潜力大的创新型企业特别是"独角兽"企业，做好精准服务，引导科技中介机构和金融机构做好服务，推动企业加快上市，做大企业规模。

（二）问题与挑战

面对更加复杂的国际形势，竞争新赛场、新规则，科技创新进入活跃期，人工智能、量子信息、移动通信、工业互联网、物联网、区块链等领域快速发展，对国际政治、经济、军事和安全等产生深刻影响；信息技术与其他技术领域广泛渗透，加快群体性突破和颠覆式创新，脑科学、量子计算、材料基因组等前沿科技领域展现重大应用前景。能否抓住这一机遇，是我们面临的重大挑战，必须坚定不移地走中国特色自主创新道路，全面增强自主创新能力，坚持全球视野，对标国际顶尖、高端技术发展趋势，增强全球创新资源配置能力，抢占国际制高点。

五、2020 年基地工作安排

（一）做好科技创新前瞻布局

把握新一轮科技革命与产业变革机遇，强化基础研究和前沿技术策源功能。突出问题导向、需求导向，前瞻部署催生未来变革性技术的重大基础研究，在人工智能、量子信息、网络安全等战略技术领域开展探索和跨学科研究，突破一批关键共性技术、前沿引领技术、现代工程技术、颠覆性技术创新，形成一批基础研究和应用基础研究的原创性成果。

（二）积极落实"科创30条"和《北京市促进科技成果转化条例》

支持企业进一步加大基础研究投入，聚焦重点前沿领域支持一批创新能力强的科研机构和科技人才，承建一批重大科技基础设施。深化科研经费管理体制机制改革，建立健全以结果为导向、以科研成果管理为重点的科研绩效管理机制。搭建优秀人才、团队与企业间的沟通桥梁，畅通高校院所与企业的转化路径；依托国家实验室、新型研发机构等，全面提升各细分领域技术服务能力。

（三）支撑高精尖产业发展

聚焦高精尖产业细分领域深耕厚植，围绕创新链条和产业链条深入分析研判，补齐技术、资金、人才等关键要素，提供定制化配套政策和服务，扎实推进高精尖产业重点项目落地，培育打造一批具有核心技术的龙头企业和隐形冠军企业，加快形成集聚效应。

（四）推进"卡脖子"技术攻关

主动承接国家重大科技任务，在新一代信息技术、集成电路、智能装备、节能环保、人工智能、软件和信息服务、科技服务业等领域，支持北京优势创新资源、科研精锐力量瞄准高精尖产业领域的"卡脖子"核心技术和共性技术进行攻关，形成更多原创性基础研究成果和关键共性技术。

天津滨海高新区软件园发展报告

2019 年，天津市坚持高质量发展不动摇，扎实践行新发展理念，深入推进供给侧结构性改革，全力做好"六稳"工作，采取一系列打基础、利长远，理旧账、补短板，防风险、守底线的重大举措，经济持续稳中有进、稳中向好，社会保持和谐稳定。

在高新区两委的正确领导下，天津滨海高新区软件园坚持着力发展互联网、信息安全、IC 设计、移动游戏、安防监控等产业，营造产业氛围，促进新一代信息技术等高端产业快速集聚发展。软件园在加快创新创业环境建设、加快科技成果转化方面不断发力，成为推进区域乃至天津市软件与信息服务业高质量发展的重要引擎。

一、强化顶层设计，高起点做好产业规划

编制《天津高新区 2025 创新发展战略行动纲要（2019～2025 年）》。确立了以新一代信息技术产业为一大标志性产业，以新能源汽车、生物医药、人工智能、高端装备制造为四大先进制造业及以"互联网＋"、创新服务业为两大新兴服务业的"1＋4＋2"智能科技产业体系。以"中国安谷·滨海智核"为战略定位，聚焦安全自主可控产业，布局"安芯智业"大安全产业体系。紧抓天津高新区获国家发改委批复建设国家唯一网络信息安全产品和服务产业集群新机遇，明确构建"1＋2＋1"安全特色产业体系，搭建集群项目储备库与指标监测体系。

二、借助平台优势，促进产业集聚发展

（一）推进特色园区建设，不断优化配套环境

天津高新区软件园发挥天津高新区的区位优势，从强化领军企业培育、强化创业金融

创新、强化创业服务配套、强化创业文化环境四个方面营造产业生态环境，聚集了天津市 70% 的软件企业和 53% 的系统集成企业，产业特色优势凸显，技术成果不断涌现，成为推进区域乃至天津市高质量发展的重要引擎；天津滨海信息安全产业园明确以军民融合、自主可靠、公共云服务和自主物联网感知为产业主线，持续推进军民两用高端科技研发和成果转化。目前，在飞腾＋麒麟操作系统自主可控平台、紫光公有云服务龙头企业的带动下，园区的产业链正在逐步延伸，产业生态强势向好。

（二）搭建重点创新平台，赋能企业发展

天津高新区拥有中科先进技术研究院、浙江大学滨海产业技术研究院等多个重点创新平台，其中中科先进技术研究院围绕创新工业设计、机器人、云计算和物联网等领域，打造集研发、产业化、资本、人才培养、产品应用为一体的创新孵化载体，建设具有国内先进水平的智慧产业园区，已孵化中科正澎、中科億翔等科技型企业，助力模拟仿真、人工智能、金融信息数据服务等领域的发展；浙大滨海产业技术研究院则聚焦智能机器人领域，打造拔尖创新人才的集聚地、高科技产业的加速器、国内领先的战略新兴产业的孵化器，截至目前，研究院引培高端人才 250 余人，成立研究中心 13 个，承担国家及天津市重大科技项目 20 余项，申请各类知识产权 164 项，在孵高科技企业 23 家，为天津市 200 多家企业提供了科技服务，赋能作用突出。

三、依托科技创新工具，不断完善创新创业环境

（一）加强科技金融政策和产品供给

制定出台《天津高新区关于进一步支持科技型中小企业融资发展的若干措施》，从直接融资、间接融资、融资服务三个方面对科技型中小企业进行支持。抢抓国家大力发展多层次资本市场，特别是在上海证券交易所设立科创板并试点注册制的有利契机，研究制定《天津高新区关于支持企业在上海证券交易所科创板上市的若干政策措施》，从上市奖励、迁入奖励、资本运作奖励三个方面，累计 800 万元重奖科创板上市企业，支持符合高新区主导产业定位的科技型企业充分运用资本市场，加速科创板上市。研究制定《天津滨海高新区知识产权质押融资风险补偿资金池合作方案》，拟设立 2000 万元风险补偿资金池，充分发挥政府财政资金在解决科技型中小企业融资难、融资贵问题中的杠杆效应和风险保障作用，通过试行知识产权质押融资多方合作及风险共担模式，推进科技型中小企业知识价值信用支持试点。

（二）持续优化完善科技金融服务体系

充分发挥科技金融中心的载体平台作用，持续完善高新区科技金融生态。打造"银政通"科技金融线上服务平台，通过"互联网＋政府服务"模式，打通政府与银行之间的数据通道，实现对科技型中小企业融资发展的有力支持。创新开展"银企杯"科技金融"比武"大赛，以"银行对科技型中小企业新增贷款支持"为核心比赛项目，从多个维度进行综合评判，推动参赛银行进一步创新金融产品，助力科技型企业融资发展。

（三）"创通票"制度不断完善

"创通票"制度不断完善。随着创通票 V2.0 系统的发布，创通票平台的操作流程、系统、界面更加优化，新增了机构、企业评价、客服中心、企业徽章及大数据分析监察等功能，全面提升了系统功能和用户体验，同时启动创通票管理办法的修订工作，及时做好各服务包有关政策兑现工作。截至 2019 年底，累计发放创通票 3465 张，新增备案机构 61 家，支持企业 556 家，累计兑现金额 1872 万元。

（四）知识产权战略深入实施

持续强化企业对知识产权的创造、运用、保护和管理意识。一是在"4.26"知识产权宣传周期间，按照国知局要求和市知局部署，组织开展"2019 年知识产权宣传周宣传培训活动"，进一步深化科技型中小企业的知识产权保护意识，提升企业专利保护预警能力；二是组织企业参评第二十一届中国专利奖，提升高新区企业影响力，发挥专利支撑企业高质量发展作用。积极支持高新区企业申报天津市知识产权局专利导航知识产权保护类试点项目，实现企业保护能力提升。强化知识产权服务，推进服务业集聚区建设，加快对高品质服务机构的引进。

四、数字技术持续赋能，助力新旧动能转换

通过鼓励企业开展新技术研发，引入互联网、人工智能新兴技术企业等方式，为传统企业发展赋能，推动先进制造业数字化、智能化升级。一是推动企业上云，实施智能化改造。高新区企业开展两场智能制造、企业上云专场宣贯会，为重钢机械、海燕线缆等公司实施企业云，同时与多家企业联系，积极推动高新区内企业实施智能制造、企业上云。二是鼓励企业开展新技术研发与应用，加速赋能产业发展。天地伟业开发智能"天眼"大数据研判系统、人脸识别系统、超星光警戒系统等一系列智能化技术和产品，从而赋能智

能安防产业发展；力神电池推动建设智能工厂，智能化升级稳步推进；赞普数据中心建成投用，成为全市规模最大的互联网数据中心，将为互联网企业、智慧城市等各行业的大数据应用提供可靠、高容量、高品质的基础设施支撑环境。

湖北软件产业基地发展报告

2019年，湖北软件产业基地取得较快发展，企业软件收入1441.08亿元，同比增长17.39%。基地在光电子信息、地球空间信息、IC设计、信息安全、信息服务外包和互联网＋等方面在国内形成了一定优势。聚集软件行业相关企业2463家，其中收入过亿元企业110家，培育了烽火通信、达梦数据库、中地数码、天喻信息、立得空间、武大吉奥等一批国家规划布局内重点软件企业，5家企业入选2019年软件综合竞争力百强。

近年来，随着大数据、云计算和人工智能的发展，基地的互联网＋产业蓬勃发展，目前正在全力打造国内互联网第四极，涌现了斗鱼直播、卷皮网、宁美国度、盛天网络、安天信息、小药药、无线飞翔、极目智能、库伯特、颂大教育、两点十分等一批头部互联网企业，形成了网络直播、泛娱乐、电子商务、互联网＋汽车、互联网教育、网络安全等特色互联网＋产业格局。其中，盛天网络、斗鱼直播入选了2019年中国互联网百强企业。同时，基地在国内率先提出了"第二总部"概念，正引领光谷数字经济快速发展。

一、基地产业发展概况

（一）特色产业不断巩固，创新优势不断显现

光电子信息领域。在通信设备系统驱动、网络流控系统、网络设备解决方案、无线网络及其智能制造的嵌入式软件等多个领域拥有自主创新的核心竞争力，全行业占有率超过30%。现已集聚相关企业400多家，集中了烽火通信、华为、中兴这三家国内最大的通信公司。

地球空间信息领域。基地在3S集成及产业化等方面在全国处于领先地位，并扩展到卫星导航、电子地图、位置服务等领域，国内市场份额超过30%，集聚中地数码、立得空间、武大吉奥、光庭信息、依迅电子、珞珈德毅等相关企业150余家。

IC设计领域。以国家储存器基地项目为依托，积极推动集成电路产业链发展。其中，

在集成电路设计方面，培育了梦芯、芯泰、芯动、芯景、芯来、虹识、聚芯微等 40 家具有较强竞争力的本土企业；吸引了新思科技、海思光电子、联发科、凹凸电子等一批国际一流芯片设计企业设立研发中心。

信息安全领域。基地在大容量骨干网络监控、安全存储、数据保密、移动安全、通信及金融卡片等领域具有优势，拥有烽火通信、安天信息、360、极验、青藤云、江民科技等相关企业 50 余家。

信息服务外包领域。基地集中建设了华中地区规模最大的服务外包产业园，聚集从事信息服务外包的企业 400 余家，其中年服务收入过亿元的企业达到 20 余家。培育了佰钧成、光庭信息等一批自主品牌企业。聚集了惠普、IBM、中软国际、软通动力、纬创软件、博彦科技等一批世界级的服务外包运营商。

"互联网＋"产业蓬勃发展。基地集聚"互联网＋"企业近 2800 家，培育了一批互联网新锐企业，初步形成了直播、泛娱乐、智能制造、智慧交通、互联网医疗（健康）、互联网教育等一批新兴产业，并呈现出蓬勃发展势头。在直播领域，斗鱼是国内行业龙头，已在美国纽交所提交上市申请；在泛娱乐方面，拥有两点十分、泛娱信息、微派、卓讯等一批重点企业；在"互联网＋汽车"方面，在共享出行、无人驾驶、智能停车、汽车后服务等方面厚积薄发，拥有斑马快跑、停哪儿、车来了、依迅电子、光庭科技、换车网、车友网等一批重点企业；在互联网教育方面，已成为国内在线教育的第一高地，尚德机构、猿辅导、沪江教育、跟谁学、51talk 等国内 20 多家知名互联网教育企业在光谷设立了第二总部。"互联网＋"催生光谷新经济蓬勃，合刃科技、司机宝、大件会、美美咖、镝次元、小安科技、奥瑞匹克等一批具有"四新一高"（新技术、新产业、新业态、新模式和高科技）特征的"新物种"企业不断涌现。

（二）关键基础领域发展迅速，产业基础进一步夯实

5G 技术研发实力较强。基地拥有 5G 相关重点企业 30 余家，具备雄厚的技术研发和良好的产业链基础，有望打造成为国内领先的 5G 技术研发和产业化基地。中国信科拥有自主知识产权的 5G 承载网前传光模块、5G "云网融合"及大规模天线阵列研发等关键核心技术。在 5G 光模块器件、芯片、5G 设备射频模块等方面，光迅科技、飞思灵微电子、华工正源、凡谷电子等一批企业已有相关产业链布局。

基础软件领域。基地培育了拥有完全自主知识产权的国产 IT 基础架构平台企业，其中深之度自主研发的 Linux 操作系统 deepin 已经纳入中央政府采购目录；达梦数据库是我国唯一获得国家自主原创产品认证的数据库企业，在国产数据库的市场占有率已连续 5 年占据第一。

云计算和大数据。规划了宽带资本、湖北移动信息港、湖北（国家）宽带研究中心等云计算基础设施；培育了天喻信息、东湖大数据、中地数码、楚天云、噢易信息、迈异信息等一大批面向行业应用的云服务运营商。

人工智能。涌现了飐拓科技、极目智能、库伯特、天远视、合刃科技等人工智能新锐企业，吸引了旷世、商汤、依图、出门问问等一批国内优秀人工智能企业在光谷设立研发中心。

二、基地环境建设情况

（一）政策环境建设

先后出台了"软件与信息服务业""互联网＋""人工智能"等多个专项产业扶持政策，与相关研究机构合作出版了2015年、2016年、2017年《武汉东湖国家自主创新示范区互联网＋生态发展报告》。联合北京长城所、武汉大学，开展"2020年光谷互联网＋生态发展报告"及"光谷第二总部现象"等多个课题研究。通过政策引领，开展了60多个"互联网＋"示范应用项目，2019年累计投入产业财政支持资金达2.2亿元，近三年本地累计财政支持资金达5亿元。

（二）产业园区竞相发展，园区特色逐步凸显

目前，基地核心区东湖国家自主创新示范已规划了八大产业园区，产业空间达600万平方米。八大产业园区竞相发展，其中光电子信息产业园区已建成光谷软件园、光谷金融港、创意产业基地等，软件和信息技术服务业企业相对集中，民族大道、关山大道、光谷大道沿线互联网氛围浓厚；光谷生物城重点发展生物信息技术产业，已聚集华大基因、药明康德、康圣环球等一批生物医药信息技术服务企业；未来科技城集中发展云计算、大数据，在光电子领域引进了华为、新思科技等一批世界一流的研发机构；智能制造产业园区重点布局"芯屏"重点项目，已建设有华星光电、天马微电子、国家存储芯片基地等特大光电显示应用项目；花山武汉软件新城规划建设100万平方米产业园区，已吸引IBM、法国阳狮、飞利浦等60家企业入驻。

（三）创新创业环境建设

已打造光谷青桐汇、东湖创客汇、楚才回家等系列产业品牌活动。国家"双创"示范基地建设取得新进展，新增国家级双创平台8个（2家国家级科企业孵化器、3家国家专业化众创空间示范单位、3家国家备案众创空间），2019年高新区共有孵化器58家（国家级17家）、众创空间85家（国家级30家）、产业联盟58家（国家级8家），孵化面积超过12.5万平方米、在孵企业超过500家。

三、基地创新发展相关经验

（一）管理服务机构体制机制创新

在全国率先成立"互联网＋"创新发展办公室，专项推进以信息服务为主的互联网产业发展，营造适应互联网新经济产业发展的生态环境。如帮助企业"找空间"，为斗鱼TV等企业协调新增办公用房；帮助企业"找资金"，联系红杉、顺为、金沙江、晨兴等20多家金融资本机构，对接基地优秀创新企业；帮助企业找"主管部门"，主动对接上级主管部门，协调解决福禄科技公司遭欺诈事件、斑马快跑公司获批《网络预约出租汽车经营许可证》等企业发展中遇到的具体问题；帮助企业找"应用场景"，组织召开相关行业发展座谈会，如帮助区内企业相互对接资源，联系武汉世界军运会，在网络安全、语言翻译等方面帮助企业开拓市场应用。

（二）大力开展内引外联，打造"第二总部"品牌

发挥武汉人才明显优势，积极推动国内大型互联网公司将研发、运营等部门逐步转移到光谷，正在国内的中大型互联网企业圈中快速形成共识和趋势。基地在国内率先提出了"第二总部"概念，成功吸引了小米、科大讯飞、旷世、小红书、尚德机构等60多家国内知名互联网企业在光谷设立了第二总部，新增数万个就业岗位，正引领光谷新经济的城市转型。基地打造的"第二总部"概念先后受到《三联生活周刊》《南方周末》《中国国家地理杂志》《21世纪经济报道》《华尔街日报》等国内外主流媒体的关注和专题报道。武汉的互联网开启全力打造国内互联网第四极。

（三）抢抓产业发展机遇，大力发展新兴产业

积极培育IC设计、操作系统、数据库等基础软件研发及产业化，围绕国家存储基地项目，推进一批集成电路设计企业发展；重点发展光电子信息服务业，加快发展北斗产业；全力推动"互联网＋"产业发展，加快互联网与健康、制造、节能、环保、金融、教育等产业融合发展；大力推进物联网，加强光电子技术与物联网应用创新联动、协同发展，开展全光网络建设与应用示范，实现"光联万物"。

（四）加快园区建设，引导产业聚集发展

在光电子信息产业园，重点发展软件研发、"互联网＋"、智能制造信息产业，推动光谷金融港、光谷软件园、移动创新谷等一批新一代信息技术产业园区的建设；在光谷生

物城，重点发展生物信息技术服务、医药服务外包、互联网医疗服务产业；在未来科技城，重点发展大数据、云计算等产业；在现代服务业园区办，重点发展软件和服务外包、"互联网＋"、文化信息服务业；在智能制造产业园，重点发展智能制造信息服务、大数据产业；在东湖保税区，重点发展跨境电商、物流信息化等产业；在光谷中心城，重点发展与政务信息化、信息服务相关的总部经济业态；在中华产业园，重点发展文化旅游、生态农业相关的信息服务业。

（五）积极培育领军企业，加快发动"互联网＋"新引擎

一是重点培育领军企业。培育 1~2 家生态型、平台型公司，积极争取生态型公司将核心创业圈布局在光谷，支持本地企业嵌入生态创业圈；成立光谷金控，设立人工智能、集成电路等新兴产业基金，支持大数据、光电子、物联网等领域龙头企业做大做强，走出海外，参与国际竞争合作。二是积极助推瞪羚企业发展壮大。出台瞪羚企业支持政策，支持盛天网络、奇米网络等一批"互联网＋"苗子型企业加快发展，每年培育 200 多家高成长企业。三是积极培育一大批"专精特新"的初创、小微企业，重点支持获得 A 轮以上投资的创业企业。

（六）形成一套较成熟的企业培育机制

经过多年的探索，基地已初步形成了由"青桐企业—瞪羚企业—独角兽企业—上市企业"的完整企业创业成长链条。

"双创"起步。加强高水平"双创"平台建设。2019 年，新增武汉兆佳、武汉海容基、湖北科创 3 家国家级科技企业孵化器，新增武汉理工大学科技园、武汉凌云光电、武汉普天 3 家省级众创空间；基地区域拥有孵化器 60 家（国家级 17 家）、众创空间 98 家（国家级 25 家）、国家专业化众创空间 5 家（数量与北京并列第一），孵化面积超过 550 万平方米，在孵企业超过 5000 家。

成于瞪羚、独角兽和上市。全年新认定瞪羚企业 414 家，其中 70% 为软件互联网企业。组织 235 名瞪羚企业高管赴硅谷、以色列、德国学习参访。2019 年，新图新科登录科创板，软件信息服务业上市公司达 3 家。

杭州高新软件园发展报告

2019 年，高新区（滨江）抢抓全球科技产业变革和城市转型发展机遇，深入实施数字经济"一号工程"，聚焦省"三区三中心"建设的总体部署，以"数字产业化、产业数字化、城市数字化"协同融合发展为主线，锚定数字经济最强区目标，实现优势产业更优、新兴产业更强，努力打造全国自主创新策源地、技术创新枢纽地、创新创业圆梦地，高质量建设世界一流高科技园区。区内集聚了海康、大华等 7 家全国软件百强企业。根据科技部火炬中心对全国软件基地的最新排名，杭州国家软件产业基地综合排名位居第三，信息化发展水平连续五年位列全省第一。

一、2019 年基地发展成效

（一）提升产业发展能级

信息软件产业继续保持快速增长。2019 年全区实现营业收入 4081.32 亿元，其中软件收入 4081.32 亿元，比上年增长 26.10%；实现软件技术与信息服务收入 1853.68 亿元，自主版权软件收入 3865.22 亿元；实现净利润 523.23 亿元，实际上缴税费总额 264.30 亿元，出口总额 327.53 亿元。

壮大优势产业。巩固壮大数字安防、信息软件、电子商务、通信设备等产业集群，云计算与大数据、物联网、信息软件等 8 个产业均实现两位数增长。全区现有用地 98.30 万平方米，比上年增长 18.68%；现有建筑面积 175.23 万平方米，比上年增长 15.03%。

布局未来产业。制定出台《关于促进 5G 产业发展的实施意见》；推动移动、电信 5G 创新中心落地滨江，为我区企业抢占 5G 先发优势创造有利条件；做好 5G 基站和机房的对接梳理，帮助推动我区 5G 网络建设；出台《关于进一步加快集成电路产业发展的实施意见》，加快芯火平台建设，加快人工智能产业发展，海康威视"视频感知新一代人工智能开放创新平台"获科技部批复。

（二）加快重大项目重大平台落地

产业项目持续发力。全年新开工产业项目9个、竣工12个；完成产业投资31亿元；宇视科技、海亮教育、吉利寰球、工业综合体等省市县长"152"项目和18个省市重点实施类项目顺利开工；新引进世界500强项目2个、千万美元以上项目25个；实际利用外资8.7亿美元。中国科学院上海分院国家技术转移中心（杭州）、5G联合创新中心和开放实验室、华为鲲鹏创新中心等多个重量级创新平台落地。

打造产业创新服务综合体。集成电路产业创新服务综合体被列入省级综合体推荐名单，智造供给产业创新服务综合体被认定为市级综合体，已集聚各类创新服务机构542家。

推进重点技术平台引进建设。成功引进落地公安部一所检测中心。富阳特别合作区挂牌。两区合力共建区域合作发展示范区、自主创新拓展区、产业有序转移承载区，在破解我区发展空间问题的基础上，实现区域合作新突破。

（三）优化创新生态

推进院校创新机构建设。积极推进北航杭州创新研究院建设，目前，研究院已与我区10家企业签约建立联合实验室，会聚属地化人才100人，其中科研团队博士比例达72.5%，海外留学比例超过30%；积极对接国内外一流高校院所，已与中国科学院上海分院、杭州电子科技大学、浙江工业大学签订合作意向书；与浙江工商大学、浙江理工大学、杭州师范大学、浙江财经大学合作成立产学研联盟中心。

（四）增强技术创新能力

瞄准产业发展制高点，加大研发投入，加强技术创新，突破一批关键核心技术。成功创建全省唯一的国家知识产权服务业集聚发展示范区。2019年，园区科技活动经费支出321.44亿元，增长7.67%；实现专利申请量18330件，专利授权量10341件，首次突破万件大关，其中发明专利申请量9309件，增长27.5%；发明专利授权量2989件，增长14.92%，每万人发明专利拥有量340件，继续列全省第一。2019年，园区27家企业荣获浙江省科学技术进步奖、技术发明奖；26家企业入选浙江省创新企业百强，占全省比重超25%；19家企业被认定为浙江省2018年度技术先进型服务企业，占全省总数的76%；12家企业入选浙江省国家高新技术企业创新能力百强，连续2年包揽百强榜单前三位；新认定国家企业技术中心2家、省级重点实验室（技术中心）4家、省级企业研究开发中心95家，居全省各区县首位。

（五）深化人才强区建设

2019年，全区共有员工37.02万人，增长23.96%，其中，软件研发人员28.30万人，增长 11.13%。

加强人才项目引育。全年引进"5050 计划"项目超 100 个，引进诺贝尔奖、图灵奖工作站；2019 年新入选的 95 个项目中，数字经济类项目 60 个，占比 63.1%；新增浙江省领军型创新创业团队 3 家、杭州市领军型创新创业团队 3 家，分列省市第一。

加快高端人才引进。新增杭州市 A、B、C、D、E 类人才 380 余人，其中 D 类预计全年新增 140 人，全年新引进各类人才 71561 人，其中引进硕士、博士学历人才 10263 人，占人才引进总量 14.34%；新增海外高层次人才 1361 人，新增各类人才工程入选者 33 人；新认定国家创新创业人才 3 人，新增国家"万人计划"6 人、省"万人计划"7 人。

落实好人才安居工程。开发运行人才安居管理系统，运用区块链技术提升人才安居工作管理效能，实现安居业务办理"不用跑"。累计受理生活补贴 16506 人，发放金额 2.64 亿元，位居全市第一。

（六）加大产业支持力度

全年预计投入产业资金 35 亿元，其中区级预计 28 亿元。其中，投入 16.3 亿元扶持数字经济产业发展，重点支持企业加大研发投入、科技创新，给予企业研发补助，足额安排中央省市项目配套，支持企业知识产权保护奖励等。探索科技创新产业扶持基金新办法。新设引导基金 2 只，累计阶段参股引导基金子基金 22 只，基金总规模 30.9 亿元，已完成投资 217 笔，投资金额 17.44 亿元，增加区属担保公司资本金至 5 亿元，新设短期帮扶周转资金 2 亿元，实现多种方式参与企业股权融资，支持民营经济持续健康发展。落实减税降费各项政策，全年共计减税降费达 67.8 亿元，总量居全省各区县（市）第二。

（七）加强优质企业引育

依托产业链优势，大力引进国内外知名数字经济龙头企业，新引进网易有道等网络信息技术产业项目 37 个，生命健康产业项目 11 个，戴姆勒、高通等世界 500 强项目 2 个。

深入推进凤凰行动。支持企业在境内外上市挂牌融资，全年新增上市企业 7 家，其中，启明医疗在港交所上市，网易有道登陆美国纽约证券交易所，当虹科技、虹软科技、安恒信息、鸿泉物联网登陆科创板，迪普科技在创业板上市，累计培育上市公司 49 家，新增和累计上市企业数量居全省各县（市）区第一，成为浙江"资本第一区"。园区 22 家企业入选市重点拟上市企业名单中，数量全市第一。

加强瞪羚企业培育。新认定 2018 年度瞪羚企业 292 家，兑现扶持资金 2.33 亿元，较上一年增长 40.7%。开展 2019 年度瞪羚企业认定工作，413 家企业提交认定申请，比上一年度增加 39 家，呈现高速发展的优质企业不断涌现的态势。做好智造供给系统解决问题供应商认定培育，现已完成认定 9 家。

国高企数继续领跑。创新培育服务新模式，建立常态化的培育培训机制，开展常态化培训 50 余场，实地走访 300 余家培育对象，尝试"互联网＋"高企培训，通过网上直播扩大培训范围，认定国家高新技术企业 542 家，有效数突破 1200 家，保持全省第一。

（八）打造最优营商环境

优化营商软环境。成功创建全省唯一的国家知识产权服务业集聚发展示范区。2016～2019 年累计发明专利授权量 27301 件。获评国家知识产权示范企业 4 家，占全省 1/5，获中国专利奖 7 项。新增"浙江制造"标准 6 项。深入推进"最多跑一次"，全面实施"四办""五减"行动。开展企业开办全流程一日办结全省试点，率先完成"一窗受理"平台街道全覆盖。提升企业服务水平。制定出台《关于进一步优化企业服务的实施意见》，坚持"随叫随到、服务周到、亲清精到"的服务理念，发挥经济部门的专业优势和平台街道的覆盖优势，用好经济数据服务平台，通过"条块结合、以块为主"实现企业服务全覆盖，通过"主动响应、专业高效"提升企业服务精准性，增强企业"满意度""获得感"。

二、2019 年基地建设的主要政策措施情况

（一）专项政策支持

园区在新制定出台的《关于打造数字经济和新制造业发展"双引擎"加快建设世界一流高科技园区的若干政策意见》中，把生命大健康产业（含高端医疗器械）、智能制造产业、人工智能产业、5G 产业等高端制造产业作为重点发展方向，对智造供给、集成电路、5G 产业出台专项政策予以重点支持。

一是推进新制造业计划。每年安排预算不少于 2 亿元，用于推进制造业高质量发展，培育壮大物联网、人工智能、通信设备、智能制造、生命大健康、新能源等优势制造产业，持续推进产业链协同创新。

二是鼓励发展智造供给产业。给予重点培育企业最高 1000 万元的资金，支持其研发投入、扩大规模、创新载体建设、人才引进和开拓市场。加快建设智造供给小镇，鼓励智造供给企业开拓市场，助力浙江省传统制造业转型升级。

三是鼓励发展集成电路产业。支持集成电路设计、制造、封测、装备和材料企业发展。对企业首轮流片、掩模板制作、购买 IP、购买 EDA 工具、首购首用费用给予补贴，鼓励建设公共平台，支持企业设立研发中心和投资产业化项目。

四是促进 5G 产业发展。引进集聚 5G 产业创业项目，加强招商引智力度，支持创业载体发展，鼓励企业发展壮大。鼓励创新突破 5G 关键技术，支持企业研发创新，鼓励产业链协同创新。

（二）人才政策保障

园区全面集成"人才引进＋创新创业＋生活服务"的一揽子人才政策，为高端制造业人才创新创业提供全方位支撑。一是人才计划奖励。区内企业自主培育的国家、浙江省"千人计划"专家，给予每人 100 万元的人才奖励。二是人才住房保障。对新引进人才，优先安排人才公寓，未享受过人才专项住房政策的，自购首套商品房且房源在滨江区范围内的，可给予购房款的 30%（最高不超过 60 万元）的安家补贴。三是人才生活保障。妥善解决人才落户、子女入学问题，切实提高人才医疗保障水平。

（三）金融政策扶持

园区还充分发挥政府创业投资引导基金作用，推进区内高端制造企业的快速集聚和成长。一是推进优质企业上市。对于被区政府列为上市培育对象的企业、通过浙江省证监局辅导验收、通过中国证监会发审委审核成功上市的企业给予一次性奖励。二是鼓励企业并购重组。对重大资产重组达到 10 亿元人民币的企业，可给予重组标的 30% 以内 2 年贷款贴息，原则上最高不超过 2000 万元。三是鼓励企业融资。新注册在园区的创投机构，给予三年内实际租用办公场所 100% 的房租补贴和对区贡献 60% 的资助。

三、2020 年度基地工作安排

2020 年，全区将依托软件产业的雄厚基础不断提升数字经济领域衍生产业规模、水平、占比和贡献率，锚定数字经济和制造业高质量发展"双引擎"的目标要求，抢抓新基建机遇，进一步强链补链，进一步加强企业服务和扶持。

（一）突破一批数字经济核心技术

立足国产自主可控，聚焦以新一代信息技术为支撑的数字经济和新兴产业的"卡脖子技术"，持续推进核心技术攻关。重点突出数字经济"BASIC 产业"矩阵（大数据及区块链、人工智能、数字安防及网络安全、IoT 物联网及 IC 芯片设计、云计算等产业集群），着力突破人工智能关键核心软硬件技术，加快面向各行业的云计算大数据解决方案应用研发，支持园区创新型企业在 5G、人工智能、区块链、网络设备芯片等方向突破核心关键技术，加快布局机器视觉、工业互联网操作系统、AI 芯片、高端存储、量子测量等前沿技术领域，努力打造原始创新策源地、自主创新主阵地。

（二）搭建一批数字经济平台载体

不断优化"众创空间＋孵化器＋加速器＋产业园＋特色小镇"孵化体系，加强公共技术平台建设。做强产业平台，继续建好物联网、互联网、创意小镇，高质量打造智造供给小镇、金融科技小镇和智慧医健小镇。围绕区内数字经济相关产业需求，建设技术平台。做优孵化体系，依托大企业、投资机构、国际中介机构、高校等多种专业主体做孵化，加快产业创新服务综合体和创新创业特色载体建设，建好国家"芯火"双创基地（平台）、人工智能产业园、智慧双创物联网示范基地和5G滨江联合创新中心。

（三）培育一批数字经济优势企业

加大引进、培育、扶持力度，加快形成领军企业、骨干企业、瞪羚企业和隐形冠军、独角兽企业等优质企业集群，培育发展一批能够参与国际竞争的创新型企业。紧盯千亿企业、百亿企业发展目标，大力引进国内外知名数字经济龙头企业，全力支持海康威视、网易、新华三等企业提升领军及龙头企业地位，形成一批具有国际竞争力的跨国公司。紧盯"百家上市公司"目标，打造一流上市服务体系，形成上市后备企业梯队，支持企业境内外上市，在企业融资、并购重组、扩大投资等各方面提供有力保障。落实好瞪羚企业扶持政策，对发展速度快、发展潜力大的高成长性企业加大政策扶持，培育一批行业细分领域的"单项冠军"和"隐形冠军"。紧盯雏鹰企业培育目标，建立健全"微成长、小升高、高壮大"的科技型企业培育发展机制。

福州软件园发展报告

2019 年福州软件园在科技部火炬中心、省、市各级政府的正确领导下，按照高质量发展要求，持续推进软件产业高质量集群发展，扎实稳步推动各项工作发展。

一、2019 年基地发展成效

（一）基地发展总体情况

1. 继续夯实四大产业集群

发展培育软件产品及行业应用产业集群。依托榕基、亿力科技、顶点、福昕、福富等行业应用软件骨干企业，带动产业向软件服务化、网络化、平台化发展，加强应用软件对通信、政务、民生、金融等行业的支撑作用，大力发展行业应用软件增值服务，推动行业应用企业向软件服务和大数据应用服务转型升级。

发展壮大互联网及大数据应用产业集群。依托以星瑞格、易联众、特力惠、亿榕、福诺等为代表的互联网及大数据产业集群，致力于数据挖掘、数据存储、实时监测、统计分析等领域的技术研发。易联众面向政府、企业和社会公众提供金融社保卡、自助服务终端及在医疗健康、社会保障、就业服务、教育、住房等民生领域提供一体化的易用便捷产品和服务。特力惠以"国土资源云"和"不动产登记云平台"建设为契机，加入"互联网＋"和大数据分析的发展浪潮，提供基于大数据的政务信息化服务，业务覆盖国土、住建、林业、海洋、草原、电力等行业。

夯实集成电路及智能制造产业集群。培育以瑞芯微、中科光芯光电、联迪商用、高奇电子等企业为代表的集成电路及智能制造产业集群，致力于多媒体芯片、光芯片及光器件研发，产品种类覆盖金融 POS、光学晶体、智能家居等领域；其中，瑞芯微电子连续多年荣获"中国芯"荣誉称号，以数字移动多媒体高端芯片及应用方案的技术先进性入选全球前 50 集成电路供应商，年产值超过 10 亿元。

壮大文化创意与科技融合产业集群。主要围绕动漫创作、游戏开发、数字教育、广告设计、网络新媒体等领域培育企业，汇聚了一批极具发展潜力的企业，如福昕软件、富春科技、世纪长龙、奥美（福建）广告、天之谷、智趣互联、大娱号、宝宝巴士、零壹动漫、天之谷等文化创意与科技融合企业。其中，零壹动漫《功夫鸡》动画片获福建省第八届百花文艺奖三等奖，在中国五大上星卫视联播；"华人头条"APP已在全球55个国家设立了91个站点，用户量已超过3500万，其中海外用户占比达80％以上。

2. 拓展分园，实现"一园多区"发展模式

福州软件园在福州市政府的战略指导下开启"一园多区"发展规划，以基地作为"一园多区"核心区，依托基地在产业基础、人才资源供给、企业带动能力、公共服务建设方面深厚的基础实力，强化对晋安分园、仓山分园、闽侯分园、连江分园、高新区分园、永泰分园六个分园区的引领、辐射和带动作用。通过推动管理一体化、资源一体化、服务一体化的保障机制建设，促使"一园多区"协同发展，打造福州软件园区统一品牌形象。

3. 建设用地情况

全园区总规划用地面积330万平方米，现有建筑面积135.40万平方米。2019年软件园A区双创新城投入使用，新增建筑面积17.38万平方米；启动两大基地建设，E区25地块光电芯片产业基地项目已开始动工，建成后可新增建筑面积4.8万平方米；D区软件信息产业基地项目已开始动工建设，建成后可新增建筑面积10万平方米；同时完成"腾笼引凤"三年计划，清退不符合园区产业发展、低附加值的企业20家，合计面积2.95万平方米。

（二）基地经济产出情况

2019年园区各项指标稳步增长，完成营业收入1011.96亿元，其中软件收入441.69亿元，软件技术性收入63.02亿元，自主版权软件收入245.68亿元；出口创汇174.52亿元，其中软件出口总额60.53亿元，实现净利润67.53亿元，同比增长47.55％，实际上缴税费25.51亿元，同比增长19.26％，实现千亿园区目标。基地汇聚813家企业，其中上市挂牌企业31家，技术先进型服务企业32家，科技型中小企业106家、重点软件企业9家，产值超亿元企业84家，高新技术企业200家。

（三）人员情况

目前，基地共有从业人员61783人，其中本科以上学历职工47762人，占比77.31％；软件从业人数32387人，同比增长17.46％，其中软件研发人数25262人，同比增长19.84％；2019年创造就业岗位2971个。推动软件基础人才的聚集，打造创新人才集聚高地，对福州市软件产业形成辐射带动作用，打造中国数字经济创新高地。

（四）科技活动情况

1. 科技活动经费筹集和支出

基地着力推进创新，加大科技活动经费投入，大力支持技术攻关，全面提升基地软件产业的核心竞争力。2019年科技活动经费共筹集41.84亿元，同比增长13.33%；科技活动经费支出总额43.22亿元，同比增长5.73%。研究与实验发展经费支出37.15亿元，同比增长5.37%，其中软件研发费用支出24.00亿元，同比增长8.65%。

2. 科技成果转化情况

基地"知创福建"平台与平潭综合实验区海峡两岸知识产权交流合作服务中心、福州大学、福建省电子信息集团等机构、高校、企业等合作设立专项工作站，开展知识产权运营、专利导航、知识产权分析评议与预警、知识产权挖掘与布局、高价值专利培育、专利技术运营成果转化等工作，参与"福州市科技成果转化创新大会暨百家企业进福州大学项目对接会"等活动推动科技成果转化。同时，基地企业福晶科技依托中国科学院福建物质结构研究所在结构化学和光电材料方面带动新能源、新材料、激光技术、装备制造等相关学科的研发优势，建立福建省激光晶体材料及元器件企业工程技术研究中心，大力发展激光晶体材料，推动科研成果向市场转化。

3. 知识产权情况

自主知识产权创造能力持续提升，累积拥有软件著作权6850个，当年新增1651个，软件著作权拥有量同比增长31.76%；拥有有效发明专利2289件，当年新增287件，有效发明专利数同比增长14.34%。

（五）社会效益情况

2019年基地聚集国家级众创空间1家，省级众创空间6家，市级众创空间9家，国家级科技企业孵化器1家，省级科技企业孵化器2家，省级互联网孵化器5家，面向IC设计、智能制造、行业应用软件、人工智能、物联网、大数据应用、移动互联网、5G、文化和科技融合、新一代信息技术应用等行业领域，聚集和培育一批优质企业，累计培育中小企业超300家次，其中网乐网络、大娱号、福昕软件等一批优质企业从孵化器毕业，重点孵化的企业网乐网络完成软银中国B轮融资，此前网乐网络已经获得A轮融资，被誉为中东版"今日头条"，用户已经达到近千万级别，创下当年园区最高融资额纪录。2019年在孵企业61家，不断推动双创载体品牌提升。2019年基地聚集高新技术企业200家，技术先进型服务企业32家，科技型中小企业106家，经认定的省级"专精特新"企业20家。

（六）重点案例

1. 推动园区智慧化管理建设

福州软件园推动园区智慧化管理，建立智慧化公共服务平台，建有一个智慧园区运营管理中心及智慧园区管理平台。进一步完善综合业务管理平台、安防监控系统、园区数据库系统、园区应用支撑平台、安全系统五个方面建设；已完成应急指挥中心、运营管理平台、综合信息平台、智能化管理系统、汛险灾情监测系统等系统的开发建设工作，建立智能停车管理系统，新增1013个停车位，逐步实现园区智慧化、智能化，协调电力、通信等专业运营机构，合理降低相关费用，为企业减负。现已形成了园区内40个车辆道闸，主干9个水网节点、26个电房、近400路视频监控、超10万个各类电气消防节点的园区基础数据。为园区企业提供专项服务的线上线下窗口，现已在规划服务模块50个，已上线服务模块21个。通过综合分析，决策管理系统的管理已初现成效，实现园区节能降耗同比下降30%左右，园区交通和停车得到规范化管理，园区入驻企业质量得到进一步提升，园区内治安得到有效保障，被认证为福建省服务业发展聚集区示范平台。

2. "三生园区"生活服务配套一应俱全

一是完善生活配套。为入驻企业职工提供医疗健康管家服务，园区83家企业301位高管办理了保健服务卡；引入优质小学资源——钱塘小学教学点，配合教育部门做好幼儿园开办先期准备工作，解决园区高管子女入学等实际问题；配备瑞幸咖啡等休闲场所，通过福州软件园APP，园区员工的吃喝住行等需求进一步得到满足。二是连通休闲空间。连通大腹山步道和福山郊野公园休闲开放空间，G区党员户外活动中心山地公园投入使用，结合园区主干道景观绿化，进一步优化生态休闲空间。三是保护生态环境。配合市、区环境部门做好域内环境保护工作，保持园区山清水秀的生态环境，水系水质达到V类标准。

3. 引入知名机构，共建公共服务平台

软件交易福建工作中心引入目前国内唯一具有软件产品交易服务职能的交易所——北京软件和信息服务交易所的软件采购标准、交付标准及价格标准三大软件交易标准体系开展专业服务；引入华为云服务设立华为福州软件云创新中心，福州成为华为软件开发云战略在全国软件名城部署的第三座城市；由福建省知识产权局与福州市、鼓楼区政府共同建设，在基地设立"知创福建——福建省知识产权公共服务平台"，是集知识产权创造、运用、管理、服务全链于一体的综合创新性平台。

4. 重视人才引、留、聚，打造人才发展链条

一是建设软件人才拓展基地，成立数字人才工作站，为落地软件园数字人才工作站的创新大赛优胜团队提供30亿元银行授信、10亿元专业资本对接、10万平方米拎包入驻精装修孵化空间、1000万元云服务支持的"数字精英人才大礼包"。二是链接数字中国研究院的科研资源和海峡人力资源产业园的服务能力，举办海峡信息赛和"数字中国创新大赛·鲲鹏赛道"，推动发展"数字精英孵化计划"，吸纳各类数字经济方面的竞赛优秀人才与项目落地。三是积极支持和响应数字中国创新大赛，从资金、空间、技术、房补、子女就学五个维度为优胜赛队提供扶持政策，促进优秀创新成果在园区转化落地，福州大学获奖赛队落地园区。四是走进长春、成都、兰州、西安、武汉、长沙、南昌等省外985、211高校开展招才引智交流活动；在省内举办十余场人才招聘会，在基地举办校企交流

会，推进人才培育和人才支撑工作。依托中国海峡人力资源产业园为基地人才提供专业服务支撑，为基地企业提供育才、招才、引才、留才等一条龙人才服务。

二、2019 年基地运营管理模式

（一）福州市软件园管理委员会

软件园管委会主要职责是制定并组织实施软件园建设总体规划、产业规划和管理、服务工作；负责招商计划制定及软件园经济运行与统计工作；指导企业执行国家产业政策，协调并帮助企业解决运营过程中需要政府协调的问题；负责制订园区生产研发和配套设施的建设及提升改造计划，并督促项目的实施；统筹软件园区人才工作和科技创新工作；开展安全生产、经济技术合作与交流；负责产业发展资金管理；代表市区出资人管理福州软件园产业基地开发有限公司的总体运营和国有资产保值增值。

（二）福州软件园产业基地开发有限公司

福州软件园产业基地开发有限公司，负责现有园区的生产研发及各项配套设施建设、招商和服务，负责园区物业管理、后勤保障等。另由福州软件园产业基地开发有限公司子公司福州软件园产业服务有限公司专事公共技术服务体系运作；独资成立了福州市鼓楼区软件园物业管理有限公司，专事园区物业管理；与中建海峡建设发展有限公司合资设立了福州新智园投资发展有限公司，经营范围包括建设投资、房地产开发经营等。

三、2019 年基地建设的主要政策措施情况

（一）培育产业基地，优化产业结构

2019 年福州市人民政府发布《福州市人民政府关于加快培育一批产业基地打造新经济增长点的意见》（榕政综〔2019〕34 号）（以下简称《培育意见》），提出重点依托福州软件园，打造软件信息产业基地。根据培育意见结合基地实际和行业发展趋势，制定推动基地建设工作方案，为贯彻落实《培育意见》，基地提出了"软件信息产业基地"和"光电芯片产业基地"两大基地建设工作方案，以芯片设计和行业示范应用为突破口，打造人工智能加速器，重点培育孵化人工智能应用创新型企业，大力发展 IC 设计和人工智

能产业；加快推动传统企业"智能＋"和云化转型升级，推动有数据资源和行业信息化解决方案能力的行业应用企业向大数据应用和人工智能技术研发、应用、产品生产转型升级；推动从产品向大数据、云计算、人工智能、物联网、工业互联网等新兴技术应用解决方案转型。

（二）鼓励建设云平台，降低企业研发成本

基地积极贯彻落实《鼓楼区本地企业使用华为云服务专项补贴资金使用管理办法》，依托"华为软件开发云"平台提供华为云软件开发服务、技术支持服务、专家咨询服务、软件开发人才培养服务以及产业生态合作服务等六大服务，为降低企业研发成本，基地打破传统模式，以用户补贴的形式，加大对云平台的信息化建设投入，推动企业上云，对注册地在基地内且使用华为云服务的企业提供专项补贴，促进供需对接，降低企业研发成本，加快技术和应用推广进程。

（三）开展苗圃计划，推动创新创业发展

基地开展创业苗圃加速计划，腾挪 10 万平方米的创业空间，从众创空间、孵化器、加速器等管理办法制定，到开展苗圃空间运营，争创国家科技创新孵化链条示范单位。正在制定入驻众创空间、孵化器、加速器管理办法，明确入驻众创空间和企业的优惠政策，包括提供房租补贴，对不同发展阶段的企业提供定制化的服务等。

四、基地发展的主要经验、问题与挑战

（一）主要经验

1. 加快提升改造，引领产业集群创新发展

基地由于土地空间制约，新旧发展失衡，严重制约了园区进一步发展，在此背景上，基地通过统一规划、分段建设、分期改造的方式，依次对不同片区开展提升改造建设，完善服务配套，优化产业生态圈，提升基地智慧化水平，通过聚焦"高精尖智"产业，发展壮大四大特色产业集群，使其成为重点企业聚集区、创新人才集聚高地、公共服务平台汇聚中心，成为全市软件产业发展的新引擎。

2. 强化开发合作，推动招商引资

通过深化与中关村软件园的合作，组织到上海、深圳等地考察调研，多渠道收集招商线索。利用数字中国建设峰会举办的有利契机，接洽了一批知名数字经济企业，特别是瞄准国内外数字龙头企业，推动数字经济领域的领军企业落户园区。积极拓宽招商渠道，构建大招商格局，利用华为云创中心、基金大厦、知识产权交易、软交所福建工作中心等平台开展资本、平台招商，取得良好效果。2019 年招商落地项目 60.5 项，总投资 81.24 亿元；启动"数字福州"项目 7 个，总投资 5.56 亿元；"抓项目、促发展"项目开工 20 个，累计投资额 24.65 亿元；竣工项目 1 个，累计投资额 9.76 亿元。引进毅达资本、阿里钉钉等知名企业，新西兰绘梦集团、省农资集团、中景合天等重点项目落地园区。

3. 完善产业创新服务体系，增强产业发展后劲

基地采取自建公共服务平台并委托专业服务机构运营的模式，构建云、知识产权、资本、产业交流、人才等要素的创新服务体系。依照企业不同的发展阶段，从技术、知识产权、资本、人才、产学研交流等中小企业所需要的资源要素禀赋出发，为企业提供专业服务。

4. 开展加速器建设，打造科技创新孵化链条

依托已有的众创空间、国家级孵化器等基础，腾挪 10 万平方米的创业空间，打造专业领域加速器。重点面向 IC 设计、智能制造、行业应用软件、人工智能、物联网、大数据应用、移动互联网、5G、文化和科技融合、新一代信息技术应用等行业领域，建设人工智能加速器、区块链孵化中心、数字产业资本加速器、数字新媒体孵化中心等，延长孵化链条，引入和培育优质创业项目和高成长性企业，争创国家科技创新孵化链条示范单位。

（二）问题与挑战

1. 园区承载空间不足

基地目前在发展过程中，功能、配套服务日臻完善，随着基地规模不断扩大，对发展空间的需求日益增多，基地现有的承载空间就显得不够，导致科研企业对办公空间的要求与基地空间供给之间存在结构性失衡。

2. 大型企业带动效应未形成

基地大企业带动效应没有形成，缺少像阿里巴巴、腾讯这样的平台性龙头企业，产业链上下游合作不够紧密，难以形成产业链发展生态。同时随着一园多区发展建设的推进，各产业基地区域竞争力提升，基地集群的辐射和带动作用亟待提高。

五、2020 年基地工作安排

（一）重点发展方向

重点支持软件产品及行业应用、集成电路及智能制造、互联网及大数据应用、文化创意与科技融合四大产业集群，在巩固优势传统产业集群的基础上，积极发展人工智能、

5G、信息技术创新等相关产业领域方向，形成"4+3"的产业格局。

（二）重点任务

1. 大力抓好招商引资工作

力争引进世界500强、民企500强、中国软件、互联网、区块链、企业百强、独角兽榜单等企业3~5家，5000万以上项目50个；较好地完成A区双创新城招商工作；夯实2019年新引进项目落地工作，力争在数字经济领域招商以及招商成果转化率处于全市领先地位。

2. 着力打好提升攻坚战

推进两大基地建设，在E区25地块打造光电芯片产业基地，2020年底基本完成主体框架结构建设；D区软件信息产业基地全面动工。积极谋划A区南片、C区工程学院等地块提升改造项目，加快推动福州大学国家大学科技园早日动工建设。

3. 持续优化营商环境

重点规范企业办事程序，及时解决企业诉求，协助企业兑现优惠政策，充分应用好"一企一议"惠企政策，让服务企业直通车畅通无阻。进一步发挥平台作用，提升华为软件云、基金大厦、"知创福建"、"五凤论见"、智慧园区、海峡人力资源产业园、软件交易福建工作中心七大服务平台服务能力，发挥平台专业服务、专业招商、产业链上下游整合等动能作用，推动平台逐步从核心区向一园多区全面辐射。

金庐软件园发展报告

江西金庐软件园位于南昌国家高新技术产业开发区，成立于 1998 年 5 月，1999 年被国家科技部正式批准为国家火炬计划软件产业基地。金庐软件园成立以来，在国家科技部、省市政府领导的悉心指导和大力支持下，坚持从实际出发，优化创新创业环境，加强对外招商宣传力度，依托南昌高新区优美秀丽的生态环境和不断完善的创业环境、人才环境、政策环境，借助南昌高新区完善的软硬件基础，多渠道、多方位为园区内的企业提供优质服务，以"互联网＋"、物联网、5G、云计算、大数据、人工智能等新一代前沿软件信息核心技术为主要发展方向，不断增强金庐软件园产业化基地集聚深度。目前，金庐软件园产业集聚效应凸显，人才队伍不断壮大，骨干企业发展迅速，已经成为江西省创新能力最强、产业发展最快、示范带动作用最明显的龙头产业化基地之一。

一、产业基地发展概况

（一）产业基地经济指标全面稳步提升

金庐软件园继续保持快速增长势头，2019 年金庐软件园入驻企业 726 家，园区营业收入 228.71 亿元，同比增长 15.95%，上缴税金总额 11.21 亿元，同比增长 22.23%，净利润总额 17.05 亿元，同比增长 19.08%，园区从业人员 30328 人，无论是在经济总量、税收、净利润，还是在企业数量、人员数量上都取得了较快的增长。

（二）产业发展快速推进

金庐软件园成立了全省首个大数据及信息技术产业协会，聚集大数据企业 110 余家，催生了思创数码、四联节能、珉轩智能、高创安邦、泰豪科技、江西博微、晶和照明、怡杉环保、中科九峰、一脉阳光、江西农信通等一批在智慧政务、智慧消防、智慧社区、智慧电力、智慧照明、智慧环保、智慧医疗、智慧农业等新产业方向具有代表性的企业，涌现了以江西神起、祥和文化为代表的"网红经济""新媒体经济"新业态企业，协会的成立促进了企业抱团发展、资源共享、优势互补、协同创新，进一步增强了产业的竞争优势，为园区大数据及信息技术产业发展注入新动力、拓展了新的发展空间。2019 年 12 月，园区成功举办了"物联江西·5G 智慧消防产业高峰论坛"，吸引智慧消防企业 100 余家，消防管理部门、服务机构、龙头企业及技术专家代表共 300 余人参加，为下一步推广智慧消防应用凝聚了行业共识，为打造智慧消防产业，推动"智赣119"品牌建设，促进南昌高新区乃至全省消防救援事业高质量、可持续发展增添了新的活力。

（三）加大科技经费投入力度，不断提升创新能力

金庐软件园自始至终非常重视园区的自主创新能力，通过引导区内企业加大科技经费投入，不断提升企业创新能力水平。2019 年，园区企业科技活动经费筹集总额 17.10 亿元，同比增长 13.66%，其中企业资金 12.38 亿元，同比增长 15.55%，占筹资来源的 70% 以上，企业成为园区科技经费的筹集主体。

2019 年，园区企业科技活动经费支出总额 13.85 亿元，同比增长 15.94%，其中研发经费支出总额 10.52 亿元，同比增长 15.92%，用于软件研发支出总额 9.03 亿元，同比增长 18.35%，其中用于新产品研发支出总额 5.67 亿元，同比增长 15.84%。

科技活动经费的筹集和支出，带来的好处是园区实现科技创新"新突破"：2019 年园区高新技术企业达到 183 家，同比增长 22.00%。

（四）知识产权总数稳中有升

金庐软件园充分利用《南昌高新区促进科技创新发展若干措施》政策，鼓励园内企业积极申报知识产权，加快推进科技成果转化效率。2019 年，金庐软件园软件著作权登记总数 3131 个，同比增长 23.71%，发明专利总数 480 件，同比增长 22.76%。

二、产业基地管理模式

近年来，金庐软件园积极探索新的招商、运营、管理模式，在产业招商方面，紧紧围绕"一个产业一个核心平台"的理念，逐步开始由"企业招商"向"平台招商"转型，采取"重资本轻资产"的模式，加强产业创新、研发、共享技术服务平台的引进和培育，打造大数据、物联网、云计算等核心前沿技术领域的公共技术服务平台；在园区的运营管理方面，成立了专门的第三方运营管理公司，完成了从"政府主导"到"企业主体"的转型升级；在企业服务方面，开发了一站式"互联网＋"企服通平台，完成了从"分散服务"到"集约服务"，为入驻园区的企业提供政策奖励申报、信息提供、培训等一站式

和保姆式集约服务，让企业"愿意进、留得住、发展好"；在融资方面，创新投资模式，成立了科投公司，为企业提供强有力的金融支持。

三、产业基地环境建设情况

（一）加快园区载体建设，拓展新一批合作园区

金庐软件园按照"集中、集聚、集约、集群"的思路，进一步完善产业空间布局规划，总体规划采取"多园区"协同发展的布局方案，依托现有的南大科技园、浙大科技园、电力设计院软件园和中兴软件园，着力拓展了一批现代化合作园区：绿悦科技大厦、聚仁堂、创力 E 中心、泰豪科技广场、云中城、南昌人才大厦等，高标准建设了集创新研发、市场资源和政府资源于一体的南昌高新区科创中心，已（拟）入驻迪安检测、北航江西研究院、中科院江西育成中心、中山大学南昌研究院、仙荷医药、新纪元基因检测中心等项目 20 余个。园区总面积 65 万平方米，为更多、更好的项目企业提供了良好的栖息地，也为持续推动江西金庐软件园快速发展提供了有力的保障。

（二）发展新兴业态，着力推进国家重大科技专项"03 专项"

金庐软件园扎实推进国家重大科技专项"03 专项"产业发展，编制了《南昌高新区新一代宽带无线移动通信产业三年产业规划（2019～2021）》，开通了电信、移动、联通 4G 站点 986 个，实现了 4G 网络全覆盖，完成了智能消防、智慧照明、智能安监等"03 专项"的应用。

（三）出台扶持政策，助力产业腾飞

金庐软件园在积极打造楼宇产业园区的同时，先后出台了《南昌高新区支持鼓励创新创业若干措施的实施办法》《南昌高新区降成本、优环境、促发展若干政策实施细则》《南昌高新区关于进一步扶持新一代信息技术产业发展的若干政策（暂行）》《南昌高新区促进科技创新发展若干措施》以及《南昌高新区进一步推动企业利用资本市场加快发展的若干扶持政策》等扶持政策，从各个方面扶持园区内企业做强做大，助力园区产业腾飞。

（四）加快推进企业上市，一批企业实现新三板挂牌上市

金庐软件园发现新三板市场对企业发展带来的好处，提前启动企业进入新三板市场进行股权融资的前期工作，并定期召开培训会，鼓励和引导企业开展新三板上市工作，同时

出台相关扶持上市政策，促进一大批符合要求的企业成功挂牌上市。截至 2019 年底，金庐软件园已有金格、唐人通信、华宇软件、惠当家、一保通、掌中无限、众加利、缴费通、国讯信息技术等 20 余家企业实现挂牌上市，多家企业已经完成进入新三板市场的所有程序，正在等待挂牌上市。

四、产业基地发展经验

（一）开展多种融资途径，助推企业快速做大做强

江西省在全国首创"财园信贷通"融资模式，采取由园区推荐贷款企业名单、银行审核后发放贷款的方式，为科技型小微企业提供 500 万元以下、科技型中型企业 1000 万元以下的一年流动资金贷款。金庐软件园作为"财园信贷通"融资园区，积极配合"财园信贷通"申报工作，认真审核贷款企业信息，安排专人走访企业，全面了解企业运营情况。

（二）政策聚焦、企业聚集，着力打造全省重点产业集群

金庐软件园聚集了江西省 85% 左右的软件信息技术企业，江西省、南昌市以及高新区有关软件信息技术产业的政策都会向金庐软件园重点倾斜，尤其是金庐软件园所在的南昌高新区，更是制定了全省、全市最优惠的产业扶持政策，用于支持金庐软件园的产业发展。与此同时，金庐软件园积极利用现有龙头企业的辐射和带动作用，通过招大引强、招才引智等多种方式，迅速聚集了一批在行业内具有明显优势的优质企业。正是通过政策吸引以及企业的带动，金庐软件园软件信息技术产业集群已经成为全省的重点支柱产业集群，成为江西省产业集聚的一面旗帜。

（三）扎实推进创新创业，高标准建设江西国家大学生创新创业示范基地

金庐软件园紧抓"大众创业、万众创新"的战略机遇，积极打造"创客"平台，经过几年的迅猛发展，以多园区为载体，依托信息技术、互联网行业的基础优势，在众创空间、科技企业孵化器的建设、培育上取得了一定的成绩。截至 2019 年，园区建设和培育了 30 余个创新载体，其中国家级科技企业孵化器 5 家、国家级备案众创空间 7 家，创新载体累计培育企业 500 余家。金庐软件园依托省教育厅的"江西省大学生创新创业示范基地"，与省内 96 所高校开展创业、就业合作，搭建高校毕业生与企业间的桥梁，实现企业与人才间的无缝对接，努力将"大学生创新创业示范基地"打造成以计算机、软件应用等专业人才为主，集创业、就业、人才孵化为一体的综合型平台。

（四）加强职业教育，完善人才政策，储备软件人才队伍

一是推动高校与行业企业、科研院所深度合作，发挥驻昌高校优势，加快探索建立"企业＋高校＋基地"的产学研模式，鼓励企业与高校建立订单式人才培养机制，采取培训即上岗的模式，为大数据企业提供订单式培训，就地解决大数据企业发展所需的中初级人才。软件园内中兴软件、思创数码等龙头大数据企业先后成立了新一代信息技术培训职业学院，为区内软件企业提供订单式人才培训机制。园区内物联网企业江西珉轩智能科技与江西工业贸易职业技术学院签订"物联网现代学徒制"校企合作协议，搭建校企合作育人平台，采取培训即上岗的模式为物联网企业培养人才。

二是针对电子信息、互联网、大数据等相关产业发展的特点，积极开展调研，先后出台了《南昌高新区鼓励高层次人才创新创业若干政策措施暂行办法》《关于扶持南昌高新区战略性新兴产业人才引进的具体措施（试行）》《关于实施"瑶湖英才计划"的若干意见》等人才扶持政策，在软件相关产业高层次人才置业安家方面给予配套的扶持政策，促进企业人才集聚，解决驻区人才的后顾之忧。

三是充分发挥高新区产业链、应用市场、政策支持等优势，引进高端研发机构、企业、项目以及人才落户。聘请了园区内龙头软件企业作为大数据产业发展顾问，依托龙头企业的科技资源优势，吸引国内外、省内外优质的软件企业落户高新区，促进软件产业的快速聚集。鼓励符合条件的国内外软件领军企业家、海外高层次人才、院士、国家级专家学者、"千人计划"专家、知名软件高端创新人才和创新团队创立软件企业。

五、产业基地存在的问题

一是产业核心技术和产品相对缺乏。软件产业是信息技术的灵魂，金庐软件园在软件产业方面并没有核心技术和产品，目前像底层的、基础的软件体系比如操作系统、网络基础架构几乎全部被美国软件公司垄断，园区软件产业自主知识产权的生态链尚未齐全。

二是产业发展的区位优势相对不明显。在地理位置方面，金庐软件园所处的南昌高新区处于城乡发展区域，地理位置的优势不明显，地铁尚未完全覆盖，交通设施相对薄弱。下一步，金庐软件园将合理规划和拓展产业空间，创新运营模式，采取政府承租、第三方专业管理机构运营的模式，建设人工智能、大数据、云计算物联网等新技术领域的专业型物理空间。

三是产业发展的政策相对弱化。近年来，由于追逐优惠政策的"候鸟企业"越来越多，"候鸟企业"在没有享受到充分的政策支持时，非常容易受到外部政策的吸引，出现将下属公司业务或者将整体业务转移的现象。下一步，金庐软件园将继续完善软件信息技

术服务业产业政策，加大产业的政策扶持力度，在人工智能、大数据、云计算、物联网等新兴技术领域，重点针对数字经济、智能经济、绿色经济、创意经济、流量经济、共享经济等新经济形态，降低政策享受门槛，给予企业研发、物理空间、人才、经济贡献等支持和奖励。

六、2020 年产业基地工作目标

2020 年，金庐软件园将在国家、省、市相关部门的大力支持下，加强园区的建设。继续在互联网＋、智慧城市应用、5G、云计算、大数据、人工智能等前沿技术上寻求突破。在"双创"事业、人才事业上下功夫，力争在经济规模、融资规模、数字经济发展、创新创业等方面实现新的突破。

（一）经济规模再上新台阶

2020 年，企业总数力争突破 800 家，园区总收入突破 250 亿元，利税总额突破 30 亿元。

（二）融资规模更上一层楼

金庐软件园内企业在新三板挂牌已经有了一个良好的开端，2020 年园区将继续加大新三板市场挂牌企业的培育力度，进一步发挥新三板市场的融资功能，力争新增挂牌企业 10 家，挂牌企业总数达到 30 家。

（三）数字经济迈出新步伐

围绕新经济、新业态布局新兴产业，做大做强数字经济产业集群。一是积极践行"互联网＋"和"工业 4.0"等行动计划，在智能机器人、智能化成套装备、智能装备与部件领域，涌现一批有较强核心技术和优势产品竞争力的企业。二是以实施"03 专项""5G 应用示范"为发展契机，引进一批以移动通信物联网、云计算、大数据等为代表的重大项目。三是加强新一代人工智能研发应用，聚焦应用示范，以应用领先牵动网络、平台、产业领先，积极培育百亿级新兴产业集群。四是突出区块链技术集成应用在数字经济产业发展创新中的重要作用，加大对区块链方面的研发投入支持力度，着力攻克一批关键核心技术，加快推动区块链技术与传统产业融合创新发展。

（四）创新创业迈上新高度

积极依托园区内创新载体，努力实现在物联网、大数据、人工智能等新兴产业创业团队的引进和培育上取得突破，力争在 2020 年科技企业孵化器总数达到 18 个，众创空间总数达到 20 个，引进和培育创新创业团队 300 个，打造国家一流的"双创"基地。规划建设专业型软件信息技术孵化载体、加速载体，形成"初创小微企业—高新技术企业—科技小巨人—瞪羚企业—独角兽企业"的企业成长全链条生态发展模式。

西安软件园发展报告

西安软件园于 1999 年被认定为"国家火炬计划软件产业基地",是全国四个拥有"国家软件产业基地、国家软件出口基地"双基地称号的园区之一。先后被认定为"国家服务外包基地城市示范区""国家电子商务示范基地""国家新型工业化产业(软件和信息服务业)示范基地""中国首批智慧软件园区试点"以及"中国十大智慧软件园区"。

一、产业基地发展概况

2019 年,西安软件园以全面点亮"数字丝路"明珠、建设"中国软件名城"、为西安"硬科技之都"建设提供软实力硬支撑为目标,以"招引 + 培育 + 扩能"为抓手,在招商引资、产业发展、新城建设、创新孵化等方面突破常规、创新发展,取得新的成绩。

截至 2019 年末,西安高新区软件和信息技术服务业企业 2700 家,从业人员 21 万人,软件和信息技术服务业完成营业收入 3313.12 亿元,同比增长 17.01%,出口 122.15 亿元,同比增长 20.80%。

二、产业基地环境建设概况

(一)加快软件新城建设步伐,进一步提高产业发展承载能力

一是持续推进软件新城规划提升。按照"树立一个目标""坚持一个理念""串起六大片区""做好三篇文章"的原则,对高新区软件和信息服务业空间布局进行总体规划,分步实施。目前已形成初稿,正在修改完善,按照"打造数字丝绸之路上的明珠软件新城"的目标定位描绘好蓝图,做好规划引领。

二是持续推进项目建设。建立软件新城建设周例会制度，对海康威视、大华、诺瓦、和利时、太极等重点项目指定专人负责包抓，海康威视经过多方努力已进行试桩，大华项目正在进行土方施工，软件新城小学项目正进行主体施工，高新区第十八、十九小学、第四初级中学正在进行土方开挖。

三是持续推进环境提升。以迎接"十四运"召开为契机，建立每日园区巡查制度，提升园区环境；引进未来咖啡、三合复印店、7－ELEVEN便利店等，还在积极洽谈药店、理疗店、健身房、书店等服务供应商，打造"24小时能量场"；推进云水二路、云水四路、天谷三路、天谷四路等重点项目周边路网、主干路网建设，持续提升园区环境。

（二）做好企业服务升级，提升园区服务效能

优化营商环境，立体化增强和丰富园区营商服务、发展服务、赋能服务、平台服务内容，打造软件园区服务品牌，切实服务企业，升级迭代服务企业方式和效能。

1. 营商服务

详细制定"您身边的软服专家"方案，将软服专家具体到企业，具体到功能产业分工，形成每个企业有对接人，有自己人，从联系渠道建立信任和长期联系。首问负责，全面服务，并开展软服专家培训、软服专家评比。在企业中形成良好口碑，让信息传导高效迅速，问题解决精准有效。

通过智慧园区建设，立体化梳理建立企业服务流程，构筑企业服务资料库，搭建企业服务中介平台。做到服务信息容易查，政策信息传导快，投诉建议反馈顺，发展需求应对强。加强营商服务人员培训，从业务能力、工作效能、沟通方法、架构视野等多方面提升人员服务意识和业务能力。从人下手，提升营商服务软实力。

2. 发展服务

深入挖掘软件信息产业已入区企业发展潜能。从企业需求出发，一手抓企业新增投资，一手抓优质企业对外合作。从发展角度服务好企业，同时带动园区产业集群效应形成，促进小企业长大，大企业做强。

3. 赋能服务

打好金融赋能这张牌。与市、区金融办就企业金融需求深入合作，积极调动各类金融机构积极性，充分发挥各类投资机构主动性，探讨和推广适合软服企业的产品，举办各种合作推广沙龙，扩充放大金融赋能服务效能。

挖掘信息赋能数据赋能的服务点，寻求良好的合作机构，共同就5G生态场景、大数据生态场景、人工智能生态场景、商务合作生态场景等多个场景方面，打通信息赋能瓶颈，提供西安市首佳软件企业协作软环境，真正通过赋能企业，带动企业增值成长。

4. 平台服务

抓好"新阶联实践平台"落地和联盟组建活动开展等工作。调研全国优秀的新的社会阶层实践平台，化认证为实力，将平台建设成软件企业真正认可喜爱，有活力有效益的活动基地。同时，通过新的社会阶层活跃企业，带动第三方服务产业反哺软服产业做强做大。落实开展与科大讯飞合作的西北 AI 大市场平台。促进人工智能相关企业项目及需求企业平台交流，开展系列促进活动，达成平台年度目标。全力打造西北首家专注人工智能产业的市场服务平台，打出名头、形成行业创新影响，带动人工智能产业交流和聚集。

（三）夯实人才基础，助力高质量发展

紧扣高新区建设大西安首善区暨高新区"三次创业"人才工作相关要求，秉承人才是西安软件园核心资产的理念，围绕打造中国软件及信息服务业人才创新创业大本营的长远目标，专注于人才的凝聚、精配和成长；在赋能人才多维提升园区品牌知名度的同时，助力招商、推进产业、链接院校、整合资源、创新价值，为西安软件园在高新区新形势、新经济、新历史机遇下的发展助推人才引擎。

1. 软件及信息服务业人才创新凝聚计划

配合以及联合市、区人才服务中心举办各类本地、异地高端人才引入活动，建设各级人才引入通路。整合资源为园区重点招商项目和本地高增长企业搭建多维人才服务渠道，重点分批次制定高新区软件和信息服务业人才走访计划，梳理和解决人才共性问题。推进与国内头部人力资源平台合作，提升园区人才服务能力与品牌度；与本地人力资源类组织深度合作，加强产业服务的广度与深度。助力招商、推进产业。

2. 软件及信息服务业人才创新精配计划

举办芹菜网征名活动，重新塑造园区公益人才服务品牌。通过线上线下招聘活动进行新品牌宣传计划，快速推广并积累企业和人才数据，打造西北地区软件及信息服务业最具影响力的人才服务平台。组织企业举办本地和外地校园宣讲活动、联合招聘活动和园区春秋季大型招聘活动，同时创新性举办院校反转招聘活动、网络视频招聘等活动。根据产业需求组织本地、异地招聘，海外高端人才交流对接活动、精准细分行业招聘系列活动、新西安人交流对接活动等，助力企业中高层人才精准匹配。

3. 软件及信息服务业人才创新成长计划

针对企业家、创业者、HR、行政、财务、法务、营销、技术、新入职员工等更广泛企业细分人群提供更高质量的各类培训和沙龙，同时逐步将以知识传递为主的成长活动升级为以各学习者为中心共同成长的活动；同时推进企业联合大学互动，邀请本地各岗位优秀职业经理人分享，联合本地龙头企业打造不同人才生态圈。

制订院校走访计划，并通过合作院校、软件服务外包学院和联盟加强与院校在人才输出和培养方面的合作，通过系列沙龙、职业规划辅导、招聘活动、产业宣讲、互访等互动增强西安软件园企业集群在院校的认知度和吸引力，促进院校知识创新链与园区产业创新链深度耦合。

围绕人才工作、生活实际需求，推出读书沙龙、英语演讲、职业人心理辅导、程序员正念减压、职业路径规划等创新活动，为各类人才提供全方位的成长路径。

（四）打造"全球程序员节"亮丽新名片

自 2017 年举办首届"全球程序员节"以来，该项活动已连续成功举办三届，"全球程序员节"已成为西安乃至全国程序员一年一度的盛会。2019 年第三届"全球程序员节"主要突出以下三个方面：

一是突出市场化和科技化。与往届大会比较，本届大会更加突出"市场化"和"高端化"。"市场化"方面，实现了创收历史零突破，中国移动为大会冠名，招商地产、航微为大会赞助。"高端化"方面，华为、中软、清华交叉核心院等行业顶级企业和机构纷纷承办分论坛，探讨最新最前沿技术；智能机器人、无人机、5G 体验等高科技组团参展；新石器无人车作为"宣传大使"亮相大会；科大讯飞"AI 法律服务机器人"带来了不一样的科技体验。

二是突出影响力和实效性。此次全球程序员节嘉宾规格高、参会范围广、宣传亮点多、互动性强、科技感足，实现了"出彩出色"的目标。国务院发展研究中心研究员、国声智库荣誉主任李国强对大会高度评价，提出要将西安软件园打造成为"数字丝路"明珠。活动期间发送相关报道超过 600 篇，影响力超过 900 万人次，"全球程序员节"城市品牌不断传播，全球影响力及知名度不断加强。本届大会还促成 101 个项目与 50 余家风投机构对接，激活本地人才、资本、项目、技术、管理和市场资源要素。签约落户 28个重点项目，累计金额约 147 亿元人民币。

三是突出"丝路明珠"打造。与国声智库合作，借助高端智库外脑指导顶层设计、开展政策研究、实施规划和宣传推广方案，探索"京底、西沪、西深"协同发展新思路，推进"全球硬科技之都"科创指数发布中心、数字丝绸之路国际合作金融交易中心、全区硬科技飞地产业城市中心建设。目前，已完成招标工作，完成双方合同会签工作，筹备课题开题。

三、产业基地创新发展经验

（一）实施人才跨越计划，建设成为国内最大的 IT 和软件专业人才基地

2019 年西安软件园组织了社招、高层次人才引入、网络招聘、反转招聘、外地招聘等人才引进活动，为企业引进高端人才拓展渠道、搭建桥梁；联手知名机构和企业举办主题培训 38 场次，累计参与企业代表 2563 人；与交大等八所院校和西安大学生青年职业发展促进联盟合作，对接各方资源，赋能产业发展。芹菜网累计注册企业 1411 家，注册个人会员简历近 10 万个。

（二）抓住产业转移的机遇，加大招商力度

2019 年西安软件园紧盯行业龙头企业，特别是世界 500 强企业和国内软件百强企业，在大项目引进上实现了新的突破，围绕电子信息、区块链、大数据、云计算、现代服务业跟踪促进一批重点项目。引进世界 500 强 1 家，制造业 500 强、服务业 500 强、软件百强 5 家，人工智能、无人机、机器人 2 家，高端制造企业 1 家，3 亿元以上校友合同项目 2 个，互联网百强企业 7 家，独角兽百强企业 3 家，云计算百强 2 家，电子竞技企业 4 家。积极推进微软、阿里巴巴、易点天下、360、东华等企业加快落地进度。

（三）坚持扩产赋能，促进产业发展

近年来，西安软件园制定《重点企业专项服务小组实施方案》，针对园区重点企业派专人服务；建立软件园金融服务平台，通过组团形式，帮助企业获得更低成本的资金，推动金融赋能产业发展；与民生银行、招商银行等机构合作，让民生银行"萤火计划"在高新区点亮服务科创企业新路子。2019 年全年引进中国银行软件新城支行等金融机构 2 家，金融科技企业 8 家。铂力特在上交所科创板上市，储备了三人行、山脉科技等 8 家企业，培育了新路网络等 32 家企业。

四、2020 年基地主导产业发展目标与构想

2020 年，西安软件园将以习近平新时代中国特色社会主义思想为指导，全面贯彻党的十九大和十九届四中全会、中央经济工作会议精神，围绕中央"巩固、增强、提升、畅通"和"稳就业、稳金融、稳外贸、稳外资、稳投资、稳预期"的要求，紧扣发展"三个经济"，紧紧围绕高新区"大干123、建好首善区"的战略，聚焦数字经济发展和软件名城创建，实施"八大工程、百个重点项目"，全面点亮"数字丝路明珠"，建设"中国软件名城"，为西安市"硬科技之都"建设提供软实力硬支撑，力争在促进产业聚集发展、推动产业优化升级等方面取得更大成绩。

（一）实业立区，招大引强

围绕场景经济、虚拟现实、机器人、量子技术、ACGN（动画、漫画、游戏、小说）、物联网、网络安全、社交网络等新经济、新业态加快布局，实现产业能量跃迁；积极推进华为鲲鹏云、四叶草信息安全产业项目、创客街区项目、东华软件腾讯云基地、易点天下出海产业园、微软创新中心项目，计划全年引进世界 500 强、国内 500 强、互联网百强、服务业百强、软件行业百强及行业领军企业 10 家。引进外资 0.5 亿美元、内资 218 亿元。

（二）规划引领，打造高品质园区

紧盯新一轮国土空间规划调整机遇，推进软件新城规划优化提升工作，用好资源、讲好故事、做好方案，高标准规划，打造高品质园区，建设世界一流产业新城。加快推进汇湖、中科创达、东华等项目建设前期工作；海康威视、和利时、诺瓦、宏星、铂力特二期等项目进行基础施工；大华项目进行主体建设；思安、元征等项目主体封顶，进行外墙和安装工程施工；环普三期、环保产业园项目完工投运。

（三）产业跃升，点亮丝路明珠

重点打造"1个名城"，做好"3大经济"（数字经济、场景经济、平台经济），实施"4个计划"（产业培育计划、创新孵化计划、品牌提升计划、企业平台计划），通过持续举办全球程序员节活动，建设中国软件名城，推进"三大经济"发展，拓展服务范围，转变服务方式，促进高新区软件和信息服务业产业跃升，企业上市，促进新技术推广应用、新业态衍生发展、新模式融合创新。

（四）服务升级，打造"西软优服"品牌

锁定华为、阿里巴巴、科大讯飞、易点天下等园区重点企业，成立亲橙小组、有为小组等专项服务小组，分工明确，一对一对接；与市、区金融办就企业金融需求深入合作，积极调动各类金融机构积极性，充分发挥各类投资机构主动性，探讨和推广适合软服企业的产品；举办各种合作推广沙龙，扩充放大金融赋能服务效能；就5G生态场景、大数据生态场景、人工智能生态场景、商务合作生态场景等多个场景方面，打通信息赋能瓶颈，提供西安市首佳软件企业协作软环境。

（五）人才跨越，构建人才资源池

专注人才凝聚、精配和成长，助力招商、推进产业、链接院校、整合资源、创新价值，积极探索产学研协同新模式，探索高校科研成果转化机制，实现产、学、研、政的深度融合。实施2020西安高新区软件及信息服务业人力资源白皮书和薪酬报告项目，为项目招商和产业发展提供利器；推进与国内头部人力资源平台合作，提升园区人才服务能力与品牌度；举办最佳雇主品牌评选活动等，提升产业人才凝聚力。

（六）物业提升，打造智慧园区

大力推行和实施"西软优服"物业服务提升方案，不断提升服务意识；以招商产业为核心，积极为企业提供有价值的物业服务；率先打造5G智慧园区，部署智慧园区应用场景，利用新技术，加强园区服务管理，提升服务效能。

（七）塑造品牌，树立形象

建设宣传矩阵，围绕 8 个"聚焦"（内容、渠道、制度、导向、核心、主题、培训、协作），全方位、多角度、多端融合策划宣传，打造"西软"品牌。通过开展"数字丝路"明珠课题研究，在全媒体平台策划深度报道，展示研究成果，形成轰动效应。

（八）党建强基，锻造铁军

加快"红色会客厅"的建设，为各级党组织开展组织生活、推进学习教育提供平台，营造浓厚的党建氛围；持续推进"两个覆盖"，扩大党组织覆盖面；举办内训、拓展训练、集体外出学习等团队活动，优化中心绩效考核制度，激发员工积极性和创造性，建设凝聚人心的企业文化。

大连软件园发展报告

一、2019年大连软件园发展概况

（一）发展规模

大连软件园创建于1998年，截至2019年底，大连软件园累计容纳软件和高新技术企业451家，包括64家世界500强企业，软件从业人员9万余人，本科学历以上人员占到77%以上，拥有5年以上软件从业经历的人员占到20.97%，园区内营业收入超过10亿元的企业有10家，高新技术企业251家，技术先进型服务企业84家，科技型中小企业135家。通过ISO9001认证的企业有137家，通过CMM/CMMI五级评估的企业有16家，2019年大连软件园实现营业收入686.37亿元，软件出口总额103.50亿元，实际上缴税收21.62亿元。

（二）创新能力

2019年大连软件园产业创新能力持续提升，人才和研发投入等要素都显著增加，发明专利和自主版权软件收入比重也得到不断提升。2019年全年投入科技活动经费21.24亿元，软件著作权登记6778个，拥有有效发明专利1618件，2019年新增国家级科技和产业化项目3个，新增地方级科技和产业化项目63个，正在全力打造东北亚科技创新创业创投中心，成为重塑经济增长格局，推动科技创新、经济飞跃的中坚力量。

（三）产业特色

历经22年发展，大连软件园历经了中日软件产业合作战略门户、东北亚服务外包中心、亚太软件和服务创新中心等各阶段，已形成非常突出的整体产业特色：产业高度聚集，在园的数百家中外企业全部从事与软件和信息技术相关的研发及应用业务，产业纯度之高、业务类型之全在业内也属罕见；国际化特色突出，园区企业、所开展的业务内容及行业标准都具有显著的国际化特征；创新创业趋势显著，在多年面向国际市场的服务外包磨炼下，积累出了自主研发和创新的深厚功底，近年来持续涌现出很多杰出的创新企业和创新产品，软件技术和服务与传统行业的融合日渐深入。

新时期，园区的产业发展也与时俱进，呈现了多种新型特征。第一，软件＋应用。以细分行业和领域的智慧应用为方向，带动人工智能、物联网、云计算、大数据、区块链、信息安全等关键技术攻关，整合软件企业的上下游、垂直行业和应用场景中的技术产品和数据处理、咨询设计、开发运维服务能力，打造新型的具有较强竞争力的产品和服务。园区企业秘阵科技将人工智能等高端信息技术应用于客户端的密码输入与生成，为现代互联网的应用安全提供可续、可靠的技术保证。第二，软件＋行业。将传统产业与信息技术融合，开发面向智能制造、金融、医疗卫生、交通物流、教育文化等多领域的产品，做大做强应用软件集群，推动应用服务创新。成立20余年一直致力金融软件开发的文华财经、专业的医疗云应用解决方案提供商心医国际，就是软件与行业应用结合方面的佼佼者。第三，服务的高端化。大连软件业是从发展服务外包起步的，迄今很多企业依然从事的是服务外包业务，但随着服务内涵的扩展，以及大数据、人工智能等新技术的应用，服务的层级也在向数字化、网络化、智能化的价值链高端转型，服务的高端化趋势明显。

（四）2019 年产业发展亮点

第一，对日业务涨幅较大。受日本东京奥运会的带动和影响，日本国内产业需求增大，园区的对日业务承接呈现比较明显的涨幅。据初步统计，2019 年园区对日外包业务增幅在 15% 以上，亿达信息技术有限公司一家企业全年对日业务承接就增长了约 30%。

第二，共享服务中心持续兴盛。成立共享服务中心一直是大型企业节约成本，进行风险管控、业务拓展、变革推动的重要举措，大连软件园也一直是跨国企业共享服务中心亚太选址的重要目的地，辉瑞、阿迪达斯、雅保等共享服务中心已进驻多年，2019 年，又有拜耳、亚马逊、马瑞利等企业的共享服务中心相继在此选址，使园区内的共享服务中心延续兴盛趋势。

第三，车联网产业在园区形成规模。2019 年，园区车联网产业渐成规模，此次车联网产业的兴起，得益于大连在产业发展早期就建立的扎实技术基础及积累的专业人才，经过多年积淀，现已形成了非常成熟和厚重的车联网产业发展土壤，因此吸引了均胜、马瑞利等优质车联网企业的青睐和最终驻足，一个比较完整的汽车产业链和产业集群已经形成。

二、2019 年大连软件园运营管理模式

历经 22 年的发展建设，大连软件园深受国家及业内人士认可，除国家火炬计划软件产业基地外，还被认定为国家软件产业基地、国家软件出口基地、中国服务外包基地城市示范区，并凭借以产业带动区域发展，打造低碳、绿色、产城融合园区的卓越表现，赢得了联合国"国际花园社区金奖"的桂冠，成为世界上首个获此殊荣的产业园区。这些成就的取得，得益于大连软件园在多年园区运营中积累的支持产业做大做强的服务模式，包括产业的高度聚集力、全产业链的服务能力以及"互联网＋园区管理"能力。

（一）产业的高度聚集力

通过深入的行业分析，结合本地的区位优势、经济特点、人才基础，大连软件园确立了准确的园区定位，发挥产业链的纵横聚合效应，快速形成产业聚集。通过引入行业龙头企业，以其为样本吸引与之同级别的企业进驻，2002 年简柏特作为第一家欧美企业进入园区后，埃森哲、惠普、甲骨文等众多名企也随之来到园区，而同一产业链的上下游企业也因为业务间的关联性选择在此落户。

（二）"全产业链"服务

为了支持企业的更好发展，大连软件园打造了 360 度全产业链服务体系来解决企业的后顾之忧。运营服务是大连软件园的核心能力，为此园区搭建起包括数百项内容的企业服务体系，满足入驻企业及员工的工作、发展、生活、教育、医疗需求。专业投资选址、创业孵化、政企对接辅导、空间提供、品牌推广、市场对接、人力资源及多种高端定制及增值服务，这个涵盖了各个阶段的"全产业链"服务体系，为企业发展全程保驾护航。

（三）"互联网＋"管理

当前，建设线上与线下相结合的智慧园区是一大趋势。目前，大连软件园正在将科技元素深入运用于园区管理，以"互联网＋园区管理"为理念，结合多种新兴技术，基于统一平台，将办公协作、招商引资、工程项目、物业管理、产业分析、项目孵化等业务进行一体化协调管理；实现园区管理智能化，打造舒适、和谐的园区工作、生活生态圈。同时，大连软件园还将通过移动互联网客户端服务应用，开通线上一键式服务通道，实现服务的透明化和可评价化，提供 B2B、B2C 服务，打造全产业链线上交易服务平台，助力企业节省资源，提高发展效率。

三、2019年大连软件产业主要发展政策

2019年，秉持市政府颁布的《大连软件产业和信息服务业2028行动纲要》以及配套出台的《大连市支持软件和信息服务业发展的若干政策》，大连软件和信息服务业努力加快自主创新，提高创新能力；扶持市场主体，打造产业生态；加强开放合作，夯实国际化特色；注重培养引进，加速人才集聚；完善区域功能，扩充发展空间。在这一总体思想指导下，大连市软件产业各主管局也相应出台了各种有力的政策措施。

大连市科技局推出了高新技术认定和技术先进型企业认定，对符合认定的企业给予税收优惠和技术发展补贴，推出知识产权贯标，对通过的企业给予补助，推出创新十条扶持政策，支持新兴业态发展，支持中国制造2025创新中心建设；支持科技创新、成果转化、人才培育和引进、科技服务体系建设、创新载体建设、中小微企业发展等。

大连市经济和信息化局推出了《大连市软件和信息服务业发展专项资金管理方法》，遵循公开透明、突出重点、引导带动、绩效导向的原则，面向在大连从事软件研发、系统集成及相关信息技术服务的企业，筛选出符合一定标准的给予专项资金补贴，推动产业创新发展。

为进一步贯彻落实《大连市扩大对外开放积极利用外资若干政策措施》，市商务局牵头制定了《大连市关于外商投资重点产业支持政策的实施细则》等政策，针对符合条件的外商投资制造业、现代服务业企业，实施总部落户奖励、办公用房补贴、营业收入奖励、高管人员奖励、增资扩建奖励、提升能级奖励等。

四、2019年大连软件园支持产业创新发展的经验

新时期，产业发展的环境、市场都在发生着巨大的改变，机遇难得，同时挑战也十分严峻。2019年，对于大连软件园来说，产业总体发展平稳向好，收入和利润均保持稳步增长，软件出口稳中有升，信息技术服务加快云化发展，软件应用服务化、平台化趋势明显，车联网等领域呈现集聚和领先发展态势。但同时也不可避免地面临着以下不足和需要改进的地方：首先，总体规模不大，亟须加快拓宽业务领域，全面扩展国内外市场，加强本地市场拉动，增强持续发展力；其次，领军企业缺乏，需着重扶持和打造上规模、上水平并具有创新力、影响力和号召力的领军企业，发挥龙头带动作用，形成产业生态圈，增强发展牵引力；最后，人才总量不足，需要加大人才培养规模，加强高层次人才队伍建

设，积极引进海内外优秀人才，调整优化人才结构，增强产业发展支撑力。

为了更好应对新时期变化，作为专业的园区运营机构，大连软件园也在不断推出创新举措，满足行业发展和企业诉求，为企业健康发展创造最有力的支持平台。

（一）搭建政企对接平台，推动产业政策落实

2019 年，针对大连市推出的软件和信息服务业发展专项资金管理办法、企业知识产权管理及贯标、外商投资重点产业政策实施细则等多项扶持发展的利好政策，大连软件园在政策下发后第一时间组织园区企业进行政策宣讲培训，并走访上百家企业进行普及和推广，帮助心医国际、埃森哲、简柏特等近百家企业享受到相关政策利好。

（二）加大人才基础与定制培训，支撑产业规模做大做强

发展过程中，为了满足企业对于人才的多方面需求，大连软件园构建了全方位的人才服务机制：一方面，组织"技术＋语言"的面向广大软件基础人才的培训，支持产业规模继续做大做强；另一方面，针对企业特定需求，整合丰富教师资源，推出高端定制专属教程，帮助企业培养所需专业人才。据统计，2019 年共举办各类精品公开课 52 次，开展百余次人才定制培训，覆盖到 300 多家企业的上万人。

（三）完善全产业链服务体系，打造园区活力氛围

2019 年，大连软件园再度深化服务平台建设，丰富全产业链服务体系。除了全面的人力服务外，还完善了能满足企业个性化需求的活动定制服务、行政代办、法律咨询、商标注册等免除后顾之忧的企业服务等。所构建的 HRBP 圈层，涵盖了园内外上百家企业，通过产品沙龙和技术私享会形式，拓展市场渠道，汇聚创新能量，助力企业做大做强。围绕着庆祝新中国成立 70 周年的主题，大连软件园还举办了飞镖大赛、歌唱比赛、园区运动会等多场精彩主题活动，吸引数千软件人参与，构建起人文化、多姿多彩的园区公民体系，为丰富软件人工作与生活，提升企业与园区活力发挥了不可忽视的作用。

（四）推动智慧园区建设，构建智慧党建平台

智慧园区是未来产业园区发展的主要方向，2019 年大连软件园智慧园区建设取得了突破性进展，通过物联网、大数据、人工智能等技术和各类资源的整合，将多样科技手段导入园区服务平台，将"智慧"渗透到园区建设与运营的每个环节，降本增效，提升园区招商能力、管理能力、服务能力，创新业务模式和组织架构，实现管理的信息化、楼宇的智能化、服务的平台化、决策的智慧化。例如，2019 年园区倾力打造的智慧化线上党建服务平台，将党建阵地建立、基层党组织风采展示、交流互动、组织生活开展、党员教育管理、志愿活动参与等线下活动线上运作，以实现党建工作线上线下"双线融合"。

五、2020 年大连软件园发展目标与构想

2020 年，大连软件园将致力于推动产业规模和质量的继续提升，产业带宽的不断延展，全球客户资源网络不断扩大，品牌影响力持续增强，致力于成为独树一帜的园区科技服务商。

（一）加强多样化产业载体建设

随着信息谷、河口等多个分园区正式投入使用，2020 年大连软件园将为企业提供更为多元化的空间。园区将继续提升载体建设品质，打造优质的办公环境，构建能满足企业发展、促进相互交流、扩大业务拓展机遇的专业平台，为不同类别、不同特色、不同需求的企业提供最适宜的发展选择。

（二）努力推动海洋创新高地建设

2020 年，遵循大连市建设海洋中心城市的总体目标，大连软件园将结合园区实际情况，依托博涵英电、君方科技等高技术企业，集聚海洋科技创新资源，完善海洋科技创新体系，建设海洋创新高地，提升企业自主创新能力，助力海洋产业做大做强。

（三）鼓励创新，加大对科研的投入力度

2020 年，大连软件园将继续加大对创新创业的支持，增加科研经费的投入，积极协助有关创新创业产业政策的落实，并通过举办多种多样的激励创新、活跃创业氛围的活动，打造优质的共享办公空间等举措，提升企业对技术创新、产品创新的积极性。

（四）做好全方位人力资源服务

为了支持大连软件产业做大做强，2020 年园区还须加大力度，做好全方位的人力资源服务，一方面继续加强对企业需求的深度调研，开展特定人才的定制培养，强化专业人才实训；另一方面还要广泛开展"技术＋语言"的二元制基础人才培训，建立网络职业培训平台，为人才提供在线学习和就业咨询服务，将人才基础做大。

（五）强化智慧园区平台建设

推动大连软件园智慧园区建设，以"互联网＋园区管理"为理念，将科技元素深入运用于园区运营中，结合多种新兴技术，基于统一平台，将办公协作、招商引资、工程项目、物业管理、产业分析、项目孵化等业务进行一体化协调管理；通过标准化的接口，将智能设备及系统整合至园区内部运营平台，对数据统一监管，实现园区管理的智能化。

广州软件园发展报告

2019 年，广州软件园坚持以习近平新时代中国特色社会主义思想为指引，深入贯彻习近平总书记视察广东重要讲话重要指示批示精神，认真落实省、市、区决策部署要求，牢牢把握粤港澳大湾区、广深科技创新走廊创新节点发展战略机遇，深入实施创新驱动发展战略，全力推动园区提质增效。

一、2019 年软件基地产业发展概况

（一）产业发展规模

2019 年，基地拥有企业 1894 家，其中软件业企业 1485 家；基地年末总人数 18.49 万人，其中软件业从业人数 16.84 万人；基地营业总收入 1591.00 亿元，其中实现软件业务收入 1174.41 亿元。

（二）产业发展水平

基地产业凝聚力不断加强，影响力逐步扩大。目前基地形成了以大数据、人工智能、物联网、动漫游戏、工业互联网等领域为主导的软件服务业，汇聚了网易、佳都、极飞等一批龙头企业。强化重点项目引领，网易总部二期等 11 个重点产业项目完成投资约 13.31 亿元。发挥软件业优势推动工业互联网发展，园区 19 家企业入选广东省工业互联网产业生态供给资源池。

2019 年软件基地上市企业累计达 72 家（含新三板）。基地从业人员超过 18 万人，其中软件从业人员超过 16 万人，软件研发人员约 5 万人，本科以上学历从业人数超 8 万人。

（三）企业自主创新能力

创新能力不断增强，自主知识产权意识得到深化。基地企业拥有发明专利 2721 项；

软件著作权登记数达到 20625 个；企业科研活动经费支出总额 149.73 亿元，同比增长 10.39%。基地现有市级以上各类企业研发中心、工程中心和实验室共计 99 个，其中国家级 5 个，省级 69 个。

二、软件产业基地环境建设概况

（一）政策环境建设

立足广深科技创新走廊创新节点格局定位，积极谋划平台高水平高质量发展，激发老园区新活力，结合"互联网＋"小镇建设，以改造环境、完善智能交通、整治周边环境为重点，启动科韵路软件集聚区提质扩容增效改造，已形成初步建设方案。围绕"盘活低效空间资源、提高土地利用效率、带动天河东北部发展提质增效"的目标，重点打造广州市十大价值创新园之一。

（二）基础设施和产业载体建设

谋划完善了园区 3~5 年的建设计划，继续做好相关基础设施建设的立项、建设跟进工作。天河湿地公园成为展示广州市海绵城市建设的名片。

截至 2019 年底，园区已新成立创新创业载体 20 个。其中，宏太智慧谷伯乐咖啡、广州创新谷、孵客创业公社、创大创客空间、黑马会、微谷众创社区 6 个载体入选国家级众创空间和孵化器；贝塔空间、创锦产业园、陇粤梦工场、万科云工坊等 19 个创新载体入选市级孵化器。

（三）公共服务体系建设

加快推进园区企业公共服务平台建设，面向园区企业提供公共技术研发和试验检测的专业技术服务，包括广东省 Linux 公共服务技术支持中心、中国赛宝实验室。

广东省 Linux 公共服务技术支持中心是全国第一家 Linux 公共服务技术支持中心，是为广东乃至全国电子政务与信息化建设提供 Linux 技术支持的公共服务机构。

中国赛宝实验室可提供从元器件到整机设备、从硬件到软件至复杂大系统的产品检测试验、分析评价、认证计量、信息服务、技术培训、专用设备和专用软件开发等技术服务，具有多项认证、检测资质和授权。

三、软件产业基地创新发展主要做法

（一）全力聚焦高质量发展产业平台体系建设，全面推动创新要素不断集聚

一是强化招商引资。围绕招商目标任务，通过敲门招商、以商招商、推介招商等举措，积极开展引资引技引智，推动重大项目落户。二是强化创新引领。优化创新生态，依托佳都科技全球工人智能研究院、南方测绘杨元喜院士工作站等科研平台，深化产学研合作。加快创新创业平台建设，大力推进广州（国际）科技成果转化天河基地建设。三是强化项目建设。落实领导分工负责制，强化项目推进指导，做好市、区重点产业项目报批报建全过程衔接跟踪，大力推进项目落地、开工、投产运营，不断提升产业带动效应。四是强化产业扶持。利用好园区产业扶持政策，叠加落实省市相关扶持政策，完善优化产业扶持政策。园区1007家（次）企业获得奖励总金额1.09亿元。

（二）全力聚焦环境资源配套，全面提升高质量发展支撑

一是强化土地要素保障，有序推进土地出让。二是推动基础设施建设。系统专题研究基础设施建设规划，编制完成市政道路规划建设等四个专题报告，着力在园区道路交通和配套设施建设方面取得提升，形成区域协调性强的基础配套体系。三是推进公共配套优化提升。立足园区高质量发展需求，深入推进以核心区为重点的配套优化提升服务工作。推进湿地公园运动场改造，天河湿地公园完成更名，因四季有景成为网红打卡地。推进软件基地北区公共区域停车场及消防通道改造，完成高唐园区道路、排水、交通标志标线项目等44个维修工程项目。

（三）全力聚焦管理服务体系建设，全面提升园区品质品位

一是全面优化公共服务。深入开展"暖企"行动和落实重点企业走访服务机制，组织政策宣讲会、企业座谈会、经济分析会，全面加强企业服务。二是全面强化园区管理。加强公共区域环卫保洁和绿化养护，确保园区环境整洁有序。三是全面加强党的领导和党的建设，引领群团建设。突出党建带群团工作，组建企业工会16家，发展会员1518人，督促、协助基层工会换届选举28家。开展歌唱祖国、为祖国点赞、活力健康跑等庆祝新中国成立70周年主题活动。围绕园区文化建设主题，组织健康跑、赖少其书画作品展览、"佳都科技杯"羽毛球联赛和篮球联赛，建立天河区图书馆天河科技园分馆，丰富园区文化。

（四）积极培育一批创新型骨干企业，推动企业做强做大

引导企业建设研发机构，实行企业自建研发机构备案登记制度，鼓励企业建立研发准备金制度。鼓励企业自建研发中心或与国内外重点高等院校、科研机构、企业联合共建工程中心、重点实验室、企业技术中心、院士工作站、博士后科研工作站、博士后创新实践基地。大力培育高新技术企业、知识产权优势企业，实施科技型中小微企业"育苗造林"行动，促进成长型科技企业"小升高"。建立科技型中小微企业优秀项目库，挖掘和储备一批重点扶持的科技型中小企业。成立高新技术企业后备库，对通过科学技术奖、专利奖、各级工程技术中心等高新技术企业要素认定的企业给予补助，对纳入广东省高新技术企业培育库但尚未获得国家授予的高新技术企业称号的企业给予补助，对申报高新技术企业认定失败的企业给予专项辅导支持。支持企业承接各类科技计划，推动企业介入参股并购、国际联合研发，制定行业技术标准，引进创新科研团队和领军人才。鼓励高新技术企业参与省创新型企业试点申报工作。充分利用多层次资本市场，推动高新技术企业挂牌上市。

（五）打造产学研深度合作大平台

鼓励企业与国内外高等院校、科研机构、新型研发机构搭建产学研深度合作大平台。探索多种形式的产学研协同创新模式，支持科技成果作价入股、产学研联合创办经济实体，引导企业与高校、科研院所建立长期稳定的产学研关系。建立健全项目信息沟通渠道和合作机制，定期举办由企业、投资机构、高校院所、产业联盟、协会等参加的软件基地科技沙龙，研讨产业发展趋势，筛选、发布自主创新成果信息。围绕新一代信息技术、生物工程等特色产业创新需求，运用市场化机制培育和建设一批新型研发机构，引导社会资本支持新型研发机构建设。鼓励新型研发机构与企业结成产业联盟，推动先进技术应用与示范，超前布局产业基础性、共性技术研发与产业化。建立研究实验基地和大型科学仪器、设备共享平台、科学数据共享平台、科技文献共享平台、成果转化公共服务平台，加快利用辖区高校人力资源与设备优势，实现项目、资金、人才、技术、市场、商业等资源的有效对接。

（六）优化提升科技企业孵化器，提升可持续发展能力

依托省级综合性创业孵化（实训）示范基地，加大孵化器场地支撑建设力度，梳理形成创新创业扶持政策指引，加强与创业咨询辅导、创业投融资、专业化事务代理、创新技术支持等各类社会创业服务资源的对接，建立政策引导、孵化器支撑、项目成果转化的科学创新机制，打造集成创业政策和服务资源于一体的创新创业生态链，打造全国创新创业要素集聚高地。推进科技企业孵化器"筑巢育凤"，引导科技骨干企业、高校院所和民间金融机构等各类投资主体参与孵化器建设，大力发展民营孵化器，利用软件基地村集体物业或企业研究所旧厂房、旧物业，建设一批战略性新兴产业专业孵化器和加速器。推动

科技企业孵化器创新孵化器要素整合机制和服务手段，促进科技企业孵化器服务水平和运营能力的双提升，扶持已认定的孵化器做大做强，逐步构建软件基地科技企业孵化网。推动孵化机制和模式创新，积极探索将创业投资、创业指导等高端增值服务与传统孵化服务相结合的多元化、市场化的孵化加速服务模式。探索以创新产品为竞争力、以天使投资为推动力、以创业培育为支撑力的"天使投资＋创新产品"孵化模式；积极推动以定期举办创业沙龙和创业大赛为载体，以挖掘创业项目为支撑，以组建天使投资人联盟为核心推手的"创业沙龙＋创业大赛＋创业项目＋天使投资人联盟"人脉链接孵化模式；努力形成孵化机构与创业企业利益一致的孵化关系，有效提升创业成功率和孵化器的可持续发展能力。

（七）打造高端研发核心区域，推动软件基地创新带建设与提升

加快推动以天河北为起点，经石牌、五山高教区，向东北延伸至高唐新建区的创新带的建设与提升，加快发展新一代信息技术产业，打造良好的创新生态环境，强化对全区创新创业的示范引领作用。重点扶持新一代信息技术、生物工程等特色产业做强做大，重点投入和建设集技术创新和新兴产业培育于一体的创新产业园、孵化器等产学研一体的创新载体。依托石牌、五山、龙洞地区丰富的高等院校和科研院所资源，打造高端研发核心区域，辐射和服务于重点产业，使之成为天河软件基地创新发展的重要引擎。引导软件基地企业联合高校科研院所和商会、协会等成立基于产业链的技术创新战略合作联盟，逐步建立起社会化、市场化和专业化的公共服务体系。围绕软件基地八大产业分批组建产业联盟，实现抱团发展。

（八）培育科技创业社区和众创空间，打造"互联网＋"创新引擎

重点支持五山高校区、科韵园区等周边科教资源丰富、配套服务设施相对齐全的区域建设一批科技创业社区。积极借鉴、引进中关村创业大街、车库咖啡等先进模式，引导企业、高校院所、民间资本等各类社会主体参与，改造拓展旧厂房、旧物业，构建一批低成本、便利化、全要素、开放式的众创空间，探索打造商业孵化基地，建立青年创客平台，吸引集聚创新人才，激励大众创业、万众创新，鼓励分布式、网络化创新和全社会"微创新"。充分发挥园区"互联网＋"创新孵化作用，大力发展众创空间、分享经济、开放式创新等，推动各类要素资源聚集、开放和共享，打造"互联网＋"创新引擎。

四、2020年工作计划

2020年，广州软件园将以习近平新时代中国特色社会主义思想为指导，深入贯彻落实党的十九大、十九届四中全会及习近平总书记视察广东、广州指示批示精神，践行

"一带一路"倡议、全面融入粤港澳大湾区等国家重大发展战略，全力打造粤港澳大湾区科技协同创新引领区，奋力在推进广东实现"四个走在全国前列"、广州加快实现老城市新活力的创新实践中出新出彩。

（一）提高站位，谋划平台发展出新出彩

高水平推进控规调整。完成控规调整成果编制及产业发展、城市更新与土地整备、综合交通三个专项规划，开展绿色低碳发展、地下空间开发、土地利用研究，并同步完善园区公共服务设施和市政基础设施，释放园区发展潜能。

高标准开展创新发展研究。启动园区"十四五"发展规划研究，全面对接粤港澳大湾区发展战略，着力强化产业与基础设施衔接，高标准谋划新时代软件基地建设发展工作。

（二）夯实基础，打造国际一流发展环境

一是加快基础设施建设。加快完成道路建设，开展设施项目、公共配套等基础设施建设。二是加快土地征储出让。按计划推进土地征储工作及出让工作。三是加快提升环境品质。加快推进园区提质增效，整治园区及周边环境，完善公共配套设施，营造舒适安全优美的创新创业空间，推动园区高标准、高质量发展。

（三）创新引领，构建高端高质产业体系

一是多措并举开展招商选资。积极参加各类境内外招商推介活动和行业展会，宣传园区产业品牌。二是推进重点产业项目建设。全力加快重点产业项目建设，推动竣工项目尽快验收，加快建设中的项目进展。三是强化创新创业要素集聚。加快5G网络建设布局，积极引导企业打造5G应用场景。

（四）精准保障，优化园区管理服务规范

加大工作力度，强化与组织、人社、住建等部门沟通协调，积极发挥特殊人才入户白卡指标、人才公寓指标积极作用，着力解决企业人才入户、居住、子女入学等难题。依托五山—石牌高教区、广州（国际）科技成果转化天河基地、粤港澳大湾区（广东）创新创业孵化基地资源，围绕服务粤港澳大湾区青年创新创业，联合专业人才服务机构，创新人才服务举措，建立服务标准、统一服务规范、细化服务指标，引导企业与高校、科研院所建立长期稳定的产学研关系，着力在人才引进、创业服务、培养培训及成果转化等方面出新出彩。

上海软件园发展报告

2019 年，上海软件园紧密围绕国家和上海发展战略部署，贯彻推动长三角更高质量一体化发展战略，着力推动上海及长三角软件产业高质量发展，聚焦提升核心竞争力，加快培育新动能，充分发挥赋值、赋能、赋智作用，助推软件产业整体经济以稳中有进的态势持续发展。

一、2019 年上海软件园发展成效

（一）上海软件园发展概况

2019 年，上海软件园坚持产业引领、创新驱动，产业实力逐步增强。

总体发展状况：园区积极探索转型升级，不断推动特色产业向特色园区集聚，带动区域企业转型发展，建设以云计算、数字内容、数据服务、移动互联网、数字游戏、芯片设计、服务机器人、人工智能、金融信息、区块链等为重点的新一代信息技术特色产业基地。

经济产出情况：营业收入 3990.78 亿元，同比增长 58.74%，其中软件收入 3112.81 亿元，同比增长 73.53%，软件技术服务收入 828.98 亿元，自主版权软件收入 732.33 亿元。利税总额 391.32 亿元，净利润 289.65 亿元，出口创汇 121.42 亿元。

人员情况：入园企业达到 14636 家，其中软件企业 7864 家，园区从业人员 317131 人，本科以上人员占 89.14%。

科技活动情况：科技活动经费筹集 274.56 亿元，科技活动经费支出 270.07 亿元，同比增长 6.45%；拥有软件著作权登记 17520 个，拥有有效发明专利 6614 个。

社会效益情况：在孵企业 901 家。

（二）重点案例

上海软件园各分园不断优化营商环境，积极集聚资源，促进企业自主创新和软件产业化发展，在培育和发展战略性新兴产业、推动信息化和工业化深度融合、加快经济发展方式转变和产业结构调整等方面发挥了积极作用，成效显著。

市北高新园引进珍岛信息、美国科勒、美国宣伟等一批国内外行业领军企业，形成极具国际化特征的强大磁力场，进一步助力市北高新园围绕产业链部署创新链、围绕创新链布局产业链，努力成为上海新经济与新技术的产业高地、成为支撑上海经济发展的重要增长极、成为上海全球科技创新中心的数据核以及长三角世界级城市群的数据港。

浦东软件园通过严格的外部专家评审，新引进 86 个优质国内外创业项目，组织创业辅导活动近 80 场，组织国际化活动 5 场。浦软孵化器累计孵化 400 多家企业，撬动社会融资 55 亿元，年创业辅导活动 80 场，服务创业者 5000 人，辐射带动区域创新发展，成功孵化培育出了沪江网、喜马拉雅、2345、天天果园、洋码头、河马动画等诸多估值超过数亿美元的"独角兽"企业。

漕河泾创业中心连续多年在科技部火炬中心国家级科技企业孵化器考评中获得 A 类成绩，在上海孵化器发展 30 周年之际，荣获"30 周年杰出成就孵化器"等多项大奖。截至 2019 年底，漕河泾创业中心累计培育软件和信息服务产业企业 1400 余家，存活率超过 92%。

浦东金桥园促进 5G + 超高清产业落地，赋能行业加速发展。承载着自贸试验区和科创中心两大国家战略，担当着自主创新示范区重要园区使命的金桥，超高清视频产业基础不断走向成熟。如今，5G + 超高清视频产业基地落在金桥，并将在金桥建设超高清内容基地和成立国家级超高清联合实验室等，这对推动 5G 技术与超高清的双向赋能，形成叠加效应，加速金桥、上海甚至全国超高清产业创新发展具有重大意义。

临港软件园在改造"众创空间"的同时强化孵化器招商，相比 2018 年增加了 3 家孵化企业，"众创空间"自 2019 年 8 月启用以来出租率已达 70%，并与每家入孵企业签订孵化协议，完善各项孵化流程。2019 年临港软件园顺利通过了上海中级职称受理服务点和创业人才见习基地的考核，并新增了知识产权内审服务站的职能，提升了对临港地区企业和个人全方位、多维度的科技服务，也获得了上海市科委、上海市经信委、上海市人保局、浦东新区科经委、临港管委会主管部门的认可。

二、2019 年上海软件园运营管理模式

2019 年上海软件园各分园区积极适应新环境变化，创新或改善运营管理模式。

漕河泾开发区软件产业基地创业中心集大学生创业园、国际企业孵化器和留学生创业园于一体，积极开展"苗圃——孵化器——加速器"一体化的科技创业孵化链条建设，针对不同发展阶段的科技企业，提供差异化服务，逐步形成了由"技术转移、项目培育、企业孵化、企业加速、产业推进、产业转移"六个阶段组成的"接力式"创新创业服务体系；跨越了从科技项目、孵化器企业、加速器企业到规模性企业等企业发展的各个阶段，实现了企业生命周期的全覆盖。

杨浦科技创业中心始终将培育科技企业和企业家作为使命，积极参与区域创新创业环境的打造，通过服务链前伸，建立创业苗圃，服务链后移，建立企业加速器，开创了"植入质量因子的孵化全链条杨浦模式"。该模式对应了初创企业成长过程中的三个成长阶段，以三套服务规范为基础，通过植入标准、计量、文化、品牌、绩效等质量因子，构建三级辅导体系，形成"孵化服务九宫格"模式。三个成长阶段即"创业苗圃＋孵化器＋加速器"的阶梯式孵化阶段，三级辅导体系即"联络员＋辅导员＋创业导师"，三套服务规范（标准）即"苗圃服务规范""孵化服务手册"和"加速器服务管理办法"。

交大慧谷作为国家级科技企业孵化器，在各级政府和上海交通大学的关怀指导下，2019 年，紧紧围绕创新驱动、转型发展，在上海建设具有全球影响力创新中心的目标驱动下，积极提升管理水平与创业孵化能力，同时，结合区域产业需求与交大学科优势，利用交大科技园提供的综合性、专业化、体系性的资源支持，导入上海交大国家技术转移中心、研究院、院士工作站、专业化孵化服务功能性平台等，不断推动以国内外技术转移、产学研合作和高校师生校友科技创新创业为品牌特色的众创空间网络建设。

徐汇软件园区针对不同领域、不同业态、不同发展阶段的企业，提供了差异化的服务。体现在建立了"创业导师—企业辅导员—企业管家"三级服务的专业孵化服务体系，打造了"徐软周三服务日"等明星服务品牌，从财税、企业组织管理、人力资源管理、投融资、知识产权等科技型企业迫切需要的知识与经验方面开展培训、沙龙和项目路演。通过服务，园区为入驻企业提供贯穿企业生命周期的全方位帮助，以金字塔式的服务体系构建了一个有效帮助企业从一颗种子成长为参天大树的创业生态环境，推动园企共同发展。

上海国家现代服务业软件产业化基地按照科技部批复意见"政府引导、市场推动、企业化运作"的模式，在公司经营管理上，随着基地开发面积已达 85％，基地的管理工作重点也随之转向企业的引进和培育，特别围绕基地产业化项目、围绕产业链条，提出"强链""补链""建链"思路进行招商引资的探索，将原先企业服务职能从招商部划出，专门成立了企业服务部，作为基地的服务窗口。基地充分利用大股东科创投集团的投资优势作为基地投融资平台服务企业，利用市级孵化器的成员单位，将孵化培育、服务企业工作纳入市区科技创新创业的大体系，接受指导，享受政策的覆盖。

长江软件园在企业服务上采用"企业联络员＋企业辅导员＋创业导师"三者综合的孵化服务模式，作为孵化服务模式运作的基础，以企业联络员制度为孵化服务基础，企业辅导员为桥梁，积极打造创业导师体系。长江软件园实行"一对多"的企业联络员制度，一个联络员对多家入孵企业，定期走访并记录，再由辅导员建立在孵企业成长数据库，深入了解企业需求，并以投融资、技术、培训等服务平台为支撑，以创业导师为导向，解决企业发展中的各种问题。

莘泽园区始终坚持"莘泽园区""莘泽咨询""莘泽投资""莘泽学院"四位一体的发展战略，一直秉承"服务＋投资"的孵化理念，为客户提供一系列成长基础孵化服务和增值服务，包括创业苗圃、孵化空间、专业咨询、政策顾问、新三板挂牌前诊断等综合服务，大力践行"全科医生式"的企业加速帮扶策略。莘泽先后设立或参与多只投资基金，"投资创业、与创业者共成长"是我们的一大特色。秉承"仰视创业者，陪创业者走过最艰难的创业之路"的服务文化，"软硬件"并行实施支持创业者，身体力行"专业孵化＋创业导师＋天使投资"的运营模式，进一步完善"创业苗圃＋孵化器＋加速器"的阶梯式孵化空间和支撑服务体系。

三、2019 年上海软件园建设的主要政策措施情况

为进一步营造有利于科技创业和创新发展的外部环境，帮助科技创业者和科技创业企业实现科技成果转化和产业化，加速高新技术产业化进程，加快经济发展方式转变，上海软件园各分园都大力扶持创业苗圃、孵化器、加速器的发展。主要政策措施包括以下内容：

长江软件园软件产业的发展离不开政策的支持。宝山区政府为园区制定了成为本区新兴产业发展重要载体的战略目标。宝山区、镇两级主要领导考察园区后，对园区的发展给予了充分的肯定和高度的评价，并给予政策扶持。园区将对入驻的重点企业给予租金、装修补贴等政策，对贡献特别突出的企业，采用"一事一议"。宝山区对长江软件园予以政策聚集，总体实施"1＋9"政策扶持框架，同时，园区也纳入了大张江政策的范围，涵盖了人才扶持、金融扶持等，并针对产业基地内入驻企业进行单个的专项扶持，助其发展壮大。

复旦软件园杨浦园区坚持"高起点、高标准、高要求"着力打造复旦软件园区，在硬件上主要围绕"配套、便捷、适合"的原则去打造品牌；在软件上主要按照"贴近、及时、有效"的理念来展开孵化服务，不断完善基地的服务举措，始终把"筑好巢方能引好凤"作为基地建设的主线。

博济智汇园 2019 年继续完善产业园区的开发，其中，40000 平方米为信息服务规划占地，已顺利装修完成并投入运营，以孵化移动互联网产业企业为主。为鼓励和扶持科技创业，博济智汇园采取"创业资金＋创业导师＋增值服务"的孵化模式，实行联络员、

辅导员、创业导师三位一体的创业辅导体系，为园内小微企业进行深入服务，帮助企业成长。科技园聘请专业资深创业导师，积极建立创业导师制度，为入孵企业建立了"创业导师制"服务，成立了450平方米的创业导师工作站。以创业导师的智慧、经验和资源为创业者提供一对一创业辅导以及资金、技术和网络支持，帮助科技企业少走弯路，降低风险，提高核心竞争力，提升成功创业的能力和综合素质。同时为营造良好的创业环境，结合移动互联网专业孵化器的建设，扶持大学生创业，改善初创项目的创业环境，提高初创项目与微型企业的创业成功率。

复旦软件园高境园智慧云平台依据智慧园区建设与管理规范，借助云架构，建设园区信息化基础设施包括建设园区的无线接入网络和有线接入网络（包括园区的数据中心），搭建云平台，为园区内的企业提供公共服务（如政府服务、物业服务、节能服务、网络服务等）、商业服务（如电子商务、产品展示、投融资服务等）、运营服务（如财务管理、人事管理、合同管理等）以及对园区内的办公人员提供便捷服务（天气预报、交通信息、线上预订等）和社交服务（如线上和线下的社交平台）。

湾谷科技园鼓励云计算、物联网等新兴信息技术在园区管理、企业服务、绿色生产等方面的示范应用。推进"智能交通"计划、园区道路交通综合信息应用服务平台建设，为入驻企业员工提供道路通行状况、智能停车引导等动态交通信息服务。推进"平安园区"计划，依托安全视频系统，建设园区安防视频资源共享平台，推进园区企业视频资源接入，增强园区重点目标、重点场所和道路的安全防控。建设集迅速感知、智能处理、综合管理于一体的新型智能环保系统，提升园区生态防护水平，企业可以自主选择系统的对接。

陆家嘴软件园走的是差异化发展道路。在各地软件园纷纷以租金减免的形式吸引企业入驻的情况下，陆家嘴软件园立足优势地理位置，将更多的注意力聚焦于提升园区空间承载能力和配套服务能力，精品化定位吸引了诸多已经进入发展成熟期、有一定实力的行业领军企业。差异化的发展道路也成功体现了上海市和浦东新区在软件和信息服务业基地布局上的意图。

四、上海软件园发展的主要经验、问题与挑战

（一）主要经验

（1）加强上海软件园各个服务平台的使用性。如针对相关政府部门的资源，要将政策资源精准匹配到在孵企业，帮助和促进企业成长，提高在孵企业的成功率和成活率，并积极推进区域及基地文化氛围的建设。

（2）及时组织应用性强、针对性强的宣讲服务。将相关政府的政策、法规及时送到有需求的企业中，确保落实到位，持续助推企业发展。

（3）改变以往留在面上的服务模式，转为点对点的服务模式，积极争取政府部门的支持，集聚各部门所长，为企业提供优质及时的服务。定期走访关心，及时有效解决企业所需，激发企业对基地的信赖和依赖。

（4）完善管理举措，夯实基本建设，建立健全责任机制，确保各项工作顺利履行。

（二）问题与挑战

由于 2020 年全球新冠肺炎疫情暴发，2019 年中美经贸摩擦升级以及其他更多的经济下行压力，导致中国市场经济大环境变化，资本寒冬来袭，园区企业面临更多更尖锐的挑战，小微企业生存堪忧，园区整体经济效益将受到较大的冲击。同时，有些分园区运营管理方为民营企业，与国有企业相比，民营企业不仅缺乏强大的资金支持，而且也将在获得渠道方面付出更大的努力，这使得民营园区在严峻的市场竞争环境中将承受更大压力。

五、2020 年上海软件园工作安排

世界面临百年未有之大变局，我国发展仍处于并将长期处于重要战略机遇期，这是习近平总书记对世界发展大势和中国自身发展作出的重大判断，也是我们谋划下一阶段工作的基本认识和出发点。按照中央经济工作会议对 2020 年经济工作提出的"四个坚持一个统筹"要求，研判经济形势和行业发展态势，结合园区自身实际和内外部环境，2020年园区各项工作的指导思想是"稳中求进、全面协调、开拓创新、高质量发展"。围绕长三角一体化等国家地区战略和重大任务部署，制订园区 2020 年的工作计划与任务。

2020 年是"十三五"规划的收官之年，也是工业互联网、5G、物联网、人工智能等风起云涌的一年。当新一轮科技革命和产业变革加速孕育兴起，全球信息化和信息技术发展呈现出新的特点。上海软件园将继续深度挖掘企业信息化需求，提供高效精准服务，应对园区创业企业需求及时作出响应，以贴心靠谱的服务，帮助其渡过难关，化解难题，为创业企业打造真正公平公正、创新高效的创业生态环境，推进上海软件与信息服务产业发展，服务"上海加快具有全球影响力的科技创新中心建设"的目标。

南京软件园发展报告

南京软件园在国家科技部火炬中心及省、市科技主管部门的指导下，践行新发展理念，牢牢把握稳中求进总基调，以龙头企业带动产业集群发展为抓手，以科技创新为支撑，以协同创新和人才创业培育为核心，以创新服务平台为纽带，奋力推动园区经济高质量发展。

一、2019 年软件产业基地发展成效

（一）基地发展总体情况

南京软件园于 1999 年 2 月成立，位于国家级南京江北新区核心地带，园区先后获批国家火炬计划软件产业基地、国家软件出口创新基地、中国服务外包基地城市示范区、国家动画产业基地、国家级文化科技融合示范基地——文化创意与设计服务产业分基地、首批江苏省文化科技产业园、首批江苏省重点文化产业园区、首批江苏省大众创业万众创新示范基地等称号。

南京软件园起步早，设施完善，园区服务队伍完备，服务体系成熟，软件园内高端人才众多，高新技术企业集聚，产业链布局完善。2019 年按照南京市委《关于深化创新名城建设提升创新首位度的若干政策措施》（宁委发〔2019〕1 号）要求，南京软件园根据自身发展特色，围绕集成电路研发、智能制造设计、大数据云计算人工智能三大主导产业战略布局，进一步提升产业聚焦能力。

（二）基地的经济运行情况

近年来南京软件园牢牢把握江北新区、苏南国家自主创新示范区和中国（江苏）自由贸易试验区南京片区建设三大机遇，在建设发展、转型升级、改革创新等方面积极主动作为，奋力打造江北新区经济发展主引擎。截至 2019 年底，基地入住企业 957 家，其中

软件企业 880 家；从业人员 9.40 万人，其中软件从业人员 7.80 万人。全年基地实现营业收入 1147.45 亿元，软件收入 975.33 亿元（其中软件技术与信息服务收入 390.86 亿元），净利润 58.36 亿元，实际上缴税金 50.91 亿元，出口创汇 94.43 亿元。

（三）基地的科技运行情况

2019 年南京软件园根据园内高新技术产业、主导产业发展需求，加大科技企业培育力度，持续提高企业的创新能力，促进企业成为技术创新活动和创新成果应用的主体，打造南京软件园"科创企业森林"。全年科技活动经费筹集 98.51 亿元，科技活动经费支出 83.49 亿元；新增国家级科技和产业化项目 1 个，新增地方级科技和产业化项目 360 个；累计拥有软件著作权登记 4447 个（其中当年新增 2638 个），累计拥有发明专利 2664 件（其中当年新增 570 件）。

二、2019 年基地运营管理模式

（一）指导思想

深入贯彻落实习近平新时代中国特色社会主义思想，牢固树立"创新、协调、绿色、开放、共享"五大发展理念，紧紧围绕"两聚一高"新实践和"一个高水平建成、六个显著"目标，大力实施创新驱动发展战略，以建设苏南国家自主创新示范区核心区、中国（江苏）自由贸易试验区南京片区为契机，坚持市场导向，切实转变管理和服务职能，进一步简政放权。放管结合、优化服务，狠抓各项政策措施落地，加快构建有利于适合园区的软件行业发展政策制度、市场环境和平台支撑体系。

（二）战略定位

作为南京市"121"战略布局的"江北区域"重要战略组成部分，南京软件园紧紧围绕中国软件名城"特色北翼、崛起高地、标志示范"的功能定位，注重产城融合，以产融城，以城促产，将产业与人紧紧融合在一起，打造创新产业、人才、城市三者融合发展的国际性软件产业基地。

（三）发展目标

未来几年，园区紧紧围绕"江苏高端产业集聚区、长三角自主创新引领区、产业发展典范区和现代化国际性南京主城北部核心区"的总体定位，树立全球视野，对标上海浦东软件园，学习国内外领先基地的优秀经验，以经济产值、载体空间布局、核心产业聚集、高端人才引育等多维度指标为目标驱动，努力把软件园区打造成南京市软件行业的主战场，成为江苏省内具有较高知名度和影响力的软件产业基地。

（四）发展原则

1. 坚持服务引导，市场主导

发挥管理者的引导作用，加强顶层设计、破解制约、营造创新氛围，培育内生动力；充分发挥市场配置资源的决定性作用，破解体制机制约束，放开市场，搞活经济主体，聚集新兴产业和创新型初创企业，使服务成为园区发展的主推力。

2. 坚持创新驱动，深挖优势

坚持问题导向、扬长补短，从解决制约基地发展的核心问题入手，实现科技创新、制度创新、管理创新、开放创新、文化创新有机统一和协同发展，将江北新区的生态优势、创新优势和产业优势转化为基地核心竞争力。

3. 坚持模式创新，完善平台

以构建创新良好生态为目标，系统谋划、统筹考虑，以创新支撑平台建设为重点，探索创新平台发展模式，不断丰富平台服务功能，引导社会资源支持创新创业。

4. 坚持对外交流、开放合作

加大对外交流和开放合作力度，充分借鉴与学习上海浦东软件园等国家级示范基地的成熟经验，组织对外交流合作，全面提升南京软件园发展成效。

三、2019 年基地建设的主要政策措施情况

近年来，南京软件园在国家和省市区已有扶持政策的基础上，进一步制定、完善各项政策法规的实施细则。通过土地、税费、人才等方面的优惠措施，激励企业技术创新，引导高层次人才聚集。

（一）完善项目招引政策

优化基地产业结构，积极推动新项目引进实施，支持先进地区的创新项目落户南京软件园，给予项目在土地、规划等方面进行合理调整的政策支持，以契合新模式、新业态实际需要。对入驻的产业项目和孵化器给予一定补贴，并在项目启动、人才引进、园区运营、科技成果转化等方面分别给予明确奖励。在区内开展知识产权检索、咨询、评估、交易试点；开展外国人才出入境便利服务试点，吸引海外人才离岸创业。

（二）完善人才招引政策

致力打造政策集成、资源集成、服务集成的人才综合服务体系，开辟人才引进绿色通

道，突出顶尖人才、科技创新团队重点支持，放宽创业项目吸纳大学生就业年限社保补贴政策。以全球视野组建专业化队伍，设立专门组织机构服务创业创新，依托各级各类人才机构或组织，创新人才和科技成果引进机制，强化基地市场化运作。

（三）落实资源共享支持政策

落实创新资源开放共享政策。制定出台奖励补贴政策，鼓励高等学校建设研发实验服务基地，向高校、科研院所、企业、社会研发组织等社会用户开放，实现资源共享。支持产学研联盟承担重大科技专项，并对产学研创新联盟的运行给予一定的资金支持。引导和支持高校、科研院所和学术团体在示范基地设立技术转移机构，支持国内外权威技术转移机构进驻，构建具有国际创新资源整合能力的技术转移体系，实现高校、科研院所科技成果的快速转移、直接转化。

四、基地发展的主要经验

（一）明确产业发展战略，提升产业集聚能力

根据自身发展特色，围绕集成电路研发、智能制造设计、大数据云计算人工智能三大主导产业战略布局，进一步提高产业集聚程度。

一是加强资源整合，引进与改造传统产业相结合，实现先进生产要素与传统产业、企业的有效嫁接。在传统产业上，对园区内存量企业进行摸底、排查、梳理，主动下沉企业帮助淘汰落后产能，从被动转型到主动技改，加快转型升级，适应主导产业发展需求。二是聚焦"两城一中心"建设。在新型产业上，聚焦"两城一中心"建设，围绕"芯片之城"目标延链、补链、强链。以集成电路龙头项目为支撑，寻找和弥补产业链的薄弱环节，确定目标企业，主动出击，打造集成电路产业集群。三是招引行业优质龙头。针对行业优质龙头，全力开展与世界百强、国内十强等知名集成电路企业的沟通工作，重点引进龙头型企业、独角兽企业以及瞪羚企业，迅速集聚一批产业链龙头项目。

（二）围绕基地战略布局，推进重点载体建设

坚持从吸引企业、留住企业、服务企业的角度出发，加快推进园区布局优化、功能提升、内涵发展，努力打造优秀的载体与平台。

一是加快新型研发机构建设，布局重大创新平台。统筹新型研发机构建设、引育和储备，高水平建设一批由高层次人才团队及知名高校领办创办的新型研发机构，提升新型研

发机构转化能力。推动新型研发机构和南京软件园紧密结合，实施一批重大科技创新项目，构建知识密集型的科技产业链和创新型企业集群。二是打造众创空间，提升服务质量。推动众创空间、创客空间、创业园等载体建设，吸引社会资金参与，结合转腾空间工作，改造废旧工业厂房、宿舍楼等空间设施，依托社会资源推进创新平台建设，引导企业转型升级。三是新建载体，完善配套设施。城市建设方面，拉高标杆、追求品质。聚焦重点区域，做好精细化管理，实现全域提升。一方面，加快打造园区特色亮点工程，利用园区内新建项目打造国际知名品牌五星级酒店、高端精装酒店式公寓、5A级写字楼和商业广场，成为提升国际化城市形态的重要载体以及吸引、留住高端人才的活力载体；另一方面，将以自然山水为载体，利用其城市绿肺的功能汇聚人流，通过打造城市公园并在其中构筑活动场所，融入休闲、商业、文化、零售、餐饮、娱乐等功能，打造一个多元化、多样性、多角度的城市"中央客厅"空间，为城市带来机遇和活力，成为领先的开放性、公益性城市公园，与自然和谐共生的人居环境示范地。

（三）夯实创新主体地位，打造科创企业森林

一是推动创新企业集聚倍增。优化高新技术企业成长路径，依托新型研发机构、科创载体，实施"小升高、高升规"计划，建立高新技术企业后备库。通过实施技术创新、技术改造、两化融合、军民融合等重点项目和工程，扶持传统工业企业转型创新发展，引导工业企业转型升级为高新技术企业。二是培育创新型领军企业。设立创新型企业培育专项，针对企业不同成长阶段分类精准施策，在创新投入、发展空间、市场开拓、示范应用、人才引进、融资上市等各方面给予全方位保障，发展一批中小微科技型企业，培育一批行业"单项冠军""隐形冠军"。对"瞪羚企业"、"独角兽企业"、拟上市企业，实行"一企一策"扶持，造就带动影响行业发展的创新型领军企业。三是增强企业自主创新能力。支持企业加强研发平台建设，鼓励企业建立研发准备金制度，引导激励企业加大研发投入。支持企业建设重大创新平台或牵头组建国家级产业技术创新战略联盟，符合条件的可以登记为独立法人。增强企业自主知识产权创造应用能力，支持更多企业列入国家和省市知识产权示范及标准化达标，支持更多企业参与国际国内技术标准制定。

（四）广纳各类创新人才，建设顶级人才高地

围绕国家及区域集成电路产业发展人才需求，整合国内外顶级培训资源，通过集成电路人才培训基地，在集成电路设计、封测、制造、应用等领域开展复合型、技能型、创业型人才培养。

一是广泛集聚高层次人才。健全完善更具竞争力和吸引力的人才集聚机制，构建面向全球的招才聚才网络体系，探索建设海外人才离岸创新创业基地，大力引进一批战略科技人才、产业领军人才、国际工匠人才。优化升级"科技顶尖专家计划"，积极招引海外人

才，探索实行特殊人才及青年创业创新人才举荐制度，加快培育、集聚和使用一批"高精尖缺"人才。二是加强创新型企业家队伍建设。优化实施区"创新型企业家培育计划"，以科技创业家为重点，实施开放式、个性化、精准化的培训，造就一批具有世界眼光、开拓精神和支撑产业转型升级的创新型企业家队伍。加强企业后备人才递进培养，加快培养储备一批现代企业发展需要的青年管理英才。三是大力吸引青年大学生。持续打造青年大学生创业大赛品牌，新建一批大学生创业载体，支持企业建立大学生创业就业实训基地。加大"产业博士后"集聚开发力度，鼓励企业创建博士后工作站，吸引和支持优秀博士后和博士在本区产业一线创业创新。不断更新完善政策，让大学生能就业、易创业、好落户、乐安居，有效推进青年大学生来区创业创新。四是统筹开发技术技能人才。实施专业技术人才引育计划，重点在文化、金融、教育、卫生、社会服务等领域培育引进层次专业技术人才。实施技能人才素质提升行动，以职业院校和企业培训中心为依托，形成专业与产业对接、学校与企业对接的技能人才培养新模式。

（五）创新现代服务理念，建立多元服务体系

结合企业产业的服务需求以及互联网浪潮下的技术进步和模式创新，实施软件园"互联网＋服务"全新战略，真正实现园区"精智服务、触手可及"。

一是打造智慧化服务平台。进一步完善线上和线下服务的信息化平台建设，加快推进"慧融研创"信息化系统上线及迭代，充分利用智慧手段提高服务精准度。做好从"低端的服务现有需求"向创新设计与引导"高端的未来需求"转变。二是推行"一站式"服务模式。积极推行"店小二式"服务、"一站式"办结，落实上门服务、预约服务和延时服务，对重点项目实行专人联系、跟踪服务。适时组建行业协会，规范行业经营秩序，进行行业管理和行业自律，为政府和企业牵线搭桥，促进落地项目健康发展。针对重大招商引资项目和初创群体，开辟"绿色通道"，推行"零距离"指导、"零关系"办事、"零利益"服务、"零障碍"落实的政务服务模式，提供高效便捷公平透明的优质服务。三是提供精准化服务内容。按照企业生命周期特点，全面梳理摸排企业的"痛点""堵点"和"难点"，并对现有政策进行全面梳理，出台"招商＋培育"的产业推进政策，强化针对性培育服务，引导企业享受政策红利，不断发展壮大。

五、2020 年基地工作安排

（一）坚持效率优先，全面提速基地工程建设进度

以省市重大项目、重要功能节点项目为管控核心，强化可研分析、施工论证、施工组织、施工监管等全过程管理。一是严格土地管理，做好征迁工作，确保项目启动前土地保障到位，征迁工作顺利实施。二是加快自建代建及社会投资项目的运行节奏，加大未落地开工项目前期工作调研，查找问题、分析原因、疏通堵点，通过倒排工期确保工程进度按计划运行。三是推行重大项目建设奖励制度，对提前开工、进展顺利、提前竣工的建设单位给予奖励。四是强化安全环保管控，确保园区安全绿色发展。

（二）加大招引力度，全面担起软件产业发展重任

利用好"三区叠加"优势，特备是自贸区落地的引领效应，完善"做强产业、调优结构、创新驱动、持续发展"的招引策略。一是加快推进在手在谈项目，尽快促成项目转化落地。二是在细分行业领域，以人工智能、软件开发、集成电路设计、物联网、5G技术等领域为重点，梳理并招引行业龙头企业、独角兽企业，继续强化龙头企业的示范和引导作用。三是围绕主导产业布局产业链生态。完善招商政策体系，优化产业布局，打造产业公共服务平台，培育行业高端人才，吸引中小企业集聚和外资项目参与，形成"强企引领—创企开花—上下游供应链保障—消费端扩大"的生态产业链。

（三）聚焦人才技术，全面提高基地产业发展质量

继续做好高新技术企业、新型研发机构的申报工作，加大人才与知识产权的引进力度，培育基地高新技术产业内生动力，推动基地产业发展的质量变革、效益变革，使基地成为强大的人才孵鹰池、创新腾飞地。一是认真落实国家、省、市及新区政策，精准分析基地优势，积极争取产业、项目、土地、资金、对外开放以及体制创新等方面的支持，充分把政策优惠效应落实到具体产业和项目上。二是及时启动2020年高企申报企业挖掘及辅导工作，与园中园、孵化器及相关部门联动，跟踪企业动态；加强已备案机构的培育，促进新型研发机构孵化功能的培养，有针对性地孵化科技企业、转化科技成果、集聚高端人才。三是重视利用人才资源，鼓励人才类企业进阶，对申报人才类项目进行创业辅导，多举措加快2020年高层次创业人才的培育工作；根据产业特点，找准人才队伍建设突破口，为园区企业吸引优秀人才。

（四）做细园区管理，全面打造有"温度"的基地

以企业需求为导向，注意细节管理，通过小细节折射大温度。一是协助企业做好各类专业化培训工作，定期组织论坛、培训、宣讲等活动，加强基地内外、国内和国际四个维度的服务探索，形成产业"活水"，激发创新动力。二是深化投资体制改革。发挥基地先行先试的政策优势，创新投资管理方式，精简审批程序和环节，建立公开透明、规范便捷的审批制度，促进园区投资与服务贸易便利化，实现"园区事、园区办"。三是坚持"绿色低碳基地"的建设理念，保护好区内自然山水和生态环境，杜绝高污染、高能耗、高环境成本的项目落户基地，坚决走可持续发展之路，实现基地人与自然的和谐相处。

2020 年，园区将在国家科技部火炬中心及省、市科技主管部门的指导下，按江北新区党工委、管委会的指示要求，进一步解放思想、振奋精神，抢抓机遇，推动各项工作实现量的提升、质的飞越，在产业发展、科技创新、人才集聚等方面创造出新的业绩，为加速推进南京软件园高质量发展走在前列做出积极贡献。

长春软件园发展报告

2019年，长春软件园（以下简称基地）在科技部火炬中心精心指导下，在长春高新区直接领导下，紧紧围绕建设现代化经济体系推动软件产业化高质量发展。基地以习近平新时代中国特色社会主义思想为指导，坚持新发展理念，深化改革，创新驱动，重点落实产业跨界创新融合发展举措，通过强化创新平台搭建、创新载体提升、创新主体培育三条主线，发挥基地双创综合服务职能，围绕重点项目建设、科技项目招商、知识产权管理、金融上市服务等路径，开展基地产业链生态优化提升工程，有效地推动了基地产业要素聚集和生态培育能力提升。

一、2019年基地发展情况成效

（一）总体状况

基地现有用地面积81.00万平方米，建筑面积71.50万平方米，其中孵化面积51.20万平方米。基地以发挥企业创新主体作用，推进园区创新载体集成协同创新、跨界融合发展的集约化建设理念，吸引吉林省软件协会、华为云长春联合创新中心、华为长春研究院、华为云长春大数据中心、中关村创新中心等产业支撑平台入驻基地，尽最大可能发挥基地的辐射带动能力，促进区域信息产业汇聚融合创新。

（二）经济状况

2019年，基地实现营业收入109.99亿元，其中软件收入近69.99亿元，软件技术与信息服务收入近20.39亿元，自主版权软件收入近38.54亿元；净利润近7.56亿元，出口创汇近2.59亿元。

（三）产业人口

2019 年，基地总人数 39432 人，其中博士 232 人，硕士 2493 人，本科 29337 人。年末软件从业人员 24517 人，其中具有 5 年以上软件从业经验的人员 5098 人，2～5 年软件从业经验的人员 13868 人，软件研发人员 12799 人，测试人员 1101 人。

（四）科技创新

2019 年，基地科技活动经费筹集总额近 8.64 亿元，其中企业资金 5.14 亿元，金融机构贷款近 0.60 亿元，政府部门资金 2.04 亿元；基地科技活动经费支出总额 6.40 亿元，其中研究与试验发展经费支出 5.61 亿元，软件研发经费支出 5.05 亿元。

2019 年，基地拥有软件著作权 1897 个，其中新增软件著作权 254 个，拥有有效发明专利 58 件，其中新增发明专利 8 件。

（五）社会效益

2019 年，基地积极发挥自身创新载体的作用，助力长春·中关村创新中心成为全国首个服务外包研究基地和吉林省双创基地；推进与浙江杭州孵化器、双创载体的对接合作，加快投融资环境和产业生态完善升级。开展创新创业活动。立足长春当地"大厂、大院（所）、大学、大师"富集优势，扎实推进双创工作，着力激发全社会创造力和发展活力，构建以基地内各特色企业为支撑的"众创空间—孵化器—加速器"完整的孵化链条，加速培育高新技术企业，近三年高新技术企业认定数量年平均增速超过 90%，同时促进了一批科技成果转移转化，已成为长春市、吉林省创新发展的重要载体和推动力。

（六）重点案例

1. 开展区域协同创新助力基地发展

中关村·长春创新中心于 2018 年 11 月 1 日投入使用并揭牌运营。2019 年，在基地的大力助推下，先后获得吉林省创业孵化示范基地、吉林省大众创业万众创新示范基地、长春市服务外包示范园区等荣誉。同时，基地积极发挥平台作用，与京吉各级领导共同谋划、共同参与和推动，两地的企业家、人才等创新主体有机互动，京吉创新合作示范性窗口作用已经显露。2019 年，该中心聚焦新一代信息技术、生物医药、智能制造产业，引进了润方生物、华芯科技、华研智能、沈飞航宇、盛世辰辉 50 余家企业。在北京、吉林、深圳等地举办创新活动 20 余场。

2. 推动产业资本助力龙头企业腾飞

自 2017 年以来，基地立足推动产业资本与优质企业合作，致力于形成产业引领优势。基地骨干企业吉大正元信息技术股份有限公司通过与蚂蚁金服合作，进入融资上市前的冲刺阶段。吉大正元主要从事信息安全产品的研发、生产、销售，并提供安全咨询、安全评估和安全集成等服务，同时参与制定多项国家和行业 PKI/PMI 标准，是国家信息安全标准技术委员会 WG4PKI/PMI 标准组、WG3 密码算法和密码模块工作组的主要成员和子项目召集单位。吉大正元现已成为国内信息安全行业知名企业，是国内最大的公钥基础设施（PKI）产品供应商。根据中国电子商务协会的统计数据，吉大正元在 PKI 电子证书认证系统领域处于领先地位，市场占有率在 70% 以上。经过基地 21 年的培育，吉大正元现已拥有 48 项自主知识产权、76 项资质证书，是国家密码管理局认定的首批商用密码产品生产定点单位和销售许可单位、国家火炬软件产业基地骨干企业、"十五"国家 863 计划成果产业化基地、国家规划布局内重点软件企业、省级技术中心、吉林省十大重点高新技术企业之一。吉大正元是国家人事部和全国博士后管理委员会批准的企业博士后科研工作站，具有国家保密局颁发的涉及国家秘密的计算机信息系统集成资质（甲级）、信息产业部颁发的计算机信息系统集成一级资质。

3. 以人为本发挥高端领军人才作用

基地多年来一直坚持以人为本的服务理念。2010 年末，经过大量细致的工作，通过反复上门服务，成功邀请曾在视觉计算与人工智能行业全球领先企业美国英伟达等知名跨国高技术企业担任高级技术与管理职务的张立华博士归国创业，成立长春博立电子科技有限公司。公司于 2011 年 8 月在长春国家高新技术产业开发区设立，目前有研发工程师近 100 人，是国内成立最早、规模最大的异构并行计算技术开发团队，于 2015 年入选国务院侨务办公室"重点华侨华人创业团队"。作为全球领先的高端电子信息技术提供商，博立电子目前为国内外顶尖的软硬件企业提供异构计算与移动计算、计算机视觉与模式识别、图像处理与视频分析、人工智能与深度学习、虚拟现实与增强现实、汽车电子、智能医疗、智慧农业、机器人与无人系统等领域的高性能算法、工具、产品以及解决方案。

4. 聚焦产业深挖技术标准引领

吉林省中星电子有限公司是中星技术股份有限公司（以下简称"中星技术"）的东北亚总部，是独立法人机构，是基地重点引进落地企业、电子信息制造业项目重点支撑企业和新一代信息技术产业项目重点支撑企业。目前该公司先后成立以邓中翰院士为核心的"院士工程中心""SVAC 国家标准安防监控物联网系统研发中心""SVAC 智能物联创新中心"。依托中星技术团队的支持和成果转化，在东北三省及内蒙古地区积极参与推广实施公共安全 SVAC 国家标准和相关产品应用，取得了阶段性显著成果。同时，公司围绕公共安全 SVAC 国家标准，拥有面向 GB35114、智慧城市、雪亮工程、智慧园区、天网工程、智慧社区、数字边境、智慧交通、智慧教育、智慧水务、智慧环保等多个行业综合解决方案。率先通过了公安部检测中心 GB35114 标准符合性测试，并取得了国家密码管理局商用密码产品型号证书，还承接了具有代表性的吉林市雪亮工程、长春新区雪亮工程。

二、2019 年基地运营管理模式

长春软件园由长春高新区管委会实行政府管理，高新区管委会下设基地管理办公室，设在科技局，负责基地整体管理和运营的具体工作。

重点孵化器和园区：

国家级吉林省汽车电子产业园是由高新区和企业共同投资建设，由企业管理运营，依托高新区良好的汽车产业基础，建设专业化技术服务平台，重点发展汽车电子、工业嵌入式软件领域。

东北亚文化创意产业科技园是国家级文化产业示范（试验）园区，由企业建设运营管理，重点发展设计创意、科技文化融合等领域。

吉林动漫游戏原创产业园是国家级文化产业示范基地，发挥吉林动画学院的资源优势，形成了"产学研一体化"的孵化模式，重点发展动漫、服务外包领域。

长春中关村创新中心是高新区和中关村软件园下属企业合作建设，由企业运营管理，是京吉区域合作协同创新的示范，重点发展新一代信息技术、智能制造领域。

修正服务外包大厦、长春国际服务外包产业园，由企业建设运营管理，重点发展软件服务外包领域。

三、2019 年基地建设的主要措施及政策情况

2019 年，基地发挥产业特色和细分领域资源优势，着力在产业孵化方面聚焦特定产业方向，瞄准新经济渠道，集成专业化、生态化的创新创业服务，推动产业与创业一体化发展。

（1）完成了高新区高质量发展战略规划研究的编制工作。明确重点发展数字经济、健康经济、智造经济、服务经济，以数字经济为引领，促进区域产业升级。

（2）邀请专业咨询机构，以孵化器载体为重点研究对象，启动编制《长春高新区孵化器提质增效发展规划（2020～2025）》。规划中深度聚焦信息技术领域，提出 10 大新经济赛道，重点发展信息技术产业。

（3）加强科技金融助力企业服务工作，开展债权融资创新工作；开展专项培训辅导，助推企业上市挂牌，2019 年英辰科技公司实现在新三板挂牌；吉大正元上市材料已提交证监会，力争 2020 年上市挂牌。

（4）不断完善政策体系，积极落实省市新政以及《长春新区加快产业集聚促进高质量发展的若干政策》《长春新区促进金融创新发展政策》《长春新区促进科技创新发展若干政策》《加快高层次人才集聚若干政策》等政策，政策保障能力得到全面提升。

四、基地发展的主要经验、问题与挑战

（一）主要经验

1. 通过民办公助模式，加快推动基地发展

多年来，基地充分发挥民办公助模式优势，通过财政支持、引导企业参与等举措，较好地推动园区产业培育生态的建设，逐步形成了从众创空间、孵化器、加速器到产业园的完整链条，催生了以高校院所、社会资本、实体企业支撑的孵化体系。

2. 技术引领，建设产业公共支撑平台

在基地环境建设方面，园区先后建设了软件产业公共技术服务平台、汽车电子产业公共技术服务平台、动漫游戏公共技术服务平台、软件人力资源公共服务中心、科技大市场和知识产权交易平台等一批技术服务与公共服务平台。

3. 发挥人才优势发展服务外包新业态

积极挖掘长春作为中国重要的教育、科研中心，知识型人才密集城市的资源优势，强化产业留人育才的大环境建设。通过积极努力，以长春软件园为核心的长春软件服务外包示范城市获得国家批准。

同时，长春软件园积极思考软件外包出口业务的拓展，联合长春14所能够培养日语人才的院校，定期组织日语在校生（近4500多人，应届毕业生近千人）、日本留学生1000余人、韩国留学生3000余人，参加"东北亚文化创意博览会""长春动漫节"等文化交流和软件服务外包产业宣传活动。这些人才将成为长春市开展软件出口外包业务的骨干力量。

（二）存在的问题

1. 规模体量小，核心竞争力不突出

长春软件企业主要客户对象基本以本省的应用单位为主，对外市场服务能力还是比较弱，国家级软件主要骨干企业只有三家，整体产业规模偏小。骨干企业虽然各有自己的特色，但由于偏重于细分领域，企业发展规模也受到很大限制。

2. 整体研发投入不够

研发经费投入强度、投入力度不够，人均R&D经费支出不足，直接影响了长春软件

产业"创新能力"的排名。

软件及信息服务业企业多是轻资产企业，缺少担保、抵押物，较难获得银行等传统金融机构支持，限制了企业加速发展。

3．基地各孵化载体的发展水平较发达地区相对落后

产业生态的细分领域融合发展有待加强，面向软件产业基础的、共通的培育服务集成度不高。

4．人才问题

高素质专业人才特别是中高级产业管理人才和科技创新人才还较少，人才的引进与培养力度还需要进一步加强。人才流失问题突出，长春地区软件人员薪资水平和发展空间对比发达地区存在一定差距，高校人才毕业后转化为基地就业人才的意愿不强。

5．代表性的特色产业链条还需进一步完善

如动漫游戏影视产业，内容原创、创意设计、剧本转化、制作外包、衍生品开发等市场通路亟须进一步搭建完善。

（三）面临的挑战

伴随国家信息产业领域自主可控技术的增速发展，长春软件园如何选准赛道，精准发力，提升自身产业孵化培育能力，实现弯道超车，是长春软件园当前面临的最大挑战。

五、2020 年基地工作安排

深刻学习领会党的十九大政府工作报告和习近平总书记讲话精神，认真落实贯彻省市工作部署，按照长春市高质量发展产业布局总体方案和高新区高质量发展规划，重点发展IT 和医药健康产业，未来五年 IT 产业将努力实现千万元级的目标，把长春高新区建设成为国家科技创新高地、高新技术产业集聚区、产学研融合创新示范区。因此，长春软件园要充分发挥带动引领作用，加快发展壮大 IT 主导产业。

（一）大力推动科技融合创新，推动创新载体升级建设

充分发挥高新区国家级科技成果转移转化示范区和自主创新示范区的有利契机，依托吉林大学、理工大学等高校院所科技资源优势，加强集群企业与高校及科研院所深入合作，全力推动吉大南校扩区、吉大科技园改造升级、华为与吉林大学建立产学研联盟等一批重大项目；积极推动现有长春市"双创"基地、吉林动漫游戏原创产业园、东北亚文化创意科技园等一批"双创"基地建设，打造"双创"孵化升级版，全面提升区域科技创新策源能力。

（二）深化创新主体培育，重点引进龙头企业，打造吉林省软件集聚区

加快提升基地内高企、小巨人企业数量，培育高技术、高成长、发展潜力的优质项目和企业。提升基地双软企业知名度，重点推动吉大正元、嘉诚信息、博立电子、易华录等本土企业发挥各自优势，引入 BAT 等国内知名龙头企业，布局完善的软件研发生产产业链，软硬件结合发展软件信息业，积极谋划推动 5G 网络应用和智能终端产业项目。加强区域合作创新，招引集美集团、西安高科软件园一批有示范带动作用的项目。依托吉林动画学院大力推动动漫游戏软件产业发展，尽快实现规模化、产业化。

（三）全力培育华为鲲鹏生态

深化与华为合作，加快华为长春研究院、华为云联合创新中心建设，围绕高端芯片制造、新一代通信技术、物联网及操作系统打造华为鲲鹏生态，建设华为鲲鹏产业园，以宝德自主可控计算机系统研发生产基地、"紫光云"等项目为示范，招商布局一批信创产业链项目。

（四）打造吉林省 IT 产业示范应用高地

进一步推动大数据和云计算的示范应用，重点推进工业互联网发展，鼓励工业企业互联网化，形成全行业与跨行业的工业应用生态系统。

依托国家汽车电子产业基地，引导汽车电子嵌入式软件发展，建设国内知名汽车电子产业基地。重点支持东北工业集团、大正博凯、东卓电子、延锋伟世通、一汽富晟李尔、丽明科技等汽车电子行业优势企业做强做大。

依托长春高校院所技术和人才优势，重点扶持中星、长春希达、禹衡光学、奥来德光电、鸿达集团等重点企业发展，打造国内知名光电信息产业基地。重点发展光电显示、光电器件和材料等光学信息产业。

谋划建设智慧网联车产业园和纯电动汽车研发生产基地；联合吉林大学、华为、一汽集团等国内知名高校和龙头企业联合打造未来智慧出行创新中心；围绕海尔、海信、华夏芯等行业龙头企业布局一批合作项目，形成服务长春国际汽车城的创新孵化载体和产业集群。

（五）完善人才政策体系，做好产业人才吸引集聚孵化创业

坚持本土培养和海外引进并重，加大高层次、综合性领军人才的引进力度，完善人才配套政策和服务。支持专业人才教育培训，鼓励 IT 相关企业与高校、职业技术（技工）院校合作，采取"订单式"、委托代培等方式开展技能人才培养，支持华为等重点 IT 企业与吉大等高校联合建立人才培养实训基地和联合实验室，为产业集聚做好人才储备。

（六）健全完善管理模式，科学规划，强化政策支持和投入

进一步健全完善机制体制，深化服务，加强管理。坚持高起点、高质量地完成高新区IT产业发展规划编制工作，进一步研究制定相关政策，加强政策扶持，加大投入力度。

厦门软件园发展报告

2019 年，厦门火炬高新区管委会坚持以习近平新时代中国特色社会主义思想为指导，坚持新发展理念，会同各行政区和相关单位，着力建设现代化软件产业基地，不断推进高质量发展落实赶超。

一、2019 年基地发展成效

2019 年，厦门火炬高新区软件产业基地综合实力稳步提升，主导产业保持快速发展，人工智能等新兴产业布局初见成效，新增建筑面积近 80 万平方米，总建筑面积达 411 万平方米，入驻的软件企业有 5480 家，成功入选"2019 中国数字服务暨服务外包数字智慧园区"，并获评"国家数字服务出口基地"。

（一）经济产出情况

2019 年，厦门火炬高新区软件产业基地实现营业收入 1309.94 亿元，软件收入 1222.64 亿元，同比增长 20.3%；实现净利润 185.40 亿元，实际上缴税金总额 42.36 亿元。

（二）人员情况

2019 年底，厦门火炬高新区软件产业基地总人数为 11 万人，同比增长 3.87%，其中博士 601 人、硕士 5481 人、本科 7.59 万人。从业人员中，软件从业人员 9.95 万人，占比 90.41%；软件研发人员 4.81 万人，占比 43.73%。

（三）科技活动情况

2019 年，厦门火炬高新区软件产业基地科技活动经费筹集总额达 133.50 亿元，同比增长 3.89%，其中企业资金 118.50 亿元，金融机构贷款 12.40 亿元，政府部门资金 2.60

亿元。科技活动经费支出总额 102.60 亿元，同比增长 3.57%，其中 R&D 经费支出 100.40 亿元，新产品开发经费支出 32.60 亿元。年培训费用 4.56 亿元，同比增长 10.68%。

2019 年，厦门火炬高新区软件产业基地新增国家级科技和产业化项目 51 个，地方级科技和产业化项目 162 个；拥有软件著作权 1.63 万个，同比增长 42.98%，其中新增软件著作权 4900 个；拥有有效发明专利 3025 件，同比增长 129.69%，其中新增发明专利 1708 件。

（四）社会效益情况

2019 年，厦门火炬高新区软件产业基地共新增 1383 家注册企业；新增 131 家营收超万元企业，总数达 494 家；新增 18 家营收超亿元企业，总数达 135 家；新增 1 家超十亿元企业，总数达 10 家；新增国家级高新技术企业 169 家。

（五）重点案例

1. 领军企业再创佳绩

2019 年，全年营业收入超亿元企业 135 家，同比增长 15.38%。其中，信息集团、吉比特及美亚柏科入选"2019 年中国软件企业百强榜"。美图、翔通动漫等 5 家企业入选"2019 年中国互联网百强榜"。瑞为入选"2018 年度人工智能企业百强"，并获得亿元级战略投资。四三九九、网宿、路桥信息等 13 家企业获评省级工业和信息化龙头企业。美亚柏科、快商通、瑞为等 3 家企业入选"中国智慧城市技术应用 TOP30"榜单。美柚入选"2019 胡润中国潜力独角兽"。网宿科技连续三年入选"世界物联网 500 强"。

2. 人工智能产业布局初见成效

2019 年，基地直接从事人工智能技术与应用研发的骨干企业有 16 家，运用人工智能技术的企业超过 200 家。快商通等 2 家企业获得被业界誉为"中国智能科学技术最高奖"的"吴文俊人工智能科学技术奖"；瑞为人脸识别设备已应用至北京大兴国际机场，目前已覆盖全国 1/3 机场；云知芯搭建的厦门人工智能超算平台浮点运算能力正式突破 1 亿亿次/秒（10PFLOPS），成为我国东南区域计算能力首屈一指的超算平台。

二、2019 年基地运营管理模式

厦门火炬高新区管委会（加挂厦门市软件园管委会）负责基地总体统筹管理，包括产业规划、产业政策、招商引资、产业扶持、企业服务等。国有企业负责楼宇及各类配套的开发建设，以及楼宇出售/出租，基地日常运营管理等，并在管委会统筹下开展招商引资和企业服务工作。基地所在行政区区政府负责征地拆迁、安全生产、治安管理、人才落户及子女教育等社会事务，并与高新区共同出台产业政策，共同进行招商引资，共同进行企业服务。

该模式具备较多优势：一是超前做好产城融合规划，国有企业主导或参与基地配套建设，能有效解决传统模式下基地配套不足的问题；二是拥有在招商引资、企业服务方面专业、专注、经验丰富的产业促进队伍，能够实现精准招商、贴心服务，有利于企业快速集聚；三是实行扁平化管理，决策流程短、效率高。

三、2019 年基地建设的主要政策措施情况

（一）持续完善政策支撑体系

厦门火炬软件产业基地隶属于厦门火炬高新区，2019 年，高新区先后出台了《厦门火炬高新区推进高质量创新发展的若干措施（试行）》《厦门火炬高新区促进技术交易实施办法》《厦门火炬高新区人才公寓管理办法》《厦门火炬高新区管委会关于进一步加大高层次创业人才引进培育力度的意见》《厦门火炬高新区支持众创空间发展办法》等一系列政策和举措，支持企业创新升级和高质量发展。2020 年以来，为了帮助企业应对新型冠状病毒肺炎疫情，高新区出台了《关于应对新型冠状病毒肺炎疫情支持园区企业共渡难关若干措施》《厦门火炬高新区关于支持中小企业厂房抵押贷款的管理办法》等政策，支持企业共渡难关。

（二）进一步强化政策落实

1. 加大政策宣讲力度

为基地企业举办各类产业政策宣讲、人才招聘、实务培训等活动共计 24 场，2440 人次参加活动。建立重点企业微信群，积极推送各项政策、活动等信息。

2. 优化政策兑现流程

一是建立政策精准推送服务，分行业、分领域、分类别建立各类微信畅通政企沟通渠道。二是制定政策申报指南，规范化政策申报流程，提高企业政策申报准确性。三是公开政策受理时限，提高企业政策申报时效性。四是合理缩减政策兑现程序，尽量让企业"只跑一趟"。

四、基地发展的主要经验、问题与挑战

（一）主要做法

1. 精准服务，助力企业加速发展

一是持续开展大走访、大调研，把脉企业发展情况，解决企业发展痛点难点。2019年以来，实地走访调研280余次，走访企业800余家，其中走访"三高"企业300余家。二是建立服务专员制度。在基地各个分园各安排5名服务专员，并挑选100家规模以上重点企业，建立精准服务制度。通过建立企业跟踪服务档案，定期走访企业，积极向企业宣传最新的政策和产业布局，并协调解决企业发展遇到的问题，帮助企业加速成长。

2. 招商引资，壮大软件产业集群

一是加大力度做好节展招商。抓住数字中国建设峰会在福州举办的有利契机，在峰会期间面向国内数字经济龙头企业进行招商，签约重点项目6个。积极参加北京软博会、9·8投洽会、6·18厦恰会等高水平展会，吸引一大批高水平企业来厦洽谈。二是拓展渠道探索国际招商。通过引进国际协同创新中心（以色列）、国际安全科技创新中心（新加坡）等项目落地，吸引海外创新创业项目落地厦门。

3. 引培结合，优化基地人才供给

一是编制《厦门火炬高新区"AI芯"计划项目书》，全面梳理人工智能和集成电路两大产业的人才现状，提出产业创新人才系列工作的行动方案，加快产业人才集聚和培育。二是开展人才深耕计划。与知名人才中介机构合作，精选一批与软件专业高度对口、人才来厦意愿较为强烈的重点高校，通过高校招聘大使、校园宣讲、集中招聘等方式，开展"高校深耕计划"。2019年，组织基地60家优秀企业赴西安、武汉等地的4所高校进行校园招聘，招聘会共吸引1400名应届毕业生到场求职，线上线下共收到简历超4400份。三是举办基地人才招聘会。共有300多家企业到会揽才，提供各类岗位3000多个，需求近7000人，共吸引了9000多名求职者入场。四是通过基地龙头企业产业联盟组建的"联盟大学"开展一系列培训活动。2019年共开展59场联合培训，参与受训人数达4589人。

4. 搭建平台，深化企业协作交流

一是做大做强"发展战略咨询委员会"（SAC，基地龙头企业的第一负责人组成的自主组织，旨在为基地产业发展建言献策）。SAC全年共开展交流会20场，重点制定了软件园二期的产业提升方案，推动企业高水平、高层次协同发展。其中，整合基地龙头企业组建基地SAC联盟，成员数已达37家。二是拓展"园区事务与协商委员会"（ACC，基地龙头企业的中层管理人员组成的自主组织，旨在为基地管理和员工权益维护建言献策）。ACC 全年共开展交流会 10 场，并组建软件园三期 ACC，实现基地的政、企共同治理。三是积极组织企业参加各类展会。分别组织基地企业参加数字峰会厦门分会、厦门市招商大会、9·8 厦洽会等十余场高水平展会，达成多个合作意向，对接成效明显。

5. 完善配套，建设现代化园区

一是提升智慧化管理水平。开发软件园三期智慧园区环境监测系统和研发楼宇管理系统，实时监测园区空气质量和楼宇空置情况。优化政务服务效率，企业入园审核、经营地址变更审核等政务服务实现一趟不用跑、一天内办结。二是改善基地配套设施。会同公交集团开通园区微循环接驳车，接轨地铁 2 号线，解决企业员工上下班"最后一公里"。软件园三期共投用餐饮、超市等配套 105 家，其中软件园体育中心已正式开业。三是丰富基地各类交流活动。举办厦门火炬高新区软件产业基地"我和我的祖国"千人快闪颂祖国、健康马拉松赛、暑期实习生对接会等活动 23 场，打造良好生态。

6. 拓展载体，升级产业发展空间

一是加快推进软件园三期建设。截至 2019 年底，软件园三期东片区已交付建筑面积 160 万平方米，信息集团统建区在建的 84 万平方米，以及 5 家自建企业的 26 万平方米已竣工。正推动西片区 F 地块 70 万平方米开工建设。2019 年，软件园三期实现营业收入 246.8 亿元，同比增长 40.1%；园区累计净增工商注册企业 990 家，在册 2839 家；实际入驻办公企业 2027 家，入驻员工数约 3 万人。二是加快推进海西股权投资中心及科技企业孵化基地建设。2019 年，通过倒排工期、顺排工序，保质保量完成海西基地主体、幕墙等阶段性建设任务。海西基地总建筑面积约 26 万平方米，其中地上建筑面积 15.6 万平方米，计划投资 16.06 亿元，预计 2020 年 6 月底投入使用。

7. 创新模式，促进企业融通发展

通过有效链接区内外领军企业，着力打造"领军企业＋"模式，促进厦门火炬高新区软件产业基地大中小企业融通发展。一是"领军企业＋众创空间"。支持引导领军企业通过专业化众创空间为初创企业匹配专业导师、协助技术研发、打通市场渠道等，有效带动中小企业成长。其中，上市公司美亚柏科，通过"青果创客汇"已成功孵化出"安全狗""安胜网络""美亚商鼎""天合泽泰"等优质项目。二是"领军企业＋产业联盟"。组建由拥有人工智能自主产权的企业、人工智能技术型企业以及人工智能应用型企业组成的"火炬人工智能产业技术与应用协作联盟"，通过组织开展"人工智能交流论坛"等活动及搭建协作平台等，发挥人工智能领军企业带动作用，帮助技术型企业找到更多的应用场景，帮助应用型企业对接前沿人工智能技术。目前该联盟已有企业近 100 家。三是"领军企业＋产业资本"。如联合上市公司美亚柏科、前海梧桐共同设立基金规模 2.55 亿元的大数据产业基金，重点聚焦网络安全、大数据、人工智能、军民融合等领域。联合行业领军弘信创业工场共同发起设立基金规模 2 亿元的移动互联产业基金，专注于移动互联领域的投资。四是"领军企业＋创新平台"。支持基地领军企业利用自身平台富余能力，建设公共技术服务平台，以技术服务带动中小企业成长。其中，云知芯搭建的厦门人工智能超算平台浮点运算能力正式突破 1 亿亿次/秒（10PFLOPS），成为我国东南区域计算能力首屈一指的超算平台。

（二）问题与挑战

（1）大企业成长遇到瓶颈，营业收入过 10 亿元的企业数依然较少。

（2）缺少国内领先的细分领域，产业集聚力和影响力不足。

（3）人才问题依然突出，中高层人才资源短缺，企业研发队伍整体水平不高。

（4）基地企业合作不够活跃，大企业对小企业的带动不足，小微企业成长偏慢，每年大量的新增企业转化为营收超千万元的比例偏低。

五、2020 年基地工作安排

力争到 2020 年底，企业总数突破 6300 家，基地营业收入同比增长 18% 左右，继续引领全市软件产业发展。具体工作如下：

（一）加大招优引强力度

围绕大数据、人工智能、物联网等重点领域，通过匹配专门招商资源，支持开展应用示范等方式，引进一批高水平、高层次的企业、科研院所来厦设立区域总部、业务中心和研发中心。重点推动在谈重点企业及能为企业提质增效的研究院项目落地。

（二）推动现有企业快速发展

一是聚焦行业前沿领域，推广示范应用，打造一批龙头品牌企业。二是落实企业服务年和企业家恳谈制度，完善基地重点企业服务专员制度。三是拓展提升基地龙头企业产业联盟的辐射效应，用好人工智能产业协作联盟等产业协作平台。

（三）强化基地人才支撑体系

一是继续拓展和深化"高校人才深耕计划"。二是举办基地人才招聘会。三是制定人工智能等前沿产业领域的人才工作规划，有针对性地开展人才工作。四是利用基地各类培训机构，着力对应届毕业生加大入职技能培训，创造良好的人才孵化平台。五是会同市科技局共同建设"厦门市外国人才服务站"，打造集政务服务、就业创业服务和生活服务于一体的国际科技人才"一站式"服务平台。

（四）加快数字服务出口基地建设

聚焦"一带一路"数字化，扩大出海口。依托央企、跨国行业龙头出海口，搭载数字化产品或服务，面向"一带一路"沿线国家输出智能化、智慧化的拳头产品或服务，推动建设数字服务出口基地，打造厦门"数字港"。

（五）推动软硬产业相互开放

加快本地行业相互开放，加快软硬件结合。利用产业联盟、联合会等行业中介，加强戴尔、友达、天马等本地工业龙头与本地睿视智觉、瑞为等软件企业的交流合作，相互开放行业应用场景，鼓励本地供应链配套，培育科技与文化融合的本地生态，同时支持龙头企业利用本地供应链进行增资扩产。

（六）制定软件产业发展规划

厘清未来高新区软件和信息服务业发展的总体思路、发展原则和发展目标等，制定高新区软件产业规划大纲，完成高新区软件产业发展规划。

合肥软件园发展报告

2019 年，合肥软件园在科技部火炬中心的指导下，深入推动互联网、大数据、人工智能和实体经济深度融合等重要部署，创新运用大数据、云计算、人工智能等先进技术，建设区域经济大脑，不断强化科技孵化链条建设，提升"合创汇"双创品牌影响力，提高创新创业服务能力，为园区软件产业的发展提供了强有力的支撑。

一、2019 年软件基地产业发展概况

2019 年，合肥国家火炬计划软件产业基地实现了快速发展，营业收入 172.48 亿元，比上年增长 5.26%。入园企业数达到 1461 家，从业人员 5 万余人，自主培育上市软件企业 6 家。网易创新中心、欧美同学会海创中心等一批新型创业服务机构落地，提升了园区的创新创业支撑能力。

二、基地环境建设概况

一方面，继续完善"众创空间—孵化器—加速器—产业园区"孵化载体链条，目前全区拥有各类科技企业孵化载体 70 家，其中众创空间 39 家（国家级 11 家）、孵化器 25 家（国家级 10 家）、加速器 6 家。另一方面，重点打造中国声谷，作为工信部与安徽省政府共建的部省重点合作项目，是全国唯一一家定位于人工智能领域的国家级产业基地，以智能语音为核心的大数据及人工智能产业是当前合肥高新区着力打造的核心产业名片。

三、基地创新发展经验

（一）打造原始创新"策源地"

合肥科教资源丰富，是全国第二个综合性国家科学中心，合肥高新区是科学中心的核心承载区。合肥软件园以科学中心建设为契机，积极汇聚各类创新平台，开展多学科交叉研究、促进科技成果转化、发展硬科技产业、引领新兴产业发展。建有量子信息与量子科技创新研究院、类脑智能国家工程实验室等国家级研发平台，集聚了中科大高新园区、中科大先研院、中科院创新院等重大协同创新平台，建成30多个面向双创企业的产业创新平台。目前，离子医学中心国内首套拥有自主知识产权的质子治疗样机研制成功。实施名校名所名企合作战略，推动平台项目落地，引进安大绿研院、中科曙光先进计算中心、海康威视合肥基地、赛伯乐中德创新中心、华为研究院等10余家研发平台。

（二）完善双创孵化"全链条"

构建完善的"众创空间＋孵化器＋加速器＋产业园区"的孵化链条，全区各类双创孵化载体近70个，孵化面积超过350万平方米，服务创业企业超过3500家，累计培育出了全区50%的上市公司，科大讯飞、华米科技等都是早期从孵化器里成长起来的上市公司。近两年来，基地积极与知名大企业对接，腾讯、阿里、36氪、网易等知名企业纷纷落户建立了区域创新中心，依托各自资源优势，帮助区内优质企业链接外部各类高端创新创业资源。

（三）升级"互联网＋创业创新服务"平台

围绕企业服务，打造"合创汇"互联网＋创业创新服务平台，推出了创新创业电子券——"合创券"，建设汇集国家、省、市共11个政府部门及海量互联网数据的区域法人基础信息库，并依托信息库打造"人工智能＋合创券"系统，利用大数据资源和人工智能手段开展双创服务。目前，"人工智能＋合创券"系统已实现政策主动推送、精准申报、成长画像、服务对接等多项功能，已累计帮助2600余家科技型中小企业领取1.7亿元政策资金，获得过万次科技中介服务，形成了发明专利等各类知识产权超5000件，促进技术咨询和委托研发超过500项，受服务企业合计营业收入增长37.1%。"合创券"作为高新区双创工作的典型做法，受到了国家、省、市各级政府部门的重视，2020年，在长三角一体化的过程中，"合创券"也作为高新区的一个抓手，会同长三角三省一市，共建双创券通用通兑服务。

（四）推动双创服务"国际化"

高新区积极努力以国际化视野推动双创服务走出国门，吸引海外华侨华人归国创业、提升对外开放水平、加强双创工作的国际交流与合作。在打造国际化双创载体方面，近几年，高新区与美国、德国、以色列、加拿大等海外专业创业机构开展国际孵化合作，打造了侨梦苑、国际人才城、中德创新中心、加拿大曼尼托巴加速器、中加健康合肥研究院等一批国家化双创孵化载体。在引聚国际化双创资源方面，依托侨梦苑侨商产业集聚区引进侨资创业项目 156 个，投资总额约 120 亿元，其中国内外院士项目 6 个，国家"千人计划"项目 3 个，海外华侨华人专业协会办事处 4 个，省级侨商联合会 2 个。在开展国际化交流活动方面，2019 年第二届侨梦苑全球创新创业大赛也在如火如荼地举行，在美国、以色列、德国等国家举办分赛，最终在高新区举办全球总决赛。同时，高新区在海外积极举办合肥高新区专场推介会，发布海外人才需求信息，与中国旅美科技协会、瑞典华人总会、日本徽商协会、中国旅挪专家学者联合会等国家的主要协会签订了友好共建协议，不断地将合肥高新区的双创服务输出到海外。

（五）深挖人才智力"蓄水池"

合肥高新区坚持把人才作为最大资源，坚持以产引才、多元育才、项目用才和实惠留才，让人才留得住、干得好。突出"高精尖缺"导向，引资引智相结合，通过"江淮硅谷"名校引才等人才工程，近 3 年年均引进各类人才约 3 万人，80% 以上的高端人才集聚在战新产业；成功获批合肥国家海外人才离岸创新创业基地核心区，广泛汇聚国内外创新创业人才资源，示范引导开放创新向更高层次发展；建设落成"合肥国际人才城"，并上线发布"合肥国际人才网"，打造人才要素集聚和人才工作机制创新载体，为来合肥的全球双创人才提供一流的软硬件设施、公共服务配套和优越生态环境。

（六）打造金融服务"生态圈"

充分发挥政府引导作用，由政府出资，引导基金集聚，打造特色金融产品，构建覆盖企业成长全周期的金融服务体系。例如，在加大种子期初创企业扶持方面，设立安徽省首只双创种子基金、天使基金和双创孵化引导基金，推出省青年创业引导资金、创新贷等 9 大金融产品。在扶持成长期企业发展方面，以政府引导基金为重点积极构建股权融资产品链，财政出资设立或参与设立投资基金 25 只，总规模约 576 亿元，累计投资项目 326 家，投资额 127 亿元，吸引带动全区集聚股权投资基金 170 只，资金规模 2100 亿元。在推动成熟期企业壮大方面，鼓励企业通过境内外上市再融资、新三板挂牌、银行间债券市场发债等方式实现资源优化配置，对直接融资、并购重组、再融资等给予相关奖励。

四、2020 年发展思路

当前,合肥高新区创建"世界一流高科技园区"重任在肩,而科技创新工作作为一流园区建设的支撑性工程,必须紧抓不放、常抓不懈。下一步,高新区将继续在科技部火炬中心的指导下,牢牢抓住合肥综合性科学中心的发展契机,推动合肥软件产业蓬勃发展,为世界一流高科技园区建设提供有力的支撑。

(一)加强科技创新体系建设

分层级大力建设科技创新的组织和载体,深度融入国家科学中心重大科研平台建设,充分发挥大科学装置带动效应,促进中科大等"双一流"高校对园区的智力赋能,加强国家、省、市、园区企业科研机构、创新平台的建设与合作,构筑起以"国家重大基础科学布局、区域技术科学创新组织、新型研发机构和企业创新主体"为骨干梯队的科技创新体系和机制。

(二)大力营造创新创业生态

以"推动创新创业的平台建设和推动创新载体的平台化发展"为抓手,促进基础研究、应用研究、成果转化、创新创业的互联互通和功能融通,加大园区创新投入强度和对产学研合作的支持力度,塑造全链条孵化和专业化赋能的创业服务体系,提升创新创业质量,激发高端创业活力,形成有区域引领力和凝聚力的创新创业生态。

(三)着力构建高端产业体系

优先布局和助推人工智能、集成电路、量子信息、网络空间安全、生命健康等新兴产业发展,面向国家战略需求,抢占未来产业科技竞争的制高点,在部分细分领域形成引领全球的先发优势。加速培育更多创新领军企业、头部企业和平台型企业,提升高技术产业的规模实力和质量层级,壮大高成长企业群体规模,全面增强园区的产业实力和竞争优势。

(四)打造科技园区治理示范区

着眼公平、透明、便利的营商环境和智慧、绿色、和谐、宜居的生态环境,在规划建设、城市管理、文教卫等公共资源和商业综合配套等方面统筹推进高水平的产城融合发展。探索形成有自身特色的园区建设标准,完善行政管理规范,健全现代化园区治理体系,提升治理能力,打造现代科技园区综合运营管理的样板和典范。

云南软件园发展报告

2019 年，在云南省加快数字经济与实体经济融合发展、信息化和工业化的深度融合不断演进的背景下，云南软件园充分发挥火炬计划信息产业基地的优势地位，加大龙头企业扩容提升和重点项目创新推进的工作，不断推进数字化、网络化、智能化发展对本地经济转型升级的引领示范作用。

一、基地综合发展概况

2019 年，云南软件园在建设用地、孵化场地维持不变的情况下，依然保持着持续向好的发展态势。园区内的基础和应用软件开发、信息系统集成、信息技术服务、互联网应用等产业领域持续进步。2019 年，云南软件园共完成营业收入 42.33 亿元，比上年增长了 14.84%，其中，软件收入达到 23.65 亿元，比上年增长了 20.84%，包括软件产品收入、软件技术性收入都有大幅增长，特别是新产品销售收入出现了爆发式增长，达到 6074.62%。

2019 年，云南软件园入园企业保持在 100 家左右，经认定的高新技术企业达 33 家；基地现有 1 家营业收入超 10 亿元的企业，3 家营业收入超 1 亿元的企业。截至 2019 年底，云南软件园企业从业人数达 4300 多人，本科学历人数达 2000 余人，软件从业人员达 1445人，其中具有 2 年以上从业经验的软件从业人员占比近 70%。

2019 年，云南软件园科技活动经费筹集总额达 1.43 亿元，科技活动经费支出总额达 2.17 亿元，比上年增长了 43.35%，其中研究与试验发展经费支出达 1.91 亿元；基地新增国家级科技和产业化项目 1 项，新增地方科技和产业化项目 8 项，新增软件著作权登记数 145 个，新增发明专利 11 件，继续保持活跃的技术创新能力。

二、强化企业服务，提升基地孵化抚育能力

2019 年，云南软件园多方整合企业服务资源，引入第三方服务机构灵活多样的服务机制，不断拓展服务范围，深化服务功能，提升基地的企业孵化抚育水平。2019 年，云南软件园累计引进入驻服务机构 25 家，组织开展中介服务机构的服务协调联动，围绕企业需求成功举办了各类公共服务活动。2019 年，云南软件园通过服务师资专家库的征集建立，汇聚了来自云南省政府职能部门、高等院校、科研院所、大型企业的专家学者、培训讲师、专业技术人员等专家师资 80 多名，可为园区企业提供法律顾问、财务咨询、融资担保、管理培训、资质认证、专利查新、技术创新服务等方面的专业指导和咨询服务，及时有力地支持和拓展基地企业的各项公共服务活动。围绕企业创新平台建设、企业资质建设等方向，开展了科技型企业成长路线图规划，科技型中小企业、高新技术企业、企业技术中心研发管理咨询、知识产权策划等专题讲座及专项辅导。

2019 年，云南软件园利用 CNKI 中小企业创新资源共享服务平台中科技成果、专利、科技专家等相关数据库资源，免费为企业提供检索下载服务 23450 次，为中小企业的产品工艺改进、新技术研发、决策管理、科技查新提供了 CNKI 企业创新资源共享服务。

针对信息产业中小企业普遍存在的"招工难""用工难"，人员流动性大、人才培养渠道不畅、创新性人才匮乏等问题，2019 年，云南软件园围绕企业的人才与培训服务工作，开展了企业员工职业资格教育与专业技术资格考试教育、企业人员职称申报辅导以及企业人才招聘服务三方面的活动，全年共开展各项培训咨询讲座报告会 30 场次，参与企业多达 80 余家，服务人数 450 多人次。同时，调查摸清企业用工需求，通过组团招聘方式，定期组织园区企业统一开展校园招聘、社会招聘活动，先后开展了第七届全国大中城市联合招聘高校毕业生秋季巡回招聘会昆明站活动、2019 年高新区秋季人才招聘会等 6 场次大型企业招聘活动，企业在引进吸收各类人才的同时，与大专院校、科研机构和招聘企业建立了广泛深入的交流合作关系。

2019 年，为鼓励基地中小企业创新创业，营造万众创新的发展氛围，基地陆续开展了省级/国家级创新创业大赛参赛指引、双创支持政策解读、双创前沿技术讲座、双创成果展示等活动；为帮助中小微企业解决融资难、融资贵问题，云南软件园结合企业实际融资需求，积极推动政、企、银三方合作，开展了银行普惠产品入园入企主题活动，宣讲云南省中小微企业贷款风险补偿政策、推介融资对接产品，引导促成云南瑞博检测技术股份有限公司、云南软通信息科技有限公司等企业成功实现银企合作。

2019 年，为加快构建系统化、网络化、专业化、特色化、精准化的中小企业创新创业公共服务体系，提升服务需求的分类对接与快速响应能力，提升服务资源的专业化聚集

与市场化配给效率，云南软件园参与制定了《昆明高新区中小企业创新创业服务行业分类标准》，明确了昆明高新区科技创新创业服务体系的组成内容及需要重点引导和支持的公共服务项目，建立了集"创业指导、创新支持、市场策划、管理咨询、人力资源与培训、科技研发服务、专业技术服务、信息技术服务、商务服务、投融资服务"等功能于一体的"互联网＋"生产性服务平台的"服务超市"，逐步投入运营，与昆明高新区科技企业服务券形成合作（服务券可在该平台内购买服务），形成立足昆明高新区面向全市乃至全省的科技创新创业公共服务交易示范区。

2019年，依托昆明高新区的昆明高新技术产业公共服务窗口平台和昆明软件及文化创意公共服务窗口平台的服务意识和工作能力显著提高，不失时机地开展了丰富多样的企业服务活动。基地先后推出了企业技术中心、高新技术企业认定、知识产权策划管理等咨询讲座，组织举办了电子信息工程、计算机系统分析师、网络规划设计师、信息系统项目管理师、软件工程师、信息安全工程师等一系列的资质职称申报评定的学习辅导活动，帮助IT企业员工了解国家省市各项政策措施和技术职称申报流程，提高资料填报、职称考试的能力和水平，满足企业员工人才培养和技术提升的迫切需求，得到了基地企业广泛的响应和好评。

三、抓好龙头企业，推动基地产业持续发展

昆明安泰得软件股份有限公司是伴随着云南软件园发展而成长起来的云南省重点IT企业。2019年，面对日益严峻的市场环境，安泰得公司结合行业发展需求，积极把握数字化转型带来的发展契机，努力推进重点项目研发工作，整体经营业绩平稳发展，创造了营业总收入6163.75万元的好成绩。

2019年，安泰得公司自主研发的"全生命周期智慧路网平台"在云南省智慧高速示范项目——曲靖至师宗、罗平至八大河高速公路落地实施。平台围绕综合交通建设项目规划、前期、进度、质量、安全、造价、信用、档案等全要素，支撑覆盖"建、管、养、运"全生命周期数字化管理，可为政府、业主、参建企业和施工现场提供多层级应用，是交通运输部《数字交通发展规划纲要》中构建数字化采集体系规划建设的主要内容，是数字交通的重要组成部分。该平台的建设，验证了安泰得公司业务向上下游延伸的可行性，为公司形成了新的利润增长点，对云南省智慧交通建设也具有重要示范意义。

2019年，安泰得公司通过政府招投标采购方式，为云南省交通运输厅开发建设了"云南省在建工程数字化动态监管平台"。平台作为综合监管全省在建项目情况的门户，通过二三维"一张底图"，对进度、质量、安全、造价、信用等政务监管信息进行整合，实现了云南省公路建设项目动态跟踪数据的采集、审核，并提供全省项目建设规划展示、

前期工作进展、征地拆迁监测、形象进度统计、投资完成统计、投融资情况监控、通车时间预测、安全生产管控等跟踪指标的分析报告和可视化展现，形成涵盖行业管理部门、项目建设单位的全省统一的综合交通建设项目数字化跟踪监测和问效监督平台。

2019 年，安泰得公司继续聚焦"智慧路网平台建设和应用"，深耕全国市场，在云南、河北、甘肃、浙江、山东、湖北、广东等 7 个省份建立了销售渠道，市场占有率进一步提高。在国家大力推进数字交通建设的大背景下，公司积极把握市场机遇，专注服务智慧高速和数字交通产业，先后中标河北京雄高速、河北遵秦高速 BIM 技术应用服务，武汉市公路建设工程综合监管系统工程、京新至京藏高速联络线工程 BIM 技术应用，津石高速 BIM＋GIS 信息化管理平台、寻沾高速公路（曲靖段）BIM＋GIS 数字管理平台等一系列项目，完成了 40 多个项目的建设工作。

2019 年，安泰得公司研发工作成果显著。公司研发中心完成了 GIS 云平台、低代码平台、项目管理云、CA 数字认证和电子签名应用 4 大平台的研发，并成功投入使用，同时完成了公路桥梁运营监测和公路全资产管理等新产品的研发，实现了公路资产管理与预算管理相结合，基于 BIM＋GIS 的资产管理，并将桥梁的状态感知与技术状态评价结果、预警情况等通过 BIM 模型进行模拟展示、分析，建立桥梁全生命周期态势的预测方法，实现了桥梁结构长期运行状态智能预测。2019 年，安泰得公司自主研发的参数化建模平台取得较大突破，已建立路基工程参数化构件库 77 个、桥梁工程构件库 178 个、隧道工程构件库 67 个。

随着 5G、云计算、AI、区块链等新技术的成熟商用，行业数字化正进入快速发展期，潜力巨大。安泰得公司抓住长期发展大势，努力构建万物互联的交通世界。截至 2019 年 12 月，公司已在 40 多个高速公路项目中开展基于 BIM 的管理应用，建成全国规模最大的车路协同可视化仿真路网 4500 千米。通过集成交通各行业数据、应用和智能设备，不断推进"智慧交通"普及应用。

四、创新服务模式，促进产业调整升级

2020 年，云南软件园将积极创新服务模式，加大基地人力、物力投入，贴近企业需求，扎实开展推进以下工作：

（一）完善服务平台建设

在现有软硬件设施的基础上，结合昆明高新区中小企业公共服务平台的建设，增设服务窗口，增加多媒体培训教室、拓展训练教室、沙龙活动场地等综合服务场所功能，建立"互联网＋"中小企业公共服务超市和微信公众号，进一步完善平台基础设施和管理机制，更好地支撑线上宣传与线下服务相结合、服务评价与质量提升相结合的服务业务模式。

（二）加强服务宣传力度

云南软件园将加大昆明高新技术产业集群公共服务窗口平台、昆明软件及文化创意公共服务窗口平台等公共服务平台的宣传力度，切实加强和园区中小科技企业的沟通联系、积极融入省、市、高新区的企业服务体系，整合利用公共媒体资源，及时报道宣传各平台的服务信息和业务活动，不断提升基地园区的知名度和美誉度，扩大云南软件园的区域影响力。

（三）加强投融资服务

完善与对口和主管政府部门的沟通机制，最大限度获得各级政府的资金支持。全面及时宣传国家政策，调动企业项目申报的主动性，积极协助企业进行项目申报。创造更多交流对接机会，形式多样地引导银企沟通合作，引进第三方金融和担保机制，完善中小科技企业投融资服务。

（四）做好园区企业培训

针对基地企业的发展需求，充分利用省市各服务平台培训资源，建立完善的企业辅导培训系统；做好创客论坛、投融资服务、科技成果转化、创业辅导等方面的企业培训，提高基地企业人员的总体素质和管理水平，促进企业间的相互交流和协作，提高企业的综合竞争力。

2020年，在经济下行压力加大、企业经营困难重重的不利形势下，云南软件园将一如既往地推进环境优化、服务提升、技术创新、经济发展等各项重点工作，促进基地健康稳步地发展。

深圳软件园发展报告

一、2019 年基地运营管理模式

深圳软件园（国家火炬计划软件产业基地）的运营载体为深圳软件园管理中心，是2002 年 3 月经深圳市编办（深编办〔2002〕32 号）批准成立的市高新办直属事业单位。2004 年 8 月，经深圳市编办（深编办〔2004〕35 号）同意加挂"深圳生物孵化器管理中心"牌子。2016 年 8 月，经深圳市编办（深编办〔2016〕29 号）同意加挂"深圳市大型科学仪器设施资源共享管理中心"牌子。2017 年 9 月，经深圳市编办（深编办〔2017〕65 号）批复，深圳市软件园管理中心更名为"深圳市科技评审管理中心"（加挂"深圳软件园管理中心""深圳市大型科学仪器设施资源共享管理中心"牌子）。

其职责定位是：负责组织科技项目评审相关管理服务工作。负责国家软件出口基地、国家火炬计划软件产业基地、国家服务外包基地城市示范园区公共技术支撑体系及配套体系构建和管理，为深圳软件与服务外包企业提供服务。负责高新区生物孵化器生物医药公共技术平台的构建和管理，为深圳生物医药企业提供服务，配合开展软件园、生物孵化器相关项目的建设工作。承担科研设施与仪器开放共享服务评价、平台的建设、管理和维护、信息数据库建设等工作。完成主管部门交办的其他工作。

二、2019 年基地产业发展概况

（一）基地产业发展规模和水平

1. 基地产业规模

2019 年深圳软件园营业收入 1.42 万亿元，同比增长 239.91%。其中软件收入

6263.07 亿元，同比增长 135.00%；自主版权软件收入 826.33 亿元，同比下降 36.81%。软件收入中，软件产品收入 787.62 亿元，同比增长 102.29%；系统集成收入 868.74 亿元，同比增长 530.97%；嵌入式系统软件收入 1664.65 亿元，同比增长 249.41%；软件技术服务收入 2942.06 亿元，同比增长 77.06%。软件产品收入中新产品收入 339.27 亿元，同比增长 80.43%。出口总额 321.24 亿元，其中软件出口 221.34 亿元。软件技术服务收入中，其中 IT 服务外包（ITO）收入 93.95 亿元；业务流程外包（BPO）收入 5.96 亿元；软件技术性收入 2841.93 亿元。上缴税金总额 705.74 亿元。

2. 基地企业规模

基地入园企业总数 1724 家，同比增长 59.63%。其中高新技术企业 1302 家，技术先进型企业 609 家，大于 300 人的企业数 165 家，营业收入大于 1 亿元的企业 345 家，软件出口大于 300 万美元的企业 35 家，股票上市软件企业 99 家，经认定为国家规划布局内重点软件企业 255 家，内资企业数 1595 家，归国留学生办企业数 337 家，港澳台商投资企业数 72 家，外商投资企业数 57 家，在孵企业数 422 家。

3. 基地人员规模

基地年末总人数 53.10 万人。其中年末软件从业人数 25.63 万人；本科学历人数 19.18 万人，硕士及以上学历人数 5.75 万人；有 5 年以上（含）软件从业经验的人员 7.09 万人，有 2～5 年（含 2 年）软件从业经验的人员 6.14 万人；软件研发人员 9.60 万人，其中测试人员 1.52 万人。

（二）自主创新情况

1. 基地创新活动情况

2019 年基地新增国家级科技和产业项目 94 个，新增地方级科技和产业化项目 214 个。

2. 基地创新活动投入情况

2019 年基地科技活动经费筹集总额 1512.31 亿元。其中，企业自筹资金额 1496.28 亿元；金融机构贷款 4.69 亿元；获得政府部门资金支持 7.84 亿元，其中地方政府资金支持 4.93 亿元。

3. 基地创新活动支出情况

2019 年基地科技活动经费支出总额 1664.77 亿元。其中，研究与试验发展经费支出额 1513.93 亿元，包括软件研发经费支出额 1272.86 亿元；新产品开发经费支出额 137.07 亿元；年培训费用支出额 3.59 亿元。

4. 基地创新活动产出情况

2019 年基地拥有软件著作权登记数 56213 个，其中新增软件著作权登记数 10448 个；拥有发明专利数 29833 件，其中新增软件发明专利数 3241 件。通过 ISO9001 认证企业数 708 家，通过 CMM/CMMI 二至四级评估企业数 175 家，通过 CMM/CMMI 五级评估 36 家。

三、2019年基地环境建设概况

深圳软件园（国家火炬计划软件产业基地）的主园坐落在深圳高新区，以深圳高新区各园区为基础进一步推进基地发展。现有软件大厦6.3万平方米，软件园一期、二期共22.8万平方米，长虹分园（新一代互联网产业园）4万平方米，龙华分园5万平方米，龙岗分园（大运软件小镇）16万平方米。在软件大厦，软件园一、二期及三个分园基础上，另有总部大厦8.9万平方米，深圳湾园区362万平方米。深圳湾园区是深圳高新区的代表性园区，以产城融合科技综合体为主要特征，可动态引进高新技术企业1000家，实现年产值超过1500亿元，创造税收超过100亿元，园区有效缓解了深圳高新区产业空间不足及高成本的问题，增强了深圳高新技术产业的辐射、带动能力。基地致力于推进建设国际化新一代信息技术研发、转化与应用示范基地具有战略性新兴产业特征和企业总部特征的新一代产业园区，成为深圳未来引领产业高端发展的新平台和创新"高地"。

四、基地平台建设及创新发展经验

2019年，基地继续以人才、项目、投资、大型科学仪器共享、一站式创新创业服务和人文等创新要素服务为主线，坚持服务的平台化、网络化、国际化和品牌化。通过平台服务的品牌化实现园区产业空间与服务的全方位发展。

（一）人才服务

1. 2019中国IT产业校企合作大会

2019年4月14～15日，由深圳市科技创新委员会、示范性软件学院联盟、中国国际人才交流基金会主办，深圳软件园管理中心负责组织承办的"2019中国IT产业校企合作大会"在深圳会展中心梅花厅举行。大会秉承"主题鲜明、注重实效、突出国际化"的指导思想，聚焦当前大数据、人工智能、云计算、金融科技、生物信息、机器人等核心领域，以深化校企合作、搭建全国性的IT人才与项目合作平台为主题，组织国家示范性软件及计算机学院、国家软件与集成电路人才国际培训基地和深圳IT领军企业参会。

参与本次大会的IT企业25家，包括平安科技、顺丰科技、追一科技等；国家示范性软件及计算机学院54家，有清华大学软件学院、北京大学软件学院、电子科技大学软件学院等。大会通过"展览＋路演"的模式开展，场内设置展位供企业院校直接对接，并将以往的路演模式加以创新，变为企业上台演讲、意向合作院校台下亮灯的模式，旨在为企业及高校创建一个轻松、开放的合作环境，受到参会企业与高校的一致好评。

2. 人才培养及招聘

2019 年组织园区企业赴西安、沈阳、大连、南昌、成都、重庆、广州、长沙、武汉、深圳等地，举办春秋两季校园招聘会共计 25 场，参加企业 335 家，提供岗位共计 8000 多个。此次校园招聘，除了充分利用深圳软件园官网、南方创投网以及各大高校就业网发布招聘信息外，也通过其他渠道提前做好行程宣传，最大限度吸引毕业生参加校园招聘会，且在校招活动中，基地安排随行工作人员赴各学校相关学院进行走访，就校园招聘和校企合作方面和各学院相关负责人进行深入沟通，收获颇丰。

3. 校企合作企业走访

2019 年 7 ~ 8 月，基地对参加"2019 年中国 IT 产业校企合作大会"的 25 家企业进行实地回访，就校企合作大会之后企业与意向高校之间的后续合作进行调研。通过调研企业和院校的合作进展，了解双方合作中的痛点、难点，适当介入解决，打通校企会后合作的桥梁。

4. 鹏城 IT 人

"鹏城 IT 人"是国家火炬计划环境建设公共服务项目，是为深圳高科技产业提供校企合作全方面服务的专业平台，业务涵盖校园招聘、实习实训、校企合作、中国 IT 产业校企合作高峰论坛等多项功能。通过该平台，一方面可为企业与高校提供人才招聘的机会；另一方面又能够充分利用高校科研、技术等优势，通过项目合作的方式与企业实现科研成果产业化转化，从而实现学校与企业的互惠双赢。

（二）金融平台服务（南方创投网）

南方创投网是基地建设运营的国内首家高科技项目投融资服务平台，致力于打造中国高科技投融资第一网。截至 2019 年 12 月，南方创投网上项目总数 14776 条，覆盖企业5000 多家，投资机构 550 余家。南方创投平台科技项目具有以下特点：

领域"高"——平台主要面向高科技领域的软件及信息服务业、电子信息产业、集成电路产业、先进制造业、高技术服务业及生物医疗业等。

数据"大"——平台依托深圳市科技创新委项目库与深圳高科技企业创新项目自主填报，数据信息大而完整。

质量"上"——平台与第三方工信部赛迪集团合作，项目均经过平台第三方专家评估审核。

2019 年依托南方创投网举办了由科技部火炬中心、深圳科创委及经贸信委共同指导的"粤港澳大湾区独角兽高峰论坛"，邀请了深圳市政府、香港特区政府、深交所、港交所、中国基金协会以及全国 200 多家独角兽企业、300 多家投资机构，共计 1500 人参会。大会主题设为"理性·发现"，通过理性的角度与态度发现行业新态势，大会内容创新且充实，得到了参会各界人士的一致好评。

为扩大服务辐射范围，深圳软件园将逐步与各省市科技部门就项目投融资方面展开密切合作。2019年已与华为青岛基地合作设立青岛创新创业平台，并已上线开始项目导入。平台对2019年企业路演情况进行统计，线下路演共113个项目，有70%的项目拿到融资，融资金额约10亿元。南方创投网手机微站已建设完毕，投资机构与企业可手机浏览相关项目信息。

（三）大型科学仪器共享平台

为加快推进深圳市重大科研基础设施和大型科学仪器向社会开放共享，充分发挥科研设施与仪器对深圳市科技创新的服务支撑作用，深圳科技评审管理中心组织搭建深圳科技创新资源共享平台（以下简称共享平台）。共享平台以大型科研仪器共享服务及相关的检验检测服务为切入点，主要包含仪器共享、检验服务、研发合作、文献标准、专家咨询、技术培训等核心功能；整合了深圳市范围内的高等院校、科研院所、检验检测机构等单位科技创新资源，为中小微企业、创客团体等用户提供科技创新服务支撑，并促进相互间科研合作。

共享平台目前已汇集了440家管理单位，仪器填报总数为8722台套，设备总原值75.98亿元，其中已有5221台套开放共享，仪器对外共享率59.79%。其中30万元及以上仪器有6687台套，总原值73.8亿元，对外共享4384台套，对外共享率为65.56%；50万元及以上的有3787台套，总原值为62.15亿元，对外共享2448台套，对外共享率为64.64%。

（四）"一站式"创新创业平台

为深入贯彻落实党中央、国务院关于统筹发展电子政务和加快推进"互联网＋政务服务"的决策部署，按照省委省政府关于在深圳市开展"数字政府"综合改革试点的要求，深圳市科技创新委员会牵头探索推进"一站式"创新创业主题服务，并委托基地开展相关工作，建设"一站式"创新创业平台。"一站式"创新创业平台是基于深圳市科技创新委员会创新创业资源进行的试点项目，旨在对深圳市的"一站式"主题服务模式做初步探索。

"一站式"创新创业平台的服务对象是科技人才、创新型企业及园区，平台通过全面整合深圳市科技创新委创新创业非审批事项服务资源，包括政策、大型科学仪器共享资源、科技文献资源、创新载体信息、人才住房信息、产业用房信息、科技金融服务信息、高校大学生的春秋校园招聘、实习实训、校企联合实验室和技术转移等专业科技服务和综合科技服务平台资源，解决了创新创业面临的资源分散问题，实现了用户在一个门户下智能便捷获取所有创新创业资源信息，为科技人才、创新型企业及园区提供指引清晰、便捷高效的"一站式"创新创业主题服务。

（五）企业创新交流服务

1. 第二十一届中国国际高新技术成果交易会

"南方创投网"在第二十一届高交会商务部专馆设立科技兴贸创新基地建设成果展区，本次共组织 25 家企业，展出面积 245 平方米，以"科技兴贸，高质量发展"为主题，全面展现国家级科技兴贸创新基地建设成就，展示基地企业在战略性新兴产业各领域取得的创新成果、产业国际化合作项目和公共服务平台建设情况，促进代表国家水平的"高、精、尖、新"科技成果的展示、交易和洽谈。

2. 中国文化和科技融合成功展览交易会

2019 文化科技融交会围绕"新时代新体系新体验"主题，构建以企业为主体、市场为导向的创新展会体系，强化"办展会旨在促产业"理念，以产业划分板块，聚焦行业优质资源，通过"国家文化和科技融合示范基地成果""创新技术与文化体验""内容生产与传播现代化""产业支撑体系建设成果"四个特色板块，直观呈现国家大数据、云计算、物联网、人工智能等前沿科技的文化应用，覆盖出版发行、广播影视、演艺娱乐等产业类型。基地组织四家深圳行业龙头企业参加此次展会，并获得了组委会颁发的"最佳组织奖"。

3. 其他相关活动

参加 2019 中国国际信息通信展览会，由工业和信息化部、中国国际贸易促进委员会主办，中国邮电器材集团承办。展会聚焦以 5G 为代表的下一代网络技术产品及服务、系统集成及综合解决方案、网络基础设施、云计算、大数据、物联网等新型技术与应用、智能终端等重点和热点领域。

参加第十届中国国际服务外包交易博览会，展览会由中华人民共和国商务部和杭州市人民政府共同主办，由中国国际投资促进会、杭州市商务委员会承办。本届服博会的主题是"拥抱 5G·AI 时代，集聚创新要素，发展数字服务，构建数字经济"。

深圳新兴技术创新交流会是由深圳软件园管理中心主办的年度系列会议，交流会以促进新兴技术行业内部（包括技术、资金、人才）相互交流为最终目的。2019 年 5 月底，举办了第十三届以"信息安全"为主题的创新交流会，参展企业 34 家，研讨会 152 人，投资推介会项目 12 个，参与的投资机构有 34 家；12 月底，举办了第十四届以"区块链与货币"为主题的交流会，参展企业 30 家，论坛 142 人，投资推介会项目 10 个，参与的投资机构 20 家。

（六）丰富的园区人文活动

深圳软件园继续推进"思觅踏"人文文化品牌建设，定期开展总裁沙龙活动，组建各类兴趣组圈，包括羽毛球比赛、登山活动等，通过组织线上和线下活动，塑造园区创新文化浓郁氛围，增加了企业员工的凝聚力和集体荣誉感，丰富了企业员工业余生活，为企业和员工个人都搭建了交流互动的平台。

截至 2019 年底，深圳软件园组织 Meetup 活动 33 场，其中羽毛球活动共计 9 场，累计参加人数 210 人；总裁沙龙共计 10 场，累计参加人数 307 人；篮球活动共计 2 场，累计参加人数 21 人；户外登山活动 1 场，累计参加人数 27 人；户外拓展活动 1 场，参加人数 150 人；财务培训讲座共计 10 场，累计参加人数 351 人。

组织 Meetlove 单身联谊活动 8 场，参与人数 353 人，现场成功表白人数 82 对。

五、2020 年基地工作安排

（一）树品牌，强实效

基地将对共享平台进行宣传推广，扩大其影响力，切实提高仪器开放共享率和使用率；推动深圳市其他部门创新创业服务事项网站接入"一站式"创新创业主题服务网页，实现跨部门创新创业服务。

（二）汇资源，促投资

持续打造南方创投网，逐步与各省市科技部门就项目投融资方面展开密切合作；继续壮大"南方创投网投资联盟"，为深圳市优质科技项目投融资服务聚焦多行业、多领域的投资机构资源。

（三）聚英才，促合作

根据 2019 年校园招聘开展的情况，在原有的基础上完善调整，适量扩展招聘院校，为深圳企业汇聚更多的人才；扩大校企合作大会参会院校范围，推荐外地优质企业参与校企合作大会，为校企合作搭建更宽广的桥梁。

通过扩大共享平台的影响力，着力打造南方创投网科技投融资服务平台和思觅踏（meetup）的企业人文社交品牌等，在人才、技术、金融、市场与产业空间五项核心服务上实施"品牌化"外向型发展战略，逐步建立人才集聚、融资体系完备、创新文化浓郁、人文和谐的国家自主创新示范园区。

青岛软件园发展报告

2019 年，青岛软件园以习近平新时代中国特色社会主义思想为指导，在国家科技部火炬中心、青岛市委市政府的正确领导和大力支持下，在青岛市科技局的指导下，继续保持"一园多区"的战略格局，坚持新发展理念，深化改革、创新驱动，加快建设现代化软件产业基地，在青岛市软件产业的发展过程中发挥了重要作用。

一、2019 年青岛软件园发展成效

（一）发展总体状况

2019 年，在青岛科技局等有关部门的指导和支持下，青岛软件园围绕"战略转型、产业升级"原则，大力推进园区建设，目前已建成集软件研发、配套生产、整体营销、优势服务于一体的软件产业基地，占地面积 568.17 万平方米，形成了以骨干企业与科技孵化器为载体，以公共技术平台为支撑，以自主创新为源头，以服务外包、电子商务、数字媒体软件、嵌入式软件等为特色的产业聚集形态，极大地促进了青岛市软件产业的发展。

作为从事软件研发、生产、展示和营销服务的专业化基地，青岛软件园从功能性和配套服务上进行了周密的规划。园区具备了人才聚集、开发生产、产品营销、群体协作、自我生产和内外辐射等功能，支持入园企业对接优质资源，提供政策辅导，在企业资质、科技奖项、产品/人才奖项、创业大赛奖项、组织园区活动等方面取得了显著的成绩，是以软件产品、信息产品为代表的高新技术产业开发基地。入驻企业包括青岛海尔科技有限公司、青岛鹏海软件有限公司、青岛日日顺乐家物联科技有限公司、青岛海尔青大软件有限公司、青岛海尔智能家电有限公司、北京海尔信息科技有限公司、北京海尔广科数字技术有限公司、青岛积成电子股份有限公司、优创数据技术有限公司、山东金东数字科技有限公司等国内外知名软件企业。

（二）经济产出情况

2019 年，青岛软件园围绕软件产业大力支持入园企业发展，为入园企业提供优质服务与支持政策，支持开展软件研发与软件服务。截至 2019 年底，青岛软件园营业收入达到 2051.64 亿元，其中软件收入 180.12 亿元，软件技术服务收入 41.57 亿元，自主版权软件收入 18.78 亿元，净利润 32.34 亿元，出口总额 47.28 亿元。

（三）人员情况

2019 年，青岛软件园共有员工 96808 人，其中本科以上学历职工 35665 人，软件研发人员 8618 人。年度创造就业岗位 2000 余个，吸引大学生就业 500 余人。

（四）科技活动情况

2019 年，青岛软件园加大科研活动投入支持研发创新，累计筹集科技活动经费 75.80 亿元，其中企业自筹 66.51 亿元，金融机构贷款 1.85 亿元，申请政府支持资金 3.65 亿元，资金主要用于企业开展研发活动，支持软件产业创新发展。科技活动经费支出 72.12 亿元。

2019 年，园区完成技术合同交易 2 亿元，积极推进成果转化应用，新增转化产值 50 亿元。同时重视知识产权保护，2019 年新增软件著作权登记 477 个，新增发明专利 1620 件。2019 年，园区积极开展研发机构建设，完成青岛市技术创新中心、青岛市网络家电技术重点实验室的建设与运营。

（五）社会效益情况

2019 年，青岛软件园继续推进软件产业发展，持续保持产品引领、渠道深化，扩大行业领先优势。实现新增就业岗位 2000 余个，汇集国内外信息技术、人工智能、大数据等领域高端人才，带动区域科研水平、科研能力的提升。依托产业园资源和区域优势支持创新创业，服务企业发展，2019 年孵化培育小微 2 个，服务区域内企业超百家。

（六）重点案例

2019 年是区块链技术的爆发之年，园区积极开展区块链技术的研发和应用，并获得不俗成果，2019 年依托海尔信息产业园优势，打造世界级物联网模式的诚信平台——海链平台（青岛海链数字科技有限公司），将自身技术赋能企业创新，基于自主研发的区块链底层框架，打造区块链即服务（BAAS）的服务，为用户提供一站式规划、配置、开发、上线和运维的区块链平台服务。

赋能海尔食联生态（冰冷）——产品溯源系统＋生态增值分享体系已经吸引 87 家生态方，实现 406 个产品的溯源。实现链群智能合约落地实践人单合一管理模式，基于链群合约的非线性管理模式，通过链群自驱体系实现用户体验的持续升级，带动平台整体逆势增长，行业领先优势持续扩大，已经覆盖了 3 大领域 10 + 产业平台，比如制冷行业的星厨郑合链群，郑州的销售增长率以前从来没有超过 10%，现在每月平均增速达到 30%。

二、2019 年青岛软件园运营管理模式

2019 年，青岛软件园继续保持"一园多区"的战略格局，为青岛软件产业发展发挥了支撑作用。

市南软件园秉持"空间有限、发展无限""内涵式发展"理念，借力城市核心区发达的城市配套，通过多年的引导培育、精耕细作，实现了园区产业的快速集聚发展。园区"亩均效益"显著领先，软件信息、科研与专业技术服务、文化创意等细分产业都具备了较强的规模与优势，先后荣获了"国家科技企业孵化器""国家动漫创意产业基地""国家软件和信息服务业示范基地""山东省文化产业示范基地""山东省重点服务业园区""省级软件产业园区""青岛市数字经济产业集聚区""山东省数字经济园区"等一系列荣誉称号。

高新园围绕青岛市建设国家东部沿海重要的创新中心战略定位，聚焦崂山区重点发展的智慧产业、智能制造、虚拟现实以及高端生产性服务业等战略性新兴产业，全力打造山东半岛蓝色经济创新创业核心区。园区基本服务包括园区基础设施及配套租赁使用服务、企业办公辅助服务（OA 系统、多功能邮箱）、园区企业运行服务系统、园区技术平台服务、园区一卡通支付系统等。

海尔信息产业园由传统的以考核为核心的管理机制转变为以技术创新服务为核心的创新管理机制，遵循开放、合作、创新、分享的理念，提供技术共享研发平台，搭建开放的产业发展环境。实现共性基础技术资源共享，降低企业研发和质量保证方面的资金风险和技术门槛，帮助企业完善内部控制和监督约束机制，确保项目研究内容的完成以及专项资金的使用。园区聚焦软件产业转型升级，在管理改革、规划运营等方面，充分发挥资源优势，实行更加灵活的组织模式、机制体制以提升创新效率。在运营实施过程中，发挥政府引导、市场导向、企业为主体的科研创新组织模式，建立和完善涵盖科技计划实施全流程的管理制度体系，实行择优建设、绩效评估、动态管理、有序进出的管理机制。聚集国内一流高校、科研院所，引入国内外专家，建立技术研发团队，充分发挥专家前沿化、高端化、专业化视角作用，建立完善的组织协调机制。

海信软件产业园坚定不移地实施创新驱动发展战略，坚持自主创新，推动产学研相结合，不断突破核心技术，强化技术成果产业化。为将创新驱动战略落实到实处，并能持续发展，提高创新的效率，园区实施了"源于技术创新与 NPS 驱动的质效双升管理模式"，

产业战略和核心技术选择符合用户需求，以自主研发为主，结合产学研合作，掌握产业前沿核心技术，并以颠覆性技术为基础，注重研发质量管理，实施精品工程，增强产品创新能力，加强用户体验，根据用户反馈，不断进行技术创新、产品改进，满足消费者的需求，为客户创造价值；同时通过质量管理体系保证产品质量，提高了技术孵化产业的成功率。为了保障技术孵化产业模式的持续成功，海信的技术创新体系从实现短期和长期利益入手，设立研发投入考核机制；从物质激励与精神激励两个维度，设立股权激励、技术创新奖等人才激励机制；按照项目类别不同设置不同的考核与评价标准，保障项目评价的公平性；通过严格质量保证计划和风险管控手段，保障"产品质量是设计出来的"这一理念的执行。科技成果既可转化为公司，也可注入现有产业，通过提升产业规模等多方式的成果转化机制，保障成果转化的成功率。

三、2019 年青岛软件园建设的主要政策措施情况

2019 年，青岛软件园对园区产业结构进行了调整和优化升级，全面落实国家和省、市各级促进创新创业的税收减免、税前抵扣、出口退税等优惠政策，同时支持重大支柱产业、特色产业和技术创新项目的引进和发展，制定了一系列鼓励创新创业、提升自主创新能力的支持政策，有针对性地扶持园区内重点企业，对品牌提升、行业标准、发明专利、公共平台、升级认证、优秀企业家和科技人才给予奖励与支持。辅导入园企业申请国家、省市级项目扶持资金及国家级、省级、市级科技进步奖等。辅导入园中小企业，在专精特新、高企申请、研发投入等具体运营方向上给予指导。

建设人才工作站，面向全球聚集智慧生活产品及相关行业高校、科研院所、企业的创新人才，建立以项目为导向的人才流动和人力资源融合的新模式，优先执行青岛市已出台的人才培育、引进、服务的各项政策措施。在此基础上，研究制定适合培育引进、众创引导、创业就业等完善的配套政策措施，充分运用全球创新合伙人的模式，以用户为中心，探讨创意交互、合作研发、项目发包等多种方式来整合全球一流人才资源。

四、青岛软件园发展的主要经验、问题与挑战

在各级政府的大力支持下，青岛软件园经过近年来的建设经营，已经初见成效。

（一）着力推进产业转型升级，科技支撑引领产业体系建设

大力开展招商引资工作，引进和培育一批优秀的大数据机构、企业及项目，实现大数据生态产业链的全覆盖，助推大数据产业的发展，为园区经济发展提供强大的动力。加强关键技术攻关与工程化研究，建立嵌入式系统及工控软件开发测试平台，云计算与物联网数据中心、IC 设计、科技金融创新中心等各具特色的软件产品研发、测试、认证、展示、投融资等科技创新平台，支撑引领现代产业体系建设。

（二）引导扶持产业联盟与产业集群发展

2019 年，青岛软件园在市场对接、人才对接、资金对接、技术对接、管理对接等方面形成了独具特色的发展模式，软件园鼓励和协调基地内企业间的合理分工和协作，在局部区域形成了特色鲜明的产业集群和产业优势。为了园区内企业更有效拓展市场、技术交流、平台共享，逐步引入国家级联盟组织落户产业园区，引导建立国家级、市级工程技术中心及重点实验室等项目，逐步形成以市场为导向，涵盖设计、研发、生产、销售和服务的一体化完整的信息化产业体系及服务型产业链价值体现。

（三）探索人才培养新模式与高端人才引进

截至 2019 年底，园区与美国、德国、印度、英国等软件产业发达国家建立了稳定的软件人才培养与交流关系，与微软、IBM、思科等国际大公司建立了长期交流的长效机制，培养了 2000 多名软件工程人才，通过引进优秀国际教育教学资源，为青岛软件产业培养了一大批优秀的国际化软件人才，通过建立一套完整的、操作性强的实训体系和标准，累计培养了近 1 万名具有项目实训经验的毕业生输送到企业。

（四）加大科研投入，提高创新能力和科技成果产出能力

自主创新是优化产业结构的中心环节。针对电子信息技术的发展特点，推动以企业为主体的创新体系建设，营造有利于企业自主创新的服务环境和政策环境，从而促进整个产业结构的优化升级。积极调整园区企业布局，促进优势企业的聚能发展。努力推动园区企业自主创新能力，提高园区企业科研水平；提高园区专项服务能力，着力保护企业研发的技术成果，促进技术成果的快速转化，指导企业及时主导发展拳头产品和核心技术，调整产业发展基础研究方向及优化产业结构。

（五）问题和挑战

（1）骨干企业流失情况凸显。近年来企业用人成本大幅增长，同时，受物业服务价格、入驻优惠条件等多重因素影响，多家元老级企业将运营主体搬离园区，部分企业分流转移人员、资金及主营业务至园区外政策更优惠的区域，给园区凝聚力、向心力带来一定

冲击，但从另一方面来看，也为腾笼换鸟、引进总部企业腾出了空间。

（2）软件和信息技术作为高新技术产业和现代服务业的基础研究产业，在产品、服务、应用、制造以及经营管理等方面具有较高的技术含量，但与其他行业一样，目前存在发展不全面、不协调，结构不合理的共性问题。

五、2020 年青岛软件园工作安排

2020 年，青岛软件园将聚焦重点研发机构的引进和人才队伍建设，深化协同创新机制，积极引导优质科技资源向园区内企业聚拢，进一步促进园区创新能力的提升，加快提升园内企业创新能力，围绕新旧动能转换的发展战略，促进高新技术产业持续发展。

（一）进一步完善产业规划

面对新的经济形势和产业结构调整转型发展期，从产业规划开始就应以市场为导向，用市场需求数据说话，通过市场需求大数据来促进产业经济发展适应新常态、抓住新机遇、发展新经济。进一步引导优势产业入驻和集聚，在现有企业布局调整的基础上，分重点、分类别，进一步完善电子制造、软件、动漫、移动电子商务等产业的布局规划，营造洼地效应，吸引企业入驻。

（二）深化信息产业服务

深化物联网及云计算应用，着力培育新型传感器、射频识别、芯片设计与制造、物联网智能终端与应用软件、物联网通信与组网技术五个核心产业，带动通信传输、云计算、海量数据存储、行业应用、信息服务同步发展，加快推动物联网行业应用，打造在中部竞争力突出的物联网产业发展集聚区、国内具有较强影响力的物联网应用示范先导区；依托技术创新能力强的骨干企业，重点发展高端软件及大数据云计算服务业，关键元器件、集成电路、新型显示及智能终端产业；推动云计算在金融、教育、医疗、在线支付、企业信息化等领域的应用，以及推动信息家电技术领先；大力发展具有关键核心技术和重大社会价值、引导产业发展方向的高端软件；集中力量突破人工智能、新型显示、可信网络计算、多核并行计算等核心关键技术。

（三）走国际化道路，坚持开放式创新

为抢抓全球信息化转变的历史机遇，青岛软件园将引进更多的创新要素，以软件配套产业为业务切入点，加强信息安全认证，严格质量标准管理，通过"引进、消化、吸收、再创新"，不断提高自主创新能力，力争形成软件配套产业集成出口，同时也为园区企业不断进行自主创新完成了资金和技术、人才的积累。重点是利用园区的企业群体，挖掘公共需求，引入专业运营机构，重点在平台建设和运营方面与优势机构展开合作，扩大服务范围。

面向全球聚集智慧生活产品及相关行业高校、科研院所、企业的创新人才，建立以项目为导向的人才流动和人力资源融合的新模式。建设国际化智慧生活技术人才培养中心，开展智慧生活相关领域的国际化技术人才培养和培训，搭建核心人才培养机制，培育专业技术带头人。建立人才引进和培育的保障机制，优先执行青岛市已出台的人才培育、引进、服务的各项政策措施。在此基础上，研究制定适合创新中心需求的培育引进、众创引导、创业就业等完善的配套政策措施，为创新中心的建设提供有力的人才保障。

青岛软件园把科学发展观与发展电子信息产业工作结合起来，牢固树立在信息化大环境下更要加快发展信息产业的理念，并进一步提升信息化推动产业转变发展的方式，辅导基础研究、指导技术升级、优化产业结构，提升产业质量，通过解放思想、开拓创新、勇于进取，充分发挥园区在产业、技术、专家等方面的资源优势，用发展的眼光谋划产业新格局，促进基地产业服务升级，加快产业基地向创新、绿色、开放、共享的方向迈进。

兰州软件园发展报告

兰州软件园（以下简称基地）在国家科技部等有关部门的指导下，在省、市及兰州高新区的支持下，大力推进基地建设，在大数据、云计算、应用软件、区块链等领域优势突出，产业聚集效应明显，产业规模不断扩大，综合服务能力不断提升。

一、2019 年软件基地产业发展概况

（一）基地产业规模稳步提升

2019 年基地软件企业实现营业收入 58.99 亿元，同比增幅 51.28%。软件收入达到 47.22 亿元，同比增幅 57.58%，其中软件产品收入 16.72 亿元。实现净利润 4.07 亿元，年上缴税额 1.90 亿元。

（二）基地自主创新能力不断增强

2019 年基地创新能力不断提升，自主知识产权意识不断深化，企业继续加强软件自主研发。目前拥有软件著作登记权 1852 个，拥有有效发明专利 59 项，同比增幅 126.92%。研发投入 1.91 亿元，同比增幅 35.72%。其中软件研发经费投入 1.48 亿元，同比增幅 18.39%；新产品开发投入 0.31 亿元，同比增幅 14.83%。基地营业收入超过 10 亿元企业 1 家，1 亿元企业 10 家，国家火炬软件产业基地骨干企业 2 家，高新技术企业 68 家，技术先进型服务企业 12 家，科技型中小企业 37 家；通过 ISO9001 认证的企业有 63 家，通过 CMM/CMMI 二到四级评估的企业有 12 家，通过 CMM/CMMI 五级评估的企业有 2 家。

（三）基地特色骨干企业不断涌现

基地涌现出一批规模质效的特色骨干企业，如中电万维公司的甘肃省电子政务云公共

平台、精准扶贫大数据管理平台；甘肃紫光公司的甘肃省发展和改革委员会省价格监测预警信息系统、甘肃省"雪亮工程"省级示范平台、交通运输部取消高速公路收费站工程项目等；大方电子公司的专业安全服务和成熟的安全解决方案和同步建设的飞天网络安全实验室等；万桥智能公司的基于物联网的能源管理中心综合管理平台、冶金行业 MES 制造执行系统、基于电磁场耦合变异暨移动侦测技术的智能系统等一大批从事新一代新兴技术研发的精英企业，在科技不断快速更迭的形势下，这些企业都呈现出多元化、高端化的快速发展。

二、2019 年软件基地环境建设概况

（一）政策环境建设

基地位于兰州高新区内，结合兰州国家自主创新示范区建设，不断完善国家自创区创新政策体系，制定了《兰州高新区建设国家自主创新示范区"4＋7"政策实施细则》，对飞天网景等 110 家企业、3D 伯骊江等院士专家工作站兑现政策项目 138 项、资金 3477.04 万元。依托中国软件名园、产业联盟、省工业信息行业协会的资源整合优势，对接省工信厅、省科技厅出台的相关软件企业政策，结合自身发展方向，强化招孵引智力度，提升孵化服务水平，聚集了一批综合优势较强且具有发展前景的软件企业。

（二）基础设施建设

目前基地与兰州高新区创业服务中心（国家级孵化器）采取两块牌子、一套人马的管理运行模式。2019 年，继续扩大孵化面积，推动科技孵化事业，推动区内中国兰州留学人员创业园二期、2 号总部经济园区、财富中心、三维电商大厦、紫光总部经济大厦等专业园区建设，新增孵化和创业基地 5.3 万平方米。2019 年，共引进入孵企业或团队 80 个以上，引进各类创新创业人才 1000 人以上。创业中心租用高新区内紫光大厦 5 层共计 7000 余平方米的场地，打造兰州软件园安可创新中心及区块链孵化基地，现已引进中国电子、航天长峰、八方科技等大型电子信息和软件类企业。

在软环境建设方面，基地不断提升基地生活圈配套，完善商务、休闲、餐饮等设施建设，引进麦当劳、瑞幸咖啡、连锁便利店、健身中心等快捷便利生活配套，优化园区双创环境，为推动基地快速发展提供了有力保障。

（三）公共服务平台建设

基地建设采取"政府引导、公益服务、市场参与、资源共享"的运营模式，通过了

解企业共性需求，开展六大公共服务平台多样化建设，包括公共技术服务平台、创业辅导平台、项目申报平台、中介服务平台、投融资平台、人力资源服务平台，全方位为企业提供增值孵化服务，确保创业孵育链条高效运行。

兰州高新区科技创新信息公共服务平台、中国科协专利信息应用服务平台，为中小型科技企业提供免费文献检索、科技查新等服务，企业访问量已超过 12 万次，文献资料下载超过 2.8 万次；兰州高新区院士专家工作服务中心、"海智计划"甘肃基地工作站等为构建人才基地，促使产学研用高度融合发挥着积极作用；成立了兰州高新创业基金管理公司，采取"基金＋科技园区＋孵化器"模式，与上海张江高新区加强合作、协同创新，共建大健康产业园区和科技企业孵化器，目前已落地实施项目 3 个。

三、2019 年软件基地创新发展经验

（一）构建创新孵化体系，推动基地高质量发展

（1）基地按照科技部的要求和高新区发展需要，继续完善"众创空间—孵化器—加速器—产业园区"全产业孵化链条建设。重点打造了"创立方""创客汇"两家国家级众创空间，通过创业实训、创业预孵化、创业辅导、科技中介等方式，采用定制式、精细化培育模式，为每个创业者和创业团队提供全方位的专业服务；依托兰州高新区营造的良好发展环境，基地先后完成了电商孵化大厦、高新大厦、彭家坪留创园研发基地等新场地的招商、启动工作，努力为小微企业的创新创业提供孵化场地支持；创新工场作为重点打造的科技企业加速器，建筑面积 2.4 万平方米，以发展新基建、人工智能、大数据等战略性新兴产业为主。引进 14 家高科技企业入驻，引进各类创新创业人才 326 人；成立了快速制造国家工程研究中心兰州创新示范中心、卢秉恒院士工作站、王家耀院士工作站等创新平台，共同为区内企业创新创业的发展，提供重要的科技力量；目前专业的产业园区是基地孵化链条里较为薄弱的一环，正积极与工信、招商、国土等部门衔接电子信息毕业企业在园区规划落地。

（2）截至 2019 年底，区内建设和培育了 42 个创新载体，其中已备案众创空间 29 家，占全省的 28%；各类科技企业孵化器 13 家，其中国家级孵化器 3 家，占全省的 17%，孵化场地面积达到 29.70 万平方米，创新载体累计培育企业 1179 家，吸纳大学生就业 1187 人。充分发挥兰州科研院所集中、科技人才集聚的优势，在完善提升 4 个产业研究院和 4 个科技创新工作站的基础上，新成立甘肃人工智能与下一代互联网产业研究院等 3 家产业研究院。在兰州科技大市场挂牌成立兰州知识产权法庭，受理各类知识产权案件 550 件。积极对接甘肃丝绸之路国家知识产权港有限责任公司，加快建设丝绸之路知识产权港、知

识产权服务业集聚区，着力打造创业孵化全产业一体化的创新孵化新体系。

（二）强化多元化企业服务，提升基地综合软实力

（1）通过主动服务企业，走访企业并与企业深入对接座谈，及时了解企业发展过程中遇到的困难和问题。积极组织、协助孵化企业申报国家、省、市及高新区各类扶持资金及科技专项，指导企业进行基地骨干企业、科技型中小企业、高新技术企业、软件企业认定等。另外，组织企业积极参加2019年"创客中国"创新创业大赛、中国创新创业大赛、"创青春"创新创业大赛等国家各个部委组织的大赛，组织召开兰州自主创新论坛，组织企业参加兰洽会、数博会、科博会、海创周等节会，支持企业进行广泛的宣传展示、市场拓展、项目发展。比如2019年的创新创业大赛，区内有4家企业进入全国行业决赛，获得优秀奖以上等次的可以获得创新基金的扶持。

（2）建立了企业联络员＋企业辅导员＋创业导师"三位一体"的创业导师服务体系，聘请21名创业导师为园区企业开展多种形式的创业辅导，其中，9名为省科技厅备案的省级创业导师，4名为国家科技部备案的火炬计划创业导师，1名为国家教育部备案的全国创业导师。2019年共举办创业沙龙、发展研讨会、创客训练营、分享汇、创客节、自主创新高峰论坛等各类培训15次以上，为区内外5000多创新创业人才和投资人搭建了沟通交流平台，近三年累计接洽意向入孵企业1200多家，收集项目建议书近700份，组织评审入孵企业480余家，助力了项目孵化成长。

（3）为企业提供人才和员工招聘、技术培训等方面的服务，满足企业快速发展对人力资源的需求。通过与高校共建就业创业实习基地，每年可为高校学生提供实习岗位220个、就业岗位180个。组织企业参加市人社局2019年人工智能技术与应用领域创业深度培训班，组织企业参加市人社局2019年双创平台运营管理深度培训班。通过院士专家服务中心、海智计划等平台，积极为企业牵线搭桥，柔性引进本地所需的高层次人才。

（三）支持骨干企业创新发展，提升企业引领作用

（1）甘肃紫光智能交通与控制技术有限公司于2000年落户基地，通过对不同项目制定特色服务助力企业快速发展，公司发展至今已成长为省内首个智能交通龙头企业及园区骨干企业，并带动区内智能交通上下游产业链的发展。先后自主研发了100多项企业级软、硬件产品，拥有独立的知识产权110多项。承担了2项国家火炬计划项目、1项国家"十一五"攻关课题、2项国家重点新产品项目、3项工信部电子发展基金项目、9项省级科技项目。目前已拥有一支技能优异、开拓进取的上百人的研发团队，公司产值达到14亿元。

（2）甘肃加华联合信息科技有限公司自入孵基地以来，通过孵化器培育发展壮大，自主研发的"兰州高新区产融服务平台"，力争把成熟的运营经验及模式与兰州高新区的产融服务无缝对接并植入，为更多区内企业提供产融综合服务。"加华众创平台"针对投资孵化方面，为创新创业团队推出"创业种子投"项目，聚焦 AI、物联网、软件开发等众多领域企业提供 5 万～20 万元创业投资服务。该平台依托甘肃双创信用担保有限公司，与兰白基金、甘肃科技投资集团、兰州高新区、兰州银行、招商银行等政府及金融机构紧密合作，重点帮扶高新技术企业、科技型中小微企业。公司与兰州高新区、人工智能产业技术创新联盟（北京）等联合发起成立"甘肃人工智能与下一代互联网产业研究院"，充分整合全国、全行业和当地高校、科研院所、企事业单位在人工智能及下一代互联网前沿技术领域的人才优势，积聚各类科技创新项目资源，培育人工智能及下一代互联网领域相关企业科技创新团队，突破产业关键技术制约，搭建应用研究、技术开发、产业化应用、一体化科技创新链条，促进区内科技成果转化与协同创新，推动本地相关产业紧密合作，保障坚实技术服务，实现高效合作共赢。

四、软件基地创新发展中遇到的问题

一是缺乏专业的园区。因自有积累不够，融资能力有待加强，一些很有发展前景的公共服务平台、园区建设项目因资金困难迟迟不能得到发展，雁滩园区工业企业出城入园后，置换的土地很多都用于别的开发，没有按照原有规划进行园区和总部经济基地的建设，使得后续建设缺乏土地资源，园区发展面积后劲不足。

二是由于地处西北欠发达地区，软件企业人才资源匮乏，普遍存在高端软件人才招聘困难，优秀人才更难留住的困境。

五、2020 年基地发展目标与构想

（一）打造软件基地新载体

利用新建成的紫光大厦打造兰州软件园安可创新中心及区块链孵化基地，建成后将以孵化基地为依托，推进区块链技术、区块链行业应用项目落地，打造区块链在金融、医疗、交通、政务等行业内的孵化应用，促使新业态、新模式、新技术发展。同时积极争取百度、网易等领军型电子信息企业落户园区。通过打造新的软件园载体将进一步吸引新一代信息技术和软件企业的集聚。

（二）着力打造全省重点产业集群

基地聚集了甘肃省60%左右的软件信息技术企业，积极利用现有软件企业的辐射和带动作用，通过招才引智，虚拟孵化等多种形式，着力打造一批行业内有影响力的优质软件企业，树立兰州软件园品牌影响力。

（三）强化核心技术攻关

通过兰州高新区与兰州新区大数据产业园建立合作，主动对接华为、腾讯、四大运营商等行业龙头企业及电子科技大学大数据研究中心等研发机构，开展智慧城市、工业大数据、时空大数据、大数据硬件等领域核心技术攻关、数据挖掘和应用，形成大数据产业集群。

（四）开展"赋能式"服务

在为基地企业提供项目申报、信息查询、人力资源、办公场地的基本服务的同时，开展多项"赋能式"服务。一是做实科技金融服务，聚合投资资源，提供风险投资基金、天使投资直投、跟投，助力企业融资。二是依托甘肃省知识产权事务中心、甘肃省"知识产权港"、兰州科技大市场等服务机构，为企业知识产权保护、科技成果交易、转化等提供高质量的服务。

吉林软件园发展报告

2019 年，吉林软件园贯彻国家促进经济发展的一系列政策措施，以习近平新时代中国特色社会主义思想为指导，坚持"创新、协调、绿色、开放、共享"五大发展理念，推进软件产业实现高质量发展，守初心、担使命，坚持创新驱动、投资拉动、项目带动，突出主导产业转型升级和重点企业高质量发展，努力培育高科技产业和新兴产业，大力招引、培育软件与服务外包企业，加快推进软件产业健康快速发展，推动软件基地建设成为高水平、高标准的现代化软件园。

一、基地建设与发展成效

（一）基地发展的总体状况

基地规划用地面积 95 万平方米，现有用地面积 39.90 万平方米，现有建筑面积 49.10 万平方米，现有孵化面积 25.45 万平方米。

基地主要是"一园多区"的发展布局，百度（吉林）创新、大全数码人工智能、盟友科技等知名公司聚集园区，主要是以互联网、物联网经济为代表的软件开发企业。目前，吉林软件及服务外包产业呈现快速发展势头，吸引了甲骨文、富士通、NTTDATA、NEC、东芝、野村等大批国外发包商的来访和考察；浙江对日外包领军企业杭州东忠集团、全球外包 50 强企业美国斯帝芬尼公司中国总公司、国内金融服务业明星企业香港中讯软件集团、国内服务外包领军企业大宇宙信息技术公司等一批国内知名接包企业落户软件园；高新北区外包产业园区、北斗民用产业园、中石油数据中心、软银云计算基地、百易科技园、农业云、水文监测、桥梁远程监控、电厂远程控制中心、BPO 人才培训基地等项目开始建设；微软中国研发培训基地、文思海辉吉林基地、华信软件开发基地等一批重点大项目来区考察。2019 年，吉林创新科技城有限公司在日本东京、横滨设立了分支机构。

一年来，基地牢牢把握"改革开放试验田"的战略定位，认真落实国家发改委"首批产业转型升级示范区重点园区"、省级"人才管理改革试验区"等先行先试政策，努力推动体制机制改革、"放管服"改革、"最多跑一次"改革，营商环境得到进一步优化提升，国际开放水平和国际竞争力明显提高。

（二）基地经济产出情况

2019 年，基地累计资产总额达到 48.23 亿元，营业收入 39.29 亿元，实现净利润 3.81 亿元，上缴税金总额 3.15 亿元。其中，自主版权软件收入 12.61 亿元，出口创汇 1689.00 万元。

（三）人员情况

截至 2019 年底，吉林软件园内企业总数 180 家，其中通过 ISO9001 认证 14 家。软件园拥有员工 4328 人，其中博士 28 人、硕士 241 人、本科 2841 人，5 年以上软件从业人员 1987 人，软件研发人员 1860 人，吸收大学生就业 540 人。

（四）科技活动情况

为了给基地内 180 家软件企业提供优质高效服务，基地也在积极整合各类资源打造各类公共服务平台。东北电力大学与华微电子建立半导体共享实验室、吉林浙达能源清洁化综合服务平台、吉林工业职业技术学院智能制造平台、大全数码 6D 农产品品质控制大数据平台等科技创新平台。

近年来，吉林软件园非常重视技术转移工作，密切加强同中科院长春分院、吉林本地两所高校以及厦门技术转移中心之间的交流合作，并加大对技术转移工作的各方面投入。顺利推进吉林顺弘堂与吉林大学签订了科研创新实践基地合作协议，推进力科科技与柳百成院士达成了合作意向。促成龙山底盘公司与长春工业大学合作的微型汽车底盘性能提升关键技术及其应用研究项目、华微电子与吉林大学合作的新能源汽车用 IGBT 产品研发项目、航盛电子与中科院沈阳自动化所合作的汽车毫米波雷达智能防撞系统等共 30 余项产学研合作项目签约落实。全年技术交易登记 53 项，技术交易额 2635 万元。

（五）社会效益情况

基地始终以市场为导向，以提高企业自主创新能力和产业竞争力为目标，依托吉林国家火炬计划科技服务体系试点城市资源，充分发挥政府职能，搭建企业同高校、科研院所、科技服务机构、科技人员之间的桥梁，鼓励企业开展技术研发中心建设。产业基地一方面依托火炬计划吉林软件园的影响力和创业环境，把握目前国内部分软件企业从一线城市迁徙的契机，吸纳重点软件企业进驻；另一方面加快推进吉林高新北区软件与服务外包产业园建设，目前几家国内知名软件企业已同吉林高新区达成入园意向。截至目前，吉林软件园已建成省级企业技术研发中心 16 家；拥有软件注册权登记 156 个，其中新增软件著作权登记 22 个；拥有有效发明专利 52 件。吉林软件园进一步优化产业结构，坚持产业链招商，重点引进一批企业综合实力强、市场运作经验丰富的软件企业，不断加大招商引资力度，加快实现产业集聚。

吉林软件园依托高新区管委会，按照"决策、执行、监督"相对独立、相互制约的原则，逐步建立了程序科学、运作规范、监管严格，责、权、利相统一的政府管理体制，立足产业发展和项目建设，充分发挥政府的桥梁纽带作用，密切联系商业银行、担保公司、风投机构，针对中小企业缺乏抵押物等实际困难出台相应的融资产品或政府出资担保，最大限度地解决企业融资问题。加快建设创客咖啡、青年创业工场沙龙等具有路演、天使投资功能的新兴孵化载体建设，密切加强同投资机构之间的合作。目前基地已经完善了国家软件园、国家创业中心、留学人员创业园、大学科技园、青年创业工场、聚智创客空间等专业孵化平台的孵化服务功能。

（六）重点案例

一年来，基地依托两个院士工作站和吉大工业研究院、浙大能源清洁化综合服务中心、百度创新中心等高端研发平台，努力推进科技创新服务体系建设，取得了长足进步。先后促成吉林大学吉林市工业研究院建设了干热岩创新中心和塑料光纤全光网信息化平台两个创新平台建设；浙江大学能源清洁化综合服务平台两项科技成果分别在洮南电厂和哈尔滨发电公司转化，实现产值 2000 万元。百度（吉林）创新中心与 10 家校企达成了培训实习和人工智能业务推广等合作意向。同时，在科技服务平台引进方面取得新突破，成功引入了 3 家科技研发机构。生物制品工程技术研究院是由吉林市政府和中科院苏州医工所合作设立，以苏州医工所为技术依托，整合吉林市创新资源，通过建立产业创新平台，打造科技创新基地，布局和发展生物制品产业。目前，该研究院的技术研发平台正在高新区创业园进行场地装修，中试生产基地已选址建设。人工智能与机器人产业应用技术研究院，重点围绕人工智能与机器人领域软件开发、人工智能算法应用、机器人结构设计及控制技术研究与应用，服务于驱动技术研究与应用、3D 打印技术研究与应用等技术的需求，跟踪国内外发展趋势，以协同创新团队的形式开展具有前瞻性和实效性的发展方向、实用技术研究。中之林农业科技研究院，重点围绕玉米秸秆综合利用方面开展相关业务，为企业提供技术交易、文献共享、孵化协同、仪器共享等科技服务。

二、基地建设运营管理模式

基地主要负责吉林软件园的专业基础设施、软件开发环境建设及技术创新运营服务，并且肩负高新区 IT 产业公共服务体系建设和信息化建设技术支撑的重任，承担众多的省、市课题项目。目前随着项目的顺利实施，公共服务平台逐步完善，园区管理的信息化水平显著提升，获得了园区广大 IT 企业的一致好评和吉林高新区管委会的充分肯定。

三、基地建设的主要政策措施情况

（一）全力推进科技创新体系建设，促进产业结构优化升级

依托吉林市科技创新城建设，围绕高新区重点产业，聚集人才、技术、产品、资金、平台等科技创新生态要素，整合域内外科技创新资源，推进科技创新基础设施建设，引导和鼓励产学研协同创新，推进技术创新中心、院士工作站、产业研究院、公共研发平台等建设，搭建全要素科技生态产业链。着力将用地低效、产能落后和布局不合理的工业项目逐渐退出，腾空区域引入新一代电子信息技术、大数据等现代服务业、高新技术产业。以打造"产业新区"为目标，突出发展软件外包、云计算物联网信息等特色产业，推动与长春新区同质错位式发展。为支持区内符合产业扶持方向的企业（项目），通过努力，向上争取重点产业扶持资金 1.25 亿元。同时，吉林高新区成立了吉林市首支产业投资基金，基金规模 10 亿元，用于支持辖区优势产业发展。

（二）努力夯实"双创"示范工作，营造良好创新创业氛围

多年来，吉林高新区坚持以推动绿色、循环、低碳发展为总要求，出台了《吉林高新区关于建立生态环境保护长效机制的实施意见》，调整优化相关产业结构，发展战略新兴产业和现代服务业，着力构建生态经济体系，实现人口、资源、环境与经济社会协调可持续发展。

2019 年，基地紧紧围绕营造有利于"大众创业、万众创新"的生态氛围，加快推进"双创"平台载体建设，完善"双创"服务体系，提升"双创"产业园软硬环境，提高科技企业孵化能力。积极推进起双创产业园开园运营，全力支持高新区创业服务中心、大全数码人工智能基地、百度（吉林）创新中心、天翔科技孵化器等 15 个科技企业孵化器扩建创业孵化面积、开展创新创业活动和技术成果转化，以服务大众创业、万众创新为核心，坚持市场化投资与政府引导相结合，鼓励民间资本参与孵化器、加速器、众创空间的建设。为不同层次、不同阶段的人才、项目和企业提供场地、设备等创新创业环境，增强区域科技服务和项目承载能力，搭建专业化、规模化、网络化、立体化、国际化的社会化创新创业服务平台。重点推进吉林创新产业园二期建设；推进大全数码人工智能双创基地建设，推进大丰科技企业孵化器完成装修并投入运营；推进蚂蚁工坊、吉隆科技等众创

空间建设并扩大规模。推进东杰科技公司等建设"互联网＋"行业性专业化"双创"平台。

（三）充分发挥省级人才管理试验区优势，务实开展高端人才培育引进工作

依托省级人才管理改革试验区建设，以培育新兴产业、促进传统产业转型升级为目标，打造区域创新人才高地，吸引院士等高端人才集聚，实施高科技项目产业化工程，带动科技创新能力提升，加大科技成果转化力度，促进传统产业转型升级。依托吉林市职业教育园区、高职园区和高新北区重大产业项目及双创载体，打造吉林科技创新城创新创业基地。开展职业技能实训，加强复合型、应用型人才队伍建设，服务地方经济发展。制定出台了《吉林高新区加快高层次人才引进实施办法》和相关细则，务实开展"科创慧谷"人才计划、"吉才回家"等人才引进活动。

四、基地建设的主要经验、问题与挑战

（一）主要经验做法

1. 建设产业技术平台

吉林软件产业基地充分发挥服务职能，积极开展公共技术服务平台建设，先后建设了软件研发测试平台、电力电子检测试验平台及智能制造创新服务平台，充分发挥"共享"和"创新"的职能，为基地内100余家软件企业提供了服务。

2. 开展创业辅导和培训服务

吉林软件产业基地注重创业导师和培训服务工作，已同30余位企业专家、行业骨干、高校导师签署了创业导师协议，定期开展创业辅导和导师见面会，对有特殊需求的企业进行一对一帮扶。同时，基地牵头单位吉林高新技术创业服务中心同吉林本地几所高校签署了联合培养企业和人才协议，激活了高校的教育和技术资源。

3. 举办创新创业活动

2017年至今，基地积极响应国家"双创周"号召，先后组织承办了创业项目融资路演、双创校园行、"我是演说家"演讲比赛、小咖面对面、产教融合推介会、智能制造论坛等一系列活动。同时，为进一步激发企业创新活力，吸引更多优秀人才汇聚到高新区，基地还承办了"江城新时代"大学生创新创业大赛、"高新创业杯"创新创意大赛、脑力大赛吉林赛区城市精英赛等各类大型赛事活动，在吉林地区双创领域起到了良好的带头示范作用。

（二）存在问题与挑战

由于吉林软件产业基地整体发展规模小，研发投入强度较弱，知识创造和技术创新能力较弱，促使高企数量增长比较缓慢。园区盈利水平急需提升，在高新技术企业培育、企业吸引投资能力、国际人才集聚、创新成果产出能力方面表现不足，园区整体发展速度过于缓慢。

五、2020 年工作安排

2020 年，吉林高新区软件产业基地将紧紧围绕产业发展布局，充分发挥国家级产业基地品牌优势，进一步加强指导、优化服务，以科技创新促进动能转换，营造良好创新创业环境，力争在经济规模、产业效益等方面实现新的突破。

（一）大力推进产学研合作，加速创新资源集聚

整合域内外科技创新资源，主动对接吉林大学、中科院长春分院等省会资源，推进科技创新基础设施建设，引导和鼓励产学研协同创新。推进新型研发机构等创新平台建设，搭建全要素科技生态产业链，不断完善区域创新体系建设，加快推进本地传统行业企业的业务创新和转型升级。加大高层次人才引进力度，充分利用吉林松花江千人产业研究院吸引专家携项目落户吉林高新区，发挥专家带来的技术优势。

（二）大力开展国际合作

一方面，依托吉林创新科技城、吉林中韩创新创业示范区、一汽吉林的新能源汽车等合作项目，加大对外资企业和跨国公司的招商力度；另一方面，以东北亚博览会、中国国际进出口博览会、吉林市进口商品展洽会和省、市相关外贸活动为契机，帮助区内外贸企业拓展国际市场。

（三）出台政策支持创新主体发展壮大

坚持以企业为主体，以技术创新为切入点，实施高新技术企业倍增培育计划，全力开展高新技术企业、科技型中小企业、科技小巨人企业和技术先进型服务企业认定，培育高成长性企业发展。鼓励和推动企业拓展实施高新技术项目，争取国家、省市科技重点项目支持。

（四）进一步优化营商环境，助推基地企业高质量发展

优化营商环境是一项涉及经济社会改革和对外开放等众多领域的系统工程，只有破障碍、去烦苛、筑坦途，才能为市场主体添活力，为人民群众增便利。基地将严格按照省、市各级部门相关要求，不断简化规范企业办事流程，加快推进服务流程再造，提高信息化水平和服务效率，降低制度性交易成本。此外，在鼓励市场主体创新的同时，进一步营造良好的知识产权法治环境，切实保护创新成果的有效转化，激发和保护企业家精神；营造更加开放的投资环境、更加便利的贸易环境、更加宽松的发展环境，激发企业创新发展的内生动力。

（五）夯实人才培训体系，打造人才培训常态化模式

在知识经济时代，优秀的人才成为大中小企业共同争夺的稀缺资源，也是各个地区与企业竞相争夺的"核心资本"，企业要立足和发展，离不开人才，但由于具有自主创新能力的中青年专家较少，有自主知识产权、核心技术的人才更少，人才资源短缺已成为企业普遍面临的问题。基地一直以来十分重视软件企业和相关人才的培训工作，力求打造常态化创业培训模式，定期开展培训实训课程。2020 年，基地将进一步夯实人才培训体系建设，通过与第三方专业机构合作，开发具有本地特色的人才实训课程，逐步解决企业用人需求，吸引更多有识之士汇聚到高新区。

郑州软件园发展报告

郑州软件园成立于 1999 年 8 月，经过 20 余年的发展，初步形成了"软件与信息服务、轨道交通电子、文化创意产业"的产业集群。2018 年郑州高新区管委会进行机构改革后，郑州软件园整体并入郑州高新区管委会枫杨园区。目前管理运营机构是郑州高新区管委会枫杨园区运营中心。高新区管委会非常重视园区的公共服务平台建设，先后建立了科技创新服务平台、软件公共技术服务平台、软件产品测试中心等，为基地和周边企业提供了专业的公共技术服务体系。

一、软件产业基地发展成效显著

（一）基地总体发展情况良好

郑州软件基地是以郑州国家 863 中部软件园为核心，涵盖中原广告产业园、威科姆国际软件生态园、郑州高新区创业中心等区域的郑州高新区软件产业聚集区。

园区现有建筑面积 51.00 万平方米，其中国家 863 中部软件园占地 133 亩，建筑面积 12.90 万平方米，是郑州高新区建设的软件与信息产业的核心部分；威科姆国际软件生态园总投资约 6 亿元，占地面积约 117 亩，建设规模 12.00 万平方米，可同时容纳 4000 余名研发人员工作和研发，实现企业长期可持续跨越式发展；郑州高新技术产业开发区创业中心占地 60 亩，建筑面积 7.00 万平方米，是郑州高新区重要的孵化载体，通过"苗圃—企业孵化—毕业企业加速"的链条系统打造和全方位的支持服务，降低了企业的创业风险和创业成本，提高了企业的创新能力和成活率。

园区明确了建成软件信息产业"服务创业创新的中心""要素资源汇聚转化的中心""助推企业成长发展的中心"的目标，围绕主导产业引导和培育，做大做强做齐产业链，逐渐形成产业生态，全面带动区域软件及相关产业发展。

（二）园区经济指标持续向好

2019 年园区内企业实现营业收入 86.35 亿元，其中软件收入 41.97 亿元。与 2018 年相比，规模以上工业增加值增速 11%，规模以上服务业企业营业收入增速 12%，这一增速比郑州市的高 5 个百分点。基地经过多年发展，逐步形成了"轨道交通电子、软件与信息服务外包、文化创意"的产业集群，极大地带动了整个高新区的经济发展。

在轨道交通电子产业方面，郑州软件基地聚集了从事轨道交通软件开发及服务的企业 20 余家，其中河南思维公司的"LKJ 系列列车运行监控记录装置系统"在全国占有 60% 的市场份额，河南辉煌科技公司的"无线调车机车信号和监控系统"在全国占有 40% 的市场份额。郑州蓝信科技的高速铁路应答器广泛应用于 CRH1/2/3/5 型动车组。郑州捷安高科股份有限公司的列车驾驶系统占据全国市场份额的半数以上。郑州软件基地抓住了郑州在铁路运输方面的特殊优势，在轨道交通信息化方面走在了全国的前列。

在软件与信息服务外包产业方面，园区培育了一批有实力、有信誉、有品牌的服务外包企业，以八六三软件、威科姆科技、向心力通信、约克股份、新星科技等为代表的核心重点骨干企业，业务拓展到日本、韩国、美国、新加坡、马来西亚、印度、中国香港等国家和地区，在软件服务外包业务上，初步形成了以"日韩"和"欧美"业务为主的国际服务外包产业集群，园区目前已成为河南省内最大的软件与信息服务产业基地，2019 年完成软件服务外包收入 2.80 亿元，并在 2019 年河南省服务外包示范园区综合评价中获得 A 级评级。

文化创意产业是未来几年园区新的发展方向，从动漫代加工制作，逐步向开发原创作品转变。园区内的约克动漫连续七年被评为国家文化出口重点企业，同时它也是河南省第一家通过国家高新技术企业认证的国家级动漫企业，其立足国际文化市场做出有效的宣传和推广服务，努力促进河南省动漫产业和软件服务外包产业的大步前进。

（三）"培、引、留"全面升级人才战略

郑州软件基地把人才作为第一要素，积极推进"校地企合作"人才培养战略，定期组织校园专场招聘会，在毕业季期间组织企业高校行活动，积极对接省内各高校，针对企业不同层次人才的需求，有组织开展人才对接服务活动。2019 年园区同郑州轻工业学院、河南省电子信息工程学校签订了人才委托培养协议，郑州大学、河南工业大学"就业创业实践基地"也在园区挂牌。通过一系列措施，为基地、郑州市及河南省软件企业输送了大批实用人才。园区还联合河南 863 培训学校等教育培训机构，建立了国家火炬计划 IT 人才培养基地，加强对人才实训、软件人才的培养，以满足园区企业对 IT 人才的需求。

在培养人才的同时，基地也全面引进高端紧缺人才，2019 年园区组织并指导企业完成郑州市"智汇郑州 1125"项目申报工作，园区 10 余家企业获批，15 人认定为郑州市高层次紧缺人才。

在解决培养人才、引进人才之后，基地还充分发挥政府的资源优势，与办事处、居民社区、大型企业、医院、高校等单位一同举办联谊活动等，通过各种活动把人才留在郑州高新区。

经过培、引、留三种手段并行发力，同时结合郑州市的人才政策，2019年园区人才回流情况开始显现，园区人员数量及层次较上年度有较大幅度提高。

（四）科技创新驱动园区企业高质量发展

园区重视科技企业的科技研发活动，坚持科创强园，通过多项举措促进资源要素碰撞，激发企业的内生动力，全面提升企业的科技创新能力，从而带动企业的高质量发展。

实行科创资源"一篮子"工程梳理工作，全面梳理各类科研院所、研发机构的科创资源，全面梳理企业各类技术需求，推进政产学研用协同发展。围绕设备共享、课题合作、人才学术交流、科研成果转化等方面建立产学研创新融合机制，将大型企业、高校等科研机构的创新资源精准匹配市场需求，调研郑州大学、河南工业大学等省内高校的百余个团队及科研平台，已促进20余项合作和项目落地。

2019年，园区新增高新技术企业38家，高新技术企业累计有86家；院士工作站申报1家；省级及以下研发机构完成13家；技术交易额完成2.05亿元，流向外省市的技术交易额1.06亿元；企业当年新增发明专利59件；当年新增软件著作权登记471个。

（五）完善服务体系提高企业服务质量

园区从成立之初就坚持以企业为中心，综合利用多种服务手段提高中小型企业的成活率。另外，园区管理团队也不断提升整体服务能力与服务质量，充分发挥政府的资源优势，促进产业发展增强园区的社会效益。

企业有"数"、产业成"链"、资源入"库"。园区建立政策资源、重点企业、物理空间动态数据库等14类基础信息数据，分包联系走访等8项制度，省市重点项目推进台账等4类工作台账。落实"普惠服务全覆盖、精准服务解难题、重点服务助发展"的要求。梳理出规上企业、高新技术企业、规上和高企后备企业、各行业规模前10的重点企业等，构成了园区重点服务企业图谱；划分四个服务区域，张贴312块"企业服务专员牌"；重点突出三类产业，实现规上企业和重点企业"一企一人"分包服务，优势和特色产业分组研究培植；2019年梳理192项政策，并向企业精准发出《政策推送提示函》632份，重点落实税务、科技等政策。建立并落实《企业成长计划书制度》《企业风险预警制度》，形成每季度的《经济形势分析报告》。编写《企业服务"五十问"》，对企业发展、管理运营中的各类基础问题进行解答。完善走访后续沟通机制，分行业、分级别建立企业负责人沟通群，加强常态化联系沟通和快速推进问题协调解决。

逐渐形成了园区"十个一"企业服务品牌。园区每周一次的以搭建产业链上中下游对接平台"链合绽放"、提升职业技能的"创业大讲堂"、畅通园企沟通渠道的"企业家接待日",每月一次企业家讲坛之"新竹之声"等品牌活动,已累计举行110多场,参与企业1700多家。截至2019年11月底,走访企业千余次,查看项目百余次,搜集问题130件,已办结114件,正在推进16件,办结率87%。成立重点项目推进小组,实现"一个重点项目、两名专人跟踪",助力经济实现高质量发展。创新创业载体协同发展。制定园区创新创业载体评价办法;建立园区载体沟通联络常态机制,明确载体服务专员制度;形成园区创新创业载体全生命周期服务及监管方案,梳理《孵化器、众创空间、星创天地申报对照表》《载体奖补政策库》《共享资源汇集》等,提升服务载体规范化,促进载体发展高质量和专业化。

在帮助企业上市的工作中,逐步建立了"七个一批"的上市挂牌培育体系,多措并举推进企业上市工作。园区构建形成了储备、培育、改制、辅导、挂牌、上市、融资为一体的"七个一批"企业上市挂牌梯次培育数据库,并在其他园区推广应用。园区针对有上市意愿的企业组建上市工作专班,开展备战科创板系列活动,同时联系专家到科创板后备企业开展调研活动,有针对性地邀请企业参加"展翼资本行,走进交易所系列活动",带领园区重点上市后备企业到上交所、深交所考察学习。

园区在运行过程中帮助企业加强金融资源的对接,努力破解企业融资难题。通过召开融资对接会、银企交流会,带领金融机构实地走访及量身定制金融服务,帮助企业对接金融资源。建立园区股权融资对接平台,2019年全年共收集企业融资需求近百项,已帮助50余家企业解决了融资难题,其中多家重点企业的"双亿"融资均在推进中,成效显著。开展中小企业融资规划工作,帮助企业做好融资工作,针对有融资需求的企业挑选合适的融资方式与平台,促进企业的快速成长。

二、基地运营管理模式

基地目前采用管委会的园区运营中心综合管理协调,民营专业园区协同发展的管理模式规模逐渐显现。枫杨园区统筹各产业园区的产业发展,基地以原有产业园区为核心,联合其他周边产业园区协同发展,有效发挥不同园区的产业优势,明确园区功能定位形成互补态势,打造符合郑州发展要求的产业集群,共同促进郑州高新区的经济发展。

郑州软件园的运行主体是郑州高新区管委会枫杨园区运营中心。枫杨园区运营中心是郑州高新区在改革后成立的新型市场化机构,较之前的管理机构人才流动方式更加灵活,管理团队专业化程度更高,团队平均年龄35岁,本科及以上学历100%,其中硕士17人,全员均有3年以上从事经济相关工作的经历。从企业发展核心要素的人才、金融、科技类服务到日常的工商、税务问题,全部都有专职人员对接服务,改革后极大提升了基地的综合服务能力。

三、在新阶段多措并举确保基地健康发展

郑州基地经过多年发展，企业发展良好，成长速度较快。目前，郑州基地处于郑州高新区的核心区域，周边已无待开发的土地和物理空间。下一步需要充分利用现有已建成的各个产业园区，发展楼宇经济，展开"腾笼换鸟"工作，初步计划利用 2～3 年时间，在国有载体内清理清退一批成长潜力差、不符合园区发展方向的企业。通过多种方式盘活闲置资源，结合产业引进政策及招商工作，引导"龙头"和"蜂王"型项目落地，带动主导产业集聚式发展，并持续推进产业培植。

同时，积极推动基地各园区的特色载体园区建设，鼓励各园区按照优势产业集中发展，争取在工业软件产业、信息技术产业、云计算、智慧产业、文化创意等重点产业领域培育和扶持一批重点骨干企业，形成成熟的产业链及产业集群，打造领域内的重点龙头企业。

基地通过发放创新创业券的形式，有针对性地解决企业发展过程中的第三方服务需求。2019 年郑州高新区下发 1 亿元专项资金帮助企业购买第三方服务，涵盖战略咨询、金融服务、法律咨询、税务服务、项目申报、人力资源等多方面，经过审核，2019 年园区企业获得了 2000 万元的创业券支持。

在科技创新方面，基地充分发挥平台优势，结合使用"资源要素平台"与"链合绽放"两大服务手段，调动全园区的科研力量，盘活全园区的科研活动，深入开展创新资源整合转化，根据科技企业需求，链接优质创新资源，补充创新资源短板，提升企业的创新能力。希望在未来通过这两项活动帮助企业解决制约发展的技术瓶颈，实现关键技术突破。

在高端人才引进方面，园区与智联招聘、北京外企人力资源服务有限公司、郑州大学、河南工业大学等人才服务机构签订了人才战略协议，园区会将在日常运行过程中收集到的高端人才需求及时推送给第三方服务机构，同时鼓励企业申请创新创业券购买各项人力资源服务。

四、基地发展的主要经验、问题与挑战

经过十几年的发展，郑州软件园园区建设和软件信息产业发展已初具规模，但在发展中也存在很多问题：

（一）缺乏新的物理空间

郑州软件园所属地区属于郑州高新区的建成区，附近地区的城镇化建设基本完成，可供企业入住的物理空间较为缺乏，急需扩展更多的物理空间，同时也将通过优化调整产业结构，逐步清理淘汰一批发展潜力差的企业，充分发挥和利用现有的物理空间。

（二）缺少高质量的核心企业

目前基地内的企业多是本土发展起来的本地企业，普遍规模不大，由于基地缺少大型企业，产业集聚效应较其他先进基地还有不小差距。下一步园区会将招商作为重点工作进行推进，在培育本地企业的同时，利用现有的总部经济政策、一事一议政策等，积极引进国内大型企业的地区总部或分支机构，提升郑州基地的企业质量，提高基地的产业集聚效应。

（三）缺少产业政策

目前除国家的软件产业政策外，高新区对服务外包有优惠政策，对其他软件行业并没有优惠政策。下一步，高新区将出台针对大数据、北斗、人工智能等行业的优惠政策。

（四）人才结构不尽合理

高端人才招聘困难，复合型人才更难，低端人才过剩。目前基地虽然有高端人才回流的趋势，但绝对总量还相对较低，下一步将加强与省外高校的联系，鼓励豫籍学生毕业返乡，促进人才回流。同时也要充分发挥与基地合作的人力资源公司的作用，积极为园区企业寻找合适的各类人才。

五、2020 年基地工作安排

2020 年基地将继续按照上级要求，实现园区制定的"三个中心"目标，结合河南省云计算和大数据"十三五"发展规划、郑洛新国家自主创新示范区建设实施方案、河南省推进国家大数据综合试验区建设实施方案等文件精神，抓住新一轮科技革命和产业变革的机遇，从服务体系完善、服务能力升级、科创资源整合利用、社会效益与经济效益平衡发展等多个方面全面提升基地综合能力，进一步推动河南省软件产业高质量快速发展。

下一步，基地将结合国家提出的"新基建"战略与郑州高新区的实际情况，以大数据、人工智能为重点突破方向，坚持"应用导向、特色推进"发展思路，优化发展电子信息制造业，紧抓技术变革带来市场再布局的历史机遇，加快推动电子信息制造业产品、产品链、产业链"三大升级"，逐步补强产业短板，不断提升软件及相关技术对制造业数字化的带动作用。

在新的发展时期，基地将以高质量发展作为重点任务，发挥国家技术转移示范机构和国际科技合作作用，建立一些高等级平台，承接一些国家级专项，提升软件企业的技术创新服务能力。营造良好的创新创业环境，推动各类科研单位先进的科技成果在基地内转化、落地。鼓励更多的科研人员在基地内创业，争取培育一批在国内有较大影响力的软件企业。

未来基地将重点解决企业在关键技术上的需求，结合"链合绽放"活动广泛与各类科研单位形成紧密合作关系，深度挖掘科研单位的科研成果，激发科研人员热情，不断提升科技成果转化与技术转移能力，形成支撑区域软件产业快速创新发展的科技资源生态体系。同时，利用基地内的各种平台展开充分的服务，针对不同的企业类型提供精准画像，有针对性地开展服务工作，例如利用基地内现有的信息平台，为企业提供先进技术成果、科技项目、高层次人才、科技与产业政策、竞争情报及商业机会等精准信息服务，帮助科技型中小企业享受国家优惠及奖励政策，获取商业技术竞争情报，提供技术难题解决路径，支持企业健康快速发展。

苏州软件园发展报告

苏州软件园成立于 2001 年，按照以国家火炬软件产业基地为核心，以苏州工业园区、苏州高新区、昆山、太仓等软件园区为重点的"一园多区"模式建设。2019 年，以习近平新时代中国特色社会主义思想为指导，坚持创新发展理念，苏州软件园继续保持平稳运行，为推动苏州市软件产业高质量发展做出了积极贡献。

一、软件基地发展概况

（一）总体规模

2019 年，苏州软件园现有用地面积 364.60 万平方米，拥有企业 1206 家，共实现营业收入 714.37 亿元，同比增长 6.38%。其中，软件企业 701 家，实现软件收入 345.17 亿元，同比下降了 3.59%。

（二）经济产出

2019 年，苏州软件园实现软件收入 345.17 亿元。其中，软件产品收入达 81.79 亿元、信息系统集成服务收入达 6.09 亿元、嵌入式系统软件收入达 244.33 亿元、软件技术与信息服务收入达 12.96 亿元，分别占软件总收入的 23.70%、1.77%、70.79% 和 3.75%。软件收入中，自主版权软件收入达 91.73 亿元，占比 26.58%。实现软件出口总额为 69.21 亿元；净利润 36.57 亿元，同比增长 2.79%；上缴税收总额 40.23 亿元，同比增长 1.92%。

（三）从业人员

2019 年，苏州软件园年末总人数达 70076 人，其中本科及以上学历人员占比达 54.10%，比上年提高了 7.1 个百分点；年末软件从业人员达 45013 人，其中软件研发人员为 30603 人，占软件从业人数的 67.99%，比上年提高了 10.7 个百分点。

（四）科技活动

2019 年，苏州软件园科技活动经费支出总额达 31.29 亿元，同比增长 8.91%。R&D 经费支出达 25.41 亿元，同比增长 7.26%，其中软件 R&D 经费支出达 18.35 亿元，同比增长 13.37%。新产品开发经费支出 9.83 亿元，同比增长 8.88%。拥有软件著作权登记 7649 个，同比增长 5.24%；拥有有效发明专利 310 项，同比增幅 2.99%。

（五）社会效益

2019 年，苏州软件园现有孵化面积达 89.70 万平方米，在孵企业数 275 家；新增国家级、地方级科技和产业化项目分别为 10 个和 253 个。基地内已经获得 ISO9001 认证证书的企业达 65 家，已经通过 CMM/CMMI 等级评估，并获得相应证书的企业达 56 家。

（六）重点案例

自 2012 年以来，全市软件产业保持了年均 17.96% 的增速，软件和信息技术服务业销售收入位居全国第九（约占全国 4%），省内第二（约占全省 20%）；国家规划布局内重点软企从创建初期的 4 家发展到 15 家，实现数量飞跃；入选互联网百强企业 2 家（同程 29、朗动）；全市软件著作权 18348 件（嵌入式工业软件 4185 件），2020 年预计突破 2 万件；工业软件预计 2019 年破百亿元，工业控制软件逐步做精（微缔、欧软），一批嵌入式软件企业启动软件产业剥离工作，预计苏州市全市将有望新增一家软件百强企业；软件类上市企业突破 50 家，玩友时代港股上市，山石网科科创板上市；工业大数据应用（以工业企业资源集约利用）、在线旅游（同程）、计算机辅助技术集成软件（浩辰、同元、千机）、网络游戏、网络安全等一批重点软件企业快速成长。

高新区软件园：2019 年，山石网科通信技术股份有限公司成功登陆科创板，成为区域内继苏州天准科技股份有限公司之后的第二家科创板 IPO 企业；中移（苏州）软件技术有限公司的"苏州高新区政务示范云项目案例"获得第四届中国优秀云计算开源案例二等奖；苏州盖雅信息技术有限公司联合创始人兼 CEO 章新波获得江苏省 2018 年度互联网突出贡献奖；中移（苏州）软件技术有限公司等 3 家企业的相关产品获选省 2019 年大数据优秀产品；工业和信息化部电子第五研究所华东分所等 2 家企业的相关解决方案获选省 2019 年大数据优秀应用解决方案；江苏云学堂网络科技有限公司获得 2019 年江苏省优秀版权作品软件类二等奖；苏州市科远软件技术开发有限公司等 3 家企业获得 2019 年江苏省优秀版权作品软件类三等奖；苏州盖雅信息技术有限公司等 3 家企业获得省 2019 年互联网、大数据企业转型升级优秀企业称号；苏州未至科技股份有限公司分别获选省 2019 年互联网、大数据企业转型升级优秀产品和融合创新发展案例；苏州市伏泰信息科技股份有限公司获得第二十二批苏州市企业技术中心认定；苏州科达科技股份有限公司的相关软件获选 2019 年苏州市优秀版权奖。

昆山软件园：①尚坤集团成立于 1996 年，集团总部位于昆山市巴城镇迎宾西路 2001 号尚坤智创产业园，园区占地 50 亩，建筑面积 2.80 万平方米，2019 年获批省众创空间。集团旗下有 5 家企业。集团现有员工 300 名，其中，高、中、初级职称人员共计 73 人，项目经理（注册建造师）20 人，经过多年的历练，已成为一支业务技能过硬、绩效突出、不断创新的专业团队。尚坤集团先后被评为昆山市众创空间新型孵化机构、昆山市科技研发机构、江苏省高新技术企业、江苏省民营科技企业、昆山市建设系统工程质量管理先进企业、江苏省重合同守信用 AAA 级认证单位、江苏省名牌公示企业、安全生产先进企业等。②昆山金蟹动漫科技有限公司成立于 2013 年，是江苏省版权示范单位、昆山市版权示范单位，拥有出版物经营许可证、节目制作许可证，主营动画片研发制作、动画产业投资、图书出版与零售、授权、3D 渲染公共技术服务平台等，获批江苏省首批紫金文化创意人。目前投资拥有国内首个大闸蟹动漫 IP——飞天螃蟹，飞天螃蟹 IP 已经完成第一部动画片项目，是国内大闸蟹题材动画片；该公司还投资建立国内首个昆曲文创主题书店项目，开发昆曲动漫 IP 品牌项目。目前该公司已经完成了 5 部动画片，并投资建设多个项目，其中投资的"互联网＋飞天螃蟹"获得国家人社部全国优秀项目奖、全国十强项目奖，获得国家文旅部全国动漫保护品牌，获得江苏省科协创业创新大赛二等奖、江苏省人社厅创业创新大赛三等奖、苏州市人社局创业创新大赛二等奖，项目获得中国十大卡通形象称号。目前该公司已完成著作权登记 475 个，4 个软件著作权，获得 10 个商标。2019 年荣获北京大学峰火文创大会年度文创企业称号。

工业园区软件园：①创达特（苏州）科技有限责任公司，创立于 2008 年 8 月 2 日，注册资本 4020.22759 万元人民币，是一家提供 xDSL 集成电路芯片 SoC 以及家庭通信解决方案的企业。现有员工 290 人，其中博士 2 人。它是苏州工业园区金鸡湖双百人才计划企业、江苏省双创人才企业、国家千人计划创业企业、苏州工业园区瞪羚企业、国家高新技术企业、江苏省软件企业。累计发明公布 11 项，发明授权 6 项，实用新型 2 项，软件著作权 27 项。②思瑞浦微电子科技（苏州）股份有限公司，2012 年 4 月 23 日，注册资本 6000 万元人民币，是中美合资的芯片设计公司，专注于高端模拟芯片的集成电路设计。现有员工 154 人，其中博士 8 人。它是姑苏领军人才企业、国家千人计划企业、苏州市瞪羚企业、国家高新技术企业。累计发明公布 22 项，发明授权 14 项，实用新型 6 项。③苏州清睿教育科技股份有限公司，创立于 2012 年 11 月 9 日，注册资本 3091.2375 万元人民币，独立研究和开发了世界领先的人工智能语音技术，并推出其核心产品——智能口语教练。现有员工 75 人，是姑苏领军人才企业、江苏省双创人才企业、国家千人计划创业企业、苏州市独角兽培育企业、国家高新技术企业。累计发明公布 4 项，实用新型 1 项，外观设计 1 项，软件著作权 21 项。④苏州工品汇信息科技有限公司，创立于 2007 年 2 月 25 日，注册资本 1907.544455 万元人民币，是专业提供 MRO 工业品采购一站式服务的供应商。现有员工 423 人。累计拥有软件著作权 13 项。⑤苏州瑞翼信息技术有限公司，创立于 2010 年 4 月 12 日，注册资本 1300 万元人民币，专注于为中小企业提供移动互联网营销解决方案及系统开发服务。现有员工 133 人。它是苏州工业园区科技领军人才企业、苏州工业园区瞪羚企业、国家高新技术企业。累计拥有软件著作权 52 项。⑥益萃网络科技（中国）有限公司，创立于 2017 年 1 月 10 日，注册资本 20000 万元人民币，是基于 SAAS 模式的业务财务一体化的智能管理工具的供应商。现有员工 930 人。益萃网络科技（中国）有限公司是国家高新技术企业。累计发明公布 22 项，软件著作权 28 项。⑦苏州蜗牛数字科技股份有限公司，创立于 2000 年 10 月 30 日，注册资本 12000 万元人民币，是一家游戏娱乐公司及 3D 虚拟数字技术研发企业。现有员工 681 人。它是苏州工业园区瞪羚企业、国家高新技术企业。累计发明公布 279 项，发明授权 11 项，实用新型 7 项，外观设计 18 项，软件著作权 145 项。⑧苏州叠纸网络科技股份有限公司，创立于 2000 年 10 月 30 日，注册资本 12000 万元人民币，是一家专注于互动娱乐领域的新型互联网文化公司。现有员工 69 人，其中博士 1 人。苏州叠纸网络科技股份有限公司是苏州工业园区瞪羚企业、苏州市独角兽培育企业。累计发明实用新型 4 项，软件著作权 42 项。⑨苏州众言网络科技股份有限公司，创立于 2013 年 2 月 4 日，注册资本 6000 万元人民币，是一家网络调查研究服务商。现有员工 101 人，其中博士 1 人。苏州众言网络科技股份有限公司是苏州工业园区瞪羚企业、国家高新技术企业。累计外观设计 1 项，软件著作权 37 项。⑩苏州科大国创信息技术有限公司，创立于 2004 年 3 月 10 日，注册资本 1000 万元人民币，面向电信行业提供电信支持系统软件和服务。现有员工 135 人。该公司是在软件研发标准化、规范化、成熟度等方面表现优异的最高认证 CMMI5 认证企业、国家高新技术企业。累计软件著作权 41 项。

二、软件基地运营管理模式

苏州软件园采取"一园多区"的建设模式，分别由工业园区软件园、高新区软件园、昆山软件园和太仓软件园等组成。各区软件园分别由软件产业服务中心管理和运营。如昆山软件园采取的是一套班子、两块牌子（昆山软件园管理委员会、昆山软件园发展有限公司）的运作方式。管委会负责软件产业服务中心的行政直属管理，发展有限公司具体建设和运营。软件产业服务中心的建设一方面带有政府公益性质如对初创企业的孵化，另一方面孵育企业作为整个园区的项目储备。以软件园创业大楼为核心载体，实现功能包括孵化（研发）、公共服务，为企业提供完善的商务办公、工商注册、申报咨询、培训认证、投融资等服务。

三、基地建设的主要政策措施情况

（一）加强企业宣传和产业对接

积极组织特色软件和信息服务企业参加北京软博会、南京软博会和大连软交会，进一步加大对苏州软件和信息服务业企业的宣传展示，为企业市场开拓提供助力；通过高质量承办国际开源技术与创业应用展示暨中国峰会、第五届"i创杯"复赛等两个活动（考察参观、人工智能产业对接展示、高峰论坛），充分展示苏州开源技术与软件产业发展形象。依托工信部信软司来苏调研工业软件的契机，积极推荐苏州工业软件特色亮点企业，并为苏州工业软件企业典型案例写入《2019中国工业软件发展白皮书》做好全力对接。

（二）大力推动产业平台载体建设

一方面，进一步加大对华为软开云和人工智能（苏州）研究院的政策支持，发挥它们对产业发展的赋能、赋值和赋智功能；另一方面，积极组织各地申报省互联网众创园、数动未来融合创新中心、省（市）级企业技术中心等产业支撑载体，为支撑产业创新发展提供助力。此外，软件园与苏州大学计算机研究院、苏州职业大学信息学院、苏州高博软件技术学院深入沟通对接，将软件人才本地化培养作为支撑产业发展的重要环节，探讨新形势下软件人才本地化供给的有效途径。

（三）加大高层次人才引进和培育力度

积极推进国家、省、市各级人才引进计划，重点向软件和信息服务业人才倾斜，引进一批拥有核心自主知识产权、掌握关键技术的高科技领军人才和创新创业团队。近十年来，苏州市软件互联网方向获评省双创人才17人、省创新团队4个。全市拥有苏州软件园培训中心有限公司、苏州索迪培训中心等7个省级（含以上）软件和信息技术服务业人才培训基地，每年培育软件专业人才超万人。

四、基地发展的主要经验

（一）加速推进信息技术应用创新工作

按照国家、省、市有关工作要求，为抢抓信息技术应用创新工作机遇，发挥全市信息技术企业广泛参与度，做大苏州企业在全国信创产业中的份额，我们认真开展信息技术应用创新工作调研和工作推进，积极组织全市信息技术服务企业入联盟进目录，截至目前，全市已有7家企业及其相关产品进入国家联盟和产品目录（占1.43%）；有67家企业及其相关产品进入省联盟和产业图谱（占59.2%）；2019年11月成立苏州市信息技术应用创新联盟，并编制产业发展三年行动计划。开展条线部门和重点企业信创培训，宣传最新政策，提供发展指引。

（二）不断加强研究院所引进力度

为积极助力产业集聚健康发展，构建全方位、多层次产业服务体系，不断增强高等研究院所引进力度。紫光云引擎、上海交大苏州人工智能研究院、苏州工业大数据创新中心等一批项目相继落户苏州，为软件产业健康发展注入了新的活力。

（三）着力完善公共服务平台体系

苏州全市拥有118家省级以上科技企业孵化器，其中国家级49家、省级69家，多数孵化创业园内均有软件及信息服务企业入驻。园内以企业共性需求为导向，分别建设了软件评测、技术培训、数据服务、集成电路设计、中小企业信息化（云计算）、知识产权保护、动漫游戏服务等较为完善的公共服务平台体系。

五、存在的问题

（一）标志性领军企业欠缺

虽然软件企业百强中华为、阿里、用友等在苏州均设有研发机构和分公司，但是百强企业中尚无苏州本土软件企业入围，缺少引领行业龙头的企业，制约了苏州市软件行业的进一步做大做强。

（二）软件人才资源匮乏

在软件人才引进方面面临同沪宁杭等城市激烈竞争、人才资源相对匮乏的情况。与其他城市对比来看，苏州软件园的软件人才政策还不够突出、力度还不够大。软件人才特别是大数据、云计算、人工智能方面的专业人才队伍不足。

（三）新业态新模式有待进一步创新

苏州市高校、研究机构近年来数量上虽有增长，但创新基础薄弱的环境还未真正改变。同时，高端人才缺乏的制约效应日益明显，高端研发团队落地难度较大。以上多方面因素限制了苏州市软件企业新业态新模式创新。

六、2020 年基地工作安排

（一）围绕"中国软件特色名城"，做大做强企业规模

以"中国软件特色名城"称号为新起点，围绕特色领域精耕细作，从特色优势向综合优势不断转化，对标国内、国际一流软件名城，进一步聚焦和提升工业软件特色化发展，加快软件园区载体建设和培育本土龙头软件企业，推进软件产业与先进制造业的深度融合发展。同时，培育和引进相结合，积极鼓励企业和个人在苏州创办软件企业，以规模化、品牌化和国际化为目标，围绕苏州软件产业特色和发展方向，完善产业配套，重点培育和扶持一批骨干企业和知名品牌，使其加速发展、率先突破。

（二）加强产业发展载体建设

进一步加强共性技术服务平台建设，推进软件领域试点示范工程，发挥各级产业发展载体作用，引导软件企业向特色园区集聚，推动产业发展载体建设上一个新的台阶。

（三）加大招商引资

进一步加大招商引资工作力度，以世界 500 强企业、国内百强企业、国内外上市软件和集成电路企业为工作重点，吸引海内外资本投资苏州市软件产业。鼓励苏州市传统优势企业投资设立软件企业，通过与国内外著名软件企业合资、合作，积极吸收和借鉴先进的生产经营方式和管理方法，增强苏州市软件产业的国际竞争能力。

（四）注重人才建设

贯彻落实国家、省、市人才相关政策，加大对人才引进和培养力度，对为产业发展做出突出贡献的优秀软件产业人才给予重点奖励；积极支持各类社会教育培训机构开展软件产业和集成电路产业人才培训，加大对企业高级管理人员、项目经理、软件架构师及软件教育培训机构师资的培训力度，支撑苏州市软件产业高速发展。

（五）鼓励创新发展

大力发展5G网络、互联网＋、云计算、大数据、人工智能、区块链、物联网等重点领域产业，鼓励创新，培育发展一批新兴的软件企业。

（六）优化发展环境

加快制定有利于市级软件企业发展的财政、人才、用地、用电等政策，有针对性地服务满足软件企业个性化需要，为软件产业发展提供全方面的优良政策环境保障。

无锡软件园发展报告

2019年，无锡（国家）软件园在国家相关部委、中心和省、市政府的大力支持下，全面推行科学创新发展、转型发展新思路，以打造中国领先的软件创新社区为目标，以科技地产综合运营商和系统解决方案供应商为定位，产业规模连续多年高速增长，综合实力持续攀升。

一、2019年基地发展成效

（一）基地发展的总体状况

截至2019年底，无锡软件园总企业数1671家。其中，营收超10亿元的企业有45家，营业收入超过1亿元的企业243家，营业收入为1000万~1亿元的企业有470家，营业收入为50万~1000万元的企业有487家。新增国家级科技和产业化项目63个，新增地方级科技和产业化项目361个。

2019年，无锡软件园重回全国软件产业基地前10强，是江苏省唯一入围十强榜单的园区，在产业化环境、创新能力两个一级指标中分列全国第二位和第六位。

1. 产业布局

现有建筑面积约85万平方米，其中70%为科研办公用房，约30%为商务生活配套。商务生活配套区域内设有精英公寓、人才公寓、自动投币洗衣房、健身运动中心、IPTV电视、医疗中心、24小时超市、咖啡吧、餐饮、银行、娱乐、图书馆、生态景观等基础设施。旨在打造交通便利、生活方便、环境优美，工作不耽误生活、生活不影响工作的科技生态园区。

本着打造"中国领先的软件创新社区"的目标，建立完善的生活配套设施，以软件企业为主，打造物联网与云计算、软件及服务外包、创意产业、新媒体、电子商务、互联网广告、智能硬件等新兴产业聚集区，为企业产业发展提供资源链接和服务。从企业孵化、科技金融贷款支持、项目政策兑现支持，一路扶持到发展为规上企业，再到规划IPO，为企业提供专业配套服务。

2. 建设用地情况

无锡国家火炬软件产业基地在硬件载体上目前形成了"一园四区"〔无锡软件园（含江阴软件园分园），滨湖区、锡山区、惠山区、宜兴〕的产业格局，总规划用地面积达到1000万平方米，已投用载体面积累计达306万平方米，现有孵化面积120万平方米，交通、餐饮、娱乐、健身、超市、银行配套等园区基础配套设施完善。此外，近年来，园区在软性基础设施上加强了智慧园区的建设，建有微信宣传平台、远程监控平台、三维展示系统等。无锡（国家）软件园是无锡推进经济社会转型发展的前沿阵地，是"感知中国中心"与"无锡Park模式"的发源地。

（二）基地经济产出情况

2019年无锡软件园实现总销售收入1747.9亿元，其中软件收入达到1303亿元；累计实现软件出口70.28亿美元；年上缴税额92.35亿元。

（三）基地人员规模

2019年末，无锡软件产业基地聚集各类人才198934人，其中软件从业人员173073人，园区人员规模逐年攀升。

表1 无锡软件园从业人员发展数据   单位：人

年份 \ 项目	年末从业人数	博士学历	硕士学历	本科学历	年末软件从业人数
2015	157960	881	5928	125655	139015
2016	164540	916	6175	133521	141795
2017	172782	933	6441	140915	148890
2018	181294	957	6735	147891	156730
2019	198934	997	7384	162241	173073

（四）科技活动情况

2019年，基地根据园区企业共性特点及各阶段需求，匹配资源邀请行业专家、服务机构、优秀企业家等外援力量，从企业市场需求、技术资源需求、知识产权、技术交易、产学研合作、创新创业大赛等方面以沙龙、恳谈、培训、路演等方式，全方面、多维度、多形式地举办了30场科技活动。

常年组织基地内企业参加高企申报培训会、项目申报培训、新入驻企业座谈会、金融对接服务等活动。组织实施江苏省"i 创杯"互联网创业大赛，144 个项目参加；配合区科技局组织无锡市科技创业大赛的报名工作；联合汇智党建联盟开展软件和集成电路企业税收政策解读会等。

重视产学研合作，打造建设了以"互联网＋"产学研技术平台，该平台以高效的 O2O 交流合作，实现高效科研成果、企业与资本的无缝对接。截至 2019 年底，产学研平台上高校及科研院所用户累计注册 91 家，高校发布专家累计达到 2422 人，发布技术成果达 4966 项。企业用户在平台上累计注册 866 家，发布需求 1354 项。2019 年拥有有效发明专利 2638 件，其中发明专利 496 件，累计制定国家标准 8 项。

基地大力推动技术交易，依托无锡物联网技术交易中心，组织企业、院校、研发机构参加技术交易活动。2019 年软件技术性收入 64.3 亿元。

基地引导、帮助企业加大研发投入力度，鼓励企业自主知识产权销售，截至 2019 年，基地自主版权软件收入 101 亿元；2019 年科技活动经费筹集总额 204.5 亿元，其中企业资金 138.3 亿元，金融机构资金 38.8 亿元，政府部门资金 25.4 亿元，其中地方政府资金 19.1 亿元；科技活动经费支出总额 173.5 亿元，其中研究与试验发展经费支出 151.8 亿元（其中软件开发经费支出 79.8 亿元）、新产品开发经费支出 66.9 亿元、年培训费用 76.3 亿元。

（五）社会效益情况

1. 促进产业项目聚集

无锡软件园以软件服务外包、云计算物联网和文化创意作为园区的三大发展特色方向。软件及服务外包方面，园区软件企业 1671 家；物联网与云计算融合发展，目前已建成城市云计算中心、电信国际数据华东区中心、中国移动 IDC、物联网公有云平台 OneNET、中国联通 IDC 一期、恒云太数据中心、中民投易商二期新聚斯云计算服务器 7 家云服务平台，促使园区成为全国最密集的 IDC 集中区域之一；文化创意产业蓬勃发展，累计有 11 部原创作品登陆央视。

2. 孵化载体梯队健全

全面多元化服务入驻企业的同时，运用政策大力引进和扶持特色化众创空间，支持各众创空间科学规划，不断挖掘并发挥品牌众创空间的资源优势，实现特色化、差异化发展，活跃创新创业氛围，提升众创空间的招商孵化能力和影响力。累计招引创业邦、阿里梦想家、恩普勒斯、微视广告联盟、中航联创、3W 咖啡等特色孵化器。

3. 服务企业亮点频现

基地积极实行专业化发展，服务企业斩获一系列国家级、省级荣誉。永中软件入围"2019 行业信息化最具影响力企业"，朗新科技荣获"2019 年中国经济年度企业""2019 年行业信息化领军企业""2019 年能源互联网行业领军企业""中国上市公司科技创新百强企业'小巨人'"等荣誉，感知技术入围 2019 年中国物联网企业 100 强，汉和航空荣获农业农村部部级奖——2019 数字农业农村新技术新产品新模式优秀项目，极课大数据入选科技部《智能教育创新应用发展报告》，瀚云科技入围 2019 世界物联网排行榜 500 强、2019 中国创新互联网企业 TOP100、2019 中国工业互联网 50 佳，艾德无线、智恒信息入围江苏省互联网企业 50 强，观为监测入围"江苏省 2018 年度互联网十大创新力产品"，海宝软件入选省首批智能制造领军服务机构，汉和航空获得省科学技术二等奖，金风软件产品获评第十届无锡市优秀软件产品"飞凤奖"。

（六）重点案例

2019 年，基地企业发展势头良好，江苏曲速教育科技有限公司（极课大数据）创立于 2014 年，其自主研发的 EI 教育智能平台，可以在不改变传统大班教学模式的基础上，通过图像识别、计算机深度学习等人工智能核心技术，对作业和考试等数据动态化采集，并进行大数据智能分析。该智能服务平台不但可以为老师提供精准、清晰的数据决策支持和海量题库，还可以为学生提供自适应学习资料及学习路径，为家长提供详细的学情查询。2019 年该企业获得字节跳动投资并入围"省市准独角兽培育入库企业"。

无锡雅座在线科技股份有限公司于 2010 年设立数据灾备中心、运营中心和雅座商学院。"雅座收银"产品系列，延续雅座在会员、营销上十年的积累和沉淀，通过全场景会员营销等服务，为餐饮行业实现全价值贡献。2019 年入围"省市准独角兽培育入库企业"。

江苏钜芯集成电路技术股份有限公司成立于 2012 年，无锡基地为研发总部，核心骨干来自欧美著名厂商，包括芯片设计、芯片制造企业的技术精英。公司始创于 2006 年，先后在无锡和上海形成两个研发中心，在深圳形成了较为成熟的市场体系。通过几年的技术整合和技术积累，钜芯已完成了几大领域的芯片设计与研发，目前致力于多媒体处理芯片、MCU 微控制芯片、RF 射频芯片、电源驱动芯片的设计与开发以及系统集成与系统平台的建设与开发，2019 年获得"万人计划"项目。

二、2019 年基地运营管理模式

为推动无锡软件产业跨越式发展，转变政府职能，优化资源配置，2007 年 3 月 29 日，国资公司无锡软件产业发展有限公司成立，现注册资金 9.59 亿元，公司经营范围包括科学工业园区的经营管理及配套服务、公用设施开发经营、自有房屋出租、物业管理，软件及电子信息产品的研究、开发及销售，对科技项目的孵化培育，以自有资金投资于国内外高科技企业、教育培训（不含发证）、咨询服务。

无锡软件园依托无锡软件产业发展有限公司运营管理，负责无锡软件园的开发、建设、管理与运营，以及基地软件产业发展规划的制定和实施、招商引资和企业服务工作。软发公司自成立以来，积极致力于科技地产开发建设以及产业发展环境营造，设立了招商部、企服部、资产工程部、金融财务部、行政综合部等较完善的运作管理体系，搭建了以人才培训平台、人力资源服务平台、共性技术支撑平台、知识产权服务平台、投资融资平台和 iPark 产业服务联盟、iPark 金牛企业上市联盟等平台为主的产业服务体系。

三、2019 年基地建设的主要政策措施情况

（一）产业结构优化升级

以打造"中国领先的软件创新社区"为目标，加强政策支持，集中资源全方位引进创新研发型科技企业，打造集成电路产业集中区、动漫文化创意产业联盟、软件外包产业集中区、云计算大数据、物联网应用以及技术交易中心、互联网广告电子商务聚集区六大特色软件产业园区。

（二）以阶段化认定支撑精准扶持

针对各类企业业务性质不同、科研投入力度不同的特点，园区开展了科技企业认定和发展阶段认定工作，即通过科技企业双认定甄别是否是科技研发型企业、处于何种发展阶段型，集中资源对真正具备研发能力的科技型企业，分孵化期、加速期、成熟期等不同阶段予以不同力度的政策精准支持，引导企业向高科技含量业务、高科技资源投入、低资源消耗方向发展。

提高企业自主创新能力和做强协同创新体系并重，坚持分层梯度扶持和分类靶向培育并举，加强高新技术企业和雏鹰、瞪羚和独角兽企业的引进、培育和服务，通过充分发展以高新技术企业为主体的创新型产业集群，提升基地内企业的创新能力和区域竞争力。

（三）人才引进实质支持

园区自建精英公寓、人才公寓，对于符合条件的企业可申请免租期或低租期公寓，湿地生态化公寓环境，生活配套设施及服务齐全，为企业引进人才、留住人才提供助力。

针对不同层次人才，提供一条龙服务。针对高端人才，借力猎头公司如智联招聘与企业抱团联合招聘；针对中低端人才，借助市、区人力资源中心专业人才招聘机构、招聘活动和极客营等专业人才培训机构资源，实施校招、社招、网招的组合拳。充分利用各种优质培训机构资源为园区企业提供定制化的用人解决方案。

设立园区企业招聘人才共享库，通过增进园区 HR"QQ 群"等圈子的交流，降低企

业人才招聘成本；定期组织企业高管及 HR 培训，提升企业自身人力资源服务水平。园区将继续强化人才驱动，借助"双招双引"优势，激发人才活力，全力抓好科技人才工作，不断集聚领军型人才，加速创新资源集聚，构筑自主创新新高地。

四、基地发展的主要经验、问题与挑战

（一）加强政策扶持，强化招引重点项目

加大力度扶持重大项目，为促使符合入驻基地条件的重大新项目落地、落实、快速成长，根据企业发展需求及投资规划签订一事一议服务合同，制定个性化的企业扶持方案，协助企业对接发展中的各方资源。加大招商和引才力度，组织专人跟进，加大已有龙头项目以商招商力度，包括已落户的外资巨头、上市公司、行业龙头企业产业链中重点环节企业、合作商及其投资的项目等。千方百计推动投产企业的能级提升，争分夺秒加快在建企业的早日投产，尽心尽力帮助在孵企业的成果转化。

（二）基地改善高校毕业生就业环境、拓宽就业渠道的新举措

在人才的"招引育留"四个层面，通过政府引导、社会介入、市场运作的方式，打造一个完整的人才服务支撑体系。汇集 10 余家 IT 专业培训机构，形成年培训万人次的规模，并与高校联合设立企业大学生实训基地，进一步促进本地大学生就业。

扩大企业吸纳规模，每年 4 月组织园区各类企业参加高校毕业生专场招聘会，解决新型研发机构及其引进或孵化企业的用人需求。

拓展就业见习规模，支持企业、政府投资项目、科研项目设立见习岗位。对见习期未满与高校毕业生签订劳动合同的，给予见习单位剩余期限见习补贴。

开辟高校毕业生创业注册登记绿色通道，开办企业线下申请"一窗式"服务。高校毕业生创办企业有融资需求的，免费提供知识产权质押融资全流程服务。

（三）基地发展的问题与挑战

通过多年的建设与发展，基地产业蓬勃发展，但在求快求稳的聚集发展中，还存在一些问题：

交通和生活环境有待改善，良好的交通和生活环境对于吸引人才、留住人才起着至关重要的作用。基地自身虽然努力创造良好的环境，竭尽所能为企业服务、提供必要的支持，但周边商务配套还不完善，需要改善大环境以吸引国内外的投资者和开发人员。

大城市对软件业从业人员的争夺如火如荼，而在国内竞争市场上，许多大学毕业生都

将择业城市选定在北京、上海、深圳等经济发达城市，非中心城市明显处于人才竞争劣势。

五、2020 年基地工作安排

（一）招商工作

1. 高质量开展项目拓展，聚力招引龙头企业

瞄准"北上广深、龙头骨干"，加强目标客户定向招商工作。按照全年 KPI 考核指标继续高密度安排招商团队在北京、上海、深圳等地以及国外进行招商小分队招商推进活动，邀请领导走访意向客户；积极参与"百企千才"等活动，持续跟踪优秀项目；加速推进在办项目进度，力争超额完成项目的招商指标。

2. 加强对外宣传，增强基地影响力

对外宣传工作对塑造园区形象至关重要。无锡软件园基地注重平面与立体、传统与互联网营销相结合，对外与中国软件园区联盟、省发改委联合会等 7 家相关协会建立渠道联系，主动对接智慧新吴、珍岛集团等网络媒体，建立常态化的园区信息报送制度，进行全方位品牌宣传；对内改版园区宣传册，实现招商、产业、资管、人才公寓、公交系统、配套信息易查询、充实园区网站内容；加强服务园区已落户企业，争取"以商引商"招引优质项目。

3. 发挥产业调研与项目招引的双向互济作用

知己知彼，方能百战不殆。为加强项目开拓的针对性，围绕新兴产业，开展人工智能、自动驾驶、集成电路、大数据等产业专题调研，研究行业发展动态及龙头企业投资战略情况，形成产业分析报告，定期组织内部培训，提升招商团队的专业度。

4. 深化渠道合作，有效资源对接

深化与中国软件协会、江苏省集成电路产业协会、安可联盟等机构，市工信局、市科技局、物联网中心等部门，资产管理公司、产业基金、咨询公司等第三方专业机构的交流合作，有效实现与优质企业资源的精准对接。

（二）产业服务工作

1. 服务更"细"，持续搭建企业培育平台

围绕高新区 2019 年高效益科技创新目标任务，加大对科技企业的培育力度，特别是高新技术企业和三类企业的认定工作，挖掘园区潜在企业，做到服务无遗漏、无死角，确保达标企业能够申报，争取完成区下达的全年工作目标。走访重点企业，按照年初预排的

产值目标跟进企业开票。

2. 定位更"高"，提升基地特色品牌

继续做好基地品牌维护工作，针对基地产业发展的现状，更新发展规划，积极争取省、市生产性服务业集聚区品牌；积极跟进科技部火炬计划软件产业基地排名以及国家级科技企业孵化器综合评价结果。

3. 活动组织"多样化"，创新方式服务企业

组织半年度企业家座谈会、定期召开新入驻企业座谈会；协助区科技局组织无锡市科技创业大赛相关工作；定期开展银企对接会，帮助企业解决融资难问题。

（三）提升基地软硬件配套服务

基地部分配套投入年限已久，环境设施有些陈旧，联系相关企业设计并深化园区安全、品质和智能化总体方案，启动整体提标改造工作并分步实施，力争通过半年的努力，使园区整体形象有明显提升。如翻新改造公寓，全面装修启用杜鹃座人才公寓，进行停车场扩建，停车道闸系统升级等。

常州软件园发展报告

2019 年，在国家科技部及省、市、区各级政府的指导和支持下，常州软件园着力完善园区设施和配套环境，提升企业服务质量，进一步推进软件产业的发展。

一、2019 年基地发展成效

（一）基地发展的现状

常州软件园成立于 1999 年，是江苏省首批省级软件园，2004 年 9 月被批准为国家火炬计划软件产业基地，现有载体面积 35.00 万平方米。园区内 580 家创新企业构筑起融合发展的"创业共同体"，涵盖了软件与信息服务、互联网＋、数字创意、人工智能等新兴产业门类，形成了"数字经济＋实体经济"互融共促，高端现代服务业蓬勃发展，新产业、新业态、新技术、新模式不断涌现的发展格局。目前，园区共培育发展出省级以上众创空间 3 家，市级以上研发机构 20 家，高新技术企业 38 家，"新三板"挂牌企业 8 家；培育出一批国家、省级电商示范企业，省重点文化科技企业，全国创新创业大赛获奖企业，国家级动漫企业等；创造出智能平衡车、智能超感飞翔车、AR/VR 沉浸式展陈体验整体解决方案、智慧医疗整体解决方案、赞奇渲云平台、红眼兔电商平台、智恒达型云电商平台、四海商舟跨境电商平台、化龙巷等一批行业著名品牌和拳头产品。

园区还构建了包括人才服务、科技金融服务、市场服务等在内的企业服务体系，搭建了国家二维无纸动漫技术公共服务平台、产学研联合创新服务平台、CNITO 国际服务外包承接中心、人工智能公共技术服务平台等一批国家级、省级重点平台，建成爱尔威国际人工智能孵化器、四海商舟创蔓跨境电商众创空间、化龙网络纷智众创空间等一批省级众创空间、孵化器。

（二）2019 年基地经济产出情况

2019 年，园区聚焦特色产业，完善管理机制，提升园区品质，着力推进软件产业发展。全年，园区实现营业收入 93.68 亿元，其中软件收入 64.67 亿元，软件技术与信息服务收入 3.49 亿元，自主版权软件收入 3.53 亿元，软件收入占园区总营收的 69.03%；创税收 1.88 亿元，净利润 1.01 亿元，出口额达 1.87 亿元。在园区 580 家企业中，营收超10 亿元的企业 2 家，有 39 家软件企业营收超过千万元，4 家软件企业营收超亿元。

（三）2019 年基地人员情况

2019 年，园区内共有职工人数 8467 名，其中本科及以上学历职工数 4660 名，占园区总职工数的 55.04%。软件从业人数达 6101 名，其中软件研发人员 2021 名。全年，园区有 2 人入选江苏省"双创计划"科技副总，另有 2 人获得江苏省首批紫金文化创意人才荣誉。

（四）2019 年基地科技活动情况

2019 年，园区筹集科技活动经费 2.19 亿元，支出科技活动经费 2.02 亿元。全年新增软件著作权登记 50 个，累计达 900 个，新增发明专利 21 件，有效发明专利累计达 108 件；新增区级工程技术研究中心 6 个，新增市级工程技术研究中心 1 个，新增市级工业设计中心 1 个，新增省级工业设计中心 1 个；举办专场产学研活动 6 场，签订产学研协议19 项。

（五）2019 年基地社会效益情况

2019 年，园区积极引进培育孵化企业，引进优质服务业项目 6 个，科技人才项目 1个，科技型企业 35 家；入库市重点项目 1 个；引进落户常州市"龙城英才"计划创业类项目 5 个；培育完成 2016～2019 年引进落户、2019 年销售超 300 万元的人才企业 2 家。

同时园区着力服务企业发展，全年辅导 2 家企业推进股改工作；协助企业完成专利申请 352 个，发明专利申请 167 个；新增高新技术企业 10 家，新增高新技术产品 22 件。园区企业金刚文化科技 VR 飞翔器项目入选国家文化和旅游部"2019 年文化和旅游装备技术提升优秀案例"，是常州唯一一家入选该案例的公司；化龙网络创作视频入选全国"五个一百"网络正能量精品，也是常州唯一一家入选的公司；乐众信息在全国创新创业大赛总决赛中获"优秀企业"称号；智恒达型云网络、化龙网络入选 2019 江苏省互联网企业 50 强榜单；4 家企业获评 2019～2020 年度省级电商示范企业；卡龙动画《东方七色花》获江苏省第十一届精神文明建设"五个一工程"奖优秀作品奖；金刚文化科技、化龙网络获评 2018 年度常州市优秀文化企业；园区 8 个项目在 2019 年常州市创新创业大赛中获奖。此外，园区还组织了 15 家企业赴高校开展招聘，组织举办创意人才专场招聘会，帮助 80 余家企业对接 700 多位高校学生；组织 6 家企业参展第十五届中国（南京）软博会，组织 5 家企业参加第十五届中国国际动漫节，集中展示园区企业风采。

二、2019 年基地运营管理模式

2019 年，园区深入贯彻落实省市区关于高质量发展要求，以"盘活区域资源，引领转型升级"为总方针，与园区所在三井街道加快推进"园镇融合"发展。一是完善运营管理制度体系，根据园区发展定位，对园区 6 栋楼宇业态进行整体规整划分，完善出台产业用房管理及园区物业、商业配套服务等管理规定，进一步加强园区标准化、规范化管理。二是有序落实园镇融合发展。一方面明晰落实政策支持。园区草拟现代服务业政策的实施细则，明晰重点发展业态，对符合标准的企业予以支持。另一方面整合资源凝聚合力。在党群工作、宣传统战工作、安全生产、交通问题、长效管理、扫黑除恶等综合治理方面积极联动三井街道相关部门，提升园区运营管理水平。

三、2019 年基地建设的政策措施情况

（一）合力开展双招双引

制定战略性新兴产业发展规划等顶层设计，与三井街道共同成立园区项目引进研判评审小组，着力优质项目的引进。全年重点引进原点科技、凯东智能科技、哈勃新能源等 42 个企业（项目）；推进威特外资电子商务项目，完成到账外资 200 万美元；与全国中小商业企业协会开展对接活动，赴北京、深圳开展专题招商推介活动，挖掘优质项目信息；在园区举办 2019 中国（常州）无人机行业应用技术峰会，星空无人机研究院揭牌落户园区，致力于打造科技创新强引擎，助推区域经济高质量发展。

（二）按需调优服务配套

探索构建"星级化管理，精准化服务"的"互联网＋"服务管理体系。一是聚力"1＋1"融合发展平台建设，线上推进建设智慧园区服务平台，线下推进建设园区综合服务中心，实现企业减负增效。二是聚力园区形象与创业氛围提升，制定园区公共及商业配套升级改造计划，科学统筹设计改造方案和市场化经营方案，引进瑞幸咖啡、十足便利店等品牌商户，提升园区商业档次，便利园区企业员工。三是聚力企业服务水平提升，着力

解决企业问题和困难，促进企业发展提升。组织举办银企对接会，为企业与资本机构牵线搭桥，解决企业融资难问题；举办创意三井·人才政策解读会，为企业宣贯普及人才政策；举办各类辅导活动，协助企业推进股改及各类企业资质申请认定工作；组织企业赴南京艺术学院、南京林业大学、哈尔滨工业大学开展人才招聘对接，组织举办创意人才专场招聘会，帮助企业解决人才问题；组织企业与常州工学院、河海大学、南京林业大学、哈尔滨工业大学等进行产学研对接活动，推动校企合作；组织企业与东南第一村——西夏墅开展美丽乡村走进创意企业对接活动，推动跨界合作；举办"2019·金恐龙杯"税收公益广告创意设计大赛，为创意设计企业提供展示交流机会。引导企业科技创新和品牌培植，组织园区企业参加各类展览展示活动，为企业提供品牌、产品的展示、交流与对接平台。

（三）发挥党建引领作用

一是深化学习教育。结合"不忘初心、牢记使命"主题教育开展，引导广大党员深入学习习近平新时代中国特色社会主义思想和党的十九大精神；结合企业经营发展实际，举办大讨论、"四重四亮"、观摩图片展、观看主旋律影片、参观非公企业党建展示中心、举办"党建＋业务"内训等，集中组织学，对照先进学，联系自身学，将学习成果转化为推动企业发展动力。二是提升建支质量。各企业支部签订《基层党建工作责任书》《全面从严治党责任书》，结合自身特色创新思路开展工作；化龙网络、复材等企业支部结合业务活动开展，与社区、社会组织等统筹共建，开展特色活动、公益活动，促进党建工作与经济工作互融共促。三是服务中心工作。举办"首届园区吐槽大会"，现场共收集党员群众各类"吐槽"与建议40余条，推进园区环境、服务等方面改进；与区委网信办联合举办网信普法进互联网企业活动，增强企业网络安全意识。

四、基地发展的主要经验、问题与挑战

（一）基地发展的主要经验

1. 创优园区发展环境至关重要

软件信息产业产品、服务供给新，应用需求广，市场增速大，技术更新快，但创业投资大、研发成本高、人力资源贵，只有园区保持良性发展的环境，使人才、市场、资本、技术等要素能持续积淀和循环，才能为园区企业、产业快速发展提供保障。因此，创优园区大环境，对产业发展有着十分重要的意义。

2. 聚焦新一代信息技术催引新产业新模式新业态

新一代信息技术促进了数字经济发展，推动了数字产业化和产业数字化，成为经济发展强有力的驱动引擎。"互联网＋"是对产业生态的一次重构，重构的不仅是产业模式、资金流向和企业估值方法，还包括人的思维方式。园区发展应抓住新一代信息技术这一新引擎，不断催生新产业新模式新业态，实现产业向价值链高端攀升，使产业呈集聚化、规模化、高效化发展。

3. 增量发展转向存量发展是园区转型成长的必然要求

随着园区产业规模的不断提高、企业数量的不断增长、配套环境的不断改善，园区载体容量趋于饱和，产值增长速度开始放缓，园区进入存量发展阶段，就必须聚焦新兴产业，依靠改造提升现有产业，提升产业附加值等手段来保持园区的增长活力。

（二）基地发展的问题与挑战

1. 专业高端人才缺乏

软件产业的特点就是人才密集型、技术密集型、文化密集型，高度依赖人才、依赖创新。人才层次决定产业的高度，常州本地高校资源相对匮乏，本地人才以产业技术工人居多，创新和创意型的人才相对不足，高层次复合型人才、领军人才紧缺的问题更为突出。园区与高校、科研机构之间的人才流动和信息交流机制有待建立完善，还需积极搭建专业高端人才引进培育平台，夯实发展智力基础。

2. 产业规模效应偏弱

目前园区集聚了众多软件和信息服务企业，形成了一定的产业集聚发展效应，但是龙头企业、大企业相对较少，产业总体规模相对偏弱，同时本地区同类型的科创园数量也在逐年增加，对引进新项目、新企业的竞争也越来越激烈，也对园区各方面提升发展提出了更高的要求。

3. 与本地传统产业互动较少

软件产业园区不仅承担软件产业的发展，也对整个城市产业升级、技术提升起着重要作用。目前，园区已经形成了一定的产业基础和特色，但与常州传统制造业互动较少，而服务型制造和制造业服务化已经成为制造业创新能力提升和效率提高的重要源泉，园区还需积极加强与本地制造业的互融共促，通过互补、融合、共进，提升常州城市综合竞争力。

五、2020 年基地工作安排

2020 年，园区将以习近平新时代中国特色社会主义思想为引领，发力"新一代信息技术"和"数字创意"两大领域，力争实现四个"转型"。

（一）文化生态向"红色引领"转型

创新党群工作手段，切实发挥影响力、号召力，打造符合园区年轻从业群体诉求，有磁吸力、有活力、有凝聚力，充满正能量的生态圈。一是强化党建引领。深入实施政治引领，抓好学习教育，加强组织建设、创新活动载体，不断提升党建工作"两个覆盖"水平，将党建工作优势转化为发展优势。二是形成党群联动长效机制。以党建为核心，带团建带工建，以生活、思想、事业关怀为切入点开展工作，拓展广大员工生活圈、朋友圈、事业圈，为区域高质量发展献智献力。三是搭建"党建+服务"大平台。以"平台思维"抓党建，在校企合作、人才培训、市场拓展、投融资对接、园区配套等方面搭建共享互动平台，形成服务发展、服务党员、服务群众的联动融合"大党建"格局。

（二）招商引资向择商育商转型

发力"新一代信息技术"和"数字创意"两大领域，培育形成高质量发展增长极。一是加强团队建设、提升服务能力。建好专业招商团队，加强对招商人员的考核、培训等，围绕年度目标，强化责任落实，打造一支能打硬仗、服务高效的招商团队。二是合理政策扶持，提升招商质量。依托研判评审小组，设置单位面积产值、税收等综合评判指标，"精挑细选"入驻项目；同时通过政策引导，为优质项目落地集聚构筑加速引擎。三是强化资源整合，优化业态布局。一方面，提升园区楼宇业态集聚度，形成布局合理、分类培育的楼宇经济生态圈。另一方面，加强资源整合联动。加强与三井街道在项目招引中的联动配合，最大限度发挥资源合力，推进区域产业向价值链高端攀升。四是完善招商举措，增强内生动力。制定楼宇经济差异化、特有化、集聚化产业招商策略，进一步发挥园区作为高新区产业转型升级核心区的引领作用。依托园区星空无人机研究院，与国内"大院大所"合作，引进高层次人才，布局无人机领域相关产业；对接国内重点汽车实验室、汽车研究院，着力智能汽车、车联网项目的引进；依托园区世轩科技、金马扬名等医疗信息企业，着力智慧医疗产业发展；依托爱尔威智能科技等，布局智慧生活产业。

（三）基础管理向集成服务转型

园区将探索"实体配套"与"云端服务"融合集成，以"星标准""心服务"创造"新价值"，用有温度的创新服务吸引并留住企业。一是推行智慧化服务。完成"互联网+"智慧园区平台内部管理端及用户端1.0版本开发上线，建立"网上办、一次办"的公共服务中心，构建线上连接、线下经营的企业社群和内外开放、资源整合的产业生态圈；推进完成园区综合服务中心的提升改造。二是实行定制化服务。为企业量身定制"要素服务包""人才服务包""金融服务包"等服务可选包，提供精准服务；同时将创业孵化、股权投资、公共平台等投资孵化服务贯穿企业成长全过程；进一步组织开展好银企对接会、人才招聘会、产学研对接会等，着力解决企业发展中的困难。

（四）载体开发向氛围培育转型

全面提升园区品质，培育营造浓厚的创新创业氛围。硬环境提质方面，从内部设施配套和外部环境形象提升方面逐步完成改造工程，招引符合园区形象、经验丰富、品质高端、理念前卫的商家运营。软环境提升方面，引进高品质物业服务机构，提升园区物业的品质管理和服务标准；加强与板块优势资源、服务平台的无缝对接，提升产业、人才、技术、服务等软实力，推动形成具备区域影响力的"楼宇经济"生态圈。

珠海高新区软件园发展报告

2019 年，珠海高新区软件园在科技部火炬中心和省、市相关部门的关心支持下，重点发展移动互联网、集成电路设计、大数据、人工智能、信息安全、工业软件等领域，着力构建以新一代信息技术为核心的现代产业体系，产业保持较快增长，创新能力不断提升，园区环境进一步完善。

一、产业发展情况

（一）产业规模稳步提升，利税总额下降

软件和集成电路设计作为珠海高新区战略性新兴产业的重要组成部分，近年来规模稳步增长，综合实力显著增强。2019 年园区共有软件和信息服务企业 264 家，实现营业收入 657.69 亿元，同比增长 5.00%。其中，实现软件收入 340.81 亿元，同比下降 1.76%，主要受魅族等企业市场环境影响，软件收入占营业收入比重达 51.82%。实现软件出口 76.08 亿元，同比下降 0.64%；实现利税总额 25.06 亿元，同比下降 44.35%，主要受金山软件影响。

（二）产业结构持续优化

2019 年，园区实现软件技术与信息服务收入 153.41 亿元，同比增长 19.91%，高于软件业务收入平均增速，软件产业的服务化和平台化趋势愈加明显，信息技术服务收入已逐渐占据主导地位。实现自主版权软件收入 262.52 亿元，同比增长 1.15%，占软件收入比重达 77.03%。随着云计算、大数据、移动互联网、人工智能、工业软件、信息安全等新技术、新业态不断涌现，以及新兴市场布局的不断推进，企业加速转型趋势明显。2019 年金山 WPS 在创业板上市，总市值超过 1235 亿元，位列创业板第一，金山办公主要产品月度活跃用户数（MAU）超过 4.11 亿，金山云 2019 年总营收为 39.6 亿元，同比增长

78.36%，三年实现年均复合增长率高达 79%，2020 年成功在纳斯达克上市。2019 年第十四届"中国芯"评选，珠海全志科技股份有限公司的"车规级数字智能驾舱平台型专用处理器 T7"荣获年度优秀技术创新产品荣誉。远光软件在电力行业布局区块链业务，国网上海市电力公司与远光软件合作建设的"基于区块链技术的分布式光伏结算项目"入选"2019 可信区块链高价值案例"。

（三）骨干企业快速成长

截至 2019 年底，园区主营业务收入超亿元企业共 54 家，其中超 10 亿元企业 9 家，上市企业 12 家，远光软件、世纪鼎利、全志科技等 9 家企业被认定为国家规划布局内重点软件企业和集成电路设计企业。3 家经认定的基地骨干企业实现营业收入 10.38 亿元，其中优特电力的电力系统自动化创新产业化基地被认定为广东省民营企业创新产业化示范基地，城市轨道交通供电系统智能运维安全保障关键技术与工程应用荣获全国城市轨道交通科技进步奖一等奖。高凌信息研制出全国第一款多核异构基础平台，为国内安全领域领先技术。同望科技的"中小企业公共服务平台"获十七届中国国际数字和软件服务交易会最佳服务平台奖。

（四）创新能力不断提升

园区企业自主知识产权意识不断加强，拥有软件著作权登记 3805 件，其中新增软件著作权登记 551 件、发明专利 660 件。2019 年科技活动经费支出总额 61.84 亿元，其中研发经费支出 27.72 亿元，技术创新能力不断增强，形成一批创新型产品和服务。2019 年，司迈科技参与研究完成的项目——"微创等离子前列腺手术体系的关键技术与临床应用"荣获了 2019 年国家技术发明奖二等奖；兆邦智能参建的"中国航展中心新建主展馆工程"荣获"2018~2019 年国家优质工程奖"；飞企互联荣获"2019 中国领军智慧产业园区解决方案提供商"荣誉奖项；金智维科技公司的"金智维 K-RPA 软件机器人管理系统 V3.6"荣获运维行业 2019 年极具影响力产品；汇金科技的"自助设备动态密码控制系统 v1.0"荣膺"2019 年中国软件行业优秀解决方案"。

二、环境建设情况

（一）政策环境建设

创新生态环境进一步优化，密集制定多项扶持政策。"一区多园"大创新格局持续完善。有序落实高新区管理体制改革，制定《珠海高新区加快推进集成电路设计产业发展扶持办法（试行）》等 11 项科技扶持政策，落实科技创新、人才引进等奖补资金 6.6 亿元。科技金融支撑持续增强，"成长之翼"助贷平台新增授信 5.2 亿元；创新友好型营商环境持续优化，动工新建海岸新寓、惠景嘉府、惠景怡轩 3 个英才社区，建成菁英公馆人才公寓。

（二）创新创业载体建设

拥有创业服务中心、南方软件园、清华科技园等 9 个孵化载体，其中国家级孵化器 4 个，创新孵化载体持续拓展，整合清理 206 万平方米产业用地，完成土地收储 6.6 万平方米。南方软件园、清华科技园连续三年获评优秀（A 类）国家级孵化器，新奥林加速器动工建设。港澳青年"1 元创业空间"拓展至 1 万平方米；珠海智慧产业园加快建设人工智能和数字经济示范园，打造智慧产业和智慧生活园区，港湾 1 号全面完善"一刻钟步行圈"基础配套，101 家科技企业已经入驻；智慧园区快速建设，布局建设 82 个 5G 基站，"港湾 1 +"园区智慧运营服务平台覆盖 144 家企业。

（三）公共服务体系建设

拥有省级新型研发机构 5 个，其中中德（珠海）人工智能研究院有限公司被认定为高水平新型研发机构。珠海南方软件网络评测中心面向信息产业提供 40 多种专业测试服务和 55 个国家的互认权威测试报告，并在 2019 年被工信部评为"国家中小企业公共服务示范平台"。珠海南方集成电路设计服务中心与澳门大学模拟与混合信号超大规模集成电路国家重点实验室承办的"珠澳集成电路设计先进技术——高阶模拟 IC 设计培训班"在珠海新经济资源开发港开班，共有 7 位国家重点实验室专家现场授课，全国 150 名学员参加。

三、创新发展经验

（一）深入建设"龙头企业 +"产业生态

支持金山软件、远光软件等行业龙头企业牵头组建创新共同体，集聚上游企业协同突破关键核心技术、产业共性技术，增强产业链韧性。WPS 已经完成与所有主流国产 CPU 和操作系统的兼容性互认证，累计已与共计 36 家产业链伙伴完成兼容性互认证；远光软件在产业链管理方面，拥有为能源企业数字化转型提供一体化全方位支撑的数字化创新云平台，拥有为集团企业高效实现企业信息化管理的集团资源管理系统。

（二）全力引进建设一批引领型、基地型项目

围绕软件核心技术开发、云软件及软件服务、集成电路全产业链等领域，推进产业链定点招商，不断引进具有国内外先进水平的高新技术项目。其中包括英特尔特许技术服务商——香港世毅科技公司投资的 IC 开发中心项目、世界 500 强企业香港怡和集团投资的软件研发中心项目。此外，香港科技大学与珠海云洲智能有限公司联合建设的"人工智能海洋科技创新中心"以及香港理工大学与珠海安润普科技有限公司联合建设的"智能穿戴创新中心"也在稳步推进落地中。

（三）加强引才育才，营建创新人才集聚区

产业发展与创新人才扶持、青年人才租房补贴、共有产权房申请等实现"免证办""零跑动"。实施创新人才集聚三年计划，加速形成以超 10 万科技人才和 10 万高校师生为主的区域人口结构。打造对接港澳、承接深圳、连接全球的创新展示和交流平台，举办前沿科技系列高峰论坛、创新赛事，汇聚海内外人才逐梦高新。更大力度保障"高新人才"成为"高新居民"，推进 3 个英才社区建设，新增 493 套共有产权房、1200 套人才公寓，规划建设滨海人才公园、人才广场，让每一名创新人才来了就是"高新人"。

（四）加强投融资载体建设，优化创新发展金融环境

进一步完善包括股权投资平台、"成长之翼"助贷平台、上市服务平台、国有融资担保平台、企业融资增信平台在内的科技金融服务体系，切实解决科技型中小微企业融资难、融资贵的问题。出台支持科技型中小企业融资、促进金融业发展等"政策十条"，区产投基金新增投资辖区项目 12 个，投资额 4.53 亿元。新增天使投资项目 11 个，投资额 4500 万元。发挥政府天使投资作用，针对没有市场资金扶持的优秀初创期项目，政府天使投资支持其落地发展。

（五）与港澳优质资源合作，共建科创合作平台

与港澳创新合作进一步深化。出台推进粤港澳大湾区建设实施方案和三年行动计划，制定加强与港澳科技创新合作专项政策。港澳高校与辖区重点企业、新型研发机构科研合作持续深化，陆续建成空间大数据、人工智能等领域技术研究院、联合实验室。资源共享成效凸显。筹建总规模 1 亿元的港澳青年创新创业基金。10 名港澳科技顾问推荐引进港澳科技项目 27 个。实施专业人才交流千人计划，开展科技领域创新人才交流 2000 多人次，搭起高新区与港澳人才共育、资源共享的"连心桥"。

（六）加强企业服务，打造"珠海软件"区域特色

2019 年在获得国家商标局"珠海软件"集体商标的基础上，在印度和台湾等地也成功申请注册国际商标，以提升珠海高新区软件在国内外的声誉，提高产品整体质量，增强区域品牌竞争力。2019 年组织基地 66 家软件企业参加 2019 香港国际资讯科技博览、2019 年中国国际大数据产业博览会、2019 第二届中国国际进口博览会、2019 年泰国国际电子元器件、材料及生产设备博览会、中国国际软件博览会 6 场境内外软件信息类展会。2019 珠海（国家）高新区"菁牛汇"创新创业大赛，来自北京、深圳、广州、香港、澳门、美国、以色列和瑞士等多个城市和地区企业和个人参加，评选出多项新一代信息技术大奖。与此同时，共有 13 个项目团队现场签约落户珠海高新区。

四、2020 年工作计划

2020 年，珠海高新区软件园将继续以高端软件和信息技术服务为重点，加快实施创新驱动战略，进一步完善基地产业环境建设，实现软件产业规模和效益同步提升。

（1）2020 年 5 月，国务院常务会议决定对集成电路设计和软件企业继续实施 2011 年《国务院关于印发进一步鼓励软件产业和集成电路产业发展若干政策的通知》中明确的所得税"两免三减半"优惠政策，珠海高新区将加强国家政策的宣传和咨询服务工作，落实《珠海高新区加快推进集成电路设计产业发展扶持办法（试行）》等政策，为珠海高新区软件和集成电路企业享受优惠政策创造最优环境。

（2）申请珠海 IC 集体商标，提升集成电路区域影响力，制定使用规则和标准，为企业特别是中小企业开拓市场、通关便利服务等提供帮助。

（3）在全球经济增速放缓的大环境下，2019 年珠海高新区软件产业仍保持增长，在集成电路、新能源、大数据云服务领域保持较好的增长，预计 2020 年这三个领域仍将有较好的表现。另外，信息安全、工业软件、人工智能也将是新的产业增长点，应继续加强布局和引导。

（4）在基础软件、智能控制等领域培育 1~2 家领军企业。深耕智能配电网装备产业，集聚 30 家以上上下游企业，大力建设国家级创新型产业集群。推动检验检测服务扩大规模，鼓励珠高电气检测、南方软件网络评测中心等拓展"一带一路"市场，引进 10 个以上产业链项目。加快传统优势产业提质升级。打造 10 家以上省级数字化、网络化、智能化改造示范企业。

（5）打造"常贷""长投"科技金融服务体系。积极对接澳门—珠海跨境金融深度合作，推进融资租赁、财富管理等澳门特色金融业务辐射高新区。完善金融机构"信易贷"税银联动机制，深化科技企业信用数据税银对接，畅通科技金融"最先一公里"。区创新发展基金对辖区项目引导性投资 5000 万元以上，设立首期规模为 3000 万元的港澳青年创新创业基金。

大庆软件园发展报告

2019 年，在国家科技部、各级政府的关怀和领导下，大庆软件园扎实推进基地各项工作，有效地促进了大庆软件和服务外包产业的健康发展。

一、2019 年基地发展成效

（一）基地总体概况

基地位于大庆高新区主体区，根据基地产业特点，近年来分别在周边建设了联想科技城、新华（国际）石油资讯中心、文化创意产业园、云计算基地、华为数据中心、总部大厦等，基地规划用地面积 25.50 万平方米，建筑面积 31.00 万平方米。基地依托大庆的石油石化市场、人才充足、电力富余、气候凉爽等优势，形成了石油石化软件与外包服务（代表企业有金桥信息、明达韦尔、安瑞达等）、金融外包服务（代表企业有京北方信息和华拓数码）、云服务（代表企业有英辰软件、医行华夏、中环电控等）、物联网及嵌入式系统（代表企业有锦华联、百米马、三维科技等）、创意设计服务（代表企业有大宇宙公司、大庆思特传媒科技有限公司）、电子商务（代表企业有黑龙江网库、大庆市科铼数字等）六个特色产业板块。这些企业主要为欧美（英国、荷兰、法国、德国、美国、加拿大）、大洋洲（澳大利亚、新西兰）、非洲（加蓬、苏丹）、亚洲（日本、韩国）及国内的金融保险、石油石化、商业物流、影视娱乐等行业的 1500 多个客户提供数据处理、软件开发、呼叫中心、动漫制作、系统集成（物联网）、电子商务、设计策划、咨询培训等软件与外包服务。

（二）基地产业发展，经济稳步增长

2019 年大庆软件产业基地营业收入 189.85 亿元，同比增长 12.53%。软件收入 127.94 亿元，同比增长 13.75%，其中软件技术服务收入 47.50 亿元、自主版权软件收入

79.19 亿元。利税总额 14.63 亿元、净利润 8.94 亿元、出口总额 35.12 亿元。

（三）基地人才递增，队伍日益壮大

良好的产业发展氛围吸引了大批高素质人才到园区创业、就业。2019 年基地总人数 29486 人，其中本科学历 16418 人、硕士学历 1560 人、博士学历 221 人；年度新增就业岗位 1553 个、吸纳大学生就业 215 人；软件从业人员 25109 人，其中软件研发人员 152641 人，测试人员 3876 人。

（四）加快基地企业创新创业，能力持续提升

2019 年大庆软件产业基地共进驻产业集群企业 726 家，科技活动经费筹集 10.09 亿元、科技活动经费支出 10.61 亿元。加强区域科技合作，与中科院大连化物所达成合作，合力促进科技成果转化和应用型人才培养；与专业国际机构合作，加强与俄罗斯等 "一带一路" 沿线国家的科技交流；委托长城所开展高新区高质量发展智库项目咨询服务。加快培育高质量科创主体，新申报并获批高新技术企业 318 家，高新区高新技术企业总数达到 109 家，技术先进型服务企业 4 家、科技型中小企业 108 家、国家骨干软件企业 3 家、通过 ISO 系列及 CMMI 等资质认证的企业 163 个。在中国版权保护中心登记计算机软件著作权 1054 个（2018 年新增 156 个）。

（五）深化企业服务，助力优化营商环境

基地将大庆服务外包产业园 D1、D2、D3、D4、D5、D6 六栋单体建筑物建筑面积 7.78 万平方米组建成一家以软件与服务外包科技企业孵化为主要业务的综合性孵化器。2016 年 12 月被国家科技部火炬中心评为国家级科技企业孵化器。2019 年，在孵企业总数 159 家，在孵企业从业人员总数 1698 人。在孵新增高新技术企业 4 家。拥有有效知识产权的企业 25 家 319 项，2019 年实现总收入 1.48 亿元。

围绕构建 "四位一体" 科创体系，加快建设国家科技支撑型 "双创" 升级园区，东北石油大学国家能源陆相砂岩油田开采研发平台获批国家级研发中心，成立百世环保、江宇川科技等院士工作站，前海创投新经济产融服务基地、亿蜂产业创新示范基地、猪八戒双创园等新型孵化平台建成投用，哈工大机器人集团双兴智能科创中心、中科院大连化学物理研究所及中石油化工研究中心中试基地全面运行。建立基地网格化服务体系，电话、微信、公众号、上门走访万余次，多渠道深入企业。建立企业台账，重点了解企业生产经营现状，在项目推进、经营过程中存在的困难，对园区的服务工作有何建议，深入挖掘企业需求，助力优化营商环境，解决企业痛点。

x

（六）典型特色孵化载体平台

1. 大庆新经济产融服务基地

为了构建"投创同育"的新经济推动模式，大庆软件园与深圳前海创投孵化器有限公司合作共建大庆新经济产融服务基地（大庆创投孵化器，以下简称为"基地"），联合成立创投基金，联合实施创投主体培育和企业资本服务工程从创投氛围营造、人才培养、基金运营、管理机构培育、创投孵化器运营5大方面来开展创投主体培育工程和企业资本服务。2019年，对接深圳前沿创投机构10余家，开展26次的培训，引入私募基金管理机构基金机构1家、天使投资团1个，打造在线金融服务系统，一站式为企业提供资本赋能工具，为双创升级打通股权融资通道，实现项目与资本的无缝衔接。

2. 国际（大庆）数字艺术创新中心（DAV）

国际（大庆）数字艺术创新中心是国内首家为数字艺术领域提供创作空间及测试环境的平台，由大庆软件园联合思特传媒、中央美院、哈工大等高校共建。以"汇聚人才、打造多媒体产业聚集地"为宗旨，致力于为高校学生实习实训、创新创业、团队孵化、驻留数字艺术家提供创作、测试、实验平台，为成果转化提供资金、市场和政策扶持等。中心重点建设数字艺术人才教育基地和大庆数字艺术人才库。2019年6月举办了题为《平行的世界》国际数字艺术创新发展与跨界融合论坛暨国际（大庆）数字艺术创新中心揭牌仪式，以及"致敬达芬奇"全球光影艺术体验大展，平均日客流量达2500人，搜狐网、东北网、中国新闻网、《人民日报》客户端等20余家媒体进行报道。

二、基地运营管理模式

坚持以构建"四化"管理体系为目标，深化体制机制改革，扩大对外开放合作，发展活力加速释放。坚持市场化运行、企业化管理、绩效化考核、专业化招商方向，纵深推进基地机构改革。

2019年，基地依据大庆高新区国资委2019年2月28日印发的《关于启动创业中心、软件园房产移交工作决定》（庆高新国资发〔2019〕4号）规定，2019年3月1日正式启动资产移交工作，按"专业人干专业事"的原则，将基地房产土地及部分附属设备等资产以2019年2月28日账面价值无偿划拨至物业公司，由物业公司运维管理。大庆软件园管理办公室成立于2004年9月，是隶属于大庆高新技术产业开发区管理委员会的直属事业单位，是国家火炬计划软件产业基地的管理机构，2019年3月1日起，基地不再负责园区房屋租赁工作，专门负责基地的招商工作和企业服务工作，主要为入驻企业提供创业辅导、政策咨询、项目申报、高企认定、成果转化、中介服务、人才招聘、投融资等服务。

三、2019 年基地建设的主要政策措施情况

大庆火炬计划软件产业基地隶属于大庆高新区，高新区近年来陆续出台了一系列鼓励高新区产业发展的政策性文件。《关于进一步推动科技型中小企业加快发展的若干政策措施》《关于促进新兴业态和高新技术企业加快发展的若干意见》和《大庆高新区促进金融服务实体经济的若干政策措施》等方面的扶持政策，2019 年兑现政策补贴 249.50 万元（其中包括专利补贴、资质认证补贴、高新技术企业补贴、电费补贴、研发机构补贴和规上企业补贴、网络设施补贴、保险补贴、人才培训补贴等），这些政策为基地企业的发展提供了有力保障。

四、软件基地创新发展的经验

（一）基地管理服务机构体制机制建设的新特点

大庆软件园管理办公室为基地管理机构，负责软件园区的产业规划、园区管理、企业服务、资金申请等工作。安排专业从业人员为企业服务，并建立企业包保制度，定期召开入园企业服务宣讲会，并对重点企业、重点项目定期跟踪。根据企业的不同数据进行分析，为企业提供定制化服务。

（二）基地公共技术平台建设与创新服务支撑体系构建的成功经验

基地搭建大庆市企业在线科技金融服务系统平台，是大庆软件园委托深圳前海创投孵化器研发的科技金融服务系统，平台包含商业计划书在线生成系统、企业估值系统、资本学院、在线路演对接平台等。可通过互联网的手段为广大中小企业提供包括资本启蒙、资本诊断、资本咨询、估值、投融资对接等在内的一系列资本服务。2019 年为 40 多家企业提供线上服务，为 5 家企业提供商业计划书在线生成及线下融资专业辅导服务。

（三）基地在推动"大众创业、万众创新"和"众创空间"等方面的工作举措和效果

2019 年基地承办了黑龙江省创新创业大赛（大庆赛区）暨大庆市第七届创新创业大赛，先后组织近百家园区企业参与科技部组织的第七届中国创新创业大赛，其中园区 3 家初创组企业、8 家成长组企业中 8 家企业晋级省赛，4 家企业晋级全国总决赛。通过开展

项目筛选评比、创业项目辅导、项目路演、指导老师培训、项目合作对接等方式，为双创营造了良好的发展氛围。先后组织前海资本服务团走进大庆—前海资本实战训练营、2期赴深圳前海创投班，服务企业数量达到250余家，为基地创新型企业提供创业投资专业知识和发展方向，营造和活跃了基地的创投氛围。

（四）坚持以全面加强党的领导为统领，深入开展主题教育

深入学习习近平新时代中国特色社会主义思想，认真贯彻新时代党的建设总要求，坚持以政治建设为统领，增强"四个意识"，坚定"四个自信"，做到"两个维护"，自觉在思想上政治上行动上同以习近平同志为核心的党中央保持高度一致。"不忘初心、牢记使命"主题教育扎实开展，深入抓好学习教育、调查研究、检视问题、整改落实等各项任务，围绕"五个目标"、贯穿"四项举措"，创新搭建产业基地，对基地18个基层党组织的128名党员实现全覆盖。

五、2020年基地工作安排

全面贯彻落实党的十九大精神，以习近平新时代中国特色社会主义思想为指引，贯彻落实习近平在东北三省考察讲话指示精神，结合数字产业促进中心的专项职能，学习落实数字产业规划，研究数字产业的精准招商，推进大项目落地发挥带动作用；推动大项目的发展，提升新一代信息技术产业发展能级；夯实信息网络基础设施，促进互联网、大数据、人工智能与实体经济深度融合；积极培育新产业新业态新模式，抓好总部型经济项目，初步形成具有一定数量并具有较高质量和能级的数字产业业态企业在高新区集聚。

（一）对接并深入研究领会大庆数字产业发展规划

进一步加大学习和研究，结合省政府关于"数字龙江"建设的指导意见、高新区数字经济发展规划，深刻认知数字经济是以数据驱动为核心的新经济形态，以"数字产业化、产业数字化"为路径，学习研究数字经济产业发展方向。

（二）研究确定招商和项目推进服务的重点

全力落实好2020年招商和项目推进任务。学思悟行结合，思考数字经济与实体经济融合，衍生培育出能在大庆落地发展的新业态和应用场景，确定招商工作重点。尤其是关注数字产业核心业态，关注数字技术创造和支撑的新服务领域、新产品和新模式，培育本地新经济发展。在高新区现有的软件开发、金融外包、物联网、云计算、电商等领域的重点企业中，积极支持金桥软件、大云科技、紫金桥、英辰、和为贵、辰平油服、安瑞达、中环科技等重点软件开发、数据服务、物联网企业的发展；支持思特公司运用好数字艺术创新中心加快发展数字创意产业；支持京北方和华拓把新经济智能业务总部或区域总部放在大庆，帮助解决扩场地问题，转变提升其金融外包业务智能经济比重；支持卓创、明达韦尔电商物联网追溯体系和物联网农业、医疗大健康产业发展；做好总部经济项目招商和服务工作。

（三）全力协调各方推进重点项目建设和招商

中国联通参与、企业投资市场化运作、政府支持建设的"数字龙江"数字产业集群——大庆大数据产业园项目正在推进中，战略框架协议、落地合作协议、产业园规划设计、土地整理、控详规划前期准备等相关工作正在落实中。2020年重点落实一期项目，规划建设6个数据中心，总投资额20亿元，可满足约15000个机柜的装机条件。计划2020年4月开工建设3个数据中心，2020年12月底保证1个数据中心2500个机柜投入运营，在预期时间内完成一期6个数据中心建设，并顺利实现运营。数字产业中心积极参与大数据产业园规划、招商宣传及配套政策制定，牵头协调配合相关部门做好服务保障工作，2020年做到"三个落地"：中国联通提供直连国家骨干网的互联网接入大庆，高速直通全国的云联网专线落地；投资公司确定建设资金项目开工落地；高新区提供配套服务基础设施保障项目开工落地。

学习借鉴国内成功的大数据产业园在规划布局、基础设施、产业招商、政策支持、业态模式等方面的先进经验，多学习思考，多建言献策，发挥产业促进中心职能。围绕大数据产业核心业态和衍生业态引进，积极配合企业招商，服务其快速建设投用运营产生效益，创造更多财政贡献。

（四）全面做好企业深度服务和平台资源有效对接

按照产业区片和网格化服务要求，基础信息清晰，服务内容精准，工作有效衔接，提升深度服务的针对性、专业性和有效性。一是重点支持规上工业、限上批零住餐、限上服务业、高新技术企业、科技型中小企业、服务外包企业六种类型重点企业。二是积极开展高企认定、成果转化、技术平台作用发挥、瞪羚企业培育、人才服务、品牌建设宣传等工作。三是发挥前海创投孵化器、猪八戒、亿蜂创新园、数字艺术创新基地等平台型企业项目作用，参与制定每个平台2020年的活动内容，增强互动借势，对接释放资源，做好各平台大型专题活动以及多场景多频次活动的有序组织，对接企业需求，扩大平台影响，做好针对性服务。四是围绕国家赛事活动，深度挖掘好企业好项目；宣传高新区优惠政策、营商环境、创新创业良好氛围。

（五）扎实抓好党委工作和"两新组织"党建工作

通过"不忘初心、牢记使命"主题教育，全面加强党的领导，强化管党治党责任。

在"两新组织"中，完善非公党支部建设，强化战斗堡垒作用；加强党员教育管理，做好典型选树示范；结合新技术和园区特点，创新活动内容形式；抓好党风廉政建设，党委班子精诚团结，带领团队形成强大的凝聚力、战斗力和创造力；干部职工廉洁自律，有效服务企业，"亲""清"风气浓厚，创造最优营商发展环境。

江苏软件园发展报告

江苏软件园自 2000 年成立以来，始终站在推动软件产业发展的战略高度，在各级政府和相关部门的支持下，科学规划、统筹布局，在载体建设、发展模式、产业服务以及践行创新理念等方面取得了一定的成绩，探索了"以服务促进产业发展"的运营模式，构建了有利于产业创新发展和创业能力提升的生态系统。园区坚持以市场为导向，以培育和发展软件企业为重要任务，大力提高创新能力和软件产业化能力，发挥了科技企业孵化器的聚合效应，形成了软件产业集群。

一、2019 年建设与发展成效

（一）发展总体状况

江苏软件园主要经历了租赁运营"城中孵化园"（2001～2008 年）、投资自建产业载体（2004 年至今）两个阶段。2001～2008 年，股份公司租赁改造了约 6.4 万平方米熊猫厂房，作为城中园的孵化载体，7 年间省财政累计补贴了 7000 万元，保障了股份公司稳定运营，助推企业做大做强，孵化培育了省内早期的一批软件代表企业。自 2004 年起，按照省委省政府的要求，江苏软件园先后启动建设了徐庄、吉山两大基地，2012 年底又投资建设了天目湖基地，形成了"一园三基地"的发展格局（其中，天目湖基地已于 2018 年 10 月整体转让），累计建成近 40 万平方米的产业载体；2009 年，在省经信委的推动下，成立江苏虚拟软件园，负责省软件产业公共服务平台的建设运营。

1. 徐庄基地

徐庄基地位于紫金山东侧，占地面积 266 亩，总建筑面积 17.18 万平方米（其中，地上建筑面积 13.6 万平方米；地下室面积 3.58 万平方米），定位为国内一流的中小软件企业孵化基地、科技成果转化实验基地，国内外知名企业研发中心及总部基地。徐庄基地由股份公司建设运营，项目于 2004 年启动，2006 年 7 月开工，分两期建设，2015 年 2 月竣工，共建成 38 栋建筑，合计 17.18 万平方米。截至 2019 年底，徐庄基地已出售 22 栋，销售面积共计 7.6 万平方米；自持 16 栋，可出租面积 5.7 万平方米，已出租面积 5.09 万平方米。

2. 吉山基地

吉山基地位于江宁开发区吉山以南，南京市"一谷两园"软件产业集聚区南翼，功能定位为大中型软件企业产业基地和软件外包服务出口基地。吉山基地采用"一、二级联动"开发模式，由开发公司承担一级开发，置业公司承担项目内部分地块的二级开发。项目规划总用地面积为 6.24 平方公里，合计约 9367 亩，其中城市建设用地 7901 亩；水域和其他非城市建设用地 1466 亩。一级开发业务，现已基本完成了一期 2.79 平方千米基础设施建设，共整理了建设用地约 2102 亩，获得省国土厅点供、原有村镇建设用地转用指标 1610 亩（其中，已出让土地 661 亩；协议出让 816.8 亩；待出让或置换土地 132.2 亩）。二级开发项目，主导运作 26.6 万平方米的产业、住宅及配套、安置房项目，其中产业载体 10.28 万平方米、住宅及配套项目 8.02 万平方米、安置房 8.3 万平方米（委托江宁区代建）。

3. 虚拟软件园

虚拟软件园位于中国（南京）软件谷丰盛商汇，是省经信委落实工信部与省政府"部省共建"的创新理念和实践创建的公共服务平台。虚拟软件园整合省内产业资源，建设了江苏软件产业公共服务平台、江苏软件展示交易服务平台、江苏省互联网融合创新服务平台三个国家级和省级综合服务平台，合作建成了 9 个专业服务子平台；形成了以南京软件谷与江苏软件园为核心，辐射江苏 11 个地市 21 个软件园区的江苏软件产业公共服务体系；获评工信部"国家软件与信息服务公共服务示范平台"、中国软件与信息服务外包产业年会"杰出公共服务奖"、中国软件行业协会"中国年度创新软件企业"等多项荣誉，在行业内具有较为广泛的影响力。近年来，在为政府提供公共服务的同时，虚拟软件园参与了集团 ERP 和 OA 项目实施，为集团体系公司提供网站开发和微信公众号运维等信息技术服务。

（二）产业发展情况

1. 2019 年基地产业数据

2019 年江苏软件园入园企业营业收入 298.89 亿元，软件收入 188.88 亿元，利润 19.30 亿元，上缴税金 19.30 亿元。截至 2019 年底，江苏软件园入园企业 420 家，软件收入大于 1 亿元的企业有 10 家，入园企业共有软件从业人员 28000 人。

2. 2019 年基地企业自主创新情况

2019 年江苏软件园入园企业科技活动经费筹集总额 13.58 亿元。2019 年江苏软件园入园企业新增软件著作权登记数 43 个，新增软件发明 41 件。截至 2019 年底，38 家企业通过 ISO9001 认证，12 家企业通过 CMM/CMMI 二至四级评估。

（三）社会效益情况

江苏软件园成立至今，孵化培育企业 420 余家，先后有 10 余家企业上市。园区发展得到了党和国家领导人以及省、市各级政府的高度肯定，习近平、张德江等党和国家领导人先后莅临园区视察。在江苏省委、省政府及市、区各级政府的关心指导和国信集团的精心培育下，江苏软件园历经 20 年，已发展成为拥有国家软件产业基地、国家火炬计划软件产业基地、国家级科技企业孵化器三个"国家级"品牌的科技园区，成功注册"文字和图形"商标并获评南京市著名商标，具有较高的品牌价值和社会影响力，为扶持软件产业发展发挥了引领和龙头示范作用。

二、2019 年运营管理模式

江苏软件园于 2000 年 12 月经江苏省政府批准设立，按照"政府引导、企业运作"运营模式，同时成立了江苏软件园管委会、江苏省软件产业股份有限公司（以下简称"股份公司"），分别明确为江苏软件园的领导协调机构、建设运营主体。除公司本级外，软件园还有 4 家所属公司，其中，代管公司（同一控股股东）1 家：江苏软件园置业有限公司（以下简称"置业公司"）；子公司 3 家：江苏软件园开发建设有限公司（以下简称"开发公司"）、江苏虚拟软件园股份有限公司（以下简称"虚拟软件园公司"）、江苏软件园孵化器发展有限公司（以下简称"孵化器公司"）。

在众多国家级软件园区中，江苏软件园"政府引导、企业运作"的运营模式具有鲜明特色，既要求体现政府意志和产业战略，又要求体现市场规律和效率，对园区适应形势变化适时调整社会价值、经济效益的权衡侧重提出了较高的要求，力图逐步由科技地产载体提供商向"江苏领先、国内一流"的科技产业综合服务提供商转型，以为科技产业提供专业化发展服务的"江苏软件园"品牌为核心竞争力，坚持科技产业创新投资和孵化运营服务为两轮的互动式发展思路，以"创新驱动、服务为本、生态结构"为要素构建"软件社区"，通过孵化创新、产业基地、教育培训、配套服务等功能的空间集聚促成产业集群。

三、2019 年主要政策措施

2019 年，江苏软件园持续深化产业布局优化、公共平台建设、服务体系搭建。

（一）构建园区产业布局

从租赁熊猫研发用房运营"城中园"起步，历经十余年的开发，江苏软件园自主投建了约40万平方米的产业载体，构建了徐庄孵化研发基地、吉山产业化及出口基地，形成了"创业苗圃—孵化器—加速器—产业园"的阶梯式产业载体布局。

（二）搭建全省公共平台

部省合作、园区投建的虚拟软件园，以创新为抓手，全面建成公共服务、虚拟展示交易互联网融合创新服务3个综合服务平台，建成了测试、SaaS、外包、信息安全等9个专业服务子平台，在全省11个地市建成了21个服务中心，形成了辐射全省的软件产业公共服务体系，获得"国家示范平台""优质投资项目"等荣誉称号。

（三）形成孵化服务体系

孵化器秉承"专业服务＋天使投资＋创业导师"的理念，依托产业集聚优势，联动啡咖啡等孵化机构和各类中介机构，初步形成了"创业苗圃—孵化器—加速器"的阶梯式孵化服务体系，为创业企业提供孵化空间、投融资、技术平台、市场推广、人力资源、政策引导等方面的服务，帮助降低创业成本、创业风险，服务品质获得科技部认可，孵化器成功跻身"国家级"。

四、2019年政策措施及发展经验

（一）支撑传统产业优化升级，实现高质量发展的成功经验

江苏软件园以拓展空间布局、完善服务体系、提升品牌价值、营造双创氛围为着力点，支撑传统产业优化升级，在园区招商、建设运营、转型发展方面积累了一些有益的经验：一是以招商为第一要务，主动适应新常态，积极盘活资产；二是以练好内功为主线，以完善制度机制、加强队伍建设为主抓手，通过建立标准化的管理流程、构建全方位孵化服务体系、培养高素质人才队伍，为品牌输出、服务拓展奠定基础；三是以转型发展为目标，经营方式逐步由资金规模大、建设周期长、投资收益低向轻资产经营、挖掘品牌价值、依靠技术和服务转变。

（二）培育新兴经济业态，促进云计算、大数据及人工智能产业发展的主要做法

江苏软件园全力推进基地调整产业结构，培育新兴经济业态，谋划转型发展。园区依

托园区品牌、产业载体、科技企业等多年累积的优势资源，以企业孵化拓展运营为抓手，围绕"一个体系（江苏软件产业集聚综合服务体系）、两个中心（产业集聚和服务集成中心）、三个平台（产业集聚平台、公共服务平台、科技金融平台）"的战略构想，逐步推进江苏软件园转型发展。

（三）在招商引资方面的成功经验

招商策略上，利用园区优势资源，围绕主导产业善打主打牌，突出龙头招商，推动招商工作上规模。园区招商服务上，为入园企业提供一站式的全方位服务，主要业务包括地块招商、研发物业租售、园区客户服务、市场调研和运营策划、商业服务项目管理、经营类资产管理等，旨在通过履行营销、推广与客户服务职能，与企业建立有利于园区可持续发展的价值关系。长期以来，园区坚持走专业化的发展道路，进行专业招商服务，从而保证了基地企业的快速发展和园区服务的有效开展。

（四）公共技术平台建设与创新服务支撑体系构建的成功经验

秉承"助力企业创新、促进产业发展"的宗旨，虚拟软件园依托互联网技术，引进国家平台资源、整合省内优势资源，利用互联网、虚拟化等技术将物理上分散的人力资源、设备资源、政策资源、金融资源和市场资源等融会贯通，提供公共、中立、开放的专业服务。

（五）探索人才培养新模式与高端人才引进的主要经验

江苏软件园坚持"走出去"和"引进来"相结合，与 IBM、Microsoft、CA、MI 等软件公司和国内外知名高校及专业技术培训机构建立了良好的合作关系，构建软件人才培训新体系，通过职业教育、技能教育和培训等多种形式，加快培养各类技术和管理人才，改善软件人才结构。

（六）扶持骨干企业创新发展、提升骨干企业引领作用的经验

江苏软件园充分利用国内、国际两种资源，拓展两个市场，打响基地品牌。一是积极组织企业参加软博会等大型交流会，组建"骨干企业联盟"，加强企业内部交流，联合承接开发项目，争取政府项目支持，帮助基地内的企业开拓国内市场。二是积极利用政府的支持和骨干企业对外交流的优势，帮助中小软件企业进军国际市场。

（七）在推动"大众创业、万众创新""互联网＋""众创空间"等方面的工作举措和效果

在孵化器运营思路上，由原有的单一独立运营模式，尝试引入民营机制合作共建新型创业载体，同时通过"加速器""产业基地"等载体空间的搭建，为孵化成功毕业、项目

产业化提供载体保障，从而带动江苏软件园内完整"生态产业链"的形成，使园区和孵化器"无缝连接"、融合发展。园区拟搭建"O2O"线上线下平台，实现创新与创业、线上与线下、孵化与投资相结合，为小微创新企业成长和个人创业提供低成本、便利化、全要素的开放式综合服务平台。

五、2020年工作安排

（一）年度工作思路

2020年是国家"十三五"规划收官之年，也是江苏软件园落实集团国企改革、推动园区资产重组的关键之年。面对疫情防控压力、复杂多变形势，公司将坚持"通过债务结构调整及资产重组，推动江苏软件园资源整合、破局脱困"的工作思路，凝聚共识，精准发力，扎实开展年度各项工作，推动企业健康良性发展。

（二）年度工作举措

1. 拓宽业务结构，谋划发展转型

高质量编制"十四五"发展战略规划，做好各基地招商引资、企业服务，拓展品牌以及虚拟软件园业务，推进园区转型发展。

2. 深化一体管控，强化制度执行

狠抓疫情防控和经营发展，加强各基地财务、人事、安全、重大项目、风险控制，增强制度执行的效果，健全完善闭环管理机制。

3. 盘活闲置资产，做好资源整合

加大在持物业租售及在手项目推进；推进重大项目的合同执行和回款工作。吉山基地积极引入投资者，力争资产重组破局；虚拟软件园实施股权结构优化，积极引入新的合作伙伴。

内蒙古软件园发展报告

2019 年，内蒙古软件园在孵企业共计 153 家，在孵企业数量占入驻企业总数的 100%；2019 年毕业企业 5 家，累计毕业企业达 32 家，占在孵企业总数的 20%；吸纳应届大学生 62 人；在孵企业就业人数 1568 人；共培育高新技术企业 30 家；新增软件著作权登记 125 个，拥有软件著作权 656 个、拥有发明专利 36 项；全年营业收入达到 3.96 亿元，比 2018 年增长 20.06%；实际上缴税费总额 2206.47 万元，比 2018 年增长 5.07%。对于一个位于西北地区的软件园而言，放在经济发达地区软件业蓬勃发展、虹吸效应日渐强劲的背景下审视，这一成绩的取得实属不易。

内蒙古软件园成立于 2000 年 8 月，2005 年 12 月经国家科学技术部正式认定为"国家火炬计划软件产业基地"。内蒙古软件园作为包头稀土高新区的软件产业专业孵化器，同时也承载着全自治区软件和信息企业扶持服务工作，是内蒙古地区软件产业企业创新创业发展的专业平台和载体。为此，内蒙古软件园对 2019 年软件产业工作要点进行了调整，把主要发展方向集中在了工业和资源开发企业信息化配套服务方面，主要依托包头市扎实的工业基础和资源开发企业的行业优势，从三个稳步提升中，大力培育和引进配套的信息化企业。

一、孵化服务能力稳步提升

（一）着力提升服务人员的专业能力

内蒙古软件园目前仅有 4 名专业服务人员，对于服务 153 家软件产业企业来说，服务人力相对还是较为薄弱，但内蒙古软件园从两个角度分别对专业服务人员的能力水平以及服务企业的方式方法进行提升。一方面采取包企到户制度，每个季度至少到企业现场 1 次，以便了解企业经营状况，更好地为企业提供专业的创业辅导，解决困难。同时每年至少举办 1 次银企对接会，其中 2019 年还曾邀请平安保险和泰康保险公司，为全体在孵企业举办了专场融资租赁对接会。另一方面采取轮训机制，分批分次派人参与自治区、包头市和高新区的科技、商务、工信等系统举办的培训、会议等，全面提升自身素质。

（二）着力提升知识产权服务能力

知识产权是一个企业科技水平的象征，是保护企业健康发展的利器，也是内蒙古软件园的重中之重。在孵企业在入驻内蒙古软件园初期，经仔细核查了解后，内蒙古软件园便会为企业宣传知识产权的重要性，并提出专业的知识产权战略规划，指导企业从哪些方面挖掘并申办知识产权。内蒙古软件园与多家知识产权代理机构签订合作协议，每季度开展1次知识产权线上线下专门讲座。此外，依托高新区知识产权局，为所辖企业提供知识产权的质押融资、咨询、检索、代理、维权、专利转化、补助资金发放、专业人员培养、创新方法普及和推广等服务。现具有自主知识产权的企业占总孵化企业的33%。3年内园区累计为企业发放知识产权补贴资金40余万元。2019年新增知识产权125项，同比增长43%。

（三）着力提升创业配套服务能力

改革发展无止境，营商环境建设也需要不断优化升级。在创业配套服务方面，内蒙古软件园多措并举，从政策、人力资源、法务、财税等十个方面大力优化升级，让更多创新创业的梦想在内蒙古软件园照进现实、落地生花。

一是法律咨询方面。内蒙古软件园与内蒙古金矢律师事务所签订协作协议，即每月半天，金矢律师事务所派出两名律师在软件园大厦坐班，无偿为在孵企业解答创新创业的相关法务问题，为在孵企业创业初期面临的股权架构、股权激励、公司章程、合伙协议、劳动合同、劳务纠纷等各类相关法律事务保驾护航。

二是财税服务方面。依托所辖企业——端悫笃志等三家会计师事务所，以及恒润等两家税务师事务所，为在孵企业在规范企业行为、降低企业税收成本、提高企业经营效益、规避税务风险、提高企业财税管理水平和效率方面提供积极的作用和帮助，助力企业加速成长。

三是人力资源服务方面。内蒙古软件园依托所辖企业包头市宏博人才交流服务有限公司为在孵企业提供专业的人力资源管理、劳务派遣、人才引进等服务，同时与稀土高新区人力资源产业园管理办公室合作，为在孵企业开展人力资源信息收集、发布、统计、分析，办理求职登记、招聘登记、职业指导、职业介绍等公共就业服务，有力促进在孵企业的人力资源有效开发、合理配置。

四是宣传推广方面。内蒙古软件园广泛调研收集在孵企业的产品信息和项目情况，及时形成信息简报，通过高新区宣传部新闻中心和各类党报党刊推广宣传。同时建立企业产品和服务的产业链上下游配套互联互通平台，为所辖企业的产品和服务配套以及供需信息进行宣传推广，促进园区内企业间的合作互助共赢。

五是政策服务方面。积极协调上级部门制定印发了《促进科技创新 20 条政策措施》《科技企业孵化器认定管理办法》《推进大众创业万众创新的实施意见》等，并努力为在孵企业争取以上三级有关软件产业的各项政策，着力促进创新创业软硬件环境升级，营造助力高质量发展的浓郁氛围。

六是房租优惠方面。新入驻内蒙古软件园的企业，通常分为两类：第一类为已成立企业，且公司名下具有 1 项或多项自主知识产权，属于科技型企业，内蒙古软件园为其提供房租 100 平方米 3 年优惠。第二类为新成立企业，属于技术性企业，内蒙古软件园为其提供房租 60 平方米 3 年优惠，为新入驻企业提供 60～100 平方米房租 3 年优惠，为中小微企业起步助力。

七是财税返还方面。对于入驻的科技型企业，可比照高新技术企业享受 3 年期的财税资金返还，3 年期满后被认定为高新技术企业，可继续享受有关政策，即在孵企业的增值税和所得税稀土高新区地方留成部分 100% 返还。对于贡献较为突出的在孵企业，扶持期满后，仍可视情况适当延期享受。

八是创业导师辅导方面。内蒙古软件园聘任了电子信息、软件开发、孵化器管理等 26 个专业和 7 个领域的 47 名创业导师，创业导师与在孵企业比例达到 30.7%。定期开展创业培训、讲座、咨询、交流活动。通过一系列活动，就创业者在创业实践中所涉及的知识、政策、法规以及各种常见的问题提供咨询和解答，指导开展项目市场调研、项目可行性分析、项目风险评估、投资效益等创业各环节的预测服务，提高创业的成功率。

九是投融资辅助方面。项目申报及融资服务方面，内蒙古软件园通过整合各级政府、社会与企业资源，做好政策宣传、申报培训、编写辅导等服务，有效开展项目评估和申报推荐工作，3 年内为在孵企业申领各级各类政府引导资金 2000 万元。通过与银行、担保、风险投资、产权交易、知识产权质押等融资机构的合作，组织融资座谈会、项目与资本对接会、银企对接会等，为 3 家企业融资 750 万元。

十是信息化网络建设方面。建设了企业服务管理电子化信息系统，入驻企业可在任何地点通过互联网 24 小时登陆客户端链接到电子化信息系统中，根据系统引导进行入驻注册登记，填报资料完成后，电子化信息系统会智能生成入驻审批表和孵化协议，根据权限设置，自动分配给服务管理人员，服务管理人员审核后可通过电子签名，快速进行入驻审批，大大缩短了企业入园的时间和流程，使企业高效便利入驻内蒙古软件园。后期在孵企业有相关诉求，同样可在系统中提交有关问题，系统根据问题会自动分配给相关工作人员，有效提高了问题解决的效率。

此外，内蒙古软件园按照高标准、智能化要求对总面积达到 3.25 万平方米的内蒙古软件园大厦进行了升级改造。软件园大厦共有 A～E 座 5 栋大厦，为软件企业提供了理想的研发、办公、实验场所，还为企业提供了包括大小会议室、多功能会议室、商务中心、餐厅、健身中心、银行、财税、法务和党群服务中心等在内完善的配套服务设施。

二、孵化管理规范稳步提升

（一）规范形式，做好创业导师行动计划工作

内蒙古软件园始终坚持在创业指导上采取"初期指好路、中期把好脉、后期助好力"的方式，建立健全良好的导师工作体系和工作计划。根据企业发展特点和创业导师的专长，为被辅导企业与创业导师进行专门匹配。根据创业导师年度工作计划，专门建立了创业导师和企业联络员包企到户的辅导模式，通过一对一结对帮扶、上门诊断，多对多集体辅导、经验分享的多形式、多元化为企业开展创新创业辅导。同时依据创业导师活动台账和被指导企业反馈的情况等，对创业导师的指导工作量及工作成效进行评估。此外，对做出突出贡献的创业导师予以表彰，树立先进典型，形成有利于创业导师工作开展的舆论氛围。如2017年4月引进了包头市金达网络科技有限公司，该企业主营业务是为矿产企业提供信息化定制服务，符合内蒙古软件园的产业定位。为此，园区对其经营发展的关注度和了解程度较高。该企业入驻初期，仅为3人的微小企业。创业导师对其进行一对一帮扶，对商业计划书的编写进行了有效指导，协助其规划了3年发展计划。协调包头稀土高新区知识产权局为其专门分析了资质研发的软件产品，积极申报了9项知识产权。对接邮储银行为其协调贷款80万元。2019年，该企业现已通过高新技术企业认定，软件营业总收入700余万元，纳税80余万元，带动就业近50人，服务客户突破1000家。

（二）规范管理，深化做好企业服务内容工作

内蒙古软件园经过20年的沉淀和积累，形成了一系列专业孵化器管理办法。2019年，制定印发了《内蒙古软件园关于深化和规范企业服务工作的通知》，该《通知》深化了对企业的服务内容，增加了企业跟踪服务、企业项目服务、企业用工服务和企业产品推广服务。企业跟踪服务即新入驻企业在企业服务管理电子化信息系统完成注册登记后，派专人对企业的工商营业登记、房租租赁合同、房屋水电气暖使用情况以及网络通畅情况进行跟踪，确保企业无硬件环境的后顾之忧，把全部精力全身心投入创新创业中；企业项目服务即在本级或上级的各级各类项目申报过程中，保证企业知晓率100%，并细致地为企业讲解项目申报情况，保证企业了解程度为100%；企业用工服务主要是由于西部地区软件产业相较南方沿海发达城市处于劣势，软件开发人才缺失和流失，内蒙古软件园专门协调稀土高新区劳动就业局，按期无偿为在孵企业提供招聘场地，并免费制作招聘海报，切实打通企业服务"最后一公里"；企业产品推广服务即上述创业服务能力相关内容。同时该《通知》要求每一名专业孵化器工作人员必须按照《通知》中规定的行为准则，规范

服务方式和内容，严于律己，严守党风廉政底线。

（三）规范细节，推动做好企业融通发展工作

为了促进企业间良性互动，产生联动关系，内蒙古软件园建立了企业产品和服务产业链上下游的配套生态系统，主要采取以下两种方式：一是协调打通稀土高新区内各专业企业孵化器孵化路径，与区内工业园区（机电园区、希望园区、稀土园区）保持战略合作关系，坚持"以信息化带动工业化，以工业化促进信息化"的发展模式，依托工业园区内的大型工业企业，一方面宣传推广在孵企业的软件产品和服务，努力加快工业企业信息化进程；另一方面借助其配套优势，在工业企业的产业链上下游配套方面大力招商引资。二是整合优势资源，与内蒙古留学人员创业园管理办公室、内蒙古大学科技园区管理办公室和内蒙古稀土专业孵化器管理部建立良性联系机制，统筹科技创业服务中心企业资源，建立企业产品和服务互联互通平台，通过企业间产业链上下游的配套，为企业供需关系提供结实的桥梁纽带。如在孵企业开元数码就为园区内多家企业提供了 OA 办公系统，既节省了双方的研发费用，也提升了产品的知名度。

三、孵化创新手段稳步提升

（一）继续提升品牌效应，努力打造产业集群高地

作为内蒙古地区首家软件产业聚集高地、软件行业产品和服务集聚洼地，唯一一个"国家级火炬计划软件产业基地"，经过多年的发展，内蒙古软件园已形成了一定的软件产业规模，成为包头稀土高新区经济发展一大亮点，极大地推动了软件信息产业的快速发展，发挥了良好的辐射带动作用和示范效应。在 2019 年首次中国国际数交会上，内蒙古软件园荣获"优秀组织奖"和"2018～2019 年中国数字经济与软件服务业最佳服务平台奖"。经过孵化和培育，一大批软件企业茁壮成长，成为软件园内的佼佼者和骨干软件企业，随着 2017 年金名计算机成功挂牌上市、新联信息荣获"中国软件企业自主创新百强企业"称号、万佳信息的"科技创新服务平台"荣获"中国软件和信息服务业优秀解决方案"、华蒙环保的"IC 智能多控锁闭阀"荣获"中国软件和信息服务业创新产品奖"，等等，这些企业通过内蒙古软件园的"把脉问诊、良方用药"，已逐渐成为园区内软件企业的领头羊，成为包头市传统产业改造升级和工业资源信息化的主力军，对示范和带动其他在孵企业有着积极的作用。

（二）以建设"e 创基地"为抓手，努力打造产品集群洼地

为了充分发挥"国家火炬计划软件产业基地"的示范引领作用，当前，内蒙古软件园正着手建设内蒙古的"e 创基地"。"e 创基地"以建设"百亿软件园"为目标，逐步形成企业聚集高地、产业集聚洼地、科技转化基地的创新创业楼宇经济示范基地。内蒙古软件园计划着力围绕龙头企业，配套产业链招商，对进驻"e 创基地"的企业一方面采取"严把关"的方式，严格入驻审批和项目审查。另一方面也将对入驻"e 创基地"的企业给予适当的政策倾斜。下一步，"e 创基地"将从产业集群、软硬件服务配套、落地空间等多方面为软件企业聚集、融合、发展和壮大提供沃土和乐土。

（三）推动民营企业创办科技孵化器，广泛聚集孵化力量

鼓励社会力量自发整合创新创业资源，建立各类民营孵化载体，已认定包头市社区服务创业孵化基地为市级创业苗圃，孵化面积 1730 平方米，在孵企业 30 家，带动就业 563人。培育待认定企业孵化器 3 家，分别是中油新兴孵化器、中储能和包头市凯驰机电技术孵化基地，孵化面积达 13971 平方米，在孵企业 59 家，带动就业 582 人。依托内蒙古软件园正在建设的"e 创基地"，规划微小软件企业创业孵化苗圃，依托 15701 平方米的天然气大厦和高新技术产业基地 2 期，规划建设软件企业产品硬件"硬核"加速器。目前合计孵化场地面积 4.75 万平方米。同时与上海交大材料研究院、中科院稀土研发中心等科研院所、产业基地加强对接，鼓励企业与高校、科研机构合作共建院士专家工作站、产学研合作机构、工程技术研究中心，加快形成包括院士、博士、科技人才和团队在内的高精人才生态圈。通过人才共享机制，推进领域和学科的跨越发展，实现人才、项目、资源、技术互通共赢。与包头钢铁职业技术学院机械工程学院联络接洽，为在孵软件企业施行人才协议就业，下一步计划建立人才培养实训基地。

下一步，内蒙古软件园将对标沪苏浙等经济发达地区，推动营商环境再优化、再升级，为在孵企业努力提供全方位、多维度的创新创业服务，努力实现从局部到整体、从现象到机制的跨越。

南宁软件园发展报告

2019 年，南宁软件园紧紧围绕南宁高新区的中心工作，主动谋划和推动高质量发展，突出抓重点、补短板、强弱项，深化服务企业内涵，各项工作实现新跨越。

一、2019 年基地发展成效

2019 年，南宁软件园整体发展呈现稳中有进的发展态势。园区拥有软件信息服务类企业 698 家，园区营业收入 71.20 亿元（其中，软件收入 5.53 亿元，软件技术服务收入 10.02 亿元，自主版权软件收入 4.60 亿元），利税总额 7.40 亿元，净利润 3.48 亿元，出口创汇 3.02 亿元，软件企业从业人员近 10000 人（其中，博士 102 人，硕士 587 人，本科 6372 人），软件从业人数 8795 人（其中，软件研发人员 7595 人），科技活动经费筹集总额 8.30 亿元（其中，企业资金 6.80 亿元，金融机构贷款 0.60 亿元，政府部门资金 0.90 亿元），科技活动经费投入 8.12 亿元（其中，研发经费投入 5.88 亿元，软件研发经费投入 4.83 亿元），新增国家科技和产业化项目 10 项，新增地方各类科技和产业化项目 25 项，新增软件著作权登记数 87 个，通过 CMM/CMMI 认证企业 3 家。基地持续深化创新驱动，充分发挥软件信息技术专业领域的作用，集聚了发展新动能，利用网络化、平台化、服务化、智能化为基地发展和融合创新提供支撑。

二、基地运营管理模式

（一）规划引领，培育新兴产业

南宁软件园通过举办融资路演、创新创业大赛支持引进移动互联网、北斗系统产业、信息安全等信息领域相关企业。

2019 年，依托南宁高新区孵化器联盟，组织项目对接会，全年举办创新创业项目常态化路演 12 场。为企业提供了新的视角和思路，帮助企业完善自身商业模式以及对接投融资事宜，嫁接软件产业孵化项目与资本成效显著。

案例：

（1）高新区 2018 "槿英汇" 创新创业大赛一等奖获奖项目 "北斗海上 WiFi/船舶航行大数据平台" 在园区成立了广西北斗云点电子科技有限公司，2019 年参加第一届广西北斗系统综合应用大赛暨第三届 "北斗 +" 创新创业大赛获得企业组第一名；高新区重点人才项目 "北斗海上 WiFi/互联网航行大数据平台" 获得资助 200 万元。

（2）高新区 2018 "槿英汇" 创新创业大赛参赛项目在园区注册成立南宁禾木舟科技有限公司，2019 年初入驻园区，当年营业收入达到 1250 万元，极具发展潜力。

（二）持续优化公共服务平台建设

1. VR 技术公共服务平台

公共技术平台建设以政府引导、企业共建的思路，采取由 "软件园管理中心 + 技术方 + 运营方" 三方合作共建的模式，启动建设 "VR 技术公共服务平台" 项目，为文化创意和动漫产业向 VR 方向拓展、撬动与广西艺术学院等院校的产学研合作提供支撑，逐步开展平台孵化培育虚拟现实新兴产业。

2. 科技金融服务平台

以高新区孵化器联盟为平台，建立与银行、基金、担保公司等金融机构的合作机制，打造科技金融平台，以科技金融为纽带，不断加深孵化器成员间的交流与沟通，实现深度合作，共同为孵化事业的发展凝心聚力、相互赋能，促进创新创业金融体系的建设。

（三）全力打造一流营商环境

南宁软件园以专业孵化园区、人才小高地等载体为抓手，围绕打造一流营商环境开展企业交流、项目路演、导师辅导等各项创新创业活动和服务，着力强龙头、补链条、聚集群，积极推动电子信息、软件开发融合创新和互动发展，进一步健全了软件产业基地 "众创空间 + 孵化器 + 加速器 + 产业园" 全链条服务能力，培育扶持创新型企业，探索建立共享资源、互惠合作新机制，并通过软硬件产品与技术升级，建设智慧园区，为园区运营数据化、信息化提供支撑，进一步提升园区信息化管理与智慧化运营能力，提升服务企业质量。

三、基地建设的主要政策措施情况

（一）抓好创新创业项目入孵招引工作

引进广西山安科技有限责任公司、广西锐云科技有限公司智能化电力监控互联平台、广西国邦志成科技有限公司教育教学软件开发、广西泰昌鸿科技股份有限公司移动防爆警务室项目等21个项目入园孵化。

（二）抓好在孵项目创业孵化服务

（1）抓好"黑马城市学院·南宁一期"项目的跟踪服务，重点辅导万航星空飞行大数据中心项目（入驻中关村相思湖区），广西万航星空科技有限公司隶属万维集团，是中国领先的无人机行业应用整体方案提供商，大疆授权金牌服务商。公司以"让飞行更有价值"为使命，运用无人机技术、大数据与云计算、5G及物联网、全息和3S技术等新一代信息技术为空间信息数据采集、处理、应用及服务提供全流程解决方案。大疆万航实景三维大数据公共服务平台，可提供海量三维遥感数据和高精度北斗物联信息，广泛应用于资源调查、智慧城市、应急救援、智慧旅游等领域，2019年企业营收超5000万元。

（2）指导广西卡斯特动漫有限公司"广西民族文化动漫游戏制作资源库平台应用"项目申报科技局技术创新引导专项获得立项。

（3）组织企业参加第八届全国创新创业大赛广西赛区南宁市选拔赛暨第四届南宁市创新创业大赛。创赛期间连续举办主题模拟路演8场，针对存在商业逻辑不清晰、商业模式缺失等重大问题的项目进行打磨，共服务企业36家，23家晋级自治区复赛，占南宁市晋级资格企业的36%，占高新区晋级区赛资格的69%（南宁市取得区复赛资格企业63家，其中高新区企业33家，占比52.3%）。路演平台服务的曼彻彼斯高技术公司和安博特智能科技公司两个项目代表电子信息行业晋级全国行业总决赛。

组织企业参加第一届广西北斗系统综合应用大赛暨第三届"北斗＋"创新创业大赛，广西北斗云点电子科技有限公司获得企业组第一名。

（三）抓好创新创业服务平台建设

1. 完成"黑马城市学院·南宁分院"二期开课

4月19日上午，"黑马城市学院·南宁二期"开营，二期招生60名，开课为期6个月，将通过导师赋能、企业参访、企业私董会、融资辅导、资本对接及跨城资源对接等多种形式，系统提升本地企业家的创新思维，指导创业者的实战实操，助力本地产业创新升级和企业加速成长。

2. "槿英汇"创新创业项目常态化路演成效初显

由高新区孵化器联盟主办，基地联合论道网及联盟各成员单位成功举办 12 期"槿英汇"创新创业项目常态化路演，参加路演项目 59 项次，参与导师 53 人次，金融、投资机构累计 30 家次，参加活动人数累计 840 余人。为参与企业提供商业计划书快速梳理、路演 PPT 优化、路演技巧辅导、模拟路演以及导师面对面诊断交流等服务。

3. 南宁软件园 VR 技术公共服务平台项目获立项资助

软件园与九金动漫、卡斯特动漫联合共建的"VR 技术公共服务平台"项目获得南宁市科技局科技基地专项立项，获资助 40 万元。

4. 高新区孵化器联盟工作有序推进

南宁高新区孵化器联盟私董会共举办 3 期，每期近 20 家成员单位参会，出席人员 30 余人次。通过私董会活动的形式，加深孵化器成员间的交流与沟通，实现深度合作，共同为孵化事业的发展凝心聚力、相互赋能，促进创新创业生态体系的建设。

5. 探索建立科技金融服务体系

（1）探索发起设立创新创业发展基金（种子基金）。我中心牵头联合广西北部湾股权交易所、南宁市科技企业孵化基地有限责任公司、南宁联合创新创业投资有限公司拟共同发起设立南宁高新区创新创业种子基金，基金规模 5000 万元，形成"区、市、高新区"三级共建方案。现该方案根据高新区整体安排进行调整，以力合科创公司为牵头单位发起高新区天使基金，参与构建企业成长全生命周期科技金融服务和全过程投资体系，多渠道支持创新型企业融资发展。

（2）与兴业银行股份有限公司南宁分行和桂林银行南宁科技支行就科技金融合作签署《战略合作协议》，在投贷联动创新、科创企业投融资在线对接服务平台等方面达成一致意见。

（3）集聚一批创投人、企投家和银行、证券、担保等金融机构，建设"槿英汇"创新创业项目常态化路演平台，实现创业者与投资人的交流与对接。平台上现已聚集深创投梁振华博士、笃木资本董事长韦荣恒、深圳晟世金鸿投资纪力总经理、青蓝投资龙晓荣、盛世投资、云禾基金、高新资本、国厚投资、建设银行、光大银行、兴业银行、广发银行、北部湾银行、桂林银行等众多投资人和金融投资机构，为企业的融资之路提供便利和辅导，积极帮助企业利用资本市场扩大直接融资，提升企业实力和市场竞争力。

四、基地发展的主要经验、问题与挑战

创新创业全链条服务体系仍存在缺环，平台聚集能力、服务创业项目的能力、链接资本的能力仍需不断加强。

五、2020 年基地工作安排

2020 年，南宁软件园将以产业政策为导向，推进产业转型升级。从技术研发、体系建设、产业聚集、人才培养和投融资服务等方面推进软件产业的发展。加强软件产业专业孵化器公共技术服务平台的功能建设，为科技型中小企业和开发者提供开发支持、运营支撑、渠道推广、自主创新和创业以及人才培养的环境。利用软件产业专业孵化器带动中小企业和个人在平台上创新创业，实现"双创"大发展及在孵产业项目转型升级。提升科技创业服务内涵和品质，培育软件开发研发项目应用以夯实产业基础，与环明月湖现代服务业集聚区互联互通，实现园区高度融合，汇聚智慧，数据共享。

（一）大力培育创新型企业

按照服务于企业成长全生命周期的理念，以引导和激励创新创业实现高质量发展为目标，加快构建创新型企业梯级培育体系，重点抓好雏鹰、瞪羚、独角兽三类"珍禽异兽"的培育工作。

（1）按科技部《科技企业孵化器管理办法》的要求，以培育高新技术企业为目标，抓好创业孵化工作。借力国内一线产业加速和创业服务平台导入项目，与加快激励本地科技人员创新创业相结合，"外引"和"内培"两条腿走路，加快充实创新型种子企业的数量；实施对孵化企业的入孵评审和成长性考核，加强《孵化协议》"目标"管理，驱使在孵企业加速成长。抓好高新区科技创新券的实施，引导企业和团队加大研发投入、购买科技服务、激发创新活力。

（2）实施"雏鹰计划"和"瞪羚培育计划"。在创立不超过 5 年、营收规模超 200 万元的科技型初创企业群体中，按营收增长率、研发能力、创新创业活跃度等指标，每年选拔出一批"雏鹰企业"；在创立时间不超过 15 年的企业群体中，按增长率和研发投入指标，每年选拔认定一批商业模式得到市场认可、创新能力强、进入高速成长期的"瞪羚培育企业"；在"雏鹰企业"和"瞪羚培育企业"中，每年推荐申报一批"广西瞪羚企业"。

（3）大力开展新经济招商，培育经济发展新动能。聚焦平台经济、数字经济等业态，结合东南亚市场、"一带一路"合作、互联网出海等产业场景，加快引进"瞪羚企业"，探索引进准独角兽、独角兽企业。

（4）建设创新型企业加速服务平台。通过建设黑马城市学院、独角兽加速基地等项目，导入一线城市创新资源，为企业提供创新辅导、融资对接、产业合作、业务成交等一整套加速服务，帮助本地创新型企业转型升级，加速成长为瞪羚企业、准独角兽企业。

（5）依托基地深入持续开展服务业企业上规入库专项工作；重点培育北斗云点、卡斯特动漫等有潜力的服务业企业作为入统后备项目。

（二）抓好公共服务平台建设

（1）抢抓 5G 商用机遇，在软件园建设"VR 技术公共服务平台"，为软件产业向 VR/AR、人工智能方向拓展，撬动与广西艺术学院、广西电力职业技术学院等院校的产学研合作提供平台支撑。

（2）融合各类科技创新服务及金融资源，推动建设覆盖高新区的集"科创投保贷孵"于一体的科技金融服务平台。同时，积极推动设立力合高新区天使基金，依托孵化器联盟，不断加深与金融机构的合作，为园区的产业发展、科技创新、高成长性企业育成提供更多的投融资支持，着力缓解科技型中小微企业融资难、融资贵问题，满足处于不同生命周期阶段企业的需求。联合深创投和盛世投资加入"槿英汇"创新创业项目常态化路演平台建设，搭建优秀创新创业团队、企业家与金融机构、创投机构、上市公司的合作桥梁。

（三）积极营造创新生态

以高新区孵化器联盟为依托，联动南宁创新创业联盟、重点高校科研院所和大企业创新平台，共同构建环明月湖创新生态，打造新型创新创业集聚区。

（1）高水平谋划和运营"槿英汇"创新创业项目常态化路演平台。全年举办"槿英汇"常态化路演 12 场（含市科技局"邕城创客行"路演项目），服务于中国创新创业大赛参赛项目，训练创业者的创新能力和创业方法；立足南宁，放眼全自治区，树立标签、建立品牌，实现"项目找融资到平台""资金找项目到平台"的双向聚集；依托路演平台，为优质企业进入"新三板"、科创板上市融资提供便捷通道。

（2）推动构建大中小企业融通发展的创新生态。推动校企合作，精准对接需求，实现"产学研"专题对接的常态化；通过邀请大企业集团老总出任创业导师、定期组织大企业和科技型小微企业开展技术和项目合作对接等形式，构建园区开放融通的集群创新生态，让"创业者不再孤独"，实现抱团、共享、互相学习和共同进步。

重庆软件园发展报告

重庆软件园（两江新区）在科技部火炬中心的正确指导和市科技局的帮助推动下，充分发挥软件产业基地在引领和支撑区域软件产业发展方面的重要作用，着力打造以软件技术为核心的数字经济创新创业生态，有效助推经济社会高质量发展。

一、发展概况

园区产业载体逐步扩展至 350 万平方米，产业集聚效应显著，软件业务收入保持快速增长，从业人数稳步增加，信息技术服务发展加快，软件应用呈服务化、平台化发展趋势。

（一）产业规模快速壮大

园区软件和信息技术服务业收入达 473.59 亿元，同比增长 52.92%，软件业务收入达 232.88 亿元，同比增长 82.93%；园区企业总数达 3508 家，其中软件企业 2455 家，高新技术企业 126 家，新增通过软件企业评估 23 家；园区从业人数近 10 万人，其中软件从业人员 5.49 万人，软件研发人员占软件从业人员比例达到 44.00%。

（二）产业结构持续优化

园区信息技术服务收入 193.09 亿元，同比增长 168.43%，占软件业务收入比重为 82.91%。其中，大数据采集、分析及应用综合解决方案等数字内容处理服务收入达 79 亿元，占信息技术服务收入的 40%；信息化规划、系统设计及咨询收入达 38 亿元，占信息技术服务收入的 19%；运维服务收入达 35 亿元，占信息技术服务收入的 18%；在线服务收入达 33.9 亿元，占信息技术服务收入的 17%。软件应用呈服务化趋势，以大数据智能化为引领的创新驱动发展成效显著。

（三）骨干企业引领发展

园区现有营业收入超过 1 亿元的软件企业 27 家，合计营业收入达 443 亿元，平均增速达到 53%，同比增长超过 100% 的软件企业有 3 家。软件业务收入突破 1 亿元的软件企业 19 家，合计软件业务收入达 206 亿元，占软件业务总收入的 88%，中冶赛迪在中国软件业务收入百强中排名上升至 58 位，骨干企业对行业发展的带动作用明显，引领软件技术对经济社会各领域赋能、赋值、赋智。

（四）新兴软件快速突破

工业软件收入 13.2 亿元，同比增长 28%，生产控制类软件产品以中冶赛迪为龙头持续领跑，励颐拓软件率先上线自主可控的工业仿真软件产品，在该领域打破国外垄断实现零突破；人工智能业务收入 8.98 亿元，同比增长 146%，中星微、中科云逐步巩固 IC 设计、算法支撑、行业应用等产业链主要环节；平台软件收入 3.6 亿元，同比增长 125%，领工云、紫光华山、春之翼在工业互联网、智慧应用领域发展迅速。园区涵盖基础支撑、物联应用、大型平台、工业互联等全类型软件产品，有效推动全市产业升级和制造业高质量发展。

二、运营管理措施

（一）夯实组织保障

重庆软件园（两江新区）位于两江新区核心区域，由两江新区管委会统筹规划，重庆市科技局进行业务指导，两江新区科技创新局牵头园区建设并主管行业运行和产业培育，管委会下属国资公司两江产业集团负责产业载体打造和管理运营，专业团队负责招商对接和落地服务，各部门发力共同推动园区规模化发展。

（二）完善基础建设

重庆软件园（两江新区）以生态优先来规划、指导产业与城市融合发展，背靠占地面积 4300 亩的照母山森林公园依山而建，打造出"一半山水一半城"的"山清水秀美丽之地"，园区绿地率 32%，周边建成公园 20 个，绿化覆盖率 42%，人均公园绿地面积 28.16 平方米；建成国家级互联网骨干直联点，省际直联城市 29 个；开通中新（重庆）国际互联网数据专用通道；工业互联网标识解析国家顶级节点（重庆）开始试运行，与陕西、四川等 11 个二级省级节点互联互通；三大运营商 5G 基站部署走在全市前列，为软件和信息服务业发展抢抓先机和持续发展提供坚实的基础。

（三）构建政策体系

两江新区管委会围绕园区主导产业陆续出台《重庆两江新区促进科技创新发展办法》《重庆两江新区促进总部经济发展办法》《重庆两江新区促进科技创新高质量发展的若干政策》《两江新区创业种子基金管理办法（试行）》等招商引资和产业培育专项政策，园区全年科技活动支出财政资金 25 亿元，设立科技创新股权投资基金、创业种子基金为软件企业专项资本服务平台，支持软件企业、创业团队以及科技成果转移转化，从培育创新主体、提升研发能力、鼓励科研成果转化、促进关键技术突破、创新载体建设等方面为软件类企业的引进、落户、培育、壮大提供全方位政策保障。

（四）创新金融配套

两江新区管委会出台《两江新区科技型企业融资贷款担保管理办法（试行）》，用于对符合条件的软件企业提供融资增信，推广科技担保贷，开展科技金融创新试点，支持各类软件企业、合作银行、担保机构开展融资贷款担保；出台《两江新区科技成长贷实施办法（试行）》，联合金融机构对符合条件、具有自主知识产权或核心技术的软件企业提供信用贷款。园区软件企业全年获金融机构实际放款达 9.7 亿元。

（五）推进人才引育

升级建设重庆互联网学院，每年为园区输送超过 3 万名软件专业技术人才；成立数字经济产业联盟和数字经济产教融合人才发展联盟，通过举办毕业生双选会、优秀人才进园区等活动，促进了园区人才的流动，为软件产业发展提供了良好的人才交流环境；出台《两江新区招商引资重点项目高端人才住房工作方案（试行）》《"两江人才"十条（试行）》《重庆两江新区引进高层次人才若干政策的实施细则》《重庆两江新区高技能人才培养引进激励办法（试行）》等系列人才政策，全年为软件人才兑现奖励资金 1.3 亿元，为软件行业人才队伍建设、高端人才引进等形成政策支撑。

三、发展经验

重庆软件园（两江新区）按照"集群发展 + 协同创新 + 智慧体验"的模式培育壮大数字经济产业，促进大数据、人工智能、5G 等新技术新业态与实体经济深度融合。2019年，两江新区数字经济增加值同比增长 20.7%，其中集成电路、智能网联汽车、人工智能、智能硬件分别增长 452.3%、181.9%、131.2%、46.9%，软件技术驱动数字经济高质量发展收效斐然。

（一）优化园区布局，培育产业集群

以重庆软件园（两江新区）为核心拓展建设两江数字经济产业园，多点布局共 900 万平方米的商业及产业楼宇，构建山水一体、产城融合的产业环境，吸引超过 4000 家数字经济企业，云集京东方、康宁、阿里巴巴（重庆）、腾讯信息等龙头企业，汇聚腾讯、浪潮等十大数据中心，已形成约 16500 个机柜服务能力，可容纳 20 万台服务器，建立了重庆市电子政务云、腾讯云、华为云等近 20 个大型云平台，搭建科技型中小企业研发共享服务平台、人工智能基础资源公共服务平台等科技服务平台，逐步发展为以软件服务为核心驱动力的数字经济产业集群。

（二）狠抓双创建设，储备产业梯队

园区现有腾讯、赛伯乐、猪八戒等国家级孵化器和众创空间，并聚集软通动力、华龙网、创业黑马、博端创新中心等优质双创孵化载体和运营主体，新增阿里云创新中心（重庆）、物联网产业协同创新中心等项目落地，加强软件和信息服务业发展平台支撑，全市唯一的"国家海外人才离岸创新创业基地"获批，赛伯乐智慧产业园、猪八戒网创业孵化基地获评全国创业孵化示范基地，园区累计孵化面积达 23 万平方米，在孵创业团队和企业 1695 个。全年发布运营"智汇两江"及"思享汇""创赛汇""创业汇"系列双创品牌，全年举办各类双创活动超过 190 场，园区创新服务支撑能力进一步提升，2019 年园区双创工作受到国务院通报表扬。

（三）坚持协同创新，助力技术攻关

园区现已布局国家级创新基地 9 个、国家级研发平台 6 家，创新生态日益完善，有力吸引软件和信息服务业高端人才集聚；强势引进中科院计算所、华中科技大学、新加坡国立大学、北京理工大学等知名高校和科研院所设立研究院，引导研究院与大型企业建立联合实验室、成果转化平台，开设行业知识与计算机、软件工程相结合的交叉学科，加大高端人才的培养力度，解决软件行业人才需求痛点，围绕基础软件、支撑软件、工业软件等产品开展关键核心技术攻关。

（四）打造体验平台，加速应用推广

重庆软件园（两江新区）拓展规划 3 平方千米，高标准建设智慧体验公园，按照"一景一科技"的思路，与腾讯信息、阿里巴巴（重庆）、中科云从等园区内重点企业联合打造 4 大场馆 25 个场景 50 个体验项目，整合全球先进智能技术要素，布局智慧生活应用场景，打造软件技术与数字经济成果展示与体验推广中心，被列为中国科协"科普中国"和全市中小学智能化教育基地。

四、2020 年发展目标与构想

2020 年，重庆软件园（两江新区）将力争实现园区软件和信息技术服务业收入突破 500 亿元，园区软件企业突破 2500 家，培育 1 亿元以上企业 30 家，软件从业人员突破 5.8 万人。

（一）加速壮大产业规模

开展"骨干企业培育工程"，打造一批技术先进、市场认可度高的软件产品和解决方案。围绕人工智能、大数据、5G、区块链、工业互联网、产业互联网及线上业务培育一批技术先进、市场前景广阔、发展迅速的成长性企业。孵化培育一批创新能力强、发展潜力大、专业化程度高的创新型企业，鼓励大型企业剥离信息化部门组建软件企业。

（二）加强核心技术攻关

支持企业深化与软件领域高端智库合作开展协同攻关和体验推广，建设国家级工程实验室、工程研究中心等创新研发机构，加强产业共性问题和核心关键技术攻关。围绕关键软件产品生态建设需求，搭建面向重点用户典型应用场景的产品应用验证环境，分类建立关键软件标准研制和推广平台。创新运作机制，引导产用、产教、产融合作，形成有利于关键软件产业可持续发展的良好环境。

（三）加强重点企业培育

支持中冶赛迪、腾讯信息、紫光华山智安、东软、浙大网新、博彦科技等重点企业积极参与国家平台建设，促进关键软件产品推广应用；支持中星微、中科云从、马上消费、万塘信息等在 IC 设计、人脸识别、算法支撑、信息技术服务等领域拓展应用场景；支持中软国际、软通动力、创业黑马、阿里云创新中心、腾讯众创空间（重庆）、36 氪等围绕软件和信息服务行业加快生态建设。

（四）加大招商引资力度

以全国"软件业务收入百强""软件和信息技术服务综合竞争力百强""互联网百强"等企业为招商重点，支持招商项目设立区域总部、研发中心；以工业软件及工业互联网、高端行业应用、信息技术服务、信息安全、自主基础软件及产业互联网新业态为产业方向，引进行业领军企业；建立软件产业重大招商项目协调推进机制，积极为重点软件招商项目提供"一对一"和"一站式"全程跟踪服务，确保"招得来、留得住、发展好"。

（五）完善公共服务体系

支持园区重点企业与科研院所联合搭建产用协同公共服务平台，建设关键软件数字化试验验证环境，开展共性技术和跨行业融合型技术标准研制；支持企业申请发明专利或商标、软件著作权，开展软件能力成熟度模型集成（CMMI）、信息技术服务标准（ITSS）等认证及数据管理能力成熟度评估（DCMM）；支持协会、联盟联合软件企业开展行业论坛、学术交流等活动，营造良好创新发展氛围。

（六）加强高端人才引育

依托重庆两江新区国家海外人才离岸创新创业基地，积极引进海外人才和技术，支持骨干企业聚集一批紧缺人才；鼓励企业联合科研机构建立软件和信息服务业人才培训基地，推动赛迪信息、中软国际、软通动力等知名企业与科研院所联合培养一批高级人才；做好职业培训，鼓励培训机构优化学科专业结构和课程设置，依托互联网学院大力培养一批适应新形势发展的中高级软件人才，建立软件人才交流平台，强化产业人才对接。

（七）做好顶层设计

强化政策支撑。补充发布针对软件产业和软件产业基地的专项政策，与现有政策形成互补，引导财政资金、社会资本、各类投资基金向软件和信息服务业倾斜，重点支持核心技术攻关、生态打造和人才培养；做好工作统筹，完善并落实软件产业基地统计制度，全面客观反映园区软件行业运行情况，及时解决行业发展中的问题。

河北省软件产业基地（石家庄）发展报告

2019 年，河北省软件产业基地（石家庄）在国家科技部等有关部门的指导下，在河北省、石家庄市、石家庄高新区的支持下，大力推进软件基地建设，以创新驱动发展为目标，不断创新服务理念，优化载体建设，产业环境持续改善，创新创业体系不断完善，总体经济规模与产业发展水平进一步提升，综合实力不断增强，基地继续保持良好的发展态势，带动并促进了区域经济的快速发展，成为地区软件产业的聚集高地。

一、2019 年基地发展成效

河北省软件产业基地（石家庄）成立于 1998 年，规划用地面积 56.61 万平方米，是河北省唯一的国家级软件园，是"河北省服务外包产业基地""河北省十大文化产业聚集区""河北省文化产业示范园区""中国中小企业创新服务优秀园区"等。经过 20 余年的创新发展，充分依托现有优势，整合科技创新资源，营造创新创业环境，完善服务体系，基地创新发展各项指标均在当地排名前列。基地创业孵化高度活跃，形成众创空间、孵化器、加速器、产业园区的全链条发展格局，集聚各类软件高端人才，使不同业态、不同规模、不同阶段的企业加速成长。

截至 2019 年底，实现营业收入 158.37 亿元，软件收入 115.72 亿元；产值超亿元的企业 11 家，超千万企业 44 家，拥有高新技术企业 83 家；基地总人数 11700 余人，本科从业人员 7602 人，软件从业人员 9700 人，拥有博士 232 人；拥有有效发明专利 1284 项。基地各项指标均实现了较大的提升，在产业发展、平台建设、人才培育和企业服务等方面取得了良好成效，保持了较快的增长，已成为河北省创新能力强、产业发展快、示范带动作用明显的软件产业基地。

二、基地建设情况

（一）基础设施建设

河北省软件产业基地经过二十几年的发展，拥有完善的基础设施环境，打造集软件服务外包、系统集成、云计算、大数据、文化创意等于一体的专业园区。软件基地与河北联通合作打造国内一流的数据中心，达到联通四星级 IDC 机房标准，为企业提供高标准的公共服务平台，为园区企业提供云主机服务完备的网络环境以及专业化的网络管理技术，为入驻企业带来更高质量的 IT 服务。已建成的软件大厦、物联网大厦等，为软件企业提供了理想的研发、办公、实验场所，为投资创业者提供全方位、全过程、专业化、个性化、高效便捷的政务服务，为在孵企业提供管理咨询、投融资、专业培训、技术转让等服务。银行、保险、产权交易、人才服务、律师、会计、审计、评估、公证、管理咨询等社会中介机构实行"一站式服务"。产业承载空间进一步加大，产业发展能力进一步加强。

（二）政策环境建设

河北省软件产业基地（石家庄）自成立以来，积极落实国家有关软件与信息服务业政策，构建了比较完善的发展软件产业的政策体系，不断优化产业发展环境。河北省、石家庄市政府先后出台了一系列政策文件，在人才引进、土地价格、财政奖励、产业发展基金、公共信息基础设施建设等方面，对软件产业、集成电路产业、服务外包产业等给予重点扶持。在全面落实国家和省、市各级促进创新创业优惠政策的同时，积极构建高新区促进创新创业的政策体系。对留学生创业减免场地租金，实施有利于留住人才的购房政策，全方位鼓励和吸引高端人才来区创业。充分发挥政府、银行、保险、第三方评估服务机构四类机构的作用，积极引导和扶植企业采取知识产权质押融资等方式实现知识产权的市场价值，建立和完善知识产权质押融资体系，有效突破拥有知识产权的科技型中小企业融资"瓶颈"，促进区域经济健康持续发展。从各个方面扶持基地内企业做大做强，助力产业腾飞。

（三）创新创业环境建设

河北省软件产业基地通过完善的科技创新服务体系，支持和引导人才、技术、资本等创新资源向企业集聚，形成了以政府、企业、科研机构及高校、技术创新支撑服务体系等为核心的创新体系，已成为河北省、石家庄市自主创新的示范区，软件信息科技发展的先行区。

鼓励和吸引软件产业基地周边的高等院校、科研院所与企业共建技术平台，引入基地设立研发机构、建立产学研基地，全方位促进高校、科研院所与企业联动创业。基地支持多元化主体新建各类创新创业载体，河北省10多所大学和多个科研院所与基地企业建立合作关系，建立各类研发机构多个，国家级、省级、市级技术工程中心，企业博士后科研工作站等。重视自主创新能力，引导企业加大科研投入，不断提升创新能力水平。基地科技活动经费筹集总额19.73亿元，企业资金13.70亿元，占筹集总额的近70%，成为科技经费筹集的主体。

着力优化人才创新创业环境，加快创新人才集聚。基地大力加强人才队伍建设，不断优化人才创新创业环境，积极培养引进专业人才、国际人才。着力构建高层次人才队伍，完善软件人才培育体系，加快创新人才集聚。深化完善人才引进激励服务机制，集聚更多高端人才来基地创新创业。与专业培训机构合作，提供专业性人才培育服务。为企业提供所需的人才交流服务，促进人才合理流动，加强人力资源合理配置。培养引进一批专业人才，以人才优势助推产业发展，引进北京的优秀软件人才来石发展创业，加强校企合作，解决高端人才需求问题。

三、基地发展的经验、问题与挑战

（一）加强公共服务平台建设，完善创新服务体系

基地多年来不断完善公共服务体系的建设，加强公共服务平台建设。逐步构建专业化、特色化、国际化的产业服务体系，围绕人才培养、科技金融、知识产权保护等促进服务，促进基地产业发展。软件基地与河北联通合作打造了国内一流的数据中心，为企业打造的高标准公共服务平台，达到联通四星级IDC机房标准。为河北省内企业、高新技术企业提供高可靠性、高安全性、高扩展性、高水准的互联网业务及其他增值性物联网服务，成为省内企业建设政务信息资源共享平台、提升信息化产业水平、发展现代信息服务业的重要支撑。设立的投融资平台，与多家金融机构结成合作伙伴关系，为企业提供投资对接、上市辅导等，有效带动了园区企业的创新创业热情。基地通过整合科技与金融资源，构建全方位、全覆盖的投融资服务体系。创立了投融资平台，设立了企业孵化资金，为不同发展阶段的企业提供了相应的资本支持，拓宽了企业融资渠道，助力企业成长。

加强信息化建设力度，实施基地数字化管理，为"互联网＋"相关产业搭建平台，建设的"互联网＋创新创业"云平台，是一个具有网站、企业统计、孵化器管理、企业管理、资源共享和大数据分析等功能的一站式创新创业服务平台，实现了对企业的有效管理，成为服务科技企业的高端线上平台，为企业的发展提供良好支撑。

（二）不断完善产业规划，谋划产业发展格局

软件基地牢固树立加快发展的理念，优化产业结构，提升产业质量，充分发挥基地产业、技术等资源优势，用发展的眼光高标准谋划产业新格局。准确把握电子信息产业发展的新趋势，加快技术、人才、资金、项目等要素向优势领域、优势企业集中，科学推进产业布局，大力改善基地发展环境，积极完善公共服务平台，严格贯彻落实优惠政策，促进电子信息产业又好又快发展。通过科学把握产业发展规律，制定适合基地的发展战略、发展方针和产业规划，引导产业健康协调发展。完善产业培育体系，优化产业链条，培育企业自主创新，通过实施数字化管理系统，提升管理效率，创新服务水平，实施品牌化战略，提升信息化水平，打造智慧园区。

（三）提升产业集聚能力，发展特色产业集群

基地不断优化产业发展环境，提升产业集聚能力，发展特色产业集群，培育和发展了医疗电子、电力电子、安防电子、交通电子、仪器仪表、节能环保监测、智能控制等一批市场竞争力强、具有一定规模和较强市场竞争力的优势产业集群。软件产业基地结合园区建设实际和产业发展基础，集中优势资源重点发展软件与服务外包、电子商务等六大标志性产业集群。依托中国电子科技集团第十三研究所、第五十四研究所，发展北斗导航等高端产业，基地是河北省十大文化产业集聚区，构建多业态、复合型、互动式、主题鲜明的文化产业聚集区，成为河北省推进文化产业发展和文化产业资源整合的重要平台。作为河北省服务外包产业基地，软件园不断发展软件服务外包产业，突出产业定位与特色，重点培育一批软件外包服务企业，打造有特色的服务外包产业集群。

（四）推动"大众创业、万众创新"，营造发展新态势

创新催生创业，创业带动创新。近年来，基地持续推动"大众创业、万众创新"，营造发展新态势。高技术产业和战略性新兴产业蓬勃发展，一大批创新型企业快速成长，"双创"已成为推动基地发展的新动能，形成了"众创空间＋孵化器＋加速器＋科技园区"的全链条孵化体系，拥有空天信息、电科创星、中浩华、聚V新媒体等各具特色的众创空间。基地不断优化双创环境，提升服务水平，为创业者提供"一站式"创新创业服务，协调解决创新创业难题。同时积极落实"双创"扶持政策，把创新政策用足、用活、用好，为创新创业聚集合力，不断提升双创的良好生态环境。以"互联网＋技术市场"为核心，建设线上线下相结合的技术交易网络平台，面向企业实际需求开展科技成果精准推送活动。加大知识产权金融服务，深入推进专利权质押贷款，实施科技信贷风险补偿，不断为双创营造良好发展氛围，培育"大众创业、万众创新"沃土。

（五）加强协同创新，推动区域经济协作

打造对接京津、协同创新的重要载体，不断推动科技成果转化和区域经济协作，畅通企业、科研机构、金融资本的合作通道，实现产品市场、技术市场、资本市场的有机融合。基地积极参与京津冀科技企业招商对接，在物联网、云计算、大数据、电子商务、生物医药研发等领域与京津对接，推动特色产业集聚发展。基地通过提供良好的沟通平台，进一步推动京津冀校企合作，促进协同创新，促进企业与高校和科研院所的项目对接，加强合作，使企业借助京津冀各高校的科研成果，实现产业化，推动技术创新，加快实现转型升级，实现校企双方优势互补、互利互惠、合作共赢。发挥环绕京津优势，加大科技招商引技引智力度，举办科技招商引技引智活动，引进海内外、京津优秀人才来冀创业。

（六）培育壮大创新主体，展开精准培育

加大高新技术企业引进培育力度，完善高新技术企业培育体系，在知识产权、项目研发、成果转化等方面精准培育，发挥在政府和企业之间的桥梁与纽带作用，搭建政策服务平台，为企业提供专业服务。打造重点项目的培育体系，形成从小微企业、科技型中小企业、创新型企业、高新技术企业、行业小巨人企业到龙头企业的创新主体格局。不断支持科技型中小企业的创新发展，通过分类指导、梯次培育、差异扶持、扩量提质，推进科技型中小企业高质量成长。持续优化产业服务，整合创新要素，培育创新孵化网络。有针对性地重点扶持优秀科技型企业做优、做强、做大，以高质量发展引领基地建设。

（七）推进基地品牌化建设，建设智慧园区

建设数字化基地，通过实施数字化管理系统，提升管理效率，创新服务水平，着力打造实施品牌化基地战略，提升信息化水平，打造智慧园区。加强与企业的沟通交流，为企业创造优质发展环境。提升服务能力和水平，培育引进国内一流的高新技术企业和软件企业。依托现有重点企业，努力提升基地产业集聚能力。推进基地品牌建设，加大宣传力度，提升基地的知名度和影响力。以行业领军企业、总部型项目和拟上市项目为重点招商策略，加大招商力度，吸引企业来基地落户，发展软件服务外包产业，突出产业定位与特色，重点培育一批软件外包服务企业，打造有特色的服务外包产业集群。

四、2020年基地工作安排

2020年，河北省软件产业基地（石家庄）将继续在多领域加强区域合作，积极推动协同创新，建设京津冀协同创新共同体。深入对接京津和雄安新区创新源头，继续加大对

京津高校和科研院所开展产学研科技合作项目、创新平台建设的支持力度，促进资源共享，进一步引进高端优质科技成果，更好地帮助企业与之有效对接，吸引更多优秀科技成果和项目落户，积极推进河北·京南国家科技成果转移转化示范区建设。

加强与优势资源区域和机构的合作，深入研究信息技术领域促进"京津冀"协同发展和雄安新区建设，提升基地产业集聚能力。培育引进国内一流的高新技术企业和软件企业，筛选一批有较好基础的科技研发项目，促进相关领域科技成果落地河北省软件产业基地（石家庄）并实现产业化。

通过实施数字化管理系统，提升管理效率，创新服务水平，着力打造品牌化基地，提升信息化水平，推进基地品牌化建设，建设数字化基地，建设人工智能产业园区。

山西软件园发展报告

山西软件园于 2009 年 1 月被国家科技部认定为"国家火炬计划软件产业基地"。作为全省唯一的国家级软件园，山西软件园在山西转型综改示范区管委会的领导下，以学府园区为基础，向一区多园拓展区延伸，大力实施创新驱动战略，加快科研、人才、资本平台建设，形成了以信息安全、大数据、物联网为代表的新一代信息技术产业格局，产业特色逐步凸显。作为山西转型综改的重点项目之一，软件园也是高新技术产业发展的核心。2018 年 6 月以来，园区加大工作力度，对山西软件园 380 多家软件研发和应用企业涉及的大数据、云计算、物联网、人工智能等主导产业重新进行了梳理、分析、统计，实现了动态管理。

一、2019 年基地发展成效

2019 年山西软件园软件产业共有企业 388 家，其中，高新技术企业 335 家，骨干企业 6 家，超亿元企业 14 家，上市的软件企业 11 家。新增国家级科技和产业化项目 2 个。2019 年新增软件著作权 800 个，新增发明专利 80 项，通过 ISO9001 认证 80 家，通过 CMM/CMMI 二至四级评估 9 家，通过 CMM/CMMI 五级评估 3 家。基地营业收入 73.02 亿元，同比增长 21.54%，其中软件收入 37.43 亿元，同比增长 11.02%，净利润 5.14 亿元，同比增长 21.06%，上缴税金 4.10 亿元。研发投入 3.91 亿元，其中软件研发投入 3.23 亿元。基地总人数 17438 人，同比增长 16.18%，拥有博士 87 人，硕士 914 人，本科 9303 人。

二、基地运营管理模式

2007 年 11 月，经山西省科技厅批准在太原高新区建立山西软件园（由电子数码港、山西创业大厦、高新国际、电力电子科技园、山西火炬大厦等组成）。2008 年 8 月，原太原高新区批准成立太原高新区山西软件园管理中心，依托原太原高新区数码港管理中心管理。2009 年 1 月，科技部认定山西软件园为国家火炬计划软件产业基地，管理单位是山西软件园管理中心。根据 2016 年 12 月山西省委、山西省政府《印发〈关于建设山西转型综改示范区的实施方案〉的通知》（晋发〔2016〕51 号），整合太原市、晋中市范围内的太原高新技术产业开发区等 8 个园区，并纳入潇河、阳曲扩展区，建立山西转型综合改革示范区，总规划面积约 600 平方千米，其中太原片区 353.5 平方千米。

2018 年 3 月底，根据管委会职能划分，山西软件园调整到示范区对外联络宣传中心管理。为了提升中心对基地的管理服务能力，根据《国家火炬特色产业基地建设管理办法》，软件园管理中心逐步完善对基地的管理。业务管理方面，有规范的业务流程，形成"走访企业→挖掘企业需求→企业年度标准化培训→定位目标企业→建立联系、人才对接→跟进服务企业"的流程，同时也加强对基地联系人的专业化培训。

在内部管理方面，软件园已形成了一套成熟的、人性化的、严格的对员工进行考核、激励、管理等的制度流程。根据管委会下达的年度工作任务指标，结合对外联络宣传中心工作实际及岗位职责，编制工作计划、考核指标，做到任务分解细化、量化、具体化，使得人人肩上有担子。

三、基地特色产业和主导产品发展情况

山西转型综改示范区是山西深化转型综改的主战场、主引擎，在转型综改示范区聚集着 400 多家软件研发和应用企业，成为山西培育转型发展新动能的又一"硬核"产业。

（1）综改示范区与华为公司合作，成立"华为山西转型综合改革示范区软件开发云创新中心"，示范区连续五年，每年投入 1000 万元，引进华为软件开发云，通过华为软件开发云强大、先进的软件开发和管理能力，提升企业研发效率，实现软件开发升级转型。目前，区内的华为软件开发云创新中心为区内 75 家企业提供着软件开发云服务，共创建了 600 多个项目。

（2）山西科达自控作为"山西省智慧城市联盟"的牵头企业，研发的"物联网疫控智能测温筛查系统"运用大数据技术达到现场与疾控中心数据实时共享，实现身份识别、测温、登记、报送四功能秒级完成，是助力企事业单位防疫工作、降低复工复产防疫负担的"高科技利器"。目前这套系统已在国内300多家企业安装应用，并已远销国外。

（3）罗克佳华公司开创"物联网＋区块链＋大数据"的创新模式，打造"物联网云链平台"产品，承担建设国家环境保护污染源监控工程技术中心、国家级物联网工程研究中心。

（4）山西科达自控股份有限公司以"互联网＋服务"为支撑，提供"智慧矿山"等整体解决方案，自主创建"365在现（线）"自动化技术服务体系，其中"智能化综采工作面集控系统"经鉴定达到国际领先水平，研发的"物联网疫控智能测温筛查系统"运用大数据技术达到现场与疾控中心数据实时共享，实现身份识别、测温、登记、报送四功能秒级完成，是助力企事业单位防疫工作、降低复工复产防疫负担的"高科技利器"。目前这套系统已在国内300多家企业安装应用，并已远销国外。

（5）中科同昌通过中国计算机网络应急技术处理协调中心（CNCERT）的严格选拔，入选国家网络安全应急服务支撑单位序列，获得国家中心颁发的"省级网络安全应急服务支撑证书"。

（6）山西龙采位居中国互联网百强企业第39位，2019年9月荣登山西省互联网企业20强榜首，是百度在山西省内的独家运营服务商，以网络营销推广服务及网站建设为业务核心，以"大数据＋人工智能"助力企业优化管理，实现智能化运营。

（7）云时代公司作为2019年山西省互联网企业20强，大力推进工业智能化技术研究，建立了机器人实验室，目前已落地完成一钢喷号机机器人项目。同时，成立了网络安全联合实验室等多家联合实验室，并通过市级企业技术中心认定。

四、基地建设的主要政策措施情况

（一）实现政策制度系统集成创新的"二次改革"

在两年多先行先试的基础上，根据企业发展需要，基地对示范区26项政策制度进行了全面修订完善，将所有政策细化为普惠、培育、协议三大类，实现了普惠类清单化、培育类"公式"化、协议类"字典"化，进一步提高了政策体系的覆盖面、量化率、正对性和可操作性，推动"1＋3＋26"思想指引＋体制机制政策制度体系由1.0版升级到2.0版，进入更加科学、规范、量化、高效、廉洁运行的新阶段。全年通过普惠、培育、协议三类方式兑现扶持资金4.55亿元，为企业争取省、市各类项目扶持资金3.87亿元。参与

40 多项国家、行业、地方标准的制修订工作，成为国家"高端装备制造业标准化试点"。区内汉威激光公司实质性参与国际标准的制修订，实现山西省"零"的突破。

（二）构建示范区特色的"一网通办"亮点模式

在已实现企业开办、投资审批、政策兑现、项目管理、企业服务、招标采购、公车服务等事项全部"一网通办"的基础上，实现了"一颗电子印章管审批"，撤销了所有审批窗口，取消了政务服务审批事项纸质申报材料，做到了"不见面审批"。设立了"一网通办"服务专区，建立了咨询导办制度，面向企业发布了《办什么》《怎么办》《实际案例》等规范化、标准化的办事清单和办事指南，开启了线上线下"保姆式"帮办服务。建立了限时办结机制，实施超时预警、黄灯警示、红灯督办，实现了全过程信息化自动监测，进一步提升了政务服务效率。同时建立"综改服务"公众号、"一网一线"平台、"微信服务网"、"企业服务热线"等企业服务平台，为企业提供更方便快捷服务。

（三）加大人才引进培育力度

组织申报国家"百千万"人才工程、省"百人计划"、省青年拔尖人才等国家、省、市各类重大人才工程 21 项，新获评省"百人计划"4 人、新兴产业领军人才 7 人，"三晋英才"支持计划 132 人，为各类人才争取省、市人才专项资金共计 3371.6 万元。组织实施全民技能提升培训，培训合格 6130 人。组织参加省、市、区大型招聘会 13 场，校园双选会 34 场，涉及企业 500 余家，达成就业意向 6000 余人。在原有 112 套标准化配置人才公寓的基础上，又新规划建设 304 套人才公寓楼，进一步满足高端人才居住需求。与清华大学附属中学签订合作办学协议，与省实验中学、山西瑞嘉实知教育产业有限公司、恒大地产山西公司等就引进太原市令德中学校、建设九年一贯制学校签订引进、合作办学框架协议，为区内人才子女提供优质教育环境。

（四）加强双创载体建设运营

为打造一流的双创示范基地，山西转型综改示范区充分发挥政策集成和协同效应，从营商环境、成果转化、载体建设、金融支持、人才引聚等方面，为双创企业搭建优质的创业环境，解决企业后顾之忧，启动运行了"智创城"省级双创中心，制定了《示范区加快推进"智创城"高质量发展的实施方案》，成立了山西智创城科技发展有限公司，着力打通管理、服务、孵化、转化等全链条创新链，引领辐射全省、全市打造"双创"升级版。目前众创空间 54 家，其中国家级众创空间 15 家，科技企业孵化器 16 家，其中国家级 4 家。唐槐园区获批"国家中小企业创新创业升级开发区"，学府园区通过全国双创示范基地专家组验收。

（五）推动产学研用深度融合

基地充分发挥中国工程科技发展战略山西研究院创新引领作用，一批与山西转型发展紧密相关的重大咨询研究项目正在加快推进。启动了与英国牛津大学、清华大学、浙江大学、北京航空航天大学、华东理工大学、中国钢铁研究总院、中煤科工集团、赛迪信息产业集团等著名高校和科研院所的成果转化合作。全区新获评国家级高端人才145人。新成立了融资担保公司，已为13家中小微企业担保融资9200万元。产业发展、成果转化、基础设施建设3支母基金及5支子基金对区内12家企业投资9.8亿元，初步形成了"科研＋产业＋资本＋人才"融合发展模式。同时积极开展国家级产业基地与C9高校联盟合作，与清华大学联合举办"国家级产业基地企业管理能力提升研修班"，累计举办两期，培训企业高层管理人员155名。

五、基地发展的主要经验、问题与挑战

山西软件园紧抓山西省转型综改的契机，逐步形成了以信息安全、大数据、物联网为代表的新一代信息技术产业格局，产业特色开始显现。在信息安全、大数据、物联网三大领域向集群化发展迈进，形成了以山西中网信息产业有限公司、山西百信信息技术有限公司、山西天地科技有限公司、山西科达自控股份有限公司、众至诚信息技术股份有限公司、山西青峰信息工程技术有限公司等企业为代表的信息安全产业集群，以山西云时代技术有限公司、山西同昌信息技术实业有限公司、山西百得科技开发股份有限公司、山西龙采科技有限公司、山西环信联合科技有限公司、山西泰森科技股份有限公司等企业为代表的大数据产业集群，以太原罗克佳华有限公司、山西宇轩伟业科技有限公司、山西清众科技股份有限公司为代表的物联网产业集群。

同时，基地充分发挥企业创新主体作用，修订完善了R&D投入补助、创新平台建设奖励等普惠性扶持政策，大力推动规上工业企业研发活动、建立研发平台两个全覆盖。加强双创平台建设，启动运行了智创城省级双创中心，制定了《加快推进智创城高质量发展的实施方案》，组建运营了智创城科技发展有限公司，着力打通管理、服务、孵化、转化等全链条创新链。

另外，由于软件行业竞争激烈，基地内企业有进有出，园区及时调整了基地内企业，形成一个开放创新的"开源"产业模式。同时，基地认定的部分骨干企业，也不足以起到基地发展的带头作用。

六、2020 年基地工作安排

2020 年，山西软件园将在习近平新时代中国特色社会主义思想指引下，全面贯彻十九届四中全会精神和省委十一届九次全会、省经济工作会议精神，坚持"四为四高两同步"总体思路和要求，赋能软件产业基地高质量发展，推动国家级产业基地与产业园区深度融合，加快引领新兴产业集群发展，助推新兴产业招商引资工作，在转型综改新征程上创造新的更大业绩。

一是通过华为全球化的生态能力将区内软件企业的优秀产品或解决方案进行全球推广，聚合产业链上下游合作伙伴，提升区内企业竞争能力，丰富软件产业生态，加速软件产业的转型升级，进而推动大数据、物联网、电子信息产业加快发展，实现软件企业由"软件制造"向"软件智造"转型。

二是建设"智创城"省级双创中心，聚焦山西省高质量转型、发展战略性新兴产业、深化能源革命的主攻方向，有效集聚整合利用省内外创新资源，完善双创全链条功能，吸引国内外一流双创企业、团队、人才入驻，努力在"智慧、智能、智力"的集聚融合方面，在理念创新、科技创新、管理创新、制度创新的系统集成方面探索新路，在协同创新、科技孵化、成果转化、人才培养等方面取得更大突破，引领带动全省创新创业创造在更大范围、更高层次、更深程度上持续推进，打造具有国际视野、国内一流、山西特色的创新创业高地。

沈阳软件园发展报告

沈阳软件园以习近平新时代中国特色社会主义思想为指导，坚持新发展理念，深化改革、创新驱动，加快建设现代化沈阳软件产业基地，推动沈阳软件产业高质量发展。

一、2019年沈阳软件基地发展成效

2019年，沈阳软件基地依托软件信息服务产业的行业应用优势，充分发挥易讯科技、奥维通信、美行科技等龙头企业引领作用，以国际软件园为孵化载体，重点突破基础软件和支撑软件以及工业应用软件，提升该环节企业整体竞争力，聚焦引入中国软件百强企业和中国互联网百强企业，推进"企业聚才"，推动入驻大企业与区内企业的对接合作，将沈阳高新区建设成为全国软件融合应用示范基地，形成"软件龙头＋行业特色＋创新领先"的发展格局。

目前，沈阳软件基地规划用地面积481.00万平方米，现有用地面积481.00万平方米，现有建筑面积81.00万平方米，其中现有孵化面积13.00万平方米，为软件产业发展提供了充分的物理空间。

沈阳软件基地的企业数量达551家，共实现营业收入180.73亿元，其中软件收入98.53亿元，自主版权软件收入35.72亿元；净利润12.11亿元；实际上缴税费总额10.28亿元；出口创汇8.60亿元。营业收入1000万元以上企业超50家、上市企业数11家。

沈阳软件基地从业人员达2.67万人，其中博士83人，硕士3503人，本科17053人，年末软件从业人员达1.32万人。

沈阳软件基地的企业通过自筹、金融机构贷款、政府资金支持等渠道总计筹集科技活动经费18.27亿元，为项目研发、软件研发、新产品开发提供了资金保障，全年新增国家科技和产业化项目13个，新增地方级科技和产业化项目27个，新增软件著作权登记569个，新增发明专利191件。

沈阳软件基地是全市新一代信息技术产业最重要的产业聚集区，在5G网络、"互联网＋"、大数据、云计算、信息安全、人工智能、应用软件等领域优势突出，产业聚集效应强，产业规模不断壮大，有很强的发展后劲。

二、2019年沈阳软件基地运营管理模式

沈阳高新区专门成立了新一代信息技术产业促进办公室，推动新一代信息技术产业发展的日常协调、管理和服务工作。建立沈阳高新区新一代信息技术产业发展联席会议制度，统筹沈阳高新区经信、发改、科技、规划相关部门力量，定期召开新一代信息技术产业发展会议，根据产业最新进展和经济社会需求新变化，对规划指标和任务部署进行及时、动态调整，加强规划任务分解，明确责任单位和进度安排，制定年度和阶段性实施计划，落实新一代信息产业规划和政策。组建新一代信息技术产业专家委员会，为产业发展提供决策咨询，鼓励行业协会等机构参与产业研究咨询、标准制定、平台建设、技术和产品推广等工作。

高新区高校院所云集，新一代信息技术领域创新资源要素不断集聚，产业创新环境日渐完善。集聚中科院沈阳自动化所、计算机所、东北大学等10余所高等院校和国家骨干科研院所，中兴沈阳大数据研究院等研发机构21家。其中，软件架构新技术国家重点实验室是科技部批准设立的第一个软件架构方向的国家重点实验室，前瞻布局下一代"人、业务和物"融合应用架构、数据驱动的自主个性化决策技术、面向"智能制造"的工业IoT安全防护关键技术等前沿技术。园区联合中关村相关行业组织成立了中关村大数据产业联盟"东北分盟"、沈阳市物联网产业技术创新战略联盟、沈阳市云计算产业技术创新战略联盟、沈阳移动互联网产业联盟等产业联盟，搭建了沈阳动漫公共技术平台、沈阳国家软件公共服务平台、沈阳国际软件园人才实训基地等10余个公共服务平台，有效推动了资源共享和协同创新。

浑南区（沈阳高新区）是全国首家智慧城市试点城区，高新区成立全国首家由政府主导、市场化运作的数据运营公司，并与中兴等企业联手打造智慧沈阳城市大数据统一平台，已建成智慧教育平台、"云医院"平台、"易社区"平台等七大特色智慧应用平台，汇聚425个单位共6.8亿条人口、法人、房屋、车辆数据，在智慧政务、智慧教育、智慧工地、智能交通、公共服务、三维管网等领域的信息化应用不断推进。以工业大数据应用引领两化融合，依托东网超云平台、三大通信运营商数据中心等平台资源，充分发挥本地软件企业和系统集成企业的传统行业解决方案优势，面向汽车电子、装备制造、医药化工等重点行业，助力首批100家企业实施数字化、网络化、智能化升级，雄厚的传统产业基础为新一代信息技术产业发展提供了巨大的应用空间。

三、2019年沈阳软件基地建设的主要政策措施

研究起草促进沈阳高新区新一代信息技术产业发展的相关指导意见，细化和落实财税、投融资等优惠政策，加大在创新创业、产品研发及产业化、知识产权保护、公共服务平台建设、人才引进培养等方面对企业的扶持力度。进一步加强政府采购工作，完善《沈阳高新区政府采购集中采购目录和限额标准》，将大数据、云计算、AI等产品及服务列入采购目录，鼓励重点行业和重要领域企事业单位优先采购本地企业提供的新一代信息技术产品及服务，对企业智能制造升级项目或智慧应用给予一定补贴。加强对各部门、各企业试点示范的统筹指导，及时总结推广可复制的经验和做法，通过试点先行、示范引领，推进全区新一代信息技术产业健康有序发展。

加大财政支持力度，支持新一代信息技术关键技术产品研发及产业化、重大应用示范工程开展、公共服务平台建设和创新创业团队引进。完善投融资机制，鼓励政策性银行、产业投资机构和担保机构加大对新一代信息技术产业的支持力度，引导金融机构对技术先进、带动力强、惠及面广的大数据、云计算、人工智能等项目优先予以信贷支持。设立创投引导基金、股权投资基金，吸引和支持海内外天使投资、风险投资等加大对云计算、大数据、人工智能、物联网等领域重点企业的投资。定期开展产业与资本的专场对接活动，引导社会资本投资创业期科技型、创新型中小企业。鼓励新一代信息技术企业进入资本市场融资，为企业重组并购创造更加宽松的市场环境。

结合高新区新一代信息技术产业发展实际，创新高端人才引进政策，进一步简化外籍高层次人才来华工作手续办理流程；坚持"离岸"与"落地"相结合，在互联网软件园、东北大学云计算科技园等园区建设海外人才离岸创新创业"自由港"。在评定"盛京人才计划""三引三回"等人才政策时，优先向新一代信息技术产业高端人才倾斜。开展新一代信息技术紧缺人才开发导向目录研究与发布制度，每年发布一次。支持东北大学、沈阳理工等高校、科研院所加强云计算、物联网、人工智能等相关学科建设，与企业共同制定人才培养目标，促进人才培养与企业需求相匹配。支持高校与企业共建实训基地，加强人才职业实践技能培养。建立健全人才激励机制，通过股权、期权、年薪制、住房补贴等手段提高对重点人才的激励，鼓励企业增加人才资本投资。

加强信息安全顶层设计，面向关键信息基础设施保护、数据安全、工业互联网安全等重点领域，加紧制定并落实部门规章和规范性文件，推动标准发布及实施。强化为政府机关提供服务的数据中心、云计算服务平台的安全管理，加快落实涉密信息系统分级保护制度。加强大数据场景下信息资源和个人信息保护，建立全面覆盖经济社会各领域、各环节的企业网络数据和用户信息安全信用体系。推进关键安全技术研发和产业化，提升"互

联网＋"、两化融合、三网融合、业务开放等新业态带来的新型信息安全威胁应对能力。健全跨行业、跨部门的应急协调机制，切实提升网络与信息安全事件的预警通报、分析和协调处置能力。

四、沈阳软件基地发展的主要经验、问题与挑战

沈阳软件基地在发展新一代信息技术产业方面依然面临一些迫切需要解决的问题：一是缺乏带动性强的龙头企业，企业规模相对偏小，未能形成上下游良性互动的产业生态体系；二是在基础理论、核心算法及关键设备、高端芯片、重大产品与系统等方面创新和人才储备仍然较为薄弱；三是适应新一代信息技术发展的基础设施、政策法规、标准体系亟待完善，数据资源整合和开放共享程度不足，标准规范不够统一，平台不够健全，数据价值难以被有效挖掘利用；四是大数据、云计算、物联网等新技术与各传统行业领域融合应用的广度和深度不够，对区域产业优化升级的带动辐射作用有待进一步发挥。

当前，我国已进入国家大数据战略的起步期和云计算、人工智能等新产业崛起的重要窗口期，面对新形势新需求，沈阳软件基地必须抓住机遇、把握方向、前瞻布局、抢抓先机，加快培育具有国际竞争力和技术主导权的新一代信息技术产业集群。

五、2020年沈阳软件基地工作安排

沈阳软件基地依托软件信息服务产业的行业发展优势，充分发挥易讯科技、奥维通信、美行科技等龙头企业的引领作用，以国际软件园为孵化载体，重点围绕5G网络、"互联网＋"、大数据、云计算、信息安全、人工智能、应用软件等领域，提升这些细分领域企业竞争力，聚焦引入国际和国内软件和互联网领军企业，推动入驻企业与区内企业的对接合作，将沈阳软件基地建设成为全国软件融合应用示范基地，力争到2020年底，软件与信息服务产业产值突破100亿元。

（一）整合企业基础

培育优质应用软件和行业解决方案服务企业，重点支持中科博微、天眼智云、易讯科技、兰申电器、华控科技等企业发展成为应用软件开发及行业解决方案服务的头部企业，特别是面向智能制造关键环节的应用需求，重点扶持培育一批高端工业软件、新型工业APP、工业互联网等研发和应用企业。

（二）强化行业融通

增强软件信息服务企业对数字园区建设的融合支撑能力。强化软件与信息服务积极对接5G、人工智能、智慧医疗、互联网金融等新业态，筹建沈阳高新区软件信息服务业协会，举办数字经济产业论坛，为区内企业与品牌企业协作搭建交流合作平台，推动本地企业创新升级。

（三）注重人才引领

集聚软件信息产业创新人才。充分发挥东北大学和沈阳理工大学在计算机、软件、信息科学等专业领域的人才培养优势，推进校企人才联合培养，鼓励企业联合高校创建大学生实训基地。此外，抢抓广东、江苏、北京、山东、浙江、上海等东部地区软件产业转移发展机遇，强化软件信息类人才或团队的招引工作。

（四）发展大数据等关键技术

依托东北超算中心，重点发展大数据处理、数据预处理、数据分析挖掘等关键技术。大力发展人工智能、数据可视化、数据解决方案等大数据产品，以及数据采集、数据清洗、数据交换等新商业服务/模式，支持深度学习、类脑计算、区块链、虚拟现实等前沿技术创新。深化大数据应用服务，建设工业互联网等大数据公共服务平台，推动大数据在智能制造等重点产业领域各环节的应用。鼓励电信、医疗、金融、商贸等行业领域大数据应用，联合浑南区政府开展智慧医疗、智慧教育、智慧交通等民生大数据场景应用，形成面向各行业大数据的解决方案。加强数据资源采集存储能力，推进数字园区建设，筹备建设东北大数据云中心，完善大数据基础设施建设。大力发展网络数据安全保护和利用技术，推动政府部门、行业组织、民生服务公共数据资源开放共享；开展产业大数据标准化顶层设计，在机器人、新材料等领域关键环节开展标准试验验证和试点示范。

（五）开发基础软件

支持软件和信息服务企业加快开发具有自主知识产权的云计算操作系统、分布式系统软件、虚拟化软件等云计算基础软件。培育一批生产管理、财务管理、营销管理等企业云服务软件提供商。加大云计算服务应用推广（PaaS）。大力推广云应用，逐步搭建八大云平台。推动工业云应用，支持骨干制造业企业、云计算企业联合牵头搭建面向制造业特色领域的工业云平台，提供工业专用软件、工业数据分析、在线虚拟仿真、协同研发设计等类型的云服务；推动电子政务云应用，鼓励企业运用云计算技术整合改造政府部门电子政务系统，搭建统一电子政务平台；鼓励企业进入社会服务领域，提供面向教育、旅游、娱乐等云计算服务。完善云计算基础设施建设（IaaS）。强化东北区域超算中心综合服务能力，建立东北大数据云中心，加快互联网应用平台和远程灾备中心等公共服务布局，为企业提供按需使用、动态扩展、优质低价的数据存储、弹性计算、灾备、网络加速等服务。

（六）发展工业大数据管理系统

支持高端工业软件、新型工业 APP 等研发和应用，发展工业操作系统及工业大数据管理系统。重点支持研发面向重点行业智能制造单元、智能生产线、智能车间、智能工厂建设的系统解决方案，培育一批系统解决方案提供商。提升前沿技术软件研发能力。着力研发云计算、大数据、移动互联网、物联网等领域关键软件产品和解决方案，加大网络化软件、智能化软件、嵌入式软件开发力度，在数据存储处理、大规模并行分析、分布式内存计算、可视化等云计算，以及虚拟现实、区块链等技术层面形成突破。增强信息技术服务融合支撑能力。强化软件与信息服务对人工智能、智能制造、智慧医疗等领域的技术支撑，培育面向数字化营销、互联网金融、电子商务、游戏动漫、人工智能等领域的技术服务平台与解决方案。逐步培育信息安全软件。大力支持信息安全管理、数字内容安全等关键技术产品研发及产业化，积极培育安全测评与认证、咨询、预警响应等专业化服务。

（七）推进人工智能应用

关注视觉图像处理、语音语义识别、人脸手势识别等关键技术，大力推进人工智能应用。重点发展 AI + 机器人，突破自然语音处理等感知技术，加快招引科大讯飞、云知声等语音识别龙头企业，加大智能语音初创企业的扶持力度，重点发展嵌入式或平台式的语音软件服务、行业智能语音系统整体解决方案；逐渐切入场景应用，培育发展药品名称识别、语音求助、医患对话存档等智能医疗应用；以语音控制电视、智能浴室、智能音箱研发作为切入口，积极推进智能家居中语音技术研发和落地。以人工智能与机器人技术的深度融合为核心，重点发展机器人智能生产线、机器人自动驾驶、智能工业机器人等领域，加快发展交通预测、情感交流等智能服务机器人应用领域；积极布局 AI + 医疗，依托东软熙康及东软医疗，重点布局医疗机器人、医疗影像、远程问诊领域，积极发展医药挖掘细分领域；培育发展 AI + 家居，搭建智能家居平台，以大力引进外地企业、推动本地研发及产业化为抓手，优先发展智能硬件，延伸布局发展智能照明、智慧家电等智能家居应用及互联互享解决方案。

（八）加强智能传感器产品研发

加强机器人与智能制造等重点领域的高性能、低成本、集成化、微型化、低功耗智能传感器技术和产品研发。重点培育发展各类微机电系统（MEMS）、识别设备以及感知模组终端，加快智能传感器在机器人、无人机、车联网等领域的应用。提升发展地理位置服务。发挥美行科技技术优势，着力发展车载导航、车联网位置服务，延伸发展智慧导览、智慧停车、智慧旅游等领域社交、广告推送、共享经济位置服务，培育发展室内定位等服务。推动智慧物联场景应用。大力发展物联网与制造业融合应用，开展信息物理系统、工业互联网在离散与流程制造行业的场景应用部署，加快以物联网技术驱动的智慧工厂建设和智能装备制造；结合市政设施、通信网络设施以及行业设施建设，同步部署物联网感知设施，加快智慧交通、智慧医疗、智慧旅游等场景应用。

中关村软件园发展报告

中关村软件园成立于 2000 年，占地 2.6 平方千米，建筑面积 320 万平方米。历经 19 年发展，中关村软件园已成为全国软件园区中最具特色的专业园区和最为亮眼的一张名片，并且随着大信息产业的不断发展而快速迭代，中关村软件园成为创新驱动的排头兵，大信息产业发展的风向标。

一、2019 年软件基地产业发展概况

（一）产业高端聚集

2019 年，园区有企业 700 多家，其中上市公司 65 家，收入过亿企业 80 家，瞪羚企业 62 家；企业营业收入突破 2800 亿元。

园区始终站在行业创新发展的最前沿。企业不断创新突破，更新迭代，优秀企业不断涌现，既在传统的软件与信息服务业领域拥有高度的产业话语权和主导权，又在战略新兴产业方面率先形成了云计算、移动互联、大数据、人工智能、5G、量子科学等全国领先的特色产业集群。

（二）自主创新引领

2019 年，园区研发经费共投入 311.00 亿元，研发投入占比达 10.84%。在知识产权方面，园区内资企业知识产权近 55779 项，8 年间增长近 20 倍。企业共获国家级科技进步奖励 45 项，其中国家科技进步奖特等奖 1 项，国家科技进步奖一等奖 7 项，科技成果转化 481 项。拥有博士后科研工作站 16 个。

（三）创业孵化活跃

园区共有 11 家创新孵化器，在软件园的服务体系支持下快速成长。同时，大小企业

积极互动，在技术、市场、人才上多方协同，形成了创新创业的良性生态体系。可以说，中关村软件园已形成以全球行业巨头总部聚集、中小微企业共生发展的产业生态格局，成为北京市乃至全国大信息产业的最大聚集区。

（四）优秀人才汇聚

2019 年，园区总人数为 8.18 万，本科以上学历员工占比 80.30%，硕士学位占比为 12.90%，博士学位人数占总人数的 3.70%。软件园也聚集了一大批高端人才，2019 年，园区拥有高端人才 120 人，其中院士 14 人。

（五）国际融合创新方面

2019 年园区企业设立境外分支机构 260 家，多家企业开展跨国并购。海外人才归国创业踊跃，海外精英担当企业实验室科学家。目前，园区内聚集 30 家外企，外籍人才超过 3600 人。

二、2019 年基地环境建设情况

2019 年是全国软件园区、科技园区建设走向精细化运营的重要节点，也是中关村软件园全面落实"十三五"规划的攻坚之年。中关村软件园根据首都新时代战略定位要求，在集团"轻资产强服务"战略指导下，积极探索园区运营新形态，促进园区创新资源集聚发展。

（一）创新创业新形态

在创新创业新形态方面，面向前沿科技产业，规划新型战略，站在科技最前沿，构建全新生态体系。搭建特色网络化孵化平台，加强体系协同实现资源共享。鼓励多方参与，进行联合共建共享，深化校企合作模式，打造多元化品牌产业活动，促进园区创新环境。

（二）乐享生活新形态

在乐享生活新形态方面，进行多样化商业配套建设，开启"工作＋生活"新模式，通过开展丰富多彩的园区活动，释放青春活力，提升员工的归属感。

（三）智慧科技新形态

在园区数字化、智能化建设方面，积极探索智慧形态，引领智慧科技园区的新革命。例如，园区统一构建融合通信平台，加强园区内外部连接；打造 Ipv6 创新应用示范平台，推动下一代互联网应用创新；建立分布式数据中心，提升园区科技服务及产业投资能力，建设云计算平台，为企业提供全方位技术支撑服务；打造 5G 创新平台，促进 5G 应用创新，建设 IT 公共服务平台，推进智慧园区建设，支撑产业发展。

（四）生态品质新形态

在园区生态品质建设方面，采取绿色高标准建设，促进绿色节能；把艺术感与绿色建设相结合，提升生态品质。同时，积极参与园区周边交通治理，创新交通管理疏解模式。

（五）服务组织新形态

在服务组织新形态建设方面，成立业主委员会，创新园区管理模式，进行特色化党建管理孵化平台建设，增强党建工作时代魅力。成立联合工会和工会服务站，积极探索党建工作新机制。成立人力资源联盟与物业联盟，提升人才与物业服务价值。

三、2019 年基地创新发展的经验

（一）提升科技服务能级，增强创新发展综合能力

持续打造以自适应数据架构为底盘、大数据系统为中台的综合科技服务平台。一是持续升级优化 IT 服务。二是持续打造孵化服务网络平台，提升品牌影响力。三是深化双创人才服务。积极探索实现院校合作业务的全面突破。四是积极发挥 ZPARK 人才聚集优势，探索大信息产业人才服务新模式。五是国际影响力持续扩大，承接国际化机构和项目落地。

（二）加快智慧园区建设，形成大数据平台软实力

一是升级完善大数据平台，做好业务转型支撑。二是实现全园区 5G 网络覆盖。三是建设运营创新应用平台，高效助力企业发展。四是实施园区智慧化产品场景应用。五是建设重点智慧化项目。

（三）打造乐享创业社区，营造科技时尚人文氛围

一是完善综合配套服务设施，提升园区服务品质。二是开展人文创新活动，与园区企业积极互动。

（四）提升综合管理能力，完善激励机制促进发展

一是建立职能板块的共享服务中心（SSC），实现职能管理工作标准化。二是做好资质再认证工作。三是持续提升信息化水平。四是多层次、多维度激发员工潜能和内驱力。五是不断加强资金财务管理。六是加强风险预研预控。

（五）落实全面从严治党，着力保障企业健康发展

坚持以习近平新时代中国特色社会主义思想为指引，深入学习贯彻党的十九大精神，强化政治思想引领，坚持问题导向，不断探索创新，用坚定不移的政治定力和政治自觉，切实推动全面从严治党的落实。一是压实管党治党政治责任。二是提升非公党建组织力。

四、2020年基地主导产业发展目标与构想

（一）提升科技服务能力，构建创新业务模式

在自有服务体系的基础上，引进优质成熟的服务资源，将服务内容产品化，形成并完善专业化、市场化、线上线下一体化的科技服务平台。

（二）拓展产业空间资源，支撑产业快速发展

聚焦中关村"一区多园"，面向京内外，探索建立具有中关村软件园特色的复制、输出模式，做好空间运营和拓展。同时，要提前谋划，主动安排，做好拓展项目的服务运营统筹工作。

（三）推动投资业务开展，培育公司发展动能

深入对接企业需求，挖掘客户价值，建立新的业务模式，提高资本运营效率。同时，聚焦主业发展，加强长投管理，推动投资结构优化。

（四）打造乐享创业社区，营造科技人文氛围

优化园区环境，整合各类资源，提升园区品质，不断增强产业承载能力。

贵阳火炬软件园发展报告

2019 年，贵阳火炬软件园在上级有关部门的关心和支持下，以大数据国际软件产业园为核心载体，紧扣高质量发展要求，聚焦以大数据、人工智能、物联网、区块链、5G 应用为核心的数字产业，着力提升支撑能力、优化政策架构、强化企业主体地位、探索财政科技资金使用变革，不断增强科技创新有效供给，区域创新资源与要素进一步集聚，创新创业活力不断激发，创新引领效益进一步凸显。

一、主要经验做法及发展成效

（一）强化产业集群建设，产业规模稳步增长

一是产业规模稳中有进。2019 年，贵阳火炬软件园在册大数据软件企业总数达 1413 家，同比增长 11.08%；完成营业收入 222.54 亿元，同比增长 12.66%；软件从业人员 24868 人，同比增长 2.54%；收入超 1 亿元的企业 15 家，上市公司 9 家，CMMI 认证企业 47 家，高新技术企业 65 家；聚集了一批优质的创新服务机构、研发机构、金融服务机构，为软件园发展提供了强有力的支撑。

二是集群建设成效明显。以贵阳区块链与大数据产业集群建设为抓手，以应用为驱动，以市场需求为导向，以关键技术为核心，大力实施大数据"十百千万"培育工程、大数据引领产业集群创新发展示范工程和"区块链＋"专项行动，促进区块链与大数据产业集群的创新发展。2019 年，集群实现营业收入 36.55 亿元，同比增长 2.87%，纳入集群培育企业总数 188 家。

三是软件园发展整体态势良好。总体上看，软件园经济产出稳中有进，产业布局逐步优化，人才聚集效应明显，特色主导产业不断涌现，形成了以智能交通、智能制造、智慧医疗、检验检测、区块链、民生政务大数据等领域为特色的产业集群发展新局面。

（二）强化企业主体培育，大力提升技术创新能力

一是支持企业建设研发机构及平台。加快重点实验室、工程技术研究中心、企业技术中心等各类研发机构及平台的聚集，2019 年，新增贵阳朗玛信息技术股份有限公司国家级企业技术中心 1 家国家级研发机构，贵州省建筑信息模型（BIM）工程技术研究中心 1 家省级研发机构，全年新增研发机构（平台）10 家。

二是加强企业成长梯队培育。贵州航天云网科技有限公司获批"国家工业互联网平台模式创新解决方案供应商（网络化协同）""2019 年国家中小企业公共服务示范平台""2019 年工业互联网试点示范项目（安全方向）""2019 全国智慧企业建设创新实践案例"等 5 项国家级示范和 10 余项省级荣誉。贵州乐诚技术有限公司等 3 家企业获批 2019 年贵阳市创新型中小企业（占全市入选总数的 50%）。大数据国际软件园涌现出区块链技术与应用联合实验室"享链 Bass 云平台"、高登世德 SFM Suite 等自主研发核心技术及产品，培育引进了凡闻科技、团达智慧、快鸽物联、金钮扣等大数据创新型项目。

三是支持引导企业加强创新投入。围绕 IPV6、数字孪生、5G、人工智能等关键领域共性技术突破及产业化应用研究，共征集 85 个项目入库；组织推荐园区企业申报国家、省、市科技计划项目 49 项，帮助园区企业争取上级资金 1682 万元；组织实施区级科技计划项目 12 项，下达立项扶持资金 1600 万元，带动企业科研经费投入达 3.53 亿元。

（三）强化创新服务体系构建，营造良好创新创业生态环境

一是加强创新服务机构的培育及引进。重点培育引进技术转移、知识产权、创业孵化、科技咨询、科技金融等各类创新服务机构，不断完善区域科技服务体系，全年新增科技创新服务机构 12 家，各类科技创新服务机构累计达 113 家。

二是不断完善全孵化链条。构建完善的孵化培育体系，采取"年度考核＋后补助"的方式对孵化器进行扶持，进一步加强对园区科技企业孵化器的指导和支持。2019 年新增市级孵化器 1 家，提档升级科技企业孵化器 2 家（其中，国家级孵化器 1 家、省级孵化器 1 家），建成众创空间 4 个（其中市级 2 个），截至目前，累计聚集各类孵化器及加速器 27 个，其中国家级孵化器 4 家，省级孵化器 3 家。聚集众创空间 30 个，其中国家级众创空间 5 个，省级众创空间 2 个。

三是不断提升区域科技创新活跃度。承办中国人民解放军国防科技大学第十七期全军高层次创新型科技人才研修班考察贵阳国家高新区、"2019 微特电机行业技术及发展论坛"等重大科技活动 50 余场，举办项目路演等创新创业活动 100 余场次，园区企业科技创新活跃度显著提升，链·世界展示中心已打造成为园区开放创新、创业孵化、交流合作的重要平台。

（四）强化龙头带动作用，形成特色鲜明的大数据行业应用示范

一是依托贵州航天云网科技有限公司，推动"贵州工业云"应用示范。着力推动贵州工业云建设，构建起"一横多纵"的工业互联网平台产品和服务体系，稳步推进企业上云和企业数字化智能化改造、智能装备、工业大数据等业务板块。截至2019年底，"贵州工业云"平台汇聚工业软件204个，工业APP 1303个，连接主要生产设备3058台，累计实现近3000家企业信息上云，百余家平台系统及业务应用上云，支撑先进制造、电子信息、生态食品等重点领域30余家千亿级重点企业转型升级发展。

二是依托贵州多彩宝互联网有限公司，推动"云上贵州多彩宝"民生政务服务平台应用示范。"云上贵州多彩宝"实现全国"四个率先"，即全国率先开通代开发票功能，全国首家开通社保资格认证，全国首家实现水电燃气缴费省、市、县、乡、村5级全覆盖，全国率先实现身份证证件照相片采集的省级政务民生一体化平台。目前，平台聚集了100余项民生政务服务功能，第三方市场下载统计用户已突破1900万，是贵州覆盖范围最广、功能最全、用户最多、体验最好的互联网政务民生服务平台。

三是依托贵州东方世纪科技股份有限公司，推动"东方祥云"在全国开展应用示范。2019年，东方祥云实现气象和水利深度融合，为全球提供洪水预报服务，服务能力覆盖全球80%的陆地面积，从实时洪水预报延伸到72小时趋势预报，预报成果逐小时动态更新。联合华为共同发布全球最快的洪水预报解决方案，该方案入选国家应急部推广应用案例，在全国应急管理部门进行应用示范。带动智慧水利等一批上下游企业在园区落地发展。

二、2019年火炬基地运营管理模式

贵阳火炬软件园由贵阳高新区科技创新创业局管理，下设贵阳火炬软件园管理办公室。采取"政企合作"的发展模式，通过强力打造"一园一中心一平台"（大数据国际软件产业园、链·世界展示中心、贵阳火炬软件园企业精准服务平台），聚焦大数据、区块链、人工智能等前沿领域，加强"内生"和"外引"，聚集项目、人才、技术、资本等创新要素，推动软件技术创新和应用示范，促进传统产业转型升级和支撑战略性新兴产业发展。

三、2019 年火炬基地建设的主要政策措施情况

围绕营造产业集群发展生态环境，聚焦科技与经济紧密结合，整合归并原《科技创新十条》《知识产权资助资金管理办法》《大数据技术创新十条》《创客十条》《孵化器建设运营十条》《区级重点实验室认定与扶持办法》6 项科技创新专项政策，修订为《促进科技创新与成果转化若干政策措施》，突出增强科技创新高质量供给，促进科技成果转化为现实生产力。

四、存在问题

（一）基础设施有待进一步夯实

贵阳火炬软件园软件产业主要聚集在贵阳大数据创客公园，但区域面积小，可用可控楼盘少，突出问题表现为"缺大楼""缺形象""租金过高"，软件产业的核心载体——国家火炬计划软件产业基地贵阳火炬软件园多年来无具体的物理空间，无专业的建设管理机构，很多区内软件企业更愿意选择房租低廉、配套齐全的区外办公，不利于产业的集群发展。其他高新区专业的软件园建设更具竞争力，如西安软件园、天府软件园、无锡软件园等。

（二）产业总量需进一步提高

与其他软件园相比，贵阳软件园软件产业总量偏小，企业存在小、散、弱的问题，缺少技术先进、管理水平高、生存能强的龙头、骨干企业，特别是上市公司数量少，发展20 多年来，仅有 1 家创业板上市企业（朗玛信息），1 家主板上市企业（贵广网络），与中关村软件园、西安软件园、天府软件园等相比，数量少且规模小。园内软件企业与国内大型软件企业如 BAT、东软集团、航天信息、浪潮软件等相比，规模小、产值相差很大，缺乏市场竞争力。

（三）产业配套能力有待进一步提升

贵阳火炬软件园软件产业基础较为薄弱，很多软件信息制造企业所需的研发生产条件在本地无法实现配套，主要体现在"智能制造"领域，涉及一些智能终端设备研发生产

的企业，如移动金融的博大智能，无人驾驶的翰凯斯科技，智慧供应链的齐咚咚科技，互联网机顶盒的网桥文化，网吧一体化智能终端的乐游软件，集成电路/芯片的海诚科技、道森科技、木弓芯微等智能终端产品及集成电路/芯片研发生产企业，生产均是委托省外代工企业，导致相关企业研发生产成本较高，缺乏市场竞争力。

（四）软件人才培养力度需进一步加强

软件产业的发展关键在于人才，特别是高精尖人才，但由于受交通、科技、产业、房价、薪资等因素影响，特别是房价及薪资水平较周边城市不具备优势，贵阳软件园软件产业人才队伍建设无法满足产业发展的需要，国际化复合型高端人才、IT 行业软硬件人才较为缺乏，中高级人才的培训机构较少，社会培训机构水平参差不齐，培养专业人才的能力不足，致使企业发展受到一定程度的制约，尤为突出的现象为：本地人才流动性不足，很多企业都在省外设立"研发分中心"。

五、2020 年火炬基地工作安排

2020 年，贵阳火炬软件园按照贵阳市委市政府"一品一业、百业富贵"的战略及"建设数博大道、打造永不落幕的数博会"构想，紧紧围绕贵阳高新区工管委工作部署，落实高标准要求、高水平开放、高质量发展的"三高"总体要求，坚持以供给侧结构性改革为主线，紧密结合乡村振兴、城市化等战略，以创建国家科技成果转移转化示范区及国家自主创新示范区为抓手，围绕产业链部署创新链，聚焦孵化培育、技术研发创新和成果转化运用等科技创新三个阶段，持续深入推进互联网、大数据、区块链、人工智能等新一代信息技术和实体经济深度融合，推动一批短中期见效、带动产业结构优化升级的重大科技成果转化应用，为区域经济高质量发展提供强有力科技支撑和创新动力。

到 2020 年底，力争聚集大数据软件企业 1500 家以上，实现营业收入 245 亿元以上，吸引 300 名以上高层次大数据软件人才入园创新创业，建设 5 个以上大数据、区块链、人工智能等领域技术公共服务平台，把贵阳火炬软件园打造成具有区域产业特色的软件产业基地。

（一）着力整合创新资源要素，强化企业创新主体地位，增强技术创新硬实力

积极参与贵州贵阳国家科技成果转移转化示范区建设，发挥财政科技资金投入引导作用，探索科技成果转移转化的新路径和新模式，推动一批先进适用科技成果向企业转化运用，逐步实现创新驱动由"输血型"向"造血型"转变。

一是强化关键共性技术研发攻关引导。紧盯产业链"强链、补链、延链"需求，探

索实行"技术榜单制"，围绕高新区企业和产业发展需求，发布技术难题榜单、中试熟化榜单及产业共性技术榜单，鼓励引导企业联合上下游企业、高校及科研院所通过委托及联合研发等形式，开展政产学研联合攻关，强化提升企业核心技术能力和核心竞争力。

二是鼓励承接重大科技项目成果。发挥科技计划的引导作用，鼓励区内龙头骨干企业承接国家重大创新项目"沿途下蛋"成果，在软件园实现产业化开发。支持科技型中小企业广泛参与龙头骨干企业、高校、科研院所牵头的项目，积极参与专项攻关，承接专项成果转移转化。

三是提高知识产权创造质量。以推进国家知识产权示范园区建设为抓手，紧扣国家推动知识产权高质量发展要求和区域经济高质量发展需要，采取奖励性后补助形式，以"用"为出发点和落脚点，支持引导企业加强知识产权战略布局，联合高校、科研机构开展重大、共性、关键技术研发，通过专利运营、专利挖掘或研发等方式形成高价值专利组合，形成自主知识产权的核心技术或产品，提升核心竞争力。

（二）着力对外交流合作，强化政产学研协同创新，形成创新驱动外引力

以产学研合作为纽带，打破科技创新供需之间的"藩篱"，形成高等院校、科研院所与企业主体之间的创新合力，力争突破一批共性技术和关键核心技术，促进产业结构转型升级。

一是推动建设科技成果转化中心。高标准、高水平地引进促成国内高校、科研院所及行业龙头企业在高新区自建或与区内企业、科研院所联合共建具有独立法人资格的科技成果转化中心，围绕高新区主导产业及战略性新兴产业发展需要，征集各领域科技创新成果入库转化，促进一批先进适用技术成果向区内转移转化。

二是推动建设新型研发机构。落实国家科技部《关于促进新型研发机构发展的指导意见》（国科发政〔2019〕313号），出台相关管理办法，引导支持龙头骨干企业联合高校、科研机构和社会力量，围绕高新区主导产业及新兴产业链中的细分领域，发起设立专业化和市场化运作的新型研发机构，开展技术研发攻关、科技成果中试熟化及产业化开发等活动，发挥"核心技术产业化孵化器"功能，提高原创性和共性技术供给能力。

三是推动研发机构提升创新能力。以扶优扶强，提档升级为目标，以项目扶持为牵引，支持企业各类研发机构围绕高新区产业发展的关键环节、瓶颈问题下功夫，为促进企业提升技术水平、延长产业链、提高产业附加值提供技术创新服务。

（三）着力构建创新生态体系，丰富科技创新服务供给，提高创新发展持续力

转变政府职能、提升服务意识，加强孵化培育、资源共享、供需对接等创新服务供给，构建主体多元化、服务专业化、协作网络化，覆盖科技创新全链条的科技创新服务体系，形成开放、包容、高效、氛围的良好创新创业生态。

一是推动孵化培育服务高质量。出台相关管理办法，规范管理，对孵化载体入孵企业建立备案管理机制，实施年度考核，以绩效论英雄，形成"竞争择优、能上能下、能进能出"的动态管理机制，激励各类市场投入创新创业孵化，引导区内孵化载体由"数量规模"向"质量效益"转变，形成质量管理、优胜劣汰的健康发展机制。

二是推动共享服务高质量。探索实施科研仪器应用经费补贴券，用于支持园区企业，特别是科技型中小企业购买仪器设备共享、检验检测认证等技术服务，降低技术创新成本。围绕生物医药、大数据、先进制造等重点产业领域，依托贵州科学院、中科院天然产物重点实验室等骨干科研院所，振华集团等龙头骨干企业，推动建设一批行业性公共技术服务平台、中试熟化生产线及生产基地，加快推进技术和成果中试熟化和集成创新。

三是推动创新创业活动高质量。以财政资金后补助形式，支持在高新区及国外（境外）举办行业峰会、高端论坛、高峰对话、竞技赛事、创新创业大赛、科技成果推广推介、创新文化建设等具有影响力的创新创业活动，吸引集聚来自五湖四海的专家学者、行业大咖、创新创业团队在高新区集聚，力争遴选并促成一批优秀创新创业项目和重要科技成果就地转化落地。

宁波市软件与服务外包产业园发展报告

2019 年，在高新区管委会的统一部署下，宁波软件园紧紧围绕市委市政府关于"创建特色型中国软件名城，打造全国一流软件园"的战略部署，全力以赴强基础、补短板、做特色，高水平推进 3.1 平方千米软件园（核心区）建设，下大力气引进培育行业龙头企业，布局公共技术服务平台，目前已初步形成 5G＋工业互联网、物联网与智能制造、行业应用与开源软件等六大细分产业生态，有效构建了软件产业生态体系。

一、2019 年软件基地产业发展概况

2019 年，基地引进东华软件长三角总部基地及数字经济产业园、中发智能制造生态服务产业园、绿盟科技城市安全运营中心、沈昌祥院士工业信息安全平台、医渡云医疗健康大数据等重大项目（平台），落户企业 206 家。其中，软件及信息服务业企业 156 家（工业软件 24 家、行业性软件 79 家、其他软件信息服务业 53 家），软件公共服务平台 3 个（中电联工业软件国际合作产业基地、和利时信息安全研究院、5G 智联开源空间及人才培养平台）。引进投资（含认缴注册资本金）54 亿元，其中，注册资本 5000 万元以上企业 3 家，亿元以上企业 1 家。园区企业实现营业收入 98.85 亿元，其中软件收入 78.80 亿元，实现税收 2.46 亿元。

二、2019 年软件基地环境建设概况

（一）落实主体责任，牢筑党建基础

落实主体责任，强化基层党建执行力。将党建工作作为中心核心重点工作，做好党委

换届工作，加强组织建设，在企业服务部增设党建办，将党建工作与企业服务密切结合，试行"互联网党建"，完成软件园智慧党建系统上线，整理党建台账，着力推动"三会一课"、党日活动、党费收缴、发展党员等党建数字化进程，购置党建工作类书刊 50 余册。完成软件园"智谷红星"调研报告，积极打造"智谷红星"驿站，将企业家组织到党建工作中来，党建引领产业集聚，联合东南商报举办了三期创业分享会活动，构筑软件园创新创业氛围。

（二）做好统筹保障，优化软件产业发展环境

配合经发、人才办等部门研究起草软件产业专项政策实施意见、实施细则及高新区软件人才专项精英计划，并做好 2019 年相关政策宣传、辅导、项目申报受理等工作。建设软件园创新共享中心，举办软件园一周年系列主题活动、2019 中国校企合作软件人才培养第十届高峰论坛、黑客松大赛等，加大对外宣传推介力度，组织媒体赴园区采访，挖掘各类企业典型，高新视窗播出三期软件园专题，在《宁波日报》、高新区发布等平台上加大软件园宣传力度。中软国际云上软件园已有 102 家软件企业入驻，服务企业 175 家，开展 6 次软件人才赋能培训公开课，与 18 所高校签订了实训培训合作协议，共计实训培训学生 2444 人。积极落实人才住房工作，完成 21 家企业共 90 间人才公寓办理手续，共计 280 人入住；新申请高端人才公寓 7 套。完成第 4 次全国经济普查有关工作。园区停车场施工、绿化改造，群团氛围浓厚，活动丰富多彩，举办各类交流沙龙 15 场，联合工会开展平安返乡、元宵猜谜、工会看电影、端午包粽子等活动。开展"服务企业服务基层服务群众"活动，按要求排查类金融企业 57 家。

三、软件基地创新发展的经验

（一）统筹规划优势资源，加快建设新载体新空间

宁波软件园（核心区）规划面积 3.1 平方千米，根据"集聚、有序、分块、融合"发展原则，整合盘活现有优势资源，同步启动软件产业新载体建设。

1. 整合盘活现有优势资源支撑软件园启动建设

盘活现有的智慧园、新材料国际创新中心等约 35 万平方米存量空间资源，作为软件园建设过渡空间。目前已入驻和利时、中软国际、赛迪研究院、绿盟科技、中国联通产业互联网研究院宁波分院、宁波 5G＋物联网产业技术研究院、宁波燃气安全监测平台等行业龙头企业，拟入驻医渡云、希能科技、中电联宁波创新服务中心、清华大学公共安全研究院宁波创新中心等项目，2019 年底入驻率达 80% 以上。

2. 科学谋划软件产业新载体建设

上半年，谋划推进创苑路以东地块建设软件谷大厦项目前期，同时，协调配合核心地段约 100 亩土地规划建设综合体。2019 年 11 月以来，按照市政府统一布局，以华为鲲鹏生态产业园建设为契机，高标准谋划软件产业发展空间载体建设，谋划 2020 年启动建设北区约 350 亩、南区约 120 亩，作为华为鲲鹏生态产业园启动区，后续总面积达到 1 平方千米，分期建设，总投资 100 亿元，形成鲲鹏生态供应链企业集聚高地，成为国内鲲鹏生态产业园示范园；启动甬创科谷光电软件科技园项目建设，占地约 50 亩，总投资 13 亿元，推进东华数字经济产业园、中发智能制造生态产业园等项目，形成 2～3 个专业"园中园"。

（二）加强招商引资，加快高端项目和人才团队向核心区集聚

按照赛迪研究院的产业规划，针对工业软件、人工智能、大数据等新兴产业与本地制造业的融合与应用，基地对标软件产业先行区，争资源、抢人才、抢项目，先后 100 多次赴北京、上海、深圳、南京、西安、成都、杭州、武汉等地，拜访行业龙头企业、高校院所，开展对标招商洽谈；在浙商大会、乌镇世界互联网大会、深圳首届全球物联网大会、中国软博会、宁波全球云计算大会等国家级大活动平台上积极推介宁波软件园，累计组织 10 余场软件园专场推介会。通过项目集聚和培育，目前已初步形成 5G＋工业互联网、物联网与智能制造、行业应用与开源软件等六大细分产业生态，建成八大公共技术服务平台，有效构建了软件产业生态体系，为全市产业转型升级和新旧动能转换提供了有力支撑。

四、2020 年基地主导产业发展目标与构想

（一）指导思想

2020 年是软件园建设推进的关键之年，中心将围绕市委"六争攻坚、三年攀高"行动部署，落实市委市政府对软件园建设"措施得力，成效显著，潜力巨大，聚力再推"的指示要求，在管委会领导下扎实推进软件园核心区建设各项工作。围绕打造基于华为鲲鹏生态系统的"5G＋AI＋信息安全＋工业互联网"产业生态的总体目标，聚焦"鲲鹏造核、5G 加持、平台使能、人才聚合、生态打造"等重点工作，借助园区空间扩张，实现产业质的飞跃，引进和培育一批行业龙头企业、集聚一批产业高端人才，不断提升软件与城市融合发展水平，向建设具有全国影响力的"甬江软件谷、智慧互联湾"的目标不断迈进。

（二）工作目标

1. 招商引资再提质

重点围绕已经形成的六大细分产业生态及鲲鹏生态体系，导入引进一批行业引领型、配套补链型、科技创新型、税收贡献型项目。引进软件与信息服务业企业 200 家，其中，行业龙头企业、准独角兽企业 2 家，公共服务平台项目 2 个，具有良好发展前景的技术型高成长性创业公司 10 家，行业性解决方案服务商 10 家。培育发展"园中园"产业型平台 2 家，重点建设华为宁波创新中心。

2. 产业生态再提升

2020 年软件园主要经济指标继续保持稳定增长的态势，软件信息服务业收入达到 80 亿元，比 2019 年增长超 40%（2019 年全年预计 56 亿元，比 2018 年增长 25%），争取 2020 年全区软件信息服务业收入达到 400 亿元，约占全市的 40%。园区企业税收实现 2.7 亿元，增长率超过 10%，企业质量、产值规模和从业人员总数等方面力争居全市前列，形成以行业龙头企业引领的更加清晰的软件细分产业生态，形成一批全国领先的软件产业"隐形冠军"企业。

（三）工作措施

1. 强化工作机制

一是强化市级联动协调，与市经信局、市科技局等部门加强沟通，通过宁波软件园建设市级联席会商制度，阶段性分析宁波软件园建设推进情况；研究协调重大招商项目及推进已落地重大项目建设；统筹协调高新区（核心区）及其他分园协同招商、产业互动。二是落实鲲鹏生态产业园建设推进工作机制，由管委会主要领导任组长，分管领导任副组长，办公室、经发局、自创办、征收办、资规分局、软件园、街道等部门抽调 10 人组成的宁波鲲鹏生态产业园项目推进工作专班，每周召开专题会议，协调解决项目推进过程中相关部门遇到的问题，定期向市政府报送进展情况。三是强化区内经发、招商、自然资源与规划、拆迁等部门联动，深入谋划核心区空间规划与建设以及重点项目推进落地，形成合力加快核心区建设。

2. 谋划载体建设

科学做好软件园空间规划，启动新产业载体开发建设。启动建设北区约 350 亩（原小微产业园），作为华为鲲鹏生态产业园启动区，由高新区国有公司作为开发运营主体，参照智造港开发建设模式，同步规划、同步开发、同步招商。启动南区约 120 亩，拟由东华软件、中发集团等龙头企业以市场化模式规划建设，打造东华数字经济产业园及长三角总部基地，中发智能制造生态产业园、宁波国际电子元器件创新中心等项目。谋划推动创苑路以东，甬江以南整体开发建设，其中，先启动南区创苑路以东约 50 亩，建设甬创科谷光电软件科技园，由社会资本投资 13 亿元，与新材料创新中心、智慧园联动呼应，形成 2~3 个专业"园中园"，使核心区建设早日凸显成效与形象。

3. 创新招商模式

注重产业链招商及资本推动，促进产业集聚。一是"面"，推行"园中园"招商模式，通过建设专业"园中园"，延伸构筑产业链和完善产业生态，由软件园、华为、东华软件联合成立招商工作组，整合宁波市内有能力的企业导入鲲鹏生态产业园，在全国收集有能力的企业信息，重点加强生态导入，目前，已储备一批项目信息：大唐高端服务器项目、台湾高端服务器电源项目、广东盈骅 IC 载板项目、山西百信服务器项目等。二是"线"，充分发挥已落户的中软国际、和利时、旷视科技、5G 物联网研究院、中电联宁波创新中心等专业平台的整合能力，以产业链为纽带精准招商；继续拓展渠道；与长城战略研究所合作，开展国内软件信息行业独角兽企业定点招商，大力招引独角兽（潜在）企业；与中科资本、中关村软件园、上海麦腾等权威机构合作，定向招引行业龙头企业和高成长型企业，形成产业链群。三是"点"，挂图作战，主动出击，继续推进信通院、富士康、清华同方等一批重点项目落户。

4. 布局公共技术服务平台

在继续建设现有人工智能公共服务、工业互联网、软件开发云服务、软件人才实训等公共技术服务平台基础上，围绕完善生态链协同发展，补链强链，从产业需求出发科学谋划布局，拟建设人工智能超算中心、工业信息安全等 2~3 个公共技术服务平台，为全市各类企业提供低使用成本的包括软件研发、测试大数据超算处理等在内的公共技术服务。

5. 探索软件园运营新模式

一是探索政府主导，市场化运营模式，由政府做好宏观规划、企业准入、政策支持，由市场主体参与园区的运营管理、企业服务、后勤保障等，政府由直管企业逐步转变为管"园""面"，逐步向专业化运营迈进。二是建设智慧软件园运营平台，已委托国内权威机构中国电子信息产业集团（CEC）开展智慧软件园顶层设计，建设智慧软件园运营平台，实现产业招商、企业服务、空间管理智能化、信息化、可视化。目前，已形成方案，正在与中国联通、东华软件等单位进行细化。

6. 优化产业生态

招商、服务两手都要硬，让企业互动，让产业互联。梳理现有平台、企业、资源，一方面使软件协会、中软国际、赛迪开源空间等已引进平台企业充分发挥其生态带动作用，按细分产业对企业进行培育，实行精准服务，打造产业微生态。另一方面，避免招商中相关平台资源重复引进建设，改变过去"重引进、轻服务"的模式。建立企业走访常态化制度，深入接触入园企业，发挥龙头企业辐射、引领作用，在技术、市场、行业资源等各方面带动本地企业共同发展。提升企业服务水平，鼓励引导骨干企业开展培训、大赛、沙龙等活动，共建产业发展生态体系。为优化、细化软件产业专项政策，就制定鲲鹏生态产业园专项入园政策，进行调研提出建议。

谋划成立一支政府主导（引导）的软件产业基金，打造良好软件产业发展生态。

7. 强化统筹保障

党建引领产业集聚，继续将党建工作作为核心重点工作，积极打造"智谷红星"党建品牌，将企业家组织到党建工作中来，全面落实主体责任，切实做好党风廉政、财务资产、队伍建设、园区发展等内部管理工作，为软件园建设发展提供坚实基础。不断拓展宣传渠道，继续在浙洽会、智博会、软博会、互联网大会、宁波周投资洽谈会等行业大会上进行宁波软件产业园专场推介，推介宁波建设特色型中国软件名城及宁波软件产业园发展环境，拓宽宣传渠道，提升宁波软件园知名度。

总之，软件园将继续在管委会的统一领导下，按照市委市政府关于"建设特色型中国软件名城，打造国内一流软件园"的总体工作部署，促进创新要素和资源集聚，增强创新引领能力，尽快形成软件产业集群，有效提升宁波软件园核心竞争力，为全市产业转型升级和新旧动能转换提供了有力支撑，为"数字宁波、数字高新"发展注入新动能！

如皋软件园发展报告

如皋软件园隶属于如皋高新区，位于如皋市主城区东南部，自 2009 年成立以来，园区经历了探索起步期、快速发展期、规范提升期三个发展阶段。目前，园区总规划面积 8 平方公里，入驻中软国际、一下科技、凌志软件、携程网、顺丰速运等企业 385 家，园区内从业人员 2 万余人，先后荣获"国家级科技企业孵化器""中国十佳软件和信息服务产业园""中国服务外包十强园区""江苏省级软件园""江苏省国际服务外包示范区""江苏省重点文化产业示范产业园区"等荣誉称号，并于 2013 年 12 月获批为"国家火炬计划软件产业基地"，是县级市中唯一一家获此殊荣的软件园。2015 年，获批"江苏省电子商务示范基地""江苏省创新型园区"，并获得"服务外包人才培养突出贡献奖"。2017 年 11 月，如皋软件园被江苏省发改委评为"江苏省生产性服务业集聚示范区"。2019 年 1 月，如皋软件园与中关村软件园、上海浦东软件园等一并荣获"2018 年中国最具活力软件园"奖项，成为获此殊荣的唯一一家县级市软件园。

一、2019 年基地发展成效

园区拥有一流的创业载体。园区已建成 13 万平方米的软件和信息服务产业园、3.3 万平方米电商产业园、22.8 万平方米的如皋市双创产业中心（软件园二期），即将全部交付使用。

目前，园区实际入驻企业 385 家，其中软件研发类企业 126 家，服务外包类企业 208 家，现代服务业 40 家，文化创意类 7 家，总部经济企业类 4 家，其中有包括江苏锐聘和中软国际在内的人才实训基地。

2019 年，如皋软件园实现营业收入 58.98 亿元，同比增长 1.06%，软件收入 41.94 亿元，同比增长 1.32%，软件技术服务收入 26.15 亿元，自主版权软件收入 16.96 亿元，同比增长 3.56%；利税总额 11.68 亿元，净利润 9.36 亿元，出口创汇 2.65 亿元。

园区现有员工总人数 21238 人，本年度创造就业岗位数 2238 个，吸纳大学生就业人员 549 人，本科以上学历职工 19187 人，软件研发人员 16354 人。新招引永旭信息、华阳金服、泰一等服务外包企业、软件研发企业 19 家，其中，博牛智能、五三光电为新增人才项目，新增从业人员 2200 人。

2019 年，园区科技活动经费筹集总额 13.22 亿元，支出总额 11.24 亿元，其中，研究与试验发展经费支出 6.78 亿元。新增国家级科技和产业化项目 2 个，新增地方级科技和产业化项目 14 个。拥有软件著作权 376 个，年度新增软件著作权 152 个，人均 R&D 投入 3.19 万元。园区一直注重技术、项目、资源、资本的整合集聚，推动"创新链""产业链"与"资本链"相融共进。科技创新持续深入，2019 年万人发明专利拥有量 99 件，获批江苏省知识产权示范园区。创新要素不断集聚，浙江大学、东南大学、苏州大学、哈尔滨工程大学等 12 所知名高校的技术转移中心已落户园区。

全区建有省级以上科技公共服务平台 1 家、省级以上研发机构 11 家、高新技术企业 26 家。已引进海内外高层次人才 35 人，5 人列入国家"千人计划"。"创业苗圃—孵化器—加速器"的全过程孵化链条已基本建设完备，拥有国家级科技企业孵化器 2 家、省级众创空间 1 家，全国首个开源空间落户园区，并配套建有 2 个加速器，创新创业载体面积超 50 万平方米，省级开源软件与服务外包众创社区获得备案。

经过多年的发展，园区企业不断发展壮大，产业层次不断升级，已经培育一家独角兽企业小咖秀，培育两家瞪羚企业海迪科、卓远半导体，培育一家科创板上市企业凌志软件。

二、2019 年基地运营管理模式

在园区发展到一定规模和水平后，传统的行政管理模式已经不适应发展需要，在这种情况下，园区实现由工信部软件与集成电路促进中心（CSIP）全面托管如皋软件园，双方聚焦基础软件、新一代信息技术、5G 网络、"互联网＋"、云计算、大数据、信息安全、人工智能、区块链等重点领域的发展。创业中心形成了"平台＋资本＋基地"的创新型专业化运营模式，联合国内知名院校与科研机构为企业发展把脉问诊、出谋划策；将创业中心纳入工信部国家中小企业公共服务平台，让创业者共享 40 万条软件与集成电路领域专利及开发工具数据库；联合凯璞庭资本和洪门基金成立两亿元的天使创投基金，为企业搭建投资、担保一体化服务；联合中国电子信息产业研究院、中国软协等机构每年在园内举办两场全国性高峰论坛和招商推介活动。另外，CCID 聚合政、产、学、研优势资源，在园内已建成以开源技术领域为方向的综合科创中心——如皋开源空间，向创业者提供场地、开发套件、开放源代码、协同开发等服务支持，2017 年、2018 年连续两年在开源空间举行全国性的软件研发"Hackathon"大赛（黑客马拉松），2019 年举行中国如皋第三代半导体及智能制造国际研讨会，通过一系列综合服务，逐步形成了"一站式园区孵化"体系，各种创新要素叠加，有效促进了科技成果转化，加速企业发展壮大。

三、2019 年基地建设的主要政策措施情况

基地成立初期就先后出台了《关于建设如皋软件园的实施意见》（皋政发〔2009〕70号）以及《关于加快发展服务外包产业的意见》（皋政办发〔2010〕188 号）等政策文件，在人才引进、土地价格、财政奖励、产业发展基金、公共信息基础设施建设等方面，对软件、集成电路、服务外包、电子商务等产业给予重点扶持。近几年的发展使园区越来越意识到人才在软件产业发展中的重要地位之后，基地又相继出台《关于加快推进人才创新创业发展的若干政策意见》（皋委发〔2018〕24 号）、《关于印发〈如皋市高层次人才创新创业奖励扶持实施办法〉的通知》。同时设立产业引导基金和产业专项资金，培育扶持产业发展，推动产业金融良性互动，成立了凯璞庭、洪门基金 2 个 5000 万元产业引导基金，2000 万元的服务外包发展专项资金，3000 万元的创新创业专项资金，对软件和服务外包企业、龙头企业、驰名品牌、行业标准、发明专利、研发中心、公共平台、升级认证、优秀企业家和科技人才给予支持。

四、发展主要经验、存在问题和面临瓶颈

（一）主要经验

1. 以前瞻性视野准确把握产业发展的脉搏和方向

软件和信息服务产业是日新月异的高科技产业，软件园区必须具备高度的前瞻性、敏锐性，才能紧紧跟上产业发展步伐。2009 年左右，信息技术正处于向个人化、智能化转型的初期，显现出快速发展的态势，如皋市委、市政府审时度势，果断布局软件和信息服务产业，成为当时全省乃至全国县级层面软件园的先行者。园区创建以来，软件和信息服务产业历经多轮变化调整，但软件园始终紧跟产业发展方向，主动调整产业布局，抓住了发展的先机。在园区发展初期，面对世界范围内的信息和售后服务加快外包的趋势，园区引进携程网、顺丰速运、高德地图等龙头企业的服务支持机构，带动 208 家服务外包企业入驻园区，形成了呼叫中心的规模集聚效应。与此同时，园区准确把握软件中下游研发环节梯度转移的机会，引进了新浪秒拍、思爱普（SAP）、凌志软件等国内外知名软件企业，

形成软件与信息服务外包产业齐头并进的发展态势。

2. 找准企业和人才双方需求的结合点，把大家都有的资源禀赋转化为仅此一家的独特优势

软件产业的关键要素是人才。正是因为"电脑易买、人才难求"，软件企业在选择落户地区时最关注的也是人才。如皋是人口大市，基础教育水平较高，人才储备资源充足，人才生活成本较低，但这也是周边同类地区都具备的共同优势。如皋软件园从软件和信息服务人才这个核心要素入手，不仅找到了独特的比较优势，而且把这种比较优势转化成为园区的核心竞争力。在园区建设之初，区内企业普遍存在招不到软件初级人才的困难。为了满足企业的用人需求，园区主动引进青软实训、中软国际等专业培训机构。目前，两家培训机构每年累计培训5000名左右的软件从业者。园区对青软实训按照本地就业率实行考核奖励，确保每年有500名左右的人才供给区内企业。

3. 正确面对先天不足，善于借船出海、借梯登高，变外部资源为内生动力

县级层面创办软件园等高科技园区，在规模体量、行政层级、运营能力上存在着一些先天不足，巧借力、善借力尤为重要。在起步发展阶段，园区吃透上级各类扶持政策，通过不懈努力，抢到了国家级的"国际服务外包示范区"牌子。正是依靠这块牌子，以及牌子后面高含金量的上级补贴政策，才引来了中软国际、青软实训等培训机构，进而逐渐实现了园区人才的自给。在园区不断发展过程中，创新园中园发展模式，发挥民营产业园区作用，推动6万平方米中航锐赛、10万平方米晟峰软件、4.5万平方米数码城等民营园区与13万平方米软件园一期抱团发展，形成规模集聚效应。实践证明，这些外力不仅弥补了软件园自身的一些不足，也最终成为园区发展的重要推动力。

4. 始终保持战略定力，以"十年磨一剑"的精神和"功成不必在我"的胸怀，把认准的事情干到底、干出成效

从2009年初创至今，如皋市委历经三任市委书记，高新区、软件园也经历多次主要负责同志调整，但历届领导都严格按照园区定位和规划，坚持一张蓝图绘到底、一任接着一任干，使软件园始终保持了快速发展。对园区的发展，如皋市委、市政府坚持算大账不算小账，不仅仅看园区的直接效益，更多的看园区对提升城市功能、拉升地区人气所带来的边际效应，使软件园成为推动产业和城市转型升级的双引擎。客观地说，软件园的发展也面临过不少困难，也经历过一些曲折。比如，在考核导向上，南通市对软件园不纳入考核，如皋市对软件和信息服务外包产业园的考核占比也经历过多次调整，但这些并没有影响软件园的发展，市、区、园各级党员干部始终保持高度的发展自觉，以坚守的情怀和发展的韧劲，最终探索出一条县级城市建设软件园区的成功路径。

（二）存在问题和面临瓶颈

1. 地区竞争激烈

长三角地区新一代信息技术产业竞争逐步加剧，如皋软件园的比较优势不明显。上

海和苏锡常地区的虹吸效应不言而喻，再加上南通市范围内的中创区、崇川区、开发区等园区纷纷加大了对软件与信息服务外包企业的招引力度，配套政策吸引力强，宣传推介力度较大，具备南通市区与高校人才优势，对如皋软件园企业招引落户带来了一定的影响。

2. 产业层次相对不高

园区已初步形成了以软件研发、服务外包、互联网视频、人才培训等为主导产业的发展格局。虽然有一下科技、凌志软件、顺丰速运等企业落户，但是，其他大多企业还处于产业链的中下游。在数据处理应用、软件平台开发等硬件方面投入不够，缺乏规模体量大、研发创新强、行业竞争力强、辐射带动能力强的企业入驻。当务之急是围绕基础软件、嵌入式软件、工业与行业应用软件、人工智能、地理信息系统、金融服务外包、数字教育、动漫游戏、移动短视频等产业领域，引进有助于延长产业链的高端企业，培育新一代信息技术产业完整产业链，促进企业集群发展，提升园区整体实力和核心竞争力。

3. 领军型高端人才集聚效应需要加强

领军型高端人才是实现产业转型升级和企业竞争力的关键，也是带动园区创新创业氛围的核心。从目前来看，高端软件研发类人才偏少，领军型高端人才数量更少。如皋市缺乏中高端人才的吸引力，高端人才的待遇不高，职业发展空间相对狭窄，人才工作、生活及相关软硬件配套没有跟上。

五、2020 年基地工作安排

（一）优选优质企业落户

重点招引有国际影响力和国内知名度高的优秀软件企业入驻软件园，鼓励龙头企业发挥规模和技术优势，实现精准招商。以自主招商为主，增加委托招商、以商引商、平台引商等多种招商方式，瞄准世界 IT 企业 100 强、国内软件信息外包行业前 50 强、国家规划布局内软件企业、创业板上市企业、独角兽企业、瞪羚企业，重点招引影响力大、成长性好、具有跨越式发展、社会贡献大的企业。力争微软、亚马逊等世界 500 强企业落户软件园。积极围绕新一代信息技术产业和第三代半导体产业招引项目，谋求共同发展，形成倍增效应，增强产品、企业、产业及整个园区的综合竞争力。

走差异化发展、个性化发展的路子，依据如皋市的天然禀赋，高水准整合城市空间资源和产业基础，采用"宜居、宜业、宜游"发展模式。发展一线、二线城市承载不了的产业、企业的同时，也要重视发现新一代信息技术产业新兴的领域和前沿领先技术，做到早布局、早发展。

（二）持续优化配套建设

发挥优质教育资源优势，推进宋庆龄国际幼儿园建设，提升高新区实验学校的整体水平和综合实力，为园区人才子女就学提供优质教育资源。引入长三角地区优质的医疗体系资源。提升园区基础设施配套水平，实施宽带提速工程和云计算数据中心建设，积极推进园区智慧物业建设工作，打造便捷办公辅助系统、视频监控系统、智慧停车系统、会议室调度等综合管理系统。引进星巴克咖啡、高端便利店等休闲企业入驻，给年轻人洽谈业务、沟通交流、文化休闲提供愉悦的工作、生活场所。打造高端人才公寓，为人才提供高端、个性化、优雅环境和有贴心配套服务的高端寓所。

（三）招才引智发挥活力

建设一流的科技研发中心，与高校、科研机构合作共建技术战略联盟，组建开发研究院等产学研联合体，联合开展前瞻性技术、关键共性技术研究。与国际知名企业、一流大学、科研院所、技术联盟加强交流，促进国际知名大学和研究机构在如皋设立分支机构，为软件园建设提供智力支撑和人才资源。

1. 加大领军型人才、高端人才引进力度

加大科技型人才项目招引力度，以人才项目为依托，以"人才"引"人才"，增加园区的人才影响力和吸引力。加大本地能人的招引力度，重视以"人才"引"人才"的效应。

2. 重视人才集聚效应

园区内顺丰、携程、先锋、天正等服务外包企业相继落户，且运转良好，形成了中端人才集聚优势，企业集聚、人才集聚吸引了江苏百灵（从事高端商旅服务）落户，2019年底华阳金服经过多次考察和全面衡量后，最终选择落户中端人才集聚效应明显的如皋软件园。

（四）提升营商营才环境

鼓励企业依靠科技创新和关键技术，打造自主品牌，提升品牌效应，培育一批拥有自主知识产权、市场竞争力较强的软件产业集群和优秀企业，加大对高端产业的扶持力度，扶持企业自主创新、做大做强，在企业技术改造、科技创新、品牌建设等方面加大奖励力度。定期举办创业活动，打造园区创业创新企业文化，营造年轻化、高层次、活力四射的文化氛围。

（五）科学制定和持续完善政策制度

1. 人才政策

制定人才引进和培育政策，鼓励高端人才创业和科技创新，对科技创新企业给予奖励，对符合人才引进政策的企业和人才给予奖励，提升科技人才落户软件园的积极性。积极推进与知名高校产学研合作，建立人才交流机制。积极做好专业人才的自主培育和对外招聘，鼓励企业加大招才引智力度，为企业规模扩张提供有效人力支撑，提高企业综合竞争力。

2. 不折不扣落实和完善各种奖励政策

部分奖励政策兑现通道不畅通。文件制定出台后，由于经济发展、税务改革等因素变化，符合申报条件的企业不多，导致政策制定时的初衷没有实现。所以，政策也要因时而变，不断优化。

潍坊软件园发展报告

潍坊软件园位于潍坊国家高新区，始建于 2008 年，总投资 125 亿元，占地 2.5 平方公里，是潍坊市十大重点特色产业园区。园区于 2013 年 11 月被科技部认定为国家火炬计划软件产业基地，已先后获批"国家科技企业孵化器""国家电子商务示范基地""国家广告产业园区""全国版权示范园区""国家级广告业创新创业示范基地""山东省服务外包示范基地"等 26 个省级以上荣誉。

一、2019 年基地发展成效

（一）基地发展概况

基地分为软件园、文化创意产业园、物联网产业园、呼叫中心区、测绘地理信息基地、动漫基地和电子商务总部基地七个模块。软件园建有 7.8 万平方米的软件研发孵化器，重点招引软件与信息服务企业和科研机构入驻，打造技术领先的软件信息产业集群。文化创意产业园，投资 2 亿元，建筑面积 2.2 万平方米，是培育发展创意设计、文化传媒、影视创作、广告创意、跨界发展及其他科技含量高、文化科技融合的文化产业业态的核心载体。物联网产业园，是高新区发展壮大新一代信息技术产业重点建设的新兴产业园区，主要依托潍坊智能制造、智慧硬件产业基础，充分发挥聚量集团和日海智能科技公司的品牌、技术、产品优势和资金、资源整合能力，重点引进人工智能、物联网、区块链、大数据等领域的知名企业和科研孵化机构。建设日海智能 AIoT 全球研发中心，设立日海智能 Ayla 平台北方运营中心，成立物联网产业投资基金，着力打造具有国际影响力的物联网产业集群和"云＋端"生态高地。呼叫中心区，投资 5.56 亿元，建有 15 万平方米的山东呼叫中心产业基地，可容纳 1 万座席。测绘地理信息基地，重点发展测绘地理信息数据加工处理、应用与存储等服务，打造立足山东、辐射全国的地理信息产业集聚发展区。动漫基地，投资 4.5 亿元，建筑面积 8 万平方米，是集动漫网游原创、外包、出版发行、培训实践、衍生品交易于一体的大型综合性动漫产业基地。电子商务总部基地，总投资 1.6 亿元，占地 33 亩，建设有 23 栋企业总部独栋，建筑面积 3.4 万平方米，重点聚集国内外高端食品企业电子商务总部，打造集体验、销售、旅游于一体的特色化产业基地。

（二）基地软件经济发展情况

2019 年，基地主营业务收入达到 191.95 亿元，同比增长 18.82%。其中，软件收入 134.78 亿元，同比增长 23.26%；软件技术服务收入 28.97 亿元，同比增长 26.96%；自主版权软件收入 111.58 亿元，同比增长 25.76%。实现利税总额 26.15 亿元，净利润 17.98 亿元，出口创汇 9.42 亿元。

（三）基地人员情况

截至目前，潍坊软件园引进培育院士 1 名、国家级高层次人才 4 名、省"泰山产业领军人才" 3 名，"市双创人才""鸢都产业领军人才"等 7 名，构建了较完整的阶梯状人才结构体系。

2019 年，潍坊软件园从业人员达到 26176 人，同比增长 19.04%。其中，软件从业人员 19797 人，同比增长 17.52%，软件从业人员占比达到 75.63%。本科以上学历职工数 19400 人，千人本科（含）以上学历者达到 741 人，较上年度增长 24.57%。

（四）科技活动情况

2019 年，基地科技活动经费筹集 16.75 亿元，同比增长 17.64%；科技活动经费支出为 15.47 亿元，同比增长 26.21%。随着科技投入力度的加大，科技产出即软件产业开发能力有了明显提高，基地科技活动经费投入强度达到了 8.06%。

（五）基地产业发展情况

2019 年，潍坊软件园入园企业总数 348 家，其中软件企业 328 家，占比超过 90%。

软件研发方面，基地在应用软件、嵌入式软件、企业软件开发等领域，培育聚集了尚德软件、华云网络、高新信建等骨干企业。目前，基地企业已获得软件著作权 1000 余个，5 家企业获批省级软件工程技术研发中心，1 家企业获批省级集成电路设计中心，13 家企业通过 CMMI 3 级认证，3 家企业通过 CMMI 5 级认证，1 家企业通过 DCMM 3 级认证，1 家企业通过 COPC 认证。

服务外包方面，2009 年 10 月，基地获批山东省服务外包示范基地，目前已有服务外包企业 23 家，业务涵盖 ITO、BPO、KPO 领域，基地在 2015 年全省 19 个服务外包示范基地综合评价中位于第 7 名，也是全省 7 个服务外包执行额过亿元的示范基地之一。可容纳 10000 坐席的山东呼叫中心产业基地是国内知名的呼叫外包基地，大地保险、阳光保险等业务和企业入驻；通过国际标准 COPC 认证，取得承接世界 500 强企业高端外包服务的

"敲门砖"。山东顺丰通讯服务有限公司也已入驻基地发展，该公司是顺丰速运集团在潍坊的全国性客服中心。中国 500 强企业中国电子旗下文思海辉潍坊子公司注册完毕，顺利在基地落户，并开展对日服务外包业务。

物联网方面，园区已获批"山东省物联网产业基地"，新引进翔迈智能、微聚力、泓皓物联网等企业 16 家，正在逐步形成从智能硬件、软件研发、芯片设计封装、信息传输到云计算、大数据的物联网产业链，加快构建立足潍坊、服务全国、辐射全球的物联网生态圈。园区预计 5 年内引进物联网相关领域优秀企业 50 家以上，实现营业收入 75 亿元以上，税收 5 亿元以上。

（六）重点案例

1. 尚德软件股份有限公司

尚德软件股份有限公司是国家级"守合同重信用企业"、国家 3A 级信用单位，获得了"国家秘密载体印制甲级资质"，通过了 CMMI5 软件研发能力成熟度国际五级认证，并先后通过了 ISO9001、ISO14001、ISO20000、ISO27001、GB/T27922 及 OHSAS28001 体系认证和双软企业认定，被认定为山东省软件工程技术中心和山东省企业技术中心。公司还承担国家火炬计划项目 2 项，国家级科研项目 2 项，省级科研项目 6 项，参与制定多项行业标准，是国内领先的政务信息化整体解决方案提供商。

2. 万声通讯实业有限公司

万声通讯实业有限公司是一家专注于呼叫中心外包应用和管理运营领域的服务提供商。主营业务为呼叫中心和信息服务业务，目前重点面向社会各界提供专业的呼叫中心平台建设、呼叫中心服务外包、计算机软硬件产品开发、档案管理等服务。

2012 年，建成山东呼叫中心产业基地，占地 147 亩，总投资 5.56 亿元，建设面积 15 万平方米。基地建有中心坐席区、云计算服务平台、IDC 数据中心、现代培训服务学校，商务配套设施完善。目前已实现 10000 坐席运营规模，年服务产值超 30 亿元，带动直接就业 3 万~6 万人。整座基地使用智能化管理，提供专业化和标准化的运营服务，是山东省最具规模的呼叫中心产业基地。

3. 潍坊北大青鸟华光照排有限公司

潍坊北大青鸟华光照排有限公司是一家以自研软件产品为核心构建行业整体解决方案的软件公司。服务于印刷出版、新闻传媒、电子政务、智慧城市等领域，可提供具有自主知识产权的中文（汉文、民文）信息处理、融媒体数字出版资源服务平台、桌面出版、字库设计制作及文化创意、出版资源数字化系统研发及资源加工、云计算版权交易、跨语种人工智能信息数据分析处理、智能印刷等行业解决方案，国内市场占比 15%，民文信息研发能力国内第一。

4. 山东田润物流发展有限公司

山东田润物流发展有限公司主营业务包含智慧交通、智慧物流信息化两大板块，以前沿科技赋能交通物流行业发展。通过运用云计算、大数据、物联网、北斗定位、传感网等最新技术，为交通物流行业提供领先的物流信息化、北斗位置服务、交通运输安全、金融科技及智能硬件专业解决方案。

5. 山东艾琳智能科技有限公司

山东艾琳智能科技有限公司是中国锁业协会会员单位，中国防盗联盟协会会员，拥有国内领先的智能研发平台，专注于高端智能家居门禁系统的研发和制造，是一家拥有自主知识产权的集智能锁研发、设计、生产、销售于一体的高新技术企业。公司愿景是要在2~3年内成为中国智能家居行业的领军企业。公司研发团队由多位在智能锁行业从业数年的科研人员组成，十多年间始终专注于生物识别系统、RFID 身份识别系统、PKE（无钥匙进入系统）指纹开启算法等尖端技术的探索与研究，并且与华为集团、南开大学等科研机构展开了密切合作，在智能锁产品软硬件研发及设计方面拥有丰富资源与领先优势，已经申请了30余项国家发明专利，代表了国内智能锁设计的顶尖水平。

二、基地运营管理模式

基地采取"管委会＋公司"的运营模式，建立管委会主导、公司化管理、市场化运行、龙头企业带动、产学研协同的运营机制。依托省软件协会、山东大学、赛宝工业技术研究院、尚德软件、田润物流等高校、科研院所及骨干企业，把握产业发展趋势，结合产业向高附加值环节延伸拓展的发展要求，强化企业与相关科研机构的合作，加强技术创新支持力度，鼓励产学研合作开发新产品，带动产业领先发展，形成产学研协同的创新发展氛围；同时，注重发挥产业生态与创新体系在产业发展中的推动作用，大力推进重点领域产业链、生态链、价值链以及服务链建设，打造适宜产业发展的生态体系，不断提升产业创新驱动力。

三、2019 年基地建设的主要政策措施情况

基地始终坚持实施"人才战略"，把培养和引进高层次创新创业优秀人才作为科技创新、经济发展的源动力，通过贴心的"一站式"服务，全力支持各类人才在基地开展创新创业。基地一直积极致力于服务企业、服务人才、服务项目，为入驻企业和专家人才积极提供法律、投融资、知识产权、政策宣传辅导、信息技术推广、专业技术交流、人才培训等方面的专业服务，主要措施如下：

（一）项目申报

基地安排专人积极与科技、党群、经发等各对口部门进行沟通交流，积极解读各类政策文件，积极配合推进企业进行各类项目的申报，为企业争取来自各方的政策支持。自园区成立以来，自主及协助企业申报国家、省、市、区等各级项目支持，共承担国家科技攻关计划、国家863计划、国家技术创新基金、国家火炬计划等省级以上科技项目80多项。

（二）技术支持

基地投资6000余万元搭建云计算公共服务平台作为硬件支撑，聘请各类高层次人才担任"技术顾问"作为软件支撑，为来潍创业者和企业提供最专业的技术服务和支持。山东省"泰山产业领军人才""2018创新中国（教育）十大榜样人物"王清林依托基地的平台优势，研发成功的全国首个家庭教育大数据在线服务平台，目前注册用户超过300万人，日活跃用户最高超过30万人，日最高访问量超过400万人次，并与广州、东莞、韶关、齐齐哈尔、泾川、济南、许昌等全国十余个地市（县）签署平台服务协议，共服务4264所学校2亿余次。山东省"泰山产业领军人才"宫秀华利用基地的科研优势，发起成立的潍坊恩源信息科技有限公司先后获得"国家高新区百新企业""国家高新区瞪羚企业""山东省服务名牌""山东省版权示范单位""山东省电子商务优秀企业""潍坊市隐形冠军企业"等荣誉。此外，当前以海归博士孟召宗为代表的一批高层次人才正在基地开展科研创新活动。

（三）科技金融

开展银企对接服务，联系各大银行、山东高创集团、潍坊高新区金融投资控股有限公司、区金融监管中心、山东明曦投资管理公司、罗杰资本等金融信贷机构与企业对接，配合高新区金融监管中心、齐鲁股权交易中心等机构为基地进行规改股、股上市及融资开展政策解读与培训。2019年基地共有6家企业在齐鲁股权交易中心、蓝海股权交易中心挂牌。

（四）业务提升

2019年组织企业参加高新区及基地各类业务提升培训20余场，参会企业近400家次，参会人员1000余人次。邀请专业的人员和机构为企业开展法律、投融资、知识产权、政策宣传辅导、信息技术推广、专业技术交流、人才培训等方面的辅导。2019年基地共培育18家高新技术企业，1家国家"瞪羚企业"，4家区"瞪羚企业"，2家潍坊市"隐形冠军"企业。

（五）政策环境

潍坊市委市政府、高新区管委会相继出台了鼓励引进人才、科技创新的一系列政策。2015 年，市委市政府制定关于印发《加快建设人才强市的若干意见》，并于 2016 年制定出台《潍坊市支持创新创业财税政策 30 条》及《鸢都产业领军人才（团队）工程实施计划》，2017 年制定出台《潍坊市招商发展激励政策》及《潍坊市打造千亿级虚拟现实产业配套政策》，2018 年出台《关于支持人才创新创业的若干政策》等 14 项人才、科技政策。同时，高新区党工委管委会制定《潍坊高新区支持人才创新创业暂行办法》《潍坊高新区关于支持新兴高端产业发展的若干政策》《潍坊高新区加快实施创新驱动战略支持企业健康发展暂行办法》等 10 余项政策。

四、发展经验

（一）打造创新创业载体

通过整合政府、企业、市场、科研机构创新资源，不断完善"研发—孵化—加速—产业化"体系建设。建成 1 个国家级和 2 个省级科技企业孵化器，1 个国家级众创空间、1 个省级众创空间和 2 个市级众创空间，拥有软件园、物联网产业园、文化创意产业园 3 个专业化产业园区及呼叫中心基地、电子商务基地、动漫基地 3 个产业基地，已形成软件研发、文化创意、物联网、呼叫中心、测绘地理信息和电子商务六大主导产业。全面实施"政产学研金服用"协同创新机制，联合齐鲁工业大学、赛宝工业技术研究院、省物联网协会、日海智能等共建创新创业共同体。

（二）搭建公共技术服务平台

注重发挥市场配置资源功能，按照政府引导、市场运作、企业主体、社会参与原则，合作共建公共技术服务平台，降低创新创业成本。基地投资 6000 余万元建设云计算公共技术服务平台，通过云主机、云存储等具体云计算应用，为企业提供基于云计算的服务器集群服务，即充分利用平台的计算能力和存储容量为基地企业提供动漫渲染、数据存储、版权交易、销售平台托管等诸多形式的云计算服务，帮助企业降低研发门槛，改善经营管理，促进企业发展，目前已为潍坊高新区 20 多个政府部门、300 余家基地企业提供高质量的云计算服务。结合市、区发展 VR 产业的战略布局，建设虚拟演播室及 VR 内容制作平台，根据企业对影视制作平台的需求，完善相关设备和配置，充分发挥平台服务企业的作用。另外，为有利于对在孵企业需求的及时响应及孵化器资源的优化配置，基地建设了智慧园区平台，整合了网上办公平台、安保、门禁、停车系统等，提升基地信息化、智慧化水平，实现基地企业管理、物业服务、安全生产等工作的智能化。

（三）健全公共服务体系

基地把提升服务能力、构建创新服务体系、强化软环境建设摆在创新发展的突出位置，不断完善"研发、孵化、加速、产业化"的创新服务链条。围绕科技创新、产业发展，扶持企业创新发展，通过市场化、专业化、社会化方式，集聚资源和力量全力助推创新创业。在创新科技服务体系上，以强化专业化服务为核心，着力打造基地专业化服务队伍。建立"服务秘书＋辅导员＋创业导师"的辅导体系，完善自主创新、研发支撑、成果转化、产业关联度和协同发展的增值性服务功能。完善中介服务体系建设，积极引进法律、投融资、知识产权、技术交易、资质认证等中介服务机构，为基地企业搭建综合服务平台。

（四）营造创新创业氛围

积极倡导敢为人先、宽容失败的创新文化，树立崇上创新、创业致富的价值导向，大力培育企业家精神和创客文化，鼓励将奇思妙想、创新创意转化为实实在在的创业活动。成功举办多期基地专场集训及路演活动，征集项目 40 多个。组织优秀创业企业家积极参加全市青年创业大赛、全国创新创业大赛等活动，取得优异成绩。

五、2020 年工作计划

2020 年，基地深入贯彻落实国家、省、市相关部署要求，紧紧围绕壮大高新技术产业目标，突出抓好综合实力、双招双引、企业培育、服务优化"四个提升"，全面强化党建引领这一根本保障，加快打造国内具有重要影响力和竞争力的精品产业基地。

（一）提升基地综合实力

持续做大做强软件与信息技术服务、文化创意等特色优势产业，加快培育发展物联网、5G、区块链、大数据、人工智能等战略新兴产业，进一步壮大新一代信息技术产业规模。依托北大青鸟华光照排、泰山教育研究院等 6 家国家和省级版权示范单位，创建省级版权示范园区。充分发挥聚量集团、日海智能资源优势，加快推进 AIoT 全球研发中心、Ayla 平台北方运营中心建设，探索"园区＋公司"运营模式，打造山东半岛国家自主创新示范区名片基地。

（二）提升"双招双引"质效

坚持把"双招双引"作为中心任务，狠抓以商招商和产业链招商，努力在新一代信息技术产业领域实现新突破。加快落地世界 500 强企业中国电子集团文思海辉子公司项目、深圳日海 Ayla 平台北方运营中心项目，跟进服务惠风精密智能机电项目。加快引进泓皓、翔迈、云海智能等 20 个产业项目。积极与中科院前沿技术局、中科院计算技术研究所、工信部电子五所、大唐融和、数字王国等科研院所和企业对接，拓展招才引智、招院引所渠道。

（三）提升企业发展层级

坚持大小齐抓，加强企业梯队建设，加快壮大龙头骨干企业、高成长性企业和科技型小微企业群体，推动大中小企业融通发展、抱团增长。深入开展企业调查研究，全面摸清企业底数，"一企一档"建立企业信息库，根据行业类别、成长阶段、发展需求、规划愿景等情况，建立科技型小微企业—高新技术企业—瞪羚企业、中小微企业—规上企业梯次培育机制，推动大中小企业集群发展。

（四）提升基地营商环境

坚持企业需求导向，以企业满意为标准，着力在提升服务企业水平、优化营商环境上狠下功夫，为企业提供线上线下相结合、一条龙保姆式服务，助力企业高质量发展。一是建设一个惠企综合服务平台。向企业开放问题需求库、科技成果库、重点项目库、服务机构库、技术专家库等内容模块，以实体平台服务和线上服务相结合模式，构建科技创新服务体系，建立企业与资源常态化信息互通、业务联通渠道，为企业提供财务记账、创业辅导、专利申请、项目申报、项目验收、高企培育、金融投资、人才招聘、高管培训等全过程、全方位综合服务。二是设立一个便企综合服务窗口。整合企业入驻、政策咨询、资源争取、后勤服务等 14 项公共服务内容，实行"一窗受理"和首接负责制，为企业提供一站办结、一次办好服务。三是指派一名专职包靠服务管家。开展对基地企业的"一对一"专人包靠制度，为每家企业确定一名服务管家，建立日常工作对接渠道，设立企业问题台账，实行销号管理，及时协调解决企业生产经营中遇到的困难和问题。

临沂软件园发展报告

2019 年，临沂软件园紧紧把握升级国家火炬计划软件产业基地的有利契机，围绕"打造一流产业园区"的目标，坚持走科技创新之路，狠抓创业环境建设，深入实施孵化创新工程，加快科技成果转化，企业快速集聚成长，综合服务能力不断提升。

一、2019 年基地发展成效

（一）基地发展的整体状况

临沂软件园位于临沂经济技术开发区的核心区域，规划总面积 12 平方千米，集中安置软件研发、电子信息、服务外包和科技研发等项目，先后获"国家火炬计划软件产业基地""国家级科技企业孵化器""省级创业中心""省级创业辅导基地"和"省级服务业园区"等称号。

（二）基地经济产出情况

近年来，园区不断完善孵化软硬件环境，健全创业政策体系，明确产业发展方向，致力于打造鲁南苏北地区最大的电子信息类专业孵化器。2019 年园区实现营业收入 27.70 亿元，其中软件收入 17.46 亿元，软件技术服务收入 1.26 亿元，自主版权软件收入 8.33 亿元；利税总额 2.18 亿元，净利润 1.43 亿元，出口总额达到 131.10 万元。

（三）人员情况

园区现已入驻企业 174 家，占全市软件企业总量的 70% 以上；员工总人数 8700 余人，其中软件从业人数 6739 人，软件研发人员 2728 人，本科以上学历职工 5187 人，2019 年吸纳大学生就业人数 800 余人。

（四）科技活动情况

2019年园区企业科技活动筹集经费2.23亿元，多来自企业自有资金，科技活动支出经费2亿元。2019年新增地方级科技和产业化项目17个，新增软件著作权登记62个，新增发明专利12件。目前，园区内拥有专利和软件著作权500余项，一批科研项目达到国内领先水平。

（五）社会效益情况

2019年园区入驻企业174家，园区现有国家级科技企业孵化器一家，为科汇高新技术创业园；国家级众创空间2家，分别为盘古众创空间、机客·众创空间；国家国际创新园一家，为中印科技国际创新园。此外，还有中印创客天地等多家省市级众创空间和孵化器，为园区培育和孵化建设有力载体。

（六）重点案例

拓普网络股份有限公司作为基地四大骨干企业之一，2019年营业总收入2.5亿元，其中软件收入2.2亿元，软件技术服务收入1.5亿元，利税总额1763万元，净利润8659万元。员工总人数303人，其中本科以上学历196人，软件从业人数196人。2019年企业科技活动筹集经费4439万元。

二、2019年基地运营管理模式

临沂软件园由临沂经济技术开发区管委会投资开发，临沂经济技术开发区城市建设有限公司推动与管理，并联合临沂科汇高新技术创业园、临沂盘古天地产业园、临沂中印创客天地等公司化运营。临沂软件园以国家火炬计划软件产业基地为依托，先后引进建设了中关村临沂软件产业基地、临沂盘古天地产业园、沂蒙云谷智慧产业园、中印软件产业园、机客科技鑫城等研发载体，形成总面积40万平方米的软件创业基地。

三、2019年基地建设的主要政策措施情况

（一）政策环境不断优化

山东省、临沂市和经济技术开发区管委会十分重视软件产业的发展，认真贯彻落实国

家出台的"双创政策"，在借鉴各先进园区政策的基础上出台了扶持软件产业发展的优惠政策。2019年制定出台了《关于鼓励科技创新，促进高质量发展的实施意见》对新建成的孵化器、众创空间等科技创新平台，给予一定的创业资金扶持，对通过高新技术企业认定的，给予一次性补贴20万元。一系列政策的出台对软件企业在研发能力提升、落户补助、双软认证、品牌建设等多方面进行扶持，同时重奖在软件开发中做出重大贡献的技术人员，有力地推动软件基地发展壮大。

（二）服务设施不断完善

临沂软件园当前投入使用的载体建筑面积达到40万平方米，中央空调、电讯网络、商务中心等配套设施齐全。中关村临沂软件产业基地、临沂盘古天地产业园、沂蒙云谷智慧产业园、中印软件产业园、机客科技鑫城内中央空调、电讯网络、商务中心等配套设施齐全。园区拥有完备的公用设施和完备的物业服务、公共会议室、培训室、洽谈室和多媒体电教室等，企业创业策划、管理咨询、入驻手续办理、技术支持、资金融通、人才培训、信息查询、市场开拓、事务代理等服务系统均已投入运行。园区针对新入驻的科技孵化企业，根据企业的规模、投资额大小和实际需要，提供一定面积的场地进行孵化。

（三）园区管理不断规范

园区不断完善管理制度，细化项目入园程序，对入园合同执行情况进行考核，加强园区规范管理，推进企业高效运营。园区建立了完善的管理制度和体系，对项目入驻、日常运营等各方面进行细化管理。在管理队伍方面，园区管理人员全部具有大专以上学历并经过相应培训，在园区运营和企业管理方面具有丰富的经验，可为入驻企业提供周到细致的创新创业服务。

（四）"双创"能力不断提升

园区通过构建"服务设施保障、技术平台共享、创业培训辅导、政策金融支持、中介咨询服务、科技项目扶持"六大创新创业服务体系，大力打造"苗圃—孵化器—加速器—产业集群"四位一体的创新创业服务体系，形成了一个硬件环境专业化、管理服务体系化的孵化器网络，为软件企业提供良好的创新创业环境和全方位的高品质服务，减少创业风险、降低创业成本。

（五）公共平台投入不断加大

不断加大技术服务资源整合力度，进一步推广创新券的使用，降低了企业研发测试成本，提高了孵化企业成活率和成功率。成立科技企业孵化器联盟，为孵化企业提供资源共享平台，整合分散在各个企业的优质软硬件资源，实现资源"不求为我所有，但求为我所用"，提高了孵化器资源配置的效率。针对企业创业、投融资、平台建设、知识产权保护等内容累计开展专业培训 30 余次，联合临沂大学和临沂职业技术学院举办多场招聘会，为企业招揽短缺人才。

（六）金融扶持力度不断加大

与临沂市创投公司、经开小额担保公司等多家金融机构结成合作伙伴关系，为企业提供创业投资、贷款贴息、企业担保等多种金融服务，实现资金与项目的有效对接。同时积极吸引市外风投基金，定期举办孵化企业投资对接会，引导其步入上市进程。

四、基地发展的主要经验、问题与挑战

（一）优化产业结构，培育新兴业态

园区按照"搭平台、强主体"的基本思路，以拓普网络、机客网络等企业为引领，重点围绕大数据、云计算、物联网、智慧城市等新业态创新发展，发展以软件研发及技术服务、信息系统运营维护服务、数据中心、托管中心等领域为重点，集中力量突破操作系统、数据库、中间件、办公软件等关键基础软件，推动政务、金融等重点领域应用安全可靠信息系统。这些产业均属于知识和劳动密集型产业，从业人员层次高、数量多、消费能力强，对于园区周边的房地产、商业、餐饮、娱乐等行业具有较强的带动作用，产业低碳环保、附加值高，对于临沂经济技术开发区乃至全市的产业发展具有重要意义。

（二）提升服务水平，吸引高端项目落地

园区在优化投资环境、提高项目服务上铆足了劲头，不断强化亲商、安商工作，确保了好项目的快速落地。推动华为公司落地开发区临沂软件园，项目总投资 10 亿元，按照临沂"沂蒙云谷"整体规划，建设一个辐射鲁南、苏北区域的云计算大数据中心，重点助推政务惠民、文化旅游、生态环保、智慧教育、健康医疗、平安城市等云的快速发展。

（三）加强政策引领，壮大人才队伍

为增强对高端人才的吸引力，出台《临沂经济技术开发区高层次人才科技创新创业项目联审联批暂行办法》，按照"科学规范、公开透明、公平公正"的原则，把技术领先、产业急需、带动性和示范性强的好项目评选出来，实行"一事一议"的政策资金支持，给予高级别专家区级综合扶持，并提供 3 年免费使用的办公场所、生产厂房及人才公寓。

（四）扶持骨干企业，引领产业发展

加大对基地骨干企业的扶持力度，促进企业研发能力和创新水平不断提高。拓普网络牵头搭建临沂市智慧城市产业技术创新战略联盟，搭建智慧云教育平台；机客网络推动集"微信助手、云页、全呼通、轻应用、APP、自动营销助手"功能于一体的移动服务平台，获评国家火炬计划环境平台；成功软件不断加大民政和卫生软件研发的投入力度，多款产品在国内民政和卫生行业得到广泛推广，公司项目多次获批国家星火计划、中小企业创新基金、省科技惠民等项目。

（五）强化国际合作，引进海外高端人才

抢抓"一带一路"和"互联网＋"战略机遇，鼓励企业开展国际科技合作，依托临沂作为首批国家9个智慧城市时空信息云平台建设试点城市之一优势，大力开展智慧城市研究与开发。同时，支持企业大力开展国际产学研合作，鼓励企业与高校、科研院所合作建设研发机构或设立国外研发中心，先后与乌克兰、印度、俄罗斯、日本等10余个国家建立实质性合作关系。

（六）对接本地高校，拓展就业渠道

在促进就业方面，与山东大学、临沂大学等高校建立人才合作机制，推动创业基地建设和校企人才接洽。与职业技术学院对接，为生产类创业企业培育高级技师等专业技术人才。组织企业参加省、市级人社部门组织的人才招聘会，填补企业人才缺口。

（七）发展中遇到的问题

1. 缺乏有效的融资渠道

企业由于自有资金有限，缺少担保资产，诚信体系建设不全等因素，本地的风投机构、天使基金等新型投融资机构较少，融资渠道非常狭窄。

2. 缺乏人才引进的有效途径

人才匮乏，从事高端研发的人才数量偏少、高层次人才缺乏，影响创业者发展和高端项目引进，高层次创新创业领军人才缺乏制约了电子信息软件产业研发能力的形成。

3. 企业运营能力较弱

基地骨干企业拓普网络、机客网络、成功软件等近年来发展较快，但与国内一流企业相比，实力仍有一定差距，部分企业为初创型企业，在发展资金、技术实力、市场开拓等方面尚处于起步阶段，需要政府给予帮扶。

4. 企业研发水平不高

产品整体水平和档次有待进一步提升。企业研发创新能力不强，缺乏核心技术和自主知识产权，占据主导地位的仍是中低档产品，缺乏具有高技术含量、高附加值、高知名度

的产品，"互联网＋"传统产业的发展模式在全区及全市的推广力度不够。

5. 产业配套设施不够完善

企业和创业者发展所需要的会计师事务所、律师事务所、人才培训学校及创业载体周边生活、消费等配套设施相对匮乏。城市知名度与吸引力偏弱，产品市场需求不足。

6. 科技创新创业生态孵化体系不够健全

由于产权评估、创业辅导等服务机构刚刚起步，尚未形成完整的科技创新服务链条，资源整合、综合服务和孵化承载能力有待提升。

7. 区域创新氛围不够浓厚

企业长期以来重视生产建设，对于创新发展意识不够强烈。对比周边先进省市、地区先进产业基地，在战略性新兴产业发展布局、企业创新投入及产出等方面差距较大。

五、2020 年基地工作安排

2020 年，基地将在现有基础上，进一步完善创业环境建设，重点做好以下几个方面的工作：

（一）强化服务，确保产业快速发展

借鉴国内外优秀园区的发展经验，不断完善孵化器创新联盟的作用，继续深入整合企业的人才、技术、市场等资源，实现资源共享，推动企业抱团发展。打造具有"创业苗圃＋孵化器＋加速器＋产业园"完整孵化流程的创业聚集区及区域技术创新的核心载体。

（二）政策带动，优化产业发展环境

进一步完善产业扶持政策，对企业在高层次人才引进、业务培训、专利申请、研发能力提升等多方面进行扶持，打造一批管理先进、创新能力强、具有较强竞争力的优秀企业，加快产业转型升级。

（三）招才引智，增强产业发展后劲

大力实施高层次人才引进工程，创造高端人才的引进渠道，开辟人才引进"绿色通道"，吸引有一定工作经验的毕业生回流临沂，引导、鼓励人才落地。适时举办人才招聘会、合作论坛、创业大赛、项目推介会等主题活动，使园区成为创新创业、成果集中展示、合作、交易及投融资体系建设的平台。

鼓励高校、科研院所的专家通过专职、兼职形式创办或受聘于企业，进行互联网产品的研发和营销。积极探索人才培育机制，通过与市内外高等院校、培训机构采取联合办学、委托培养等方式，加大专业人才培育，为产业发展提供强有力的人才支撑。

（四）推进产学研合作，提高自主创新能力

政府牵头，为科技孵化企业与高层次科研院所开展产学研合作搭建桥梁，引导企业通过合作提升科技创新实力。鼓励企业加快技术改造，引进先进技术和先进装备，加快提升电子行业生产研发水平，带动传统产业升级改造，打造出产业自身的龙头企业。

（五）强化管理，优化产业发展软环境

依托国家级科技企业孵化器等品牌，推动专业服务高端化。加大培训、教育、事务所等机构引进，定期举办创业培训，不断提升产业发展软环境，提高孵化成功率。积极联系省、市各级部门，帮助企业争取国家、省、市级相关政策支持和资金扶持。

武进软件园发展报告

2019 年，武进软件园牢牢抓住常州建设苏南国家自主创新示范区的重大机遇，以改革求突破，以创新谋发展，定位于服务常州产业转型升级、服务常州未来产业培育，加快高新技术和现代服务业深度耦合、教育和科技深度融合、人才和资本深度结合。全年完成营业收入 103.17 亿元；新增授权专利 1800 件，其中发明专利 834 件；科技人才累计超过 2 万人，高新技术企业 101 家；成功举办"5·18"展洽会 18 场专题活动，新增重点产学研合作项目超 360 项，产学研合同金额超 2.6 亿元。

一、2019 年软件基地产业发展概况

（一）加快建设江苏省智能装备产业技术创新中心

1. 加强联合资金项目申报

创新中心按照上级相关管理办法要求，组织实施 4 批 20 项联合资金项目。博睿康基于脑机接口与虚拟现实的神经康复系统已在中国康复中心进行相关临床试验；天峋高性能四旋翼无人机飞控芯片及动力系统项目样品完成定型进入量产，该技术已应用于电力巡检行业；天正基于工业设备生产大数据的金融征信系统已对接大量金融资本，已接入设备 32121 台，并为中小微企业提供售后、工业行业人才查询等服务；遨博 AUBO－i5 机器人亮相世界机器人大会，且批量应用于 3C 电子、汽车零部件等多个行业领域；天正工业入选江苏省首批工业互联网平台服务商、2018 年省科技小巨人企业（全市 5 家、全省 60 家），荣获第七届中国创新创业大赛电子信息行业成长企业组三等奖，获得 100 万元资金补助。

2. 加强平台载体建设

瞄准地方龙头企业，引进一批高端人才团队，鼓励科研机构和企业在园区设立成果转移转化机构或共建新型研发机构。推动北京邮电大学落户常州共建新一代信息技术研究

院，与北京航空航天大学计算机学院签订共建北航常州智能物联创新中心的协议，支持常州信息职业技术学院筹建智能互联网方向的研究院。国家智能装备与机器人产业计量测试中心已建立 9 个检验检测实验室，工业机器人性能检测项目在江苏省率先通过 CNAS 认可和 CMA 资质认定，成立了江苏省机器人与机器人装备标准化技术委员会；深兰研究院在研项目 FPGA 芯片模组"火种"已获发明专利授权 21 件；纳恩博的路萌机器人等项目年开票收入突破 20 亿元；万帮新能源投资集团有限公司牵头成立了"江苏省新能源汽车能源与信息创新联盟"，并创建江苏省新能源汽车能源与信息创新中心，申请发明专利 72 项；微纳研究院有限公司申请专利 8 件，研发激光应用项目 6 项；先进所机器人军民融合项目、柔性外骨骼机器人产品开发到第四代；南大良福联合研发中心初步建成；江苏省技术转移（常州大学）研究院揭牌；博睿康、微传智能等创新型智能装备企业营业收入增势强劲，增幅均超过 30%；中科领目智能驾驶域控制器产品完成标准产品电气测试，已实现 60 万订单。

3. 聚力创业孵化推进未来产业培育

积极抢占产业发展制高点，全力推动机器人、人工智能、新一代信息技术等主导产业集群发展。代表国内汽车智能驾驶核心感知与控制系统领先水平的中科领目项目、以智能牙科机器人为主营业务的微云人工智能项目等，一批引领未来产业发展方向的高科技企业落户园区。大数据独角兽企业百分点科技将在武进软件园建设华东业务总部。国际创新基地和大理工常州科创园获评江苏省优秀科技企业孵化器。在第五届省"i 创杯"互联网创新创业大赛总决赛上，武进软件园选送的项目获得全场唯一的特等奖，是全省互联网产业园中唯一连续五年有项目进入大赛前三名的园区。常州信息职业技术学院获得"建行杯"第五届中国"互联网＋"大学生创新创业大赛总决赛金奖。大学生创新创业园在孵项目166 个，孵化毕业项目126 个，孵化规模和效益位居全市38 个大学生创业园首位，获评2018 年度常州市大学生创业优秀载体。园区已有亿元企业32 家，规上企业105 家，500万元以上企业301 家，股改、挂牌、上市企业总数达17 家，天正工业、高凯、铭赛3 家入列全市17 家科创板后备企业名单。

（二）知识产权保护中心二期建设项目

1. 预审服务量明显增长

全年服务各类专利申请726 件，已授权专利228 件，其中发明专利授权100 件，发明专利授权平均时间缩短至63 天。授权专利数量两项指标均位居全国19 家已运行保护中心第一。

2. 成为全市知识产权维权中坚力量

共处理专利侵权纠纷案件183 件、假冒专利案件21 件，入驻展会提供知识产权服务5 次，处理电子商务快速维权案件数量占全市的2/3。

3. 导航运营及新业务拓展

国家专利导航项目（企业）研究和推广中心成立常州办事处，共同为新誉集团开展专利预导航；承接常州市知识产权培训、专利资助、全市专利数据支撑分析、专利奖评选、企业知识产贯标评价等多项服务。

4. 简化备案流程，加强企业服务能力

备案企业数量由 2018 年的 309 家增加至 344 家。新增森萨塔、征图新视等 15 家中外企业，企业创新服务站总数达 25 家。

国家知识产权局局长申长雨高度肯定中心：在全国是先行先试，起到了很好的带头作用。中心获批全国专利辅助审查资质。在全国保护中心专利预审业务竞赛中，获并列第三、最佳优秀个人奖。中心建设被列入省政府 2019 年十大主要任务和百项重点工作。

（三）系统谋划明确武进软件园发展目标定位

研究制定武进软件园高质量发展战略规划，进一步明确武进软件园发展的目标定位，突出问题导向，深化体制机制改革，建立武进软件园与地方干部的双向交流机制，优化武进软件园服务职能。

深化武进软件园两化深度融合试验区改革发展，做强做实省科技服务示范区和省知识产权集聚区。成立常州工业互联网产教创新联盟，培育工业互联网应用创新生态；举办"江苏省工业互联网企业上云推介会"，筹办"常州工业和能源互联网博览会工业互联网产教融合论坛"等活动；建设工业互联网共享工厂，培训企业 250 家；推进职教领域首家工业互联网学院"常州信息职业技术学院工业互联网学院"的建设。

二、2020 年工作思路

2020 年，武进软件园将认真贯彻落实市委市政府《实施意见》《"六个新高地"三年行动计划》文件精神，始终秉承"经科教联动、产学研结合、校所企共赢"的理念，坚持高职为基、院所为要、人才为先、项目为重、创新为魂、环境为本，全力打造高职教育、创新研发、企业孵化三大支撑体系，重点培育机器人、人工智能、新一代信息技术等未来产业，大力发展总部经济、平台经济、数字经济、楼宇经济，着力构建国际合作、创新研发、成果转化、创业孵化、人才集聚和产业培育六个新高地，努力打造国际合作先行区、科技创新引领区、创业孵化集聚区和产教融合示范区。

工作主要目标：武进软件园在校大学生 9 万名，高新技术企业总数 130 家，申请发明专利数超 2700 件，授权专利数年增长 30% 以上，科技创新创业平台总数突破 40 家，新增产学研合作项目 360 项，产学研合同金额 2.8 亿元。实现营业收入突破 300 亿元。科技创新要素加速集聚，创新生态更加优化，辐射带动能力大幅跃升。

（一）聚焦开放创新扩大国际合作

主动融入全球科技创新网络，构建开放创新新格局。以中德创新园区为工作主轴，广开国际合作渠道，推进跨国技术转移，引进消化吸收一批关键核心技术。加强与德国巴登—符腾堡州、北莱茵—威斯特法伦州的全方位合作，大力引进德国技术成果转移机构，推进德国海德堡史太白技术转移中心建立分支机构，支持中德合作国创能源与信息创新中心创建国家产业创新中心。协同推进中以创新合作园"共建计划"，大力推进跨境孵化器、联合实验室、中以国际创新村等平台载体建设。吸引外资企业合作共建研发机构，加快推进美国康宁微反应器全球研发产业总部建设。支持武进软件园企业建立海外研发中心、开展海外并购、参与国际标准制定。积极引进和配置国际高端教育资源，启动武进软件园与德国巴登—符腾堡州在职业教育领域的第二轮合作，深化中德"双元制"职业教育合作，加快推进与德国应用技术大学的合作办学。

（二）聚焦辐射带动建设创新平台

围绕企业需求和产业方向，整合中科院、南大、机械总院等国家级技术力量，集中精锐攻克一批核心装备、关键技术、高端产品，让更多本地企业在武进软件园找到技术支撑，让更多的科研成果在本地转化。与中科院开展新一轮深度合作，将江苏中科院智能科学技术应用研究院打造成全省院地合作标杆。全面对接江苏省产业技术研究院，加快推进江苏省智能装备产业技术创新中心建设，推动省产研院专业所建设。加快建设北京邮电大学（常州）新一代信息技术产业研究院、北京航空航天大学常州智能物联创新中心，推进国科大中科智算中心、智芯科技研发中心、深兰人工智能芯片研究院、江苏微纳激光研究院等企业研发机构建设。推动常柴、中天钢铁等龙头企业与大学大院大所在武进软件园建设研发机构，共建协同创新中心、联合实验室、院士工作站等开放性产学研合作平台和人才站点。

（三）聚焦成果转化助推创业孵化

联合企业、高校院所以重大科技专项为纽带组建科技创新联合体，形成基于目标任务和利益捆绑的建设机制，促进技术转移。支持高校院所成立科技成果转化部门并逐步实体化，强化成果转化服务功能，建设技术产权交易市场，转化高新技术成果35项，带动地方产业超100亿元。加强技术经理人培养，建设好江苏省技术转移（常州大学）研究院。完善"众创空间—孵化器—加速器"科技创业孵化链条，促进孵化器、加速器建设由政府主导向多元产权组织形式转变；支持科技企业通过"平台＋创投＋市场"的孵化模式，培育孵化高端创业项目，公共研发机构和企业总部围绕优势方向发展独具特色的众创空间载体；支持常州大学等高校院所建设大学创业加速器、创业训练营等孵化载体，聚焦重点产业及院校自身优势学科开展孵化服务。联合 DEMOSPACE 等孵化载体在园区设立分支孵化机构，引入其专业技术服务、创业服务和优质创业项目等资源。

（四）聚焦未来产业培育创新企业

立足创新资源及产业基础，加快培育一批特色鲜明、竞争力强的未来产业。重点发展以关键零部件、终端应用为核心的机器人产业，发展以交互设备、机器学习、自然语言处理、图像识别等为核心的人工智能产业，以大数据、云计算、集成电路芯片、工业互联网、5G 移动通信网络、物联网、空间信息网络为核心的新一代信息技术产业。发展以企业研发总部、功能型总部、高成长企业总部和央企国企区域性总部为主的总部经济，以科技服务平台、金融服务平台、工业云服务平台为主的平台经济，以数字产业化和产业数字化为方向的数字经济，以智力密集度高、产业集聚能力强、产出附加值高为特色的楼宇经济，培育新的经济增长点。建立重点企业培育库，做强百家规上企业和百家高新技术企业。支持企业上市挂牌和兼并收购，引导龙头企业探索平台化转型，开展独角兽及平台型企业连接，重点培育小巨人企业、高新技术企业、瞪羚与独角兽等高成长企业、平台型企业等特色优势鲜明的企业，形成创新创业企业融通发展格局。年内股改挂牌上市企业新增3 家，总数达到 20 家，力争达到 25 家。

（五）聚焦产教融合引育高端人才

深化产教融合，促进教育链、人才链与产业链、创新链有机衔接，发挥园区"共建、共管、共用、共享、共赢"的协作优势，实施现代工业中心新建改造提升三年行动计划，新建改造 13 个实训区，建设现代工业中心 2.0 版，建设数字化协同创新中心，开展面向产业创新需求的实训教育活动。探索"学院＋"模式，推进引企驻校、引校进企、校企一体方式，吸引优势企业与院校共建共享生产性实训基地、产教园、产业学院等。支持常州大学实施优势学科建设工程、协同创新计划、特聘教授和品牌专业建设工程，加快实现从教学型大学向教学研究型大学转变。推进信息学院、机电学院、工程学院建设中国特色高水平高职学校和专业建设计划，积极争取常州高职园区高职院校试办应用型本科教育，联合申办应用技术大学，努力建设"国际水准、国内一流、江苏特色"的卓越技术技能人才培养基地。用好"龙城英才""金凤凰"等人才政策，引进面向前沿科技的领军型创新创业人才，引进和自主培养国家级、省级人才各 10 名。支持中科院、大连理工大学、北京化工大学等研究生培养基地建设，自主培养一批高层次人才。积极创新人才引育机制，深入实施"高层次人才双岗互聘"计划，双岗互聘高层次人才 120 名，推进科研机构、高科技企业与院校之间人才互派互聘、交流合作、融合发展。

（六）聚焦改革发展创新体制机制

全面梳理现有政策，强化系统思维，加强顶层设计，研究出台针对性、可操作性强的政策措施，形成较为完整的政策支撑体系；大力推进科研院所"一所两制"改革，积极实施股权激励、项目经理、人才双聘、合同科研等创新制度，支持研发机构转型，更好调动高校院所积极性、激发科技人才创造活力；进一步简化入园企业审批程序，建立武进软件园公共服务中心，推行"不见面"审批、"店小二"服务，实行"保姆式"全程代办；积极探索与各辖市区、省级以上开发区共建共享模式，共同建设创新载体、共同实施重大科技项目、共同布局跨区域产业链，完善产业共育、利益共享、责任共担，完善创新创业在武进软件园、成果转化在开发区的合作共赢机制。

（七）聚焦创新生态拓展发展空间

拓宽创业投融资对接渠道和设立政府引导基金，大力发展创业投资服务，鼓励引导金融机构创新科技信贷产品，为企业提供知识产权质押融资贷款、供应链金融、科技保险等金融产品，构建全生命周期的金融服务体系，推动科技企业"科创板"上市培育步伐。鼓励科技服务机构创新服务模式、拓展服务内容，打造一批标杆性服务机构，推动中国（常州·机器人及智能硬件）知识产权保护中心走在全国前列，佰腾科技等科技服务机构做大做强；加快推进机器人国家检测中心建设，创建国家科技服务业示范区。加大力度推进智慧园区建设，开工建设纳恩博南方总部大厦、深兰亚太中心、高凯科技大厦，建设15万平方米人才公寓。坚持要素自由配置、空间开放共享、人文科技融通发展的理念，推动编制"科创走廊"规划，加快"科创走廊"建设，按照业态新、生态美、形态优的总体要求，统筹协调武进软件园与中以创新园在"科创走廊"的空间布局，实现区块布局合理清晰、载体平台联动发展。

"创新是引领发展的第一动力，是建设现代化经济体系的战略支撑。"武进软件园将不忘初心，牢记使命，埋头苦干，更好地发挥园区在常州创新驱动发展战略中的核心地位，在现代化经济体系建设中的引领作用，全力以赴推动武进软件园高质量发展走在前列，为常州"种好幸福树、建好明星城"做出新的、更大的贡献。

东营软件园发展报告

东营软件园作为东营市发展新一代信息技术产业、促进科技成果转化、聚集高层次人才的主要载体，在市委市政府及开发区管委会的正确领导下，不断优化园区管理服务体系，全方位提升园区竞争力，产业规模进一步扩大，创业层次不断提升，产业特色日益凸显，已成为全市发展现代信息服务业的重要基地和人才创新创业的主要载体。2019 年，东营软件园先后被认定为省级成长型数字经济园区（试点）和首批市级创业创新示范综合体。

一、2019 年基地发展成效

（一）基地发展总体状况

东营软件园坐落在东营经济技术开发区悦来湖人才聚集区内，于 2008 年规划建设，2010 年开始投入运营，建设有主体园区（软件园一期、二期）、互联网产业园和软件园光谷分园，总建筑面积 12.10 万平方米。园区主要发展石油信息技术、地理信息、高端软件、信息系统集成等产业方向，重点布局发展物联网、大数据、工业互联网、北斗卫星导航、智能光电等信息技术产业，努力培育发展 5G 网络、人工智能相关产业，形成了以胜软科技、立鼎石油为代表的石油石化信息化解决方案集群，以天元信息、大地勘测为代表的地理信息产业集群，以华网智能、万高电子为代表的智能安防产业集群，以卓智软件、兴旺软件为代表的行业应用软件集群，以海神电子、海明威为代表的系统集成集群，以新宁自动化、同天电子等为代表的工业互联网集群，以汇佳软件、领图信息等为代表的智慧城市细分领域集群。

（二）基地经济产出情况

2019 年，基地营业收入 15.51 亿元，其中，软件收入 11.32 亿元，软件技术与信息服务收入 6.49 亿元、信息系统集成收入 2.40 亿元、自主版权软件收入 5.19 亿元，净利润 1.70 亿元，实际上缴税费总额 9092.33 万元。

（三）人员情况

2019 年末，基地总人数为 3547 人，其中，博士 29 人、硕士 173 人、本科 2288 人，软件研发人员 1342 人，本年度创造就业岗位数 300 余个，吸纳大学生就业人数 200 余人。

（四）科技活动情况

2019 年，基地科技活动经费筹集总额 9578.16 万元，科技活动经费支出总额 1.20 亿元，其中，研究与试验发展经费支出 9387.46 万元，软件研发支出 6134.63 万元。2019 年，新增计算机软件著作权 409 个，新增发明专利 9 件。

（五）社会效益情况

1. 企业孵化培育情况

基地内注册企业 300 余家，集聚了全市 90% 的信息技术企业，培育了双软认证企业 47 家，计算机信息系统集成资质企业 17 家，高新技术企业 33 家，科技型中小企业 42 家，新三板、四板和青创板挂牌企业 10 家。通过 ISO/IEC 27001 国际信息安全管理体系认证的企业 61 家，ISO20000（IT 服务管理）50 家，CMMI L3－L5 国际认证的企业 28 家，国家规划布局内重点软件企业 1 家，中国地理信息产业百强企业 1 家，国家火炬计划软件产业基地骨干企业 5 家。

2. 服务企业情况

创业指导服务。一是加强调研，深入了解企业发展难题，为企业发展出谋划策。实施园区网格化管理，按照楼宇分布分工联系，对企业的经济运行、重点项目、技术难题等方面进行跟踪服务。通过发放调查问卷、座谈、企业沙龙、行业交流等方式，了解园区企业发展状况和发展瓶颈，全年开展走访调研活动 18 次，征集意见建议 83 项，帮助企业解决实际困难 25 项。二是立足产业发展和企业需求，科学制订并实施园区培训计划。引进专业培训机构，邀请上级业务部门，组织高企认定、项目管理、投融资、法律、财税等各类创业培训活动 19 次，培训人员 1046 人次。三是做好政策解读和业务指导，帮助企业向上争取项目、资金扶持。2019 年，共帮助企业向上争取各级各类扶持政策、项目 29 项，获得无偿扶持资金 7379.71 万元。

公共平台服务。一是积极推进智慧园区建设。2019 年 7 月底已完成视频监控和车辆管理系统的升级改造，系统上线稳定运行，完善了智慧园区综合服务平台的功能，该平台支持监控信息、房源信息、车辆信息、企业信息、事故上报及处理进度等碎片化信息的实时查询，实现了园区人、事、物等资源的信息化整合，提高了园区整体智慧化水平。二是加强园区公共技术服务平台的运维推广，聘请了专业化运维机构（山东卓智软件股份有限公司）负责 IDC 机房和黄河三角洲云计算中心的运维，保障园区企业网络通信正常，全年解决网络故障 319 次，为 30 余家区内外企业提供虚拟主机业务和设备托管服务。

人才服务。深入落实省、市、区三级人才吸引政策，引导园区企业与国内外知名高校院所开展人才对接和项目合作。2019 年，东营市技师学院举办软件工程师培训班 2 期，培训学员 56 人，山东留侯信息化咨询有限公司开展职工用流程复制项目培训 12 人，共计68 人。组织企业参加"春风行动"招聘会、校园专场招聘会，帮助企业引进专业技术人才。

（六）重点案例

（1）山东胜软科技股份有限公司，主要从事智慧油田和智慧城市建设，是国家规划布局内重点软件企业、国家火炬计划重点高新技术企业，拥有博士后工作站、山东省油田信息化工程技术研究中心、山东省软件工程技术中心、东营市实习实训基地等科研平台。公司客户遍布中国石油、中国石化、中国海洋石油等下属的各大油田及公司，并且在海外市场也占据了一定的份额。近年来，围绕大数据、物联网产业，公司在油气业务和非油业务两个领域同步推进，形成了以"智能油田—物探、地质、油藏、工程"、"智慧城市—检务、政法、城市规划、城市管理"为代表的多项科研成果。2018 年，公司研发的"石油行业大数据分析应用平台"被工信部列为 2018 年度国家大数据产业发展试点示范项目。

（2）山东天元信息科技有限公司，主要从事测绘及二三维地理信息系统建设、地下管线探测、三维建模、软件研发等业务。现有员工千余人，拥有专利 28 项，著作权 67项。公司及其员工先后荣获"国家高新技术企业""市级企业技术中心"、泰山产业领军人才、国家火炬计划软件产业基地骨干企业、山东省知识产权优势培育企业、山东省技术市场科技金桥奖、省级一企一技术研发中心、中国地理信息产业百强企业等荣誉称号。2019 年，公司营业收入 1.05 亿元，净利润 4366 余万元。

（3）山东团尚网络科技股份有限公司，主要从事大数据风控应用领域的互联网金融系统的研究与开发，是国内首批互联网金融技术领域优质服务商、国家高新技术企业、山东服务名牌企业、山东省版权示范单位、守合同重信用企业、山东省优秀软件企业。现有员工 50 余人，其中研发人员 30 余人，自主研发了"大数据风控系统""AI 智能反欺诈系统""区块链金融系统""电商系统"等核心产品，构建了针对政府、金融机构、企业等行业软件产品及解决方案提供的生态圈。

二、基地运营管理模式

东营软件园隶属于东营经济技术开发区管委会，按照"政府主导，企业主体，开放空间型"的运营机制和综合孵化的服务模式，利用政府优势资源和强有力政策支持为中小微企业提供公共技术、资源对接、合作交流平台等服务内容。

三、基地建设的主要政策措施情况

（一）推动产业结构优化升级

1. 加大招商力度，引进一批龙头企业

围绕人工智能、物联网、大数据、高端软件、北斗卫星导航等信息技术产业，加大招商力度。2019年，组队赴德国和北京、上海等国内先进地区开展招商活动，对接了大数据、3D打印、无人机、5G通信储能锂电池和智慧开发区等项目，新引进了蓝色动力、颂拓智能、万融软件等16家信息技术企业。

2. 瞄准以产业链为基础的产业集聚发展

一是依托现有产业基础，加强对石油石化信息化、地理信息产业、行业应用软件、智慧城市等现有重点产业领域的培育力度，逐步延伸拉长产业链条。二是鼓励胜软科技、天元信息、华网智能、卓智软件等骨干企业创新发展，支持企业通过兼并、收购、上市融资和吸收风险投资等方式发展壮大，提高市场占有率，扩大市场影响力。三是重点培育团尚网络、新宁自动化、领图信息等一批小微企业，提高自主创新能力和市场竞争力。

3. 赋能实体经济，推进融合应用

以基地内胜软科技、华网智能、卓智软件等重点企业和上云企业为示范引领，加强自主产品的应用推广，推动工业互联网、大数据、高端软件等在各领域的创新应用。天元信息的"非常规油气开发压裂微地震监测技术"和"井下微地震采集技术"、立鼎科技的"TerraSound远探测声波测井处理"项目、万高电子的"泛在电力物联网"项目、卓智软件的人工智能多波段影像识别平台项目等30余项技术产品技术含量高，创新应用效果明显。

（二）提升企业创新能力

1. 加强政策引导

坚持组织实施开发区"科技创新驱动资金"和"创新创业专项资金"，以奖励补贴的形式降低企业研发成本。2019 年，软件园继续组织实施创新创业专项资金申报工作，用于引导、扶持和鼓励基地内企业的经营发展、研发创新、人才培养、资质认证等方面的奖励和补贴，拟兑现奖励及补助 955.8 万元。

2. 加强创新平台建设和科技项目申报

加强园区内研发机构和科研机构建设，协助企业做好科技项目申报和省级工程技术研究中心、国家博士后工作站、院士工作站、省级企业技术中心、省级软件工程技术中心、省级工程实验室等申报工作。2019 年，新增 1 家市级重点实验室，新增省级技术科创新项目 15 项。

3. 加快高层次人才引进

一方面，定期跟踪企业高层次人才需求情况，组织企业参加各类高端人才洽谈会、高校科研项目推介会，与软件行业协会、中科院等组织机构紧密合作，牵线搭桥，帮助企业接洽行业领军人才；另一方面，深入落实省、市、区三级人才吸引政策，引导基地内企业与国内外知名高校院所开展人才对接和项目合作，同时，组织企业申报"泰山产业领军人才""黄河三角洲学者"、开发区汇智学者等，探索建立长效机制解决企业高层次人才稀缺问题。

（三）优化企业发展环境

1. 完善制度体系建设

强化园区管理规范化、管理制度化，先后出台项目评审、入园企业管理、宿舍管理、水电费管理等制度文件。2019 年，完成《东营软件园入园企业管理办法》修订，进一步规范企业入驻、续约、迁出审批流程，前置续约审核程序，梳理整合所有企业的办公室、公寓合同时间，实现一企一时间，让企业少跑腿，提升了服务效率。

2. 完善公共服务平台建设

坚持对软件园 IDC 数据中心机房、黄河三角洲云计算中心等公共服务平台的持续投入和升级改造，着力构建安全高效的网络环境，降低企业研发成本，提升企业核心竞争力。同时，稳步推进智慧园区建设，分阶段实施了智慧平台、智能监控、智能车辆管理等项目，着力提高园区服务效率和整体信息化水平，推动园区向智慧型、科技型、集约型产业园区发展。

3. 健全人才体系建设

一是开展专业人才培训。加强园区人才需求调研分析，落实人才培训资金奖补政策，鼓励企业按需培养人才。依托高校院所开展软件工程师专业培养，已开班 18 期，培训学员千余人。二是开展人才实训。坚持实施"青年企业家成长计划",组织开展创业人才学习交流活动。带领园区优秀企业"走出去",开阔视野,招才引智,参加京交会、版交会、产业博览会等国内外重要的专业展会,参会企业先后荣获第23届全国发明展览会发明创业奖、2019国际版权交易会版权单位金奖。

四、基地发展的主要经验

(一)强化政策支持

为鼓励软件产业向基地集聚,吸引优质软件企业入驻基地,基地相继出台了《东营软件园入园企业优惠政策》《东营软件园入园企业管理办法》《东营经济技术开发区促进创新驱动发展的若干意见》等政策文件。从2010年起,设立了每年不低于500万元的创新创业专项资金,用于引导、扶持和鼓励基地内企业的经营发展、研发创新、人才培养、资质认证等方面的奖励和补贴。

(二)构建多元化平台

一是着力推进"一园多区"建设。2019年,互联网产业园建设稳步推进中,并引进了北航东营研究院等科研机构入驻;与光谷未来城展开合作,联合设立东营软件园光谷分园,新增面积5000余平方米,引导10余家成长型企业入驻,拓展了基地产业发展承载空间。截至目前,基地拥有载体建筑面积12万平方米。二是搭建公共技术服务平台。高标准建设了IDC中心数据机房、黄河三角洲云计算中心、智慧园区管理平台等公共服务平台,为基地内40余家企业提供主机托管、虚拟主机租用、软件升级、云存储、云计算、软件测评等技术支持性服务。三是健全孵化体系链条。着力推进"互联网+"众创空间、光谷未来城、互联网产业园建设,构筑"众创空间—孵化器—加速器—产业园"为一体的产业体系。

(三)优化人才服务

深化与清华大学、山东大学、石油大学、华中科技大学等高校院所的产学研对接,开展"学子家乡行"、专业培训班、专场招聘会等活动,广泛吸引各类人才向基地集聚,着力突破基地高层次人才匮乏瓶颈。坚持实施"青年企业家成长计划",从基地内筛选成长性高、创新能力强的优秀青年企业家,建立青年企业家库,集聚要素资源进行重点培育。

（四）促进科技成果转化

鼓励基地内企业开展创新研发活动，开发具有市场竞争力的科技产品与技术。其中，天元信息的"非常规油气开发压裂微地震监测技术"和"井下微地震采集技术"、立鼎科技的"TerraSound远探测声波测井处理"项目、万高电子的"泛在电力物联网"项目、卓智软件的人工智能多波段影像识别平台项目等30余项技术产品，技术含量高、市场竞争力强，有效提升了基地综合竞争力。

五、基地发展面临的问题与挑战

（一）缺乏龙头牵引，核心竞争力有待提升

整体上看，软件园企业普遍呈现"低、散、小"特征，中小微企业占80%，缺乏核心龙头企业支撑引领，产业链协同性不强，大多软件企业以应用软件开发、信息技术服务、系统集成为主，系统的、成套的、有自主知识产权的软件产品并不多，70%的中小企业由于渠道和资质制约只能局限于承接在岸业务或"二手包"业务。

（二）人才瓶颈突出

人才问题一直以来都是基地内企业反映最为集中也是最为迫切的问题之一。目前，国内高端软件人才多集中于一线城市，基地引进能把握产业发展方向、带领企业实现突破的高端技术和管理人才、国际化软件人才以及复合型市场营销人才面临困难。同时受东营市高校、软件人才培训机构资源不足制约，人才问题成为长期困扰基地内企业发展的一个瓶颈，有的企业甚至到青岛、济南建立分公司招揽人才。

（三）融资困难

IT产业是高智力密集、轻资产产业，普遍以"人脑＋电脑"的方式开展业务，缺乏实体抵押物，从银行、民间融资困难。此外，由于证券市场门槛高，小微企业很难通过资本市场公开募集资金。目前，基地内有相当多的企业反映融资难，企业研发、市场推广及规模扩展受到制约。

六、2020年基地工作安排

2020年基地工作总体思路是：坚持特色化、专业化和集群化发展方向，持续优化新一代信息技术产业发展环境，推进大数据、高端软件、地理信息、石油信息技术等重点产业向高端化、专业化方向发展，健全完善管理规范、运行高效、服务便捷的孵化服务体系，推动软件产业高质量发展。

（一）重点任务

加大研发投入，优化产业发展环境，激发企业创新创业活力，进一步提升企业创新能力；加强招商引资，招才引智工作，吸引高层次人才入驻；引进、培育高层次、专业化各类服务团队，为基地企业开展专业化服务，着力解决人才、融资、市场开拓等发展瓶颈。

（二）保障措施

一是进一步强化政策扶持。研究出台支持软件基地发展的政策措施，持续优化软件基地发展环境，为壮大软件产业提供更好支撑作用。二是加强基地产业发展的组织领导，增强增大专家咨询委员会队伍，为软件产业基地发展方向提供战略咨询，加快抢占新一代信息技术产业发展的制高点。三是制定具有前瞻性的顶层规划，高标准编制软件产业基地发展新一代信息技术产业规划，加强统筹协调，确立新一代信息技术产业在新旧动能转换中的重要发展地位，有力有序推进软件产业基地发展。

附　录

附录1 2019 年国家火炬软件产业基地评价结果

表1 综合排名前10 的基地

名次	基地名称
1	深圳软件园
2	杭州高新软件园
3	北京软件产业基地
4	中关村软件园
5	上海软件园
6	西安软件园
7	齐鲁软件园
8	天府软件园
9	厦门软件园
10	无锡软件园

表2 一级指标"产业化环境"评价排名前10 的基地

名次	基地名称
1	杭州高新软件园
2	福州软件园
3	上海软件园
4	厦门软件园
5	南京软件园
6	中关村软件园
7	天府软件园
8	齐鲁软件园
9	贵阳火炬软件园
10	西安软件园

表3　一级指标"产业发展规模"评价排名前10的基地

名次	基地名称
1	北京软件产业基地
2	深圳软件园
3	杭州高新软件园
4	上海软件园
5	天府软件园
6	西安软件园
7	齐鲁软件园
8	中关村软件园
9	广州软件园
10	湖北软件产业基地

表4　一级指标"产业发展水平"评价排名前10的基地

名次	基地名称
1	深圳软件园
2	杭州高新软件园
3	北京软件产业基地
4	中关村软件园
5	广州软件园
6	天府软件园
7	齐鲁软件园
8	厦门软件园
9	上海软件园
10	西安软件园

表5　一级指标"创新能力"评价排名前10的基地

名次	基地名称
1	中关村软件园
2	深圳软件园
3	上海软件园
4	杭州高新软件园
5	齐鲁软件园

名次	基地名称
6	西安软件园
7	无锡软件园
8	厦门软件园
9	湖北软件产业基地
10	天津滨海高新区软件园

表6　一级指标"成长性"评价排名前10的基地

名次	基地名称
1	天府软件园
2	南京软件园
3	杭州高新软件园
4	北京软件产业基地
5	齐鲁软件园
6	西安软件园
7	湖北软件产业基地
8	厦门软件园
9	无锡软件园
10	深圳软件园

附录 2　促进软件及相关产业发展的政策目录

序号	发文单位	发文名称	文号/日期
1	中共中央国务院	《关于营造更好发展环境支持民营企业改革发展的意见》	2019.12.04
2	国务院	《新时期促进集成电路产业和软件产业高质量发展的若干政策》	国发〔2020〕8 号
3	国务院	《优化营商环境条例》	中华人民共和国国务院令第 722 号
4	中共中央办公厅国务院办公厅	《关于促进中小企业健康发展的指导意见》	2019.04.08
5	中共中央办公厅国务院办公厅	《关于强化知识产权保护的意见》	2019.11.24
6	科技部	《关于新时期支持科技型中小企业加快创新发展的若干政策措施》	国科发区〔2019〕268 号
7	科技部	《关于促进新型研发机构发展的指导意见》	国科发政〔2019〕313 号
8	科技部	《关于科技创新支撑复工复产和经济平稳运行的若干措施》	国科发区〔2020〕67 号
9	科技部　火炬中心	《关于疫情防控期间进一步为各类科技企业提供便利化服务的通知》	国科火字〔2020〕38 号
10	科技部　火炬中心	《关于推动高新技术企业认定管理与服务便利化的通知》	国科火字〔2020〕82 号
11	财政部　科技部	《中央引导地方科技发展资金管理办法》	财教〔2019〕129 号
12	工信部	《关于推动 5G 加快发展的通知》	工信部通信〔2020〕49 号
13	工信部	《关于工业大数据发展的指导意见》	工信部信发〔2020〕67 号
14	工信部办公厅	《关于深入推进移动物联网全面发展的通知》	工信厅通信〔2020〕25 号
15	统计局	《研究与试验发展（R&D）投入统计规范（试行）》	国统字〔2019〕47 号
16	网信办　发改委工信部　财政部	《云计算服务安全评估办法》	2019 年第 2 号
17	税务总局	《关于实施便利小微企业办税缴费新举措的通知》	税总函〔2019〕336 号

序号	发文单位	发文名称	文号/日期
18	税务总局	《关于小型微利企业和个体工商户延缓缴纳2020年所得税有关事项的公告》	2020年第10号
19	财政部　税务总局	《关于延续实施普惠金融有关税收优惠政策的公告》	2020年第22号
20	财政部　税务总局	《关于集成电路设计企业和软件企业2019年度企业所得税汇算清缴适用政策的公告》	2020年第29号